SCAR TISSUE

ANTHONY KIEDIS
& LARRY SLOMAN

SCAR TISSUE

ANTHONY KIEDIS
& LARRY SLOMAN

Traducción de
Esther Cruz

Capitán Swing

Título original:
Scar Tissue (2006)

© Del libro:
Anthony Kiedis and Larry Sloman

© De la traducción:
Esther Cruz

© De esta edición:
Capitán Swing Libros, S. L.
c/ Rafael Finat 58, 2° 4 - 28044 Madrid
Tlf: (+34) 630 022 531
contacto@capitanswing.com
www.capitanswing.com

© Diseño gráfico:
Filo Estudio - www.filoestudio.com

Corrección ortotipográfica:
Victoria Parra Ortiz

ISBN: 978-84-945886-5-5
Depósito Legal: M-36957-2016
Código BIC: FV

Impreso en España / *Printed in Spain*
Artes Gráficas Cofás, Móstoles (Madrid)

Índice

Introducción

Estoy sentado en el sofá del salón de mi casa en Hollywood Hills. Es un día despejado y fresco de enero, y desde mi atalaya puedo ver la preciosa extensión conocida como el Valle de San Fernando. De más joven, me adherí a la corriente general compartida por todos los que vivían en la parte de las colinas perteneciente a Hollywood de que este valle era el lugar al que iban a desaparecer los perdedores que no lograban triunfar en Hollywood. Sin embargo, tener una residencia aquí me ha servido para saber apreciar cada vez más el valle como un lugar donde vivir una faceta más sentimental y tranquila de la experiencia en Los Ángeles. Ahora estoy deseando despertarme todos los días y contemplar esas majestuosas sierras montañosas coronadas por la nieve.

Pero el timbre interrumpe mi ensueño. Unos minutos después, una preciosa joven entra en el salón, con un maletín de piel exquisito en la mano. Lo abre y empieza a disponer el instrumental. Una vez acabados los preparativos, se pone unos guantes de goma esterilizados y luego se sienta a mi lado en el sofá.

Lleva una jeringa grande y elegante de cristal, fabricada en Italia, que va enganchada a una pieza de plástico con forma de espagueti donde hay un microfiltro pequeño para que ninguna impureza me pase al torrente sanguíneo. La aguja es una variante nueva de palomilla, totalmente esterilizada y ultrafina.

Hoy mi amiga ha extraviado el torniquete médico que usa siempre, así que se quita una media de rejilla rosa y la utiliza para atarme el brazo derecho. Me limpia la vena expuesta con un hisopo empapado en alcohol y luego hinca la aguja en la vena. La sangre empieza a fluir hacia el tubo con forma de espagueti, y a continuación la joven empuja lentamente el contenido de la jeringa hacia mi torrente sanguíneo.

De inmediato siento ese peso tan familiar en el centro del pecho, así que me recuesto y me relajo. Antes dejaba que me inyectase cuatro veces en una sesión, pero ahora he bajado a dos jeringas completas. Una vez que ha rellenado la jeringa y me ha dado el segundo chute, retira la aguja, abre un hisopo de algodón esterilizado y aplica presión en la herida del pinchazo durante al menos un minuto, para evitar que me salgan moratones o me queden marcas en los brazos. Nunca he tenido señales de su asistencia. Por último, coge un trocito de esparadrapo y me pega el algodón al brazo.

Y entonces nos sentamos y hablamos de la sobriedad.

Hace tres años, en esa jeringa podría haber habido heroína China White. Durante años y años, llené jeringas y me las inyecté con cocaína, *speed*, alquitrán negro, heroína persa e incluso LSD una vez. Pero ahora las inyecciones me las pone mi preciosa enfermera, que se llama Sat Hari. Y la sustancia que me inyecta en el torrente sanguíneo es ozono, un gas de olor maravilloso que se ha venido usando legalmente en Europa durante años para tratar todo tipo de cosas, desde ictus hasta cáncer.

Me administro ozono intravenoso porque en algún punto del camino contraje hepatitis C por mi experimentación con las drogas. Cuando descubrí que la tenía, en algún momento a principios de los noventa, de inmediato investigué sobre el asunto y descubrí un régimen herbario que servía para limpiar el hígado y erradicar la hepatitis. Y funcionó. El médico se quedó impactado cuando el segundo análisis de sangre salió negativo. Así pues, el ozono es una medida preventiva para asegurarme de mantener a raya el molesto virus de la hepatitis C.

Me costó años y años de experiencia, introspección y conocimiento llegar al punto en el que pude pincharme una aguja en el brazo para sacarme toxinas del organismo, y no para introducirlas. De cualquier modo, no me arrepiento de ninguna de mis indiscreciones de juventud. Me pasé la mayor parte de la vida buscando el chute rápido y el subidón fuerte. Me chuté drogas debajo de salidas de la autovía con pandilleros mexicanos y en *suites* de hoteles de mil dólares la noche. Ahora bebo agua vitaminada y trato de comprar salmón salvaje, en vez del de piscifactoría.

Durante veinte años he sido capaz de canalizar mi amor por la música y la escritura y colarme en la estela universal de la creatividad y la espiritualidad, al tiempo que escribía y llevaba a escena nuestro cóctel sónico único junto a mis hermanos, tanto presentes como pasados, de los Red Hot Chili Peppers. Aquí está el relato de esos tiempos, pero también la historia de cómo un niño nacido en Grand Rapids, Michigan, migró a Hollywood y encontró al final del arcoíris más de lo que podía abarcar. Aquí está mi historia, con tejido de cicatriz[1] y todo.

---

[1] Este «tejido de cicatriz» es en inglés *scar tissue* que, además de dar título al propio libro, es el título del primer *single* del álbum *Californication*. (Todas las notas de la presente edición corresponden a la traductora).

SCAR TISSUE

Dedicado a Bill y a Bob

01

«¿Yo? Yo soy de Michigan»[2]

Llevaba tres días seguidos chutándome coca con Mario, mi camello mexicano, cuando me acordé del concierto de Arizona. Para entonces, mi grupo, los Red Hot Chili Peppers, tenía un álbum en la calle y estábamos a punto de ir a Michigan para grabar nuestro segundo disco, aunque antes de eso Lindy, nuestro *manager*, nos había cerrado un bolo en la discoteca de un asador de Arizona. El promotor era fan del grupo y nos iba a pagar más de lo que valíamos, y todos necesitábamos el dinero, así que aceptamos tocar.

Solo que yo era un despojo. Solía ocurrirme siempre que bajaba al centro y me veía con Mario. Mario era un personaje increíble, un mexicano delgado, enjuto y astuto, como una versión algo mayor y más fuerte de Gandhi. Llevaba unas gafas grandes, así que no parecía violento ni imponente, aunque siempre que nos chutábamos coca o heroína se confesaba: «He tenido que hacerle daño a alguien. Soy sicario de la mafia mexicana. Cuando me llaman no quiero ni saber los detalles, hago mi trabajo y punto, pongo a quien sea fuera de circulación y me pagan». Imposible saber si lo que decía era verdad.

Mario vivía en el centro, en un viejo edificio de apartamentos de ladrillo, con ocho plantas, en un piso escuálido que compartía con su anciana madre, sentada siempre en la esquina del salón diminuto, viendo en silencio telenovelas mexicanas. A cada

---

[2] Efectivamente, Anthony Kiedis es de Michigan, pero esta frase lleva un matiz añadido: «ser de Michigan» implica proceder de un lugar difícil, de clima duro y ambiente rudo.

tanto estallaba una discusión en español y yo le preguntaba a Mario si no era mejor irnos a otro sitio a drogarnos (tenía un montón gigante de drogas y jeringas, cucharas y torniquetes en la misma mesa de la cocina). «No te apures. Está ciega y sorda, no sabe lo que estamos haciendo», me aseguraba. Y así era como me chutaba los revueltos con la abuelita en la habitación de al lado.

En realidad, Mario no era un camello al por menor, sino una vía de enlace con los mayoristas, así que la pasta con él te cundía muchísimo, aunque luego tenías que compartir la droga. Precisamente eso estábamos haciendo aquel día en la cocina diminuta. El hermano de Mario acababa de salir de la cárcel y estaba allí con nosotros, sentado en el suelo y gritando cada vez que intentaba encontrarse sin éxito una vena útil en la pierna. Era la primera vez que veía a alguien sin territorio practicable en los brazos, obligado a ir pinchándose en la pierna para chutarse.

Pasamos días así, e incluso en un momento dado llegamos a mendigar para conseguir algo más de dinero para coca. Pero aquel día, a las cuatro y media de la mañana, me di cuenta de que a la noche siguiente teníamos que tocar. «Bueno, hora de pillar algo de mercancía. Tengo que llegar a Arizona hoy y no me encuentro muy bien», decidí.

Así que Mario y yo nos montamos en mi Studebaker Lark verde, una chatarra cutre y pequeña, y fuimos hasta una parte menos amable, más siniestra, más profunda y oscura del gueto del centro en el que ya nos encontrábamos, a una calle en la que nadie querría estar, convencidos de que allí iban a tener los mejores precios. Aparcamos y caminamos unas manzanas hasta llegar a un edificio viejo casi en ruinas.

«Créeme, no quieres entrar —me dijo Mario—. Ahí dentro puede pasar de todo, y nada bueno. Dame el dinero y yo pillo».

Parte de mí estaba en modo «Dios mío, no quiero que me tanguen justo ahora. Mario nunca me lo ha hecho, pero no apostaría nada a que no lo fuese a hacer». Sin embargo, la otra parte, la de más peso, solo quería heroína, así que saqué los últimos cuarenta pavos que había reservado y se los di, y Mario desapareció dentro del edificio.

Llevaba tantos días seguidos chutándome coca que estaba alucinando, en un limbo extraño entre un estado de consciencia y el letargo. Solo podía pensar en que necesitaba que Mario saliera de aquel edificio con mis drogas. Me quité mi posesión más preciada, mi chaqueta *vintage* de cuero. Años antes, Flea y yo nos habíamos gastado todo el dinero que teníamos en dos chaquetas de cuero iguales, y esa prenda se había convertido para mí en un hogar. Era donde guardaba el dinero y las llaves y, en un bolsillito secreto chulísimo, las jeringas.

En aquel momento estaba tan reventado y tenía tanto frío que me senté en el bordillo y me eché la chaqueta sobre el pecho y los hombros, a modo de manta.

Y entonces entoné mi mantra: «Vamos, Mario, vamos. Baja ya». Me lo imaginé saliendo del edificio, con un vigor radicalmente distinto en los andares, después de haber mutado la bajona y el hundimiento en unos saltitos y silbidos en plan «venga, vamos a pincharnos».

Acababa de cerrar los ojos un instante cuando noté que una sombra se cernía sobre mí. Miré por encima del hombro y vi a un indio mexicano enorme, grande, sucio, con ojos de loco, que venía hacia mí con un par de tijeras gigantescas de cortar cabezas, grandísimas, tamaño industrial. Estaba a media puñalada de mí, así que arqueé la espalda hacia delante todo lo que pude para alejarme de su impulso. Pero de repente, un capullo mexicano canijo, pequeño, con expresión de calabaza de Halloween, saltó delante de mí con una navaja automática amenazante en la mano.

Tomé la decisión instantánea de que no iba a dejar que el grandullón me la metiera por detrás; era mejor probar suerte con el espantajo de asesino que tenía delante. Todo estaba ocurriendo muy rápido, pero cuando te enfrentas a la muerte cara a cara entras en modo cámara lenta y disfrutas de la cortesía del universo que expande el tiempo para ti. Así pues, me levanté de un salto y, con la chaqueta de cuero por delante, cargué contra el canijo. Lo empujé con la chaqueta y amortigüé la puñalada, solté la chaqueta y salí disparado de allí como un cohete.

Seguí corriendo sin parar y no me detuve hasta que llegué donde estaba aparcado el coche, pero entonces me di cuenta de que no tenía las llaves. No tenía llaves, ni chaqueta, ni dinero, ni jeringas y, lo peor de todo, no tenía drogas. Y Mario no era el tipo de tío que fuera a aparecer buscándome. Así que volví andando a su casa, pero nada. El sol ya había salido y se suponía que teníamos que irnos para Arizona una hora después. Fui a una cabina telefónica, busqué algo de suelto y llamé a Lindy.

«Lindy, estoy en la esquina de Seventh Avenue con Alvarado Street. Llevo un tiempecillo sin dormir y tengo aquí el coche, pero no las llaves. ¿Podéis recogerme de camino a Arizona?».

Lindy estaba acostumbrado a esas llamadas de auxilio marca Anthony, así que una hora después nuestra furgoneta azul estaba parando en la esquina, cargada con nuestro equipo y el resto del grupo. Y un pasajero trastornado, triste, hecho polvo y sucio se subió a bordo. De inmediato, el resto del grupo me hizo el vacío, así que me limité a tumbarme bajo los asientos todo lo largo que era, apoyé la cabeza en la columna central entre los dos asientos delanteros y me quedé inconsciente. Horas después, me desperté empapado en sudor porque estaba tumbado encima del motor y fuera había por lo menos cuarenta y seis grados. Pero me sentía de maravilla. Y Flea y yo partimos una pastilla de LSD para los dos y reventamos aquel asador.

Es probable que la mayoría de la gente considere el acto de la concepción una función biológica sin más. Sin embargo, para mí está claro que hasta cierto punto los espíritus eligen a sus padres, porque esos padres en potencia poseen ciertos atributos y valores que su hijo o hija en ciernes necesita asimilar a lo largo de la vida. Así pues, veintitrés años antes de acabar en la esquina de Seventh Avenue con Alvarado Street, yo ya había reconocido a John Michael Kiedis y a Peggy Nobel como dos personas hermosas aunque atribuladas que serían los padres perfectos para mí. La excentricidad y la creatividad de mi padre y su actitud contraria al *establishment*, combinadas con el amor plenamente abarcador de mi madre, su calidez y su diligente coherencia, eran el equilibrio óptimo de atributos para mí. Por tanto, ya fuese por mi propia voluntad o no, fui concebido el 3 de febrero de 1962, en una noche terriblemente fría y nevosa, en una casita sobre una colina de Grand Rapids, Michigan.

En realidad, mis dos padres eran unos rebeldes, cada uno a su manera. La familia de mi padre había migrado a Michigan desde Lituania a principios del siglo xx. Anton Kiedis, mi bisabuelo, era un tipo bajo, fornido y huraño que gobernaba su casa con mano de hierro. En 1914, nació mi abuelo John Alden Kiedis, el último de cinco hermanos. La familia se mudó entonces a Grand Rapids, donde John asistió al instituto y destacó en las carreras. De adolescente fue un aspirante a cantante melódico tipo Bing Crosby y un excelente escritor de relatos *amateur*. Criarse en la familia Kiedis significaba que mi abuelo no podía beber, fumar ni decir palabrotas. Nunca tuvo ningún problema en ajustarse a ese estilo de vida estricto.

Al final, terminó conociendo a una mujer hermosa llamada Molly Vandenveen, cuya herencia era un pastiche de ingleses, irlandeses, franceses y holandeses (y, según hemos descubierto recientemente, algo de sangre mohicana, lo que explica mi interés por la cultura de los nativos americanos y mi identificación con la Madre Tierra). Mi padre, John Michael Kiedis, nació en Grand Rapids en 1939. Cuatro años después, mis abuelos se divorciaron y mi padre se marchó a vivir con su padre, que trabajaba en una empresa de fabricación de tanques para el esfuerzo de guerra.

A los pocos años, mi abuelo volvió a casarse y mi padre y su hermana tuvieron una vida doméstica más convencional. Pero la excesiva tiranía de John Alden le resultaba insoportable a mi padre. Se vio obligado a trabajar en los negocios familiares (una gasolinera y después una hamburguesería con servicio para coches), no podía jugar con sus amigos, no podía acostarse tarde, no podía ni siquiera pensar en beber o fumar. Y por encima de todo, su madrastra, Eileen, era una devota cristiana de la Iglesia reformada neerlandesa, y lo hacía ir a la iglesia cinco veces a la semana y tres veces los domingos, experiencias que después envenenarían la opinión de mi padre sobre la religión organizada.

Para cuando cumplió catorce años, mi padre se había escapado de casa y se había montado en un autobús a Milwaukee; allí pasó la mayor parte del tiempo colándose en cines y bebiendo gratis en fábricas de cerveza. Después de un tiempo, regresó a Grand Rapids y entró en el instituto, donde conoció a Scott St. John, un chaval atractivo, vividor e inútil total que introdujo a mi padre en una vida de delitos menores. Oír las historias de sus hazañas juntos siempre me deprimía, porque tenían poco éxito. En una ocasión, fueron a una playa cercana, se quedaron en calzoncillos para confundirse entre los bañistas y luego robaron una cartera que alguien había dejado sin vigilar, pero hubo al menos un testigo del crimen, así que de inmediato se emitió un aviso de búsqueda en la playa de dos chavales en calzoncillos. Los cogieron y tuvieron que pasar todo el verano en la cárcel.

Al mismo tiempo que Jack, como entonces lo conocían, y Scott sembraban el mal en Grand Rapids y más allá, Peggy Nobel llevaba lo que parecía ser una vida de decencia convencional. Mi madre, la más joven de una familia de cinco, era la encarnación de un encanto del Medio Oeste: menuda, morena y hermosa como ella sola. Estaba muy ligada a su padre, que trabajaba para Michigan Bell. Siempre lo describió como un cielo de hombre: maravilloso, amoroso, amable y divertido. Peggy no tenía una relación tan cercana con su madre que, aunque brillante e independiente, siguió las convenciones de la época y eludió la universidad a cambio de una vida como secretaria ejecutiva, algo que quizá la convirtiese en una persona un poco más amarga. Y al ser ella la figura rígida que imponía la disciplina en la familia a menudo chocaba con mi madre, cuya actitud rebelde adoptó ciertas rutas poco convencionales. Mi madre estaba fascinada con la música negra y escuchaba casi exclusivamente a James Brown y luego a la Motown; e igual de fascinada se sentía por el deportista estrella de su clase en el instituto, que daba la casualidad de que era negro: un romance bastante tabú para el Medio Oeste en 1958.

Y aquí entra en escena Jack Kiedis, de vuelta recientemente en Grand Rapids tras pasar un tiempo en prisión por robar en Ohio. Su compinche, Scott, seguía cociéndose en la cárcel del condado de Kent por una travesura cometida en solitario, así que mi padre no tenía compañía alguna cuando acudió a una fiesta en East Grand Rapids, una noche de mayo de 1960. Mientras hacía un reconocimiento del talento local, miró por un pasillo y divisó a un ángel menudo de pelo oscuro con unos mocasines indios de flecos blancos. Embelesado, se abrió paso a empujones entre la gente y corrió hasta el punto en el que la había visto, pero ella ya se había ido. Se pasó el resto de la noche intentando encontrarla, aunque se conformó con enterarse de su nombre. Unas noches después, Jack se presentó en el porche de Peggy vestido con una chaqueta deportiva y unos vaqueros planchados, y con un ramo de flores enorme en las manos. Peggy aceptó tener una cita con él para ver una película. Dos meses más tarde, tras obtener el permiso de sus padres, Peggy, con diecisiete años aún, se casó con Jack, que tenía veinte, el día antes del treinta y cinco aniversario de boda de los padres de Peggy. Scott St. John fue el padrino. Seis semanas después, el padre de Peggy murió por complicaciones de la diabetes que padecía. Unas pocas semanas más tarde, mi padre empezó a engañar a mi madre.

Para finales de ese año, de algún modo Jack convenció a Peggy de que lo dejase coger el Austin Healy azul nuevo que tenían y marcharse con su amigo John Reaser a Hollywood. Reaser quería conocer a Annette Funicello, y mi padre quería que lo descubriesen y convertirse en estrella de cine. Aunque, por encima de todo, no quería estar atado a mi madre. Tras unos meses de desventuras, los dos amigos se establecieron en San Diego, hasta que a Jack le llegaron noticias de que Peggy estaba viendo en Grand Rapids a un hombre que tenía un mono. Loco de celos, condujo a ciento sesenta kilómetros por hora sin parar y regresó con mi madre, que solo mantenía una amistad inocente con el dueño del primate. Unas semanas más tarde, convencido de haber cometido un error tremendo, Jack se mudó de nuevo a California, y durante el año siguiente mis padres alternaron la vida de casados y de separados, y la vida en California y en Michigan. Una de esas reconciliaciones resultó en un arduo viaje en autobús desde la soleada California hasta el helado Michigan. Al día siguiente, me concibieron.

Nací en el St. Mary's Hospital de Grand Rapids a las cinco de la mañana del 1 de noviembre de 1962, con casi tres kilos y medio y cincuenta y tres centímetros de largo. Estuve a punto de ser un niño de Halloween, pero nacer el 1 de noviembre es incluso más especial para mí. En la numerología, el número uno es tan poderoso que tener tres unos seguidos está bastante bien como comienzo de vida. Mi madre quería llamarme como mi padre, lo que me habría convertido en John Kiedis III, pero mi padre se inclinaba más por Clark Gable Kiedis o Courage Kiedis. Al final, lo dejaron en Anthony Kiedis, como homenaje a mi bisabuelo. De todos modos, desde el principio me llamaron Tony.

Salí del hospital y me fui con mi padre, mi madre y su perro, Panzer, a una casita nueva financiada por el Gobierno en el campo, a las afueras de Grand Rapids. Sin embargo, a las pocas semanas mi padre empezó a notarse el espíritu aventurero y la claustrofobia. En enero de 1963, mi abuelo, John Kiedis, decidió desarraigar a toda la familia y trasladarse al clima más cálido de Palm Beach, Florida. Vendió el negocio, llenó el camión de mudanzas y cogió a su mujer y a sus seis hijos, además de a mi madre y a mí. No recuerdo haber vivido en Florida, pero mi madre decía que había sido una época agradable, una vez que salimos del yugo del patriarca abusivo de la familia Kiedis. Después de trabajar en Laundromat y ahorrar algo de dinero, mi madre encontró un apartamento pequeño encima de una licorería en West Palm Beach y nos mudamos. Cuando recibió una factura por dos meses de alquiler del abuelo Kiedis, le escribió de inmediato y le dijo: «Le remito la factura a su hijo. Espero que tenga noticias de él pronto». Mi madre trabajaba por entonces para Honeywell y se sacaba sesenta y cinco dólares a la semana; el dinero de una semana iba íntegro para el alquiler, y por diez dólares más a la semana yo iba a la guardería. Según mi madre, era un bebé muy feliz.

Entretanto, mi padre estaba solo en su casa vacía del campo. Por casualidad, a uno de sus mejores amigos lo había dejado la mujer, y los dos colegas decidieron mudarse a Europa. Mi padre abandonó la casa con el coche en el garaje, embaló los palos de golf, la máquina de escribir y el resto de sus escasas pertenencias y salió para Europa en el buque *France*. Después de un viaje maravilloso de cinco días que incluyó la conquista de una joven francesa casada con un policía de Jersey, mi padre y su amigo, Tom, se asentaron en París. Para entonces, Jack se había dejado el pelo largo y sentía que congeniaba con los *beats* de la margen izquierda parisina. Pasaron unos meses agradables, escribiendo poesía y bebiendo vino en cafés llenos de humo, pero se quedaron sin dinero. Hicieron autostop hasta Alemania, donde los reclutaron para el

Ejército con el objetivo de conseguir pasajes gratis de vuelta a Estados Unidos en un buque de tropas.

Viajaron como sardinas en lata, dando bandazos en mares turbulentos y esquivando vómitos, además de insultos como «eh, Jesucristo, córtate el pelo». Aquel viaje a casa fue la peor experiencia en la vida de mi padre. De algún modo, convenció a mi madre de que lo dejara mudarse con ella otra vez. Después de que la madre de mi madre muriese en un trágico accidente de coche, todos nos volvimos a Michigan a finales de 1963. Para entonces, mi padre estaba decidido a seguir los pasos de su amigo John Reaser y a matricularse en una escuela de formación profesional, sacarse con nota todos los cursos, conseguir una beca para una buena universidad, y terminar teniendo un buen trabajo y una mejor posición para mantener una familia.

Durante los dos años siguientes, fue exactamente eso lo que hizo. Terminó la escuela profesional y aunque consiguió muchas becas, decidió aceptar la de la Universidad de California en Los Ángeles (UCLA), ir a la escuela de cine y cumplir su sueño de vivir en esa ciudad. En julio de 1965, cuando yo tenía tres años, nos mudamos a California. Guardo algunos vagos recuerdos del primer apartamento que compartimos los tres, pero en menos de un año mis padres se habían vuelto a separar, de nuevo por otras mujeres. Mi madre y yo nos fuimos a un apartamento en Ohio Street, y ella encontró un trabajo de secretaria en un bufete de abogados. Aunque vivía en el mundo convencional, siempre mantuvo que era una *hippie* en secreto. La recuerdo llevándome al Griffith Park los fines de semana para participar en una nueva forma de expresión social llamada *love-in*: las colinas redondeadas y verdes se llenaban de grupitos de gente que hacía pícnic, enhebraba camas de flores y bailaba, todo en un ambiente de lo más festivo.

Cada pocas semanas, mi rutina se veía interrumpida por una sorpresa especial, cuando mi padre llegaba a recogerme y me llevaba por ahí. Íbamos a la playa y bajábamos hasta las rocas, y mi padre se sacaba el bolsillo por fuera y se le enganchaban un montón de cangrejos. Luego cogíamos estrellas de mar. Me las llevaba a casa y trataba de mantenerlas vivas en un cubo de agua, pero se morían pronto y apestaban el apartamento entero.

Todos estábamos prosperando en California, cada uno a nuestro modo, pero en especial mi padre. En la UCLA experimentó una explosión creativa y me usó de punto de fuga en todas las películas que tuvo que rodar como estudiante. Dado que era mi padre, tenía un modo especial de dirigirme, y todos los filmes terminaron por ganar algún concurso. La primera película, *A Boy's Expedition*, era una meditación preciosa sobre un niño de dos años y medio que va con un triciclo por la calle, tiene una caída importante a cámara lenta y aterriza sobre un billete de un dólar. El resto del film me dedico a darme un paseo salvaje por todo el centro de Los Ángeles, yendo al cine, comprando cómics, paseando en autobuses y conociendo a gente, gracias al dólar que me había encontrado. Al final, todo resulta ser una secuencia de fantasía: me guardo el billete en el bolsillo y me voy en el triciclo.

La carrera en ciernes de mi padre como director descarriló en 1966, cuando se topó con una joven camarera sobre patines muy mona que trabajaba en un restaurante con servicio para coches y que lo introdujo en la maría. Con unos cuatro años, estaba paseando por Sunset Strip con mi padre en una de nuestras salidas cuando de repente se paró y me echó suavemente el humo de la maría en la cara. Seguimos caminando unas manzanas y me empecé a sentir cada vez más excitado. Entonces me detuve y le pregunté:

—Papá, ¿estoy soñando?

—No, estás despierto.

—Vale.

Me encogí de hombros y procedí a trepar a un semáforo como un monillo, notándome ligeramente alterado.

Una vez metido en la maría, mi padre empezó a frecuentar los clubes de música que formaban parte del nuevo ambiente de Sunset Strip. En consecuencia, cada vez lo veíamos menos. Todos los veranos, mi madre y yo volvíamos a Grand Rapids para visitar a nuestros parientes. La abuela Molly y su esposo, Ted, me llevaban a Grand Haven Beach y lo pasábamos genial. Durante esa estancia en el verano de 1967, mi madre se encontró con Scott St. John en Grand Haven. Después de pasar un tiempo juntos, Scott le propuso regresar a Michigan con él, en diciembre de 1967.

La mudanza no fue del todo traumática, pero la entrada de Scott en escena resultó sin duda perturbadora. No había ningún aspecto relajante ni reconfortante ni tranquilizador en ese personaje caótico. Era un tipo grande y rudo, de tez morena, mezquino, con el pelo negro y grasiento. Yo sabía que trabajaba en un bar y que se metía en un montón de peleas. Un día, me levanté temprano por la mañana y fui a la habitación de mi madre, y él estaba tumbado en la cama. Tenía la cara destrozada, los ojos negros y la nariz ensangrentada, un labio partido y cortes. Había sangre por todas partes. Mi madre le estaba poniendo hielo en una parte de la cabeza y limpiándole la sangre de otra parte de la cara, mientras le decía que quizá debería ir al hospital. Scott se mostraba hosco, desagradable y mezquino. Resultaba inquietante saber que mi madre estaba enamorada de ese tipo. Yo era consciente de que había sido amigo de alguien de la familia, pero no sabía que se trataba del mejor amigo de mi padre.

Scott tenía la mecha corta y mucho temperamento, y era físicamente irascible. Fue entonces cuando recibí las primeras azotainas duras de mi vida. Una vez decidí que no me gustaba la etiqueta que mi chaqueta favorita azul tenía en la espalda, porque me picaba. Mi habitación estaba totalmente a oscuras, pero sabía dónde encontrar las tijeras, así que fui a cortar la etiqueta y terminé haciéndole un agujero enorme a la chaqueta. Al día siguiente, Scott vio el agujero, me bajó los pantalones y me azotó con el reverso de un cepillo.

Aquella fue, por tanto, una breve etapa dolorosa. Vivíamos en una zona muy pobre de Grand Rapids y me metieron en un colegio nuevo para terminar párvulos. De repente, dejé de preocuparme por aprender y me volví un poco granuja. Recuerdo cruzar el patio del colegio y ponerme a insultar sin más como un salvaje, con cinco años, encadenando cuarenta palabras malsonantes seguidas para intentar impresionar a mis nuevos amigos. Un profesor me escuchó y convocó una reunión padres-profesor, y yo empecé a desarrollar la convicción de que las figuras de autoridad estaban en mi contra.

Otra manifestación de mi desconcierto emocional fue el episodio de los palitos Slim Jim. Estaba con un amigo y no teníamos dinero, así que robé unos Slim Jim de una tienda de caramelos. El dueño llamó a mi madre. No recuerdo qué castigo me pusieron, pero robar Slim Jim no era algo normal que hiciese un niño de seis años en Grand Rapids.

En junio de 1968, mi madre se casó con Scott St. John. Yo llevé los anillos, y en el convite me regalaron una bicicleta morada Stingray, cosa que me animó y me sirvió para equiparar su matrimonio con una bicicleta genial con ruedines.

Por aquella época hubo un tiempo en el que no vi demasiado a mi padre, porque se había marchado a Londres y se había hecho *hippie*. De todos modos, a cada tanto recibía paquetes de Inglaterra llenos de camisetas y collares de colores. Me escribía cartas largas y me hablaba de Jimi Hendrix, Led Zeppelin y todos aquellos grupos que estaba viendo, y de lo geniales que eran las chicas inglesas. Era como si mi padre estuviese montado en una especie de atracción psicodélica de Disneyland yendo por el mundo, mientras yo permanecía encerrado en Culo Nevado, Tierra de Nadie, EE. UU. Sabía que toda esa magia estaba ahí fuera, en el mundo, y que mi padre era en cierto modo la llave para acceder a ella. No obstante, sobre todo viéndolo en retrospectiva, también disfruté creciendo en un clima más calmado.

Aquel verano me fui unas semanas a California para ver a mi padre, que había regresado de Londres. Tenía un apartamento en Hilldale Avenue, en West Hollywood, pero pasamos un montón de tiempo en Topanga Canyon, donde su novia Connie tenía una casa. Connie era una persona fantástica con una mata enorme de pelo rojo suelto y piel alabastrina, preciosa de verdad y loca como la que más. Aparte de Connie, los amigos de mi padre eran la quintaesencia del pirata *hippie* endrogado. Estaba David Weaver, un tipo enorme que no paraba de hablar y tenía el pelo largo hasta los hombros, un bigote retorcido y el atuendo básico del *hippie* de California (no tan estiloso como mi padre). Era un matón brutal que peleaba como un oso. La última esquina del triángulo de mi padre la ocupaba Alan Bashara, un antiguo veterano de Vietnam que llevaba el pelo a lo afro y un bigote enorme y frondoso. Bashara no era un macho, ni un *hippie* en plan tipo duro, sino más bien el Georgie Jessel del grupo, que soltaba una perorata cómica a mil por hora. Así, entre David, el tipo guay, rudo y luchador, mi padre, el creativo, intelectual y romántico, y Alan, el comediante, la cosa funcionaba para los tres, y no había escasez de mujeres, dinero, drogas ni diversión. Con esos tíos la fiesta estaba asegurada las veinticuatro horas del día.

Weaver y Bashara tenían una casa cerca de la de Connie y llevaban un negocio de marihuana de bastante envergadura a las afueras de Topanga Canyon. Cuando llegué por primera vez no me di cuenta de nada de eso; lo único que veía era a un montón de gente fumando maría constantemente. Pero al poco entré en una habitación y vi a Weaver allí sentado contando montones de dinero. Noté que el ambiente era muy serio y pensé: «Bueno, ni siquiera sé si quiero estar en esta habitación, no hay más que matemáticas». Así que me marché a la habitación de al lado, donde había una montañita de marihuana sobre unas lonas enormes. Connie venía continuamente a por mí para llevarme a jugar al cañón. Era en plan: «¡No entres en esa habitación! ¡En esta habitación, no! ¡Echa un ojo a ver si viene alguien!». Siempre había un elemento de suspense por estar haciendo algo por lo que podían pillarnos, cosa que a cualquier crío le preocuparía, pero que al mismo tiempo es como: «Hum, ¿qué está pasando aquí? ¿Por qué tenéis tanto dinero, tíos? ¿Qué hacen esas tías tan guapas por todas partes?».

Sí recuerdo sentir preocupación por mi padre. En una ocasión, unos amigos se estaban mudando de una casa a otra y llenaron una camioneta grande con todas sus cosas. Mi padre se subió de un salto y rodó sobre el colchón, que estaba mal colocado, en equilibrio sobre todas las demás pertenencias. Empezamos a movernos y nos íbamos escorando por aquellas carreteras del cañón, y yo miraba a mi padre que apenas lograba sujetarse al colchón, y entonces le dije:

—Papá, no te caigas.

—Bah, no te preocupes.

Pero me preocupé. Ahí empezó un tema importante, porque posteriormente y durante años, sentí un miedo mortal por la vida de mi padre.

De todos modos, también recuerdo pasarlo muy bien. Mi padre, Connie, Weaver y Bashara iban todos al Corral, un barecillo de esos de country en mitad de Topanga Canyon, donde tocaban a menudo Linda Ronstadt, los Eagles y Neil Young. Me iba con los adultos y era el único niño entre el público, y aunque todo el mundo estaba reventado, bebiendo y drogándose, yo salía a la pista a darlo todo bailando.

Cuando volví a Michigan las cosas no habían cambiado mucho. Mi primer año en el colegio pasó sin pena ni gloria. Mi madre trabajaba todo el día de secretaria en un bufete de abogados, y después de clase yo me quedaba con una niñera. No obstante, mi vida dio un giro drástico a mejor en otoño de 1969, cuando nos mudamos a Paris Street. Habíamos estado viviendo en una zona de gente blanca verdaderamente pobre y chunga, con un montón de casas de vecinos y chabolas, pero Paris Street era como sacada de una pintura de Norman Rockwell: casas unifamiliares con céspedes cuidados y garajes ordenados y limpios. Para entonces, Scott había casi desaparecido del mapa, aunque había estado presente el tiempo suficiente para embarazar a mi madre.

De repente, tuve a un trío de adolescentes preciosas pendientes de mí después del colegio. Con siete años, era demasiado joven para colgarme por nadie, pero adoraba a esas niñas de un modo fraternal, asombrado por su belleza y su femineidad incipiente. No podía ser más feliz que pasando el tiempo con ellas, ya fuese viendo la televisión o bañándonos en la piscina local o paseando por los bosquecillos de la zona. Me dieron a conocer la zona de Plaster Creek, que se convertiría en mi lugar secreto durante los cinco años siguientes, un santuario donde alejarme del mundo adulto y en el que mis amigos y yo podíamos desaparecer entre los árboles y hacer barcas y coger cangrejos de río y saltar al agua desde los puentes. Por tanto, fue sin duda un alivio enorme mudarnos a ese barrio, en el que todo parecía más bonito y donde crecían las flores.

Incluso el colegio me gustaba. Mientras que mi escuela anterior me parecía oscura, lúgubre y deprimente, la Brookside Elementary era un edificio de aspecto agradable, en unos terrenos preciosos y con unas zonas deportivas que llegaban hasta Plaster Creek. Yo no iba tan de punta en blanco como el resto de mis compañeros de clase, porque tuvimos que recurrir a la asistencia social cuando mi madre dio a luz a mi hermana Julie. Así, llevaba la ropa de segunda mano que nos daban las instituciones benéficas locales, aparte de alguna que otra camiseta de «Liverpool Rules» que me mandaba mi padre. En realidad, no quedó patente que dependíamos de la asistencia social hasta un año después más o menos, cuando estábamos en un supermercado y todo el mundo pagaba en efectivo menos mi madre, que sacó el dinero ese del Monopoly que daban para comprar en las tiendas.

Depender de la asistencia social la fastidiaba, pero a mí nunca me desconcertó ese supuesto estigma. Vivir con un solo progenitor y ver que todos mis amigos tenían madres y padres en la misma casa no me daba envidia. En realidad, a mi madre y a mí nos iba de escándalo, y cuando Julie entró en escena sentí una felicidad máxima por tener una hermanita. Fui de lo más protector con ella hasta unos años después, cuando se convirtió en el objeto de muchos de mis experimentos de tortura.

Para cuando llegué a tercer curso, había desarrollado un auténtico resentimiento hacia la dirección escolar, porque si algo salía mal, si alguien robaba algo, si algo se rompía, si alguien le pegaba a un niño, me echaban a mí de clase por costumbre. Probablemente sí que fuese responsable del 90 por ciento de los follones, pero me convertí muy rápido en un mentiroso profesional y en un artista del engaño y de la estafa para salir de la mayoría de los problemas. Me sentía amargado y tenía ideas ridículas como: «¿Y si descuelgo las anillas metálicas de gimnasia que están al lado de los columpios, las uso como un lazo y atravieso con ellas los ventanales del colegio?». Mi mejor amigo, Joe Walters, y yo nos escabullimos de casa una noche ya tarde y lo hicimos. Cuando aparecieron las autoridades, corrimos como gamos hasta Plaster Creek y nunca nos cogieron. (Muchos, muchos años después, envié a Brookside un pago anónimo por los daños).

Mi problema con las figuras de autoridad fue aumentando conforme me hacía mayor. No podía soportar a los directores de la escuela, ni ellos a mí. Hasta quinto curso, quienes me habían dado clase me habían encantado. Todas fueron mujeres, amables y dulces, y creo que reconocieron mi interés por aprender y mi capacidad de ir más allá de la llamada del deber escolástico en aquella etapa. Pero en quinto me volví en contra de todos los profesores, aunque fuesen geniales.

Por aquel entonces, no había ninguna figura masculina en mi vida que refrenase ese tipo de comportamiento antisocial (como si alguno de los hombres de mi vida lo hubiese podido hacer). Cuando mi hermana Julie tenía tres meses, la policía empezó a vigilarnos la casa en busca de Scott, porque había usado algunas tarjetas de crédito robadas. Una noche llamaron a la puerta y mi madre me mandó con los vecinos mientras la interrogaban. Semanas después, Scott apareció y entró como un torbellino en la casa, en pleno ataque violento de ira. Se había enterado de que alguien había llamado a mi madre y le había dicho que la había estado engañando, así que se precipitó sobre el teléfono del salón y lo arrancó de la pared.

Me pegué a él siguiéndolo por toda la casa, porque mi madre estaba aterrorizada y yo no pensaba aguantar nada de aquello. Scott hizo amago de entrar en mi habitación para cogerme el teléfono, pero me eché delante de él. Aunque no creo que hubiese salido muy bien parado, estaba preparado para pegarle, recurriendo a todas las técnicas que él mismo me había enseñado unos años antes. Al final mi madre me mandó a buscar a los vecinos, y a partir de entonces Scott dejó de ser bien recibido en aquella casa.

Aun así, un año después más o menos, intentó reconciliarse con mi madre. Ella cogió un avión a Chicago con la pequeña Julie, pero Scott nunca apareció en el sitio en el que habían quedado: la policía lo había pillado antes. Mi madre no tenía dinero para volver a casa, aunque las aerolíneas fueron lo bastante amables para traerla de vuelta gratis. Fuimos a visitar a Scott a una prisión muy dura de máxima seguridad, cosa que me fascinó, aunque me resultó algo desconcertante. De camino a casa, mi madre dijo: «Esta ha sido la primera y la última vez», y al poco se divorció de él. Por suerte para ella, trabajaba para unos abogados, así que el divorcio no le costó nada.

Entretanto, la admiración que yo sentía hacia mi padre crecía exponencialmente. No veía la hora de que llegasen esas dos semanas de verano cuando volaba a California y me volvía a reunir con él. Mi padre seguía viviendo en la planta alta de un dúplex en

Hilldale Avenue. Yo me levantaba temprano todas las mañanas, pero mi padre dormía hasta las dos de la tarde o así, después de una noche larga de fiesta, así que tenía que buscarme la manera de entretenerme durante la primera parte del día. Recorría el apartamento buscando cosas para leer, y en una de esas búsquedas di con una colección enorme de números de *Penthouse* y *Playboy*. Los devoré. Incluso leí los artículos. No tenía conciencia de que fuesen revistas «guarras» ni de que hubiese ningún tabú al respecto, porque mi padre no aparecía y soltaba: «Ay, Dios mío, ¿qué estás haciendo con eso?». Era más de llegar, echarle un ojo a lo que estuviese mirando y decir: «¿No te parece increíblemente sexi esa muchacha?». Siempre procuraba tratarme como a un adulto, así que hablaba abiertamente y con libertad sobre los genitales femeninos y sobre lo que debía esperar encontrarme cuando llegase ahí.

El dormitorio de mi padre estaba en la parte de atrás de la casa, al lado de un árbol, y recuerdo cómo me explicó su sistema de alerta temprana y el plan de fuga. Si alguna vez venía la poli a buscarlo, yo debía retenerlos en la puerta principal para que él tuviese tiempo de saltar por la ventana del dormitorio, usar el árbol para llegar al techo del garaje, bajar de la casa por detrás del garaje hasta el edificio de apartamentos y luego pasar a la calle de al lado. Para mí, con ocho años, aquello era confuso. «¿Y si la poli no aparece en la puerta principal?». En cualquier caso, me contó que lo habían trincado por posesión de maría unos años antes y que unos polis le habían pegado una paliza solo por tener el pelo largo. Me cagué patas abajo. Yo no quería que a mi padre le pegasen, claro. Y todo eso no hizo más que reforzar mi aversión hacia la autoridad.

Aunque me preocupaba el bienestar de mi padre, esas excursiones a California eran siempre los momentos más felices y despreocupados de mi vida, con esa sensación de tener el mundo entero y maravilloso a mis pies. Asistí a mis primeros conciertos de música en directo y vi a artistas como Deep Purple y Rod Stewart. Íbamos a ver películas de Woody Allen e incluso alguna que otra calificada para adultos. Y luego nos acoplábamos en la casa y veíamos todos aquellos programas psicodélicos de televisión, como *The Monkees* y *The Banana Splits Adventure Hour*, en el que los protagonistas aparecían disfrazados de perros grandes, conducían coches pequeños y vivían aventuras. Así era como yo veía la vida entonces: psicodélica, divertida, llena de luz, todo perfecto. A cada tanto, mi padre nos hacía una visita inesperada a Michigan. Aparecía con un montón de maletas cargadas que guardaba en el sótano. En mis viajes a California me di cuenta de que mi padre estaba metido en el traslado de unos cargamentos enormes de marihuana, pero nunca fue evidente que era eso lo que se traía entre manos cuando venía a visitarnos. Yo me sentía eufórico por tenerlo allí. Mi padre no podía ser más distinto de todos los que vivían en el estado de Michigan. Los vecinos de mi manzana, la gente con la que me relacionaba, tenían todos el pelo corto y llevaban camisas abotonadas de manga corta. Mi padre aparecía con unos zapatos de piel de serpiente con arcoíris y unas plataformas plateadas de quince centímetros, unos vaqueros de campana llenos de parches de terciopelo, cinturones gigantes cubiertos de turquesas, camisetas pegadas casi por encima del ombligo con algún emblema muy chulo, y unas chaquetillas roqueras de terciopelo traídas de Londres. El pelo, algo ralo, le llegaba hasta la cintura, y tenía un bigote retorcido y frondoso y unas patillas enormes.

No es que mi madre aceptase a mi padre precisamente como a un buen amigo, pero reconocía lo importante que era para mí, así que siempre se mostró agradable y facilitó nuestra comunicación. Él se quedaba en mi habitación y, cuando se marchaba, mi madre se sentaba conmigo y yo le escribía notas de agradecimiento por los regalos que me había traído, y le decía lo bien que me lo había pasado con su visita.

En quinto curso empecé ya a mostrar cierto talento para el emprendimiento. Tenía organizados a los niños del barrio y montábamos actuaciones en mi sótano. Elegía un disco, normalmente de la familia Partridge, y todos representábamos las canciones usando instrumentos improvisados, como escobas y pilas de lavar puestas del revés. Yo siempre hacía de Keith Partridge, y cantábamos en *playback* y bailábamos y entreteníamos a los otros niños que no eran muy capaces de tomar parte en la actuación.

Por supuesto, procuraba siempre sacarme uno o dos pavos. Una vez nos dejaron usar el sótano de un amigo y decidí que iba a sacarles a aquellos niños todo lo que pudieran conseguir, diez céntimos, cinco o veinticinco, por bajar allí y asistir a un concierto de la familia Partridge. Coloqué una cortina grande y puse un radiocasete detrás. Luego me dirigí a la multitud: «La familia Partridge es gente muy reservada, y además demasiado famosa como para estar en Grand Rapids, así que van a tocar una canción para vosotros, pero desde detrás de la cortina».

Me metí tras la cortina y fingí mantener una conversación con ellos. Luego puse el disco. Todos los niños del público saltaron en plan: «Pero ¿de verdad están ahí detrás?».

«Pues claro que están ahí. Y tienen más sitios a los que acudir, así que ya os podéis ir largando», les dije. Al final me saqué un puñado de monedillas de aquel asunto.

Todavía en quinto curso ideé un plan para devolvérsela a los directores y administradores del colegio a quienes despreciaba, sobre todo desde que me habían expulsado por agujerearme la oreja. Un día, en clase de Gobierno, el profesor preguntó:

—¿Quién quiere presentarse a delegado «presidente»?

Levanté la mano lanzado.

—¡Yo, yo!

Y entonces otro niño levantó la mano también. Le lancé una mirada intimidatoria, pero siguió insistiendo en que quería presentarse, así que tuvimos una charlita después de clase. Le dije que yo iba a ser el siguiente delegado de clase, y que si no se retiraba de inmediato a lo mejor no salía bien parado. Y así fue como me convertí en delegado. El director no podía ni creérselo. Desde ese momento, fui el encargado de ir a las asambleas y cuando algún cargo especial venía al colegio, yo era quien le daba un paseo por el lugar.

En ocasiones, ejercí mi cargo con intimidación y me metía a menudo en peleas en el colegio, pero también tenía un lado amable. Brookside era una escuela experimental con un programa especial que integraba en las clases normales a niños ciegos y sordos y a otros niños más grandes con retrasos leves. Con todo lo vándalo e intimidador que era, me hice amigo de esos niños. Y como los niños pueden convertirse en mal y tormento de cualquiera que sea en algún modo diferente, aquellos alumnos especiales recibían golpes en todos los descansos y a la hora del almuerzo, así que me autoimpuse como su protector. No perdía de vista a la niña ciega mientras el sordo tartamudeaba. Y si alguno de los pajilleros aquellos los molestaba, me colaba por detrás del abusón con una rama y le daba en la cabeza. Sin duda, tenía mi propio código moral.

En sexto curso empecé a volver a casa para almorzar y me juntaba allí con mis amigos. Jugábamos a la botella y, pese a tener todos novias, los intercambios no suponían ningún problema. Casi siempre nos limitábamos a darnos besos con lengua, y a veces determinábamos el tiempo que tenía que durar el beso. Yo intenté que mi novia se quitara el sujetador de niña que llevaba y me dejara tocarla, pero nunca consintió hacerlo.

En algún momento a finales de sexto, decidí que era hora de irme a vivir con mi padre. Mi madre había superado el límite de su paciencia conmigo, había perdido claramente el control de todo. Cuando no me dio luz verde para marcharme a vivir con él, empecé a desarrollar un resentimiento real hacia ella. Una noche me mandó a mi habitación, probablemente por haberle replicado. Creo que ni siquiera cogí nada: salí por la ventana de mi habitación para ir camino del aeropuerto, llamar a mi padre y averiguar la manera de montarme en un avión e ir directo a Los Ángeles (ningún vuelo iba directo a Los Ángeles, pero eso no lo sabía). Ni siquiera llegué al aeropuerto. Terminé en casa de una de las amigas de mi madre, a unos kilómetros, y ella llamó a mi madre, que vino a recogerme y a llevarme a casa.

Aquel fue el momento en el que empezó a plantearse dejarme ir. Un gran factor determinante para la decisión final fue la entrada en su vida de Steve Idema. Cuando metieron en la cárcel a Scott St. John, mi madre decidió que a lo mejor la idea de reformar a chicos malos tampoco era tan buena. Steve era un abogado que daba asistencia jurídica a los pobres. Había trabajado de voluntario para VISTA con los pobres de las islas Vírgenes. Era una persona honrada de los pies a la cabeza, trabajadora, compasiva, un compañero incondicional con un corazón de oro, y mi madre estaba loca por él. En cuanto me di cuenta de que Steve era un buen tipo y los dos se querían, empecé a presionar más y más para irme a California a vivir con mi padre.

02

Spider e Hijo

Cuando me fui de Michigan con doce años en 1974, les dije a todos mis amigos que me mudaba a California para hacerme estrella de cine. Pero en cuanto empecé a dar vueltas con mi padre en su coche, un Healy, cantando las canciones pop de la radio (algo que no se me daba especialmente bien), anuncié: «Voy a ser cantante. A eso es a lo que me voy a dedicar de verdad». Aunque lo verbalicé, me pasé años sin volver a pensar en esa promesa.

Y es que estaba demasiado ocupado enamorándome de California. Por primera vez en mi vida, me sentía como si aquel fuese el sitio en el que se suponía que debía estar. Había palmeras, y estaban los vientos de Santa Ana, y gente a la que me gustaba mirar y con la que me gustaba hablar, y horarios que me gustaba llevar. Estaba forjando una amistad con mi padre que iba a crecer todos los días a pasos agigantados. A mi padre le parecía genial, porque estaba con su hijo que sabía cuidarse solo y que les encantaba a todos sus amigos y novias. No le estorbaba en lo más mínimo; en todo caso, le proporcionaba un nuevo punto de apoyo, así que la cosa funcionaba en beneficio mutuo. Y a mí las experiencias nuevas me hacían sentir como en una nube.

Algunas de las más memorables de esas nuevas experiencias ocurrieron en el propio bungaló de mi padre, un espacio pequeño en Palm Avenue. Vivía en una mitad de una casa que estaba dividida en dos unidades. Había una cocina pintoresca y un papel de pared de los años treinta quizá, y aunque no tenía dormitorios como tales, mi padre convirtió un pequeño trastero añadido a la casa en mi habitación. Estaba en la parte de atrás y había que pasar por un baño para llegar. El dormitorio de mi padre era la sala de estar, una habitación cerrada por tres puertas batientes que daba al salón, la cocina y el baño. Tenía un papel de pared bonito, negro con flores grandes, y una ventana abierta a un patio lateral repleto de capullos de campanillas sin desflorar.

Llevaba allí solo unos días cuando mi padre me llamó para que fuese a la cocina. Estaba sentado a la mesa con una muchacha muy mona de dieciocho años con la que había estado saliendo esa semana. «¿Quieres fumarte un porro?», me preguntó. En Michigan habría respondido automáticamente que no. Pero estar en aquel nuevo entorno me despertaba el espíritu aventurero. Así pues, mi padre sacó una caja negra recia del *American Heritage Dictionary*, la abrió y estaba llena de hierba. Usó la tapa para los preparativos y desmenuzó allí parte de la maría, dejando las semillas rodar hasta el fondo de la tapa. Después sacó unos papelillos y me enseñó con detalle a liar el porro perfecto. Todo aquel ritual me pareció fascinante.

A continuación, encendió el porro y me lo pasó. «Ten cuidado, no chupes mucho, no se te vayan a salir los pulmones con la tos», me aconsejó.

Le di una caladita y le devolví el porro. Ruló por la mesa unas cuantas veces y al poco estábamos todos con sonrisas, risas y auténtica relajación. Y entonces me di cuenta de que estaba colocado. Me encantó la sensación. Era como una medicina para calmar el alma y despertar los sentidos. No resultaba incómodo ni daba miedo. No sentí que hubiese perdido el control. De hecho, sentí que tenía el control.

A continuación, mi padre me dio una cámara Instamatic y me dijo: «Creo que mi amiga quiere que le hagas unas fotos». Instintivamente supe que iba a haber algo de destape, así que me dirigí a ella:

—¿Y si te levantas la camisa y te saco una foto?

—Me parece bien, pero creo que para que sea algo más artístico es mejor que enseñe solo un pecho —intervino mi padre.

Todos estuvimos de acuerdo. Saqué algunas fotos y nadie se sintió incómodo con aquello.

Así pues, mi entrada en el mundo de la maría fue suave como la seda. La siguiente vez que fumé, ya era todo un profesional y lie el porro con precisión quisquillosa. De todos modos, no cogí fijación, aunque mi padre fumaba maría a diario. Para mí, no era más que otra experiencia única californiana.

Ante todo, mi prioridad ese otoño fue entrar en una buena escuela preparatoria. Se suponía que me iba a matricular en Bancroft, pero cuando fuimos a echarle un vistazo, vimos que el edificio estaba en un barrio turbio y lleno de grafitis de bandas de todo tipo. Aquel sitio no mandaba precisamente el mensaje de «venga, a la escuela a divertirse». Así pues, seguimos con el coche hasta Emerson, que estaba en Westwood. Era un edificio clásico de California, de estilo mediterráneo, con unos céspedes frondosos y árboles florales, y una bandera de Estados Unidos ondeando orgullosa al viento. Además, mirases donde mirases veías a esos pibones de trece años pasearse con sus vaqueros Ditto ajustados.

«Quiero entrar aquí, cueste lo que cueste», afirmé.

Lo que costó fue usar la dirección en Bel Air de Sonny Bono como si fuese la mía. Connie había dejado a mi padre por Sonny, que hacía poco había roto con Cher, pero todos seguían siendo amigos, y como además yo había conocido a Sonny en mi anterior visita, no puso problemas para llevar a cabo el timo y pude matricularme.

Ya solo me quedaba encontrar la manera de llegar a la escuela. El autobús urbano recorría un camino directo de casi siete kilómetros por Santa Monica Boulevard. El problema era que la empresa, la RTA, estaba en huelga. Mi padre andaba estancado en la rutina de acostarse tarde y levantarse tarde, pasar la mayor parte del tiempo colocado y entretener a mujeres todo el rato, así que no iba a comportarse precisamente como la madre ama de casa ideal que lleva a sus hijos al colegio y los recoge. Su solución fue dejarme un billete de cinco dólares en la mesa de la cocina para que cogiese un taxi. Volver a casa sería cosa mía. Para facilitármelo, me compró un patín Black Knight que tenía una tabla de madera y ruedas de pasta. Así que volvía patinando, o en autostop o recorriendo a pie los casi siete kilómetros, mientras descubría Westwood, Beverly Hills y West Hollywood.

Pasé casi todo el primer día en Emerson sin hacer un amigo, y empecé a preocuparme. Todo parecía nuevo y abrumador. Yo venía de un colegio pequeño del Medio Oeste, así que no era precisamente un académico. No obstante, al final del día tuve clase de Artes Creativas y allí había un amigo esperándome: Shawn, un chaval negro de ojos luminosos y con la mayor de las sonrisas. Fue de esas veces en las que vas directo hacia alguien y le dices:

—¿Quieres ser mi amigo?

—Sí, vamos a ser amigos.

Y ya está, sois amigos.

Ir a casa de Shawn era una aventura. Su padre era músico, algo nuevo para mí: un padre que se iba al garaje y practicaba música con sus amigos. La madre de Shawn era de lo más cariñosa y agradable; siempre me recibía bien en su casa y me ofrecía comida exótica como tentempié después de clase. En lo que a cocina se refería, yo había salido de la parte más ignorante del mundo. Mi universo culinario consistía en cosas como pan blanco, queso Velveeta y carne picada. En aquella casa comían yogur y bebían una sustancia extraña llamada kéfir. De donde yo venía, solo teníamos Tang y Kool-Aid.

Pero la educación era un camino de doble sentido, así que yo le enseñé a Shawn una nueva técnica para robar que inventé ese semestre, algo a lo que llamé «el tropezón». Elegía a una víctima, me acercaba a ella y me tropezaba, asegurándome de hacerlo justo donde estuviese el objeto que yo codiciaba. Podía ser un monedero o un peine, lo que fuese, aunque casi nunca nada de un valor superior a unos pocos dólares, porque eso es lo que suelen llevar los niños encima.

Mi comportamiento antisocial del colegio no cesó en Emerson. En cuanto alguien se enfrentaba a mí de cualquier modo, aunque fuese solo para decirme que me quitase de en medio, yo le saltaba. Era chiquitillo, pero desenvainaba rápido, así que pronto me conocieron como el tipo al que no había que putear. Y además siempre me inventaba una buena historia para evitar que me expulsaran después de una pelea.

Quizá una de las razones por las que no quería que me expulsasen fuera que habría decepcionado a uno de los pocos modelos convencionales positivos que tenía en mi vida por entonces: Sonny Bono. Sonny y Connie se habían convertido para mí en unas figuras paternas sustitutas. *The Sonny and Cher Show* probablemente fuese lo más grande que había en la televisión del momento, y Sonny siempre se mostró generoso asegurándose de que yo recibiera toda la atención adicional que necesitase. En su mansión de Holmby Hills tenía siempre una habitación para mí, y había un personal muy atento las veinticuatro horas del día para cocinarme lo que quisiera. Me prodigaba regalos, como un equipo nuevo de esquís, botas para esquiar, palos y una chaqueta, para que pudiese ir ese invierno a esquiar con él, Connie y Chastity, la hija que Sonny tuvo con Cher. Nos sentábamos en el telesilla y Sonny me daba su versión de la vida, que era distinta a la de mi padre e incluso a la de Connie. Definitivamente, Sonny no se salía del buen camino. Recuerdo cómo me enseñó que lo único inaceptable era decir mentiras. No importaba que me equivocase o la cagara en algún momento, bastaba con que fuese sincero con él.

En una ocasión, estaba en su mansión de Bel Air durante una fiesta de Hollywood salpicada de estrellas. Por aquel tiempo no me importaban los Tony Curtis del mundo, así que empecé a subir y a bajar en el ascensor antiguo de madera tallada que tenía la mansión. De repente, me quedé atrapado en una entreplanta y tuvieron que usar un hacha gigante de los bomberos para sacarme. Sabía que me había metido en una gorda, pero Sonny en ningún momento me gritó ni me humilló delante de los adultos que estaban viendo aquel rescate. Se limitó a enseñarme con calma la lección de que había que respetar la propiedad ajena y no jugar con cosas que no estaban hechas para jugar con ellas.

Nunca me gustó que hubiese alguna expectativa sobre cómo debía portarme para formar parte de ese mundo. Yo era un chaval de doce años, destinado a portarme mal y a pasarme de la raya.

Ese mismo año, en otra ocasión, estábamos en la casa pasando el rato y Sonny y Connie me pidieron que les llevara un café. «¿Y por qué no os lo lleváis vosotros mismos?», respondí más o menos en serio. No me suponía ningún problema llevarles el café, pero me pareció que me estaban mandoneando.

Connie me llevó a un lado. «Te has comportado como un burro. Cada vez que actúes así, no te voy a decir más que "burro" y sabrás que tienes que reflexionar sobre lo que has hecho». Pasando.

De donde yo venía, podía actuar como quisiera. Mi padre y yo nos llevábamos bien precisamente porque no teníamos reglas ni normas, todo el mundo lo sabía. Él no me pedía que le llevara ningún café, y yo no se lo pedía a él. Yo venía de un sitio en el que cada cual cuidaba de sí mismo.

Estaba creciendo rápido y de un modo que sin duda no era del agrado de Sonny. Con cada vez más frecuencia me colocaba, salía de fiesta con mis amigos, me iba a patinar y cometía delitos menores. Todo lo que se suponía que no tenía que hacer era lo que quería hacer sin falta. Tenía mi objetivo en la vida, y no era desde luego pasar el rato con Sonny. Nos terminamos distanciando y para mí no supuso ningún problema.

Como consecuencia, el vínculo con mi padre se hizo cada vez más fuerte. En cuanto me hube mudado con él, se convirtió de inmediato en mi modelo y en mi héroe, así que mi misión era hacer todo lo que pudiese para reforzar la solidaridad entre nosotros. Y también era la suya. Formábamos un equipo. Una de las experiencias que nos sirvieron para forjar ese vínculo fue, por supuesto, la de traficar con maría juntos. Me convertí en su coartada para esos viajes. Cogíamos siete maletas Samsonite gigantes y las llenábamos de maría. En el aeropuerto, íbamos de una aerolínea a otra para facturar las maletas, porque en aquella época ni siquiera comprobaban si uno viajaba en el vuelo en cuestión. Aterrizábamos en un aeropuerto principal, recogíamos todas las maletas y seguíamos en coche hasta algún sitio tipo Kenosha, Wisconsin.

En nuestro viaje a Kenosha, nos registramos en un motel porque las transacciones de mi padre iban a llevar un par de días. Yo insistí en que quería acompañarlo cuando fuese a hacer la transferencia, pero estaba negociando con unos moteros muy jodidos, así que me mandó a ver una peli, que resultó ser la última de James Bond, *Vive y deja morir*. Las transacciones tuvieron lugar durante un fin de semana de tres días, así que terminé yendo a ver la peli todos los días que pasamos allí, cosa que me pareció genial.

Teníamos que regresar a Los Ángeles con treinta mil dólares en efectivo. Mi padre me dijo que yo iba a llevar el dinero, porque si cogían a alguien con sus pintas y con todo ese dinero, lo arrestarían seguro. No puse ningún problema. Prefería ser parte de toda aquella movida que quedarme mirando de lejos. Así pues, cogimos un trozo de cinturón, envolvimos con él el dinero y lo pegamos a mi abdomen. «Si intentan detenerme, desaparece. Finge que no vas conmigo y sigue andando».

Conseguimos regresar a Los Ángeles y más adelante me enteraría de que mi padre solo se sacaba doscientos dólares por viaje trabajando de mulero de maría para sus amigos Weaver y Bashara. Descubrí además que complementaba esos pocos ingresos con un buen flujo constante de efectivo, procedente de un creciente negocio de tráfico de coca. En 1974, la cocaína se había convertido en todo un universo, en especial en Los Ángeles. Mi padre había establecido una conexión con un viejo expatriado estadounidense que traía cocaína de México, al que le compraba la coca y luego la cortaba y la vendía a sus clientes. No vendía onzas ni kilos, solo gramos, medios gramos y cuartos. Pero en el transcurso de uno o dos días, eso iba sumando. También trapicheaba con Quaalude. Le fue al médico con una historia lacrimógena de que no conseguía dormir, y el médico le hizo una receta para mil pastillas de Quaalude; cada pastilla costaba como veinticinco céntimos y tenía un valor en el mercado de cuatro o cinco dólares. Así que entre la coca y los sedantes, el negocio resultaba ser bastante lucrativo.

Mi padre nunca intentó ocultarme que traficaba con drogas. No se paraba a contármelo con detalles, pero como yo era su sombra veía todos los preparativos y las transacciones. Junto a la cocina había una habitación pequeña añadida, parecida a mi dormitorio. Incluso tenía una puerta que daba al patio trasero, y allí era donde estaba montado el negocio de mi padre.

La joya de la corona de drogas que tenía mi padre en aquel cuarto trasero era una balanza de triple brazo, que en nuestra casa se usaba más que la tostadora o la licuadora. El platillo, que hacía ocasionalmente las veces de bandeja para esnifar, era un azulejo mexicano verde y azul, precioso, un cuadrado plano perfecto. Yo observaba a mi padre cortar la coca y colarla, y luego coger un bloque de un laxante italiano llamado manitol y pasarlo por el mismo colador para que tuviese la misma consistencia que la coca. Era más que imprescindible asegurarse de cortar la coca con la cantidad adecuada de laxante.

Por allí pasaba un montón de gente, aunque no tanta como podría pensarse. Mi padre tenía una actitud bastante subrepticia con sus trapicheos, y sabía que el riesgo aumentaría si había mucha actividad. Pero lo que a su clientela le faltaba en cantidad lo compensaba con la calidad. Había un montón de estrellas de cine y de televisión, escritores y estrellas del rock, y miles de tías. En una ocasión incluso vinieron a visitarnos dos jugadores famosos de los Oakland Raiders en la víspera de la Super Bowl. Se presentaron bastante temprano, sobre las ocho o las nueve de la noche, y parecían mucho más serios que la clientela habitual, sentados en el mobiliario hecho a mano de mi padre, con pinta de avergonzados y desconcertados por el hecho de que hubiese un niño rondando por ahí. Pero todo salió bien. Consiguieron su mercancía, se fueron y ganaron la Super Bowl al día siguiente.

Lo que resultaba algo molesto de toda aquella experiencia era el tráfico de madrugada. Entonces veía la desesperación real a la que podían inducir esas drogas. No es que me pusiera moralista con el tema, más bien era en plan: «Joder, pues sí que quiere este tío la coca de los cojones». Uno de los que se comportaban como una auténtica trituradora insaciable de cocaína era el hermano de un actor famoso. Aparecía cada hora, a las en punto, hasta las seis de la mañana, recurriendo a tretas y trapalerías y soltando promesas interminables. Cada vez que llamaba a la puerta, mi padre salía de la cama y yo lo oía suspirar para sí: «Joder, no, otra vez no».

A veces mi padre ni siquiera abría la puerta, le hablaba a la gente desde el otro lado de la mosquitera. Yo estaba allí tumbado en mi cama escuchando: «Es demasiado tarde. Lárgate de aquí ya. Además, me debes demasiada pasta. Tienes que pagarme doscientos veinte dólares». Mi padre llevaba una lista con lo que la gente le debía. Yo la miraba y lo oía decir: «Si lograse que todo el mundo me pagara lo que me debe, tendría todo este dinero».

Resultaba complicado convencerme de que no vivíamos a lo grande, sobre todo los fines de semana, cuando mi padre me llevaba de marcha por los clubes nocturnos, donde lo conocían como el Lord de Sunset Strip (también lo llamaban Spider, un apodo que se había ganado a finales de los sesenta, cuando escaló un edificio para entrar en el apartamento de una chavala de la que estaba pillado).

A principios de los setenta, Sunset Strip era la arteria de la vida que fluía por todo West Hollywood. La calle estaba constantemente repleta de gente que se movía entre los mejores clubes de la ciudad. Estaban el Whisky a Go Go y el Filthy McNasty's. A dos manzanas del Whisky tenías el Roxy, otro club de música en directo. Al otro lado del aparcamiento del Roxy estaba el Rainbow Bar and Grill. El Rainbow era el dominio de Spider. Todas las noches llegaba sobre las nueve y se reunía con su cuadrilla: Weaver, Connie y Bashara, y una serie itinerante de personajes.

Para mi padre, arreglarse para salir de noche suponía una experiencia ritual, porque era muy meticuloso con su aspecto. Yo me sentaba y lo veía acicalarse delante del espejo. Cada pelo tenía que ir en su sitio, había que ponerse la colonia adecuada en la cantidad correcta. Luego iban la camiseta estrecha, la chaqueta de terciopelo y las plataformas. Al final, acudimos a unos sastres para que me hiciesen modelos a juego con los suyos. Todo se basaba en imitar a mi padre.

Parte del ritual consistía en saber colocarse para empezar la noche. Obviamente, mi padre se reservaba el cóctel químico para el gran final, mucho más tarde, de madrugada, pero no le gustaba salir de casa sin empezar el colocón como debía, cosa que solía girar en torno al alcohol y a las pastillas. Tenía Quaalude y Placidyl, unos sedantes que te anulaban las capacidades motoras. Mezclados con alcohol, anulaban las capacidades motoras de quien tuvieras al lado. De todos modos, las pastillas favoritas de mi padre eran las de Tuinal.

Cuando salía con él, me daba un vasito de cerveza. Luego abría una cápsula de Tuinal. Como el polvo del Tuinal tenía un sabor muy asqueroso, cortaba un plátano y echaba el Tuinal roto dentro. Él se tomaba la parte que contenía más polvo y a mí me daba el trozo más pequeño. Y entonces estábamos listos para salir.

Nuestra recepción digna de la realeza empezaba en cuanto llegábamos a la puerta del Rainbow. Tony, el *maître* del club, saludaba a mi padre como si fuese el cliente más valioso del Strip. Por supuesto, el billete de cien dólares que mi padre le daba al entrar no era contraproducente. Tony nos llevaba hasta la mesa de mi padre: la mesa del jefe, justo delante de una chimenea enorme. Desde aquella atalaya podías ver a cualquiera que entrase en el club o bajase del Over the Rainbow, un club nocturno que había dentro del propio club. Mi padre era increíblemente territorial. Si una persona que él no considerase pasable se sentaba en la mesa, Spider le plantaba cara.

—¿Qué te crees que estás haciendo?

—Bueno, nada, sentarme y echar el rato.

—Lo siento, tío, pero lárgate de aquí. Tienes que irte.

Pero si entraba alguien que a mi padre le interesaba, se levantaba de un salto y le buscaba hueco. El patrullaje que ejercía sobre aquella mesa me hacía sentir incómodo. No es que me gustase por fuerza que se sentaran intrusos allí, pero pensaba que mi padre podía mostrarse algo más amable y moderado. Llegaba a comportarse como un gilipollas, sobre todo cuando el alcohol y los sedantes fluían al mismo tiempo, aunque también era un gran catalizador para reunir a personas interesantes. Si Keith Moon o los de Led Zeppelin o Alice Cooper andaban por la ciudad, estarían sentados con Spider, porque era el tío que más molaba del lugar.

Pasábamos la mayor parte de la noche en el Rainbow. Mi padre no se quedaba en la mesa todo el tiempo, solo lo suficiente hasta que llegaban sus puntales a guardar la mesa, y entonces se turnaban entre todos para hacer rondas por la zona de bar del restaurante, o para ir arriba. Siempre me encantó el club de arriba. Cuando una de las novias de mi padre quería bailar, me lo pedía a mí, porque Spider no era muy bailongo.

La noche nunca estaba completa sin cocaína, y se convirtió en todo un deporte ver con cuánta clandestinidad sabías meterte la farlopa. Los cocosos expertos eran fáciles de detectar, porque todos tenían la uña del meñique derecho larga, la uña de la coca. Se la dejaban crecer al menos un centímetro desde la yema y la limaban a la perfección: era la cucharilla de la coca definitiva en aquellos tiempos. Mi padre se sentía muy orgulloso de la elaborada manicura de su uña de la coca. Aunque también me di cuenta de que tenía otra uña evidentemente más corta que las demás.

—¿Qué pasa con esa uña? —le pregunté.

—Es para no hacerles daño a las señoritas ahí abajo cuando uso el dedo con ellas.

Tío, ese comentario se me quedó grabado en la cabeza. Tenía un dedo apto para coños.

Yo era el único niño presente en toda aquella locura. En general, los adultos que no me conocían pasaban de mí, pero Keith Moon, el legendario batería de los Who, siempre intentaba que me sintiera a gusto. En mitad de aquel ambiente caótico, desenfrenado y fiestero en el que todo el mundo gritaba y chillaba, esnifaba y se metía, bebía y se rozaba, Moon sacaba tiempo para tranquilizarse, echarme el brazo por los hombros y decirme: «¿Cómo va eso, chaval? ¿Te lo estás pasando bien? ¿No deberías estar en el colegio o algo? Bueno, me alegro de que andes por aquí». Eso se me quedó grabado.

Solíamos estar hasta el cierre, que era a las dos de la mañana. Entonces llegaba el momento de reunirse en el aparcamiento, que a esas horas se había llenado de tías y tíos vestidos con una ropa estrafalaria estilo glam-rock. El momento aparcamiento consistía en intercambiar números de teléfono, tratar de pillar cacho y procurarse una continuidad para la fiesta, aunque a veces también había algún altercado en el que a menudo estaba mi padre implicado. Se enfrentaba por ejemplo a pandas de moteros delante de mí, y yo saltaba allí, en mitad de la pelea, tan chico como era, en plan: «Este es mi padre. Ahora mismo está reventado. Haya dicho lo que haya dicho, olvidadlo y perdonádselo. No iba en serio. Y, por favor, no le peguéis en la cara, soy un niño y me duele mucho ver que a mi padre le pegan en la cara».

Tenía el horrible presentimiento de que mi padre iba a acabar haciéndose mucho daño en una pelea o en un accidente de coche. A esas alturas de la noche, Spider iba tan puesto que cruzar la sala suponía una rutina digna de vodevil: un tío tropezándose, cayéndose y poniéndose milagrosamente en pie. Se daba contra el mobiliario, se apoyaba en cualquier cosa que notara estable, no se le entendía nada al hablar, y aun así trataba de montarse en el coche para conducir y seguir de fiesta. Yo pensaba: «Mierda, mi padre no puede hablar. Eso no es buena señal». Cuando se había metido demasiado, me responsabilizaba de su seguridad, lo que me dejaba en una posición bastante difícil.

Todo eso se estaba cobrando un peaje emocional en mi persona de maneras que no sabía ni articular. Aunque tenía amigos en Emerson, y los fines de semana iba al Rainbow como compinche de mi padre, pasaba mucho tiempo solo y empecé a crearme un mundo propio. Me tenía que levantar por las mañanas, ir a la escuela y mantenerme en mi burbuja particular. No me importaba, porque contaba con ese espacio para fingir, crear, pensar y observar. En algún momento de aquel año, una de las gatas del vecino tuvo crías, y yo solía llevarme a uno de esos suaves gatitos blancos al tejado del apartamento con garaje que teníamos detrás, para echar el rato. Era mi amiguillo, aunque a veces le regañaba, sin ningún motivo más que el de ejercer poder sobre él. Durante una de esas regañinas, empecé a darle golpes al gatito en la cara con los dedos. No era nada terrible, pero fue un acto de agresión, y algo extraño, porque yo siempre había sido amante de los animales.

En una ocasión, le golpeé tan fuerte que se hincó un dientecito en el labio y se derramó una gota de sangre. Me entró el pánico total. Empecé a sentir un aversión intensa hacia mí mismo por hacerle daño a ese animalillo que siguió teniéndome cariño incluso después de aquel incidente. Me daba miedo que mi incapacidad para contenerme y no caer en esa conducta fuese una señal de psicosis incipiente.

De todas maneras, en líneas generales, no habría cambiado mi estilo de vida por nada del mundo, y mucho menos por ciertas realidades mundanas de mis amigos de Emerson. Iba a sus casas y veía a sus padres llegar de la oficina, sin tiempo ni energía ni compasión para sus hijos. Se limitaban a sentarse, beber *whisky*, fumarse un puro, leer el periódico y marcharse a la cama. No me parecía una opción mucho mejor.

Tratar de dormir algo para estar descansado para las clases del día siguiente mientras había gente follando en el sofá o chutándose cocaína y trasteando el radiocasete no era una realidad mundana, en absoluto, pero era mi realidad. Las noches previas a un día de clase me quedaba en casa, pero Spider estaba puntual en su mesa del jefe en el Rainbow, y la mitad de las veces la fiesta continuaba después en nuestra casa. Estaba dormido y de repente oía la puerta abrirse y a un chorro de maníacos colarse en la casa. Entonces empezaba la música, y seguían las risas, las rayas y el follón general. Yo trataba de dormir en mi habitación, al fondo, que estaba conectada con el único baño de la casa, donde la gente entraba y salía, y meaba, gritaba y se metía drogas.

Gracias a Dios, tenía mi radio-reloj de los años setenta. Todas las mañanas, a las seis y cuarenta y cinco, me despertaba con la música del momento. Solía levantarme muerto, pero iba dando tumbos hasta el armario, me ponía una camiseta, entraba al baño y me preparaba para ir a clase. Luego recorría la casa y evaluaba los daños. Siempre parecía un campo de batalla. A veces, había gente inconsciente en el sofá o en las sillas. Las puertas de la habitación de mi padre siempre estaban cerradas. Solía estar durmiendo con alguna tía, aunque algunas veces seguía despierto, encerrado en su módulo.

Una de las razones de mi afecto por ese reloj era que, realmente, me moría por llegar a la escuela todos los días. Me encantaban casi todas las clases. Pese a la cantidad de locura, drogas y vida nocturna que había en su rutina, mi padre me apoyaba al cien por cien en los estudios. Él mismo tenía un pasado académico, y creo que era consciente de la importancia de estudiar y aprender y exponerse a ideas nuevas, sobre todo en las vías creativas que se ofrecían. Todos los días, usaba alguna palabra esotérica de cojones para que la añadiese a mi vocabulario. También amplió mis gustos en literatura, desde los Hardy Boys hasta Ernest Hemingway y otros grandes escritores.

En la escuela, la clase que más interés despertaba en mí era la de Lengua Inglesa. Tenía de profesora a Jill Vernon, la persona que más profundamente me ha inspirado de todos los profesores que he tenido, de lejos. Era una señora muy menuda, con pelo negro corto, de unos cincuenta años. Sabía comunicarse con los niños de verdad y convertía todo aquello de lo que hablaba —escritura, lectura, cualquier cosa— en algo interesante, atractivo y divertido.

Todos los días pasábamos los primeros quince minutos de la clase escribiendo un diario. Ella ponía en la pizarra una frase de inicio, y se suponía que nosotros teníamos que improvisar a partir de esa oración sobre cualquier otro tema que nos apeteciese. Algunos de los otros estudiantes escribían cinco minutos y paraban, pero yo podría haberme pasado las clases enteras escribiendo.

La señorita Vernon me mandaba llamar con frecuencia al terminar el día y me hablaba de la escritura, porque veía que yo ponía el corazón en aquellos ensayos.

«Leo todos los diarios y debo decirte que tienes un don especial para la escritura. Creo que deberías ser consciente de ello y hacer algo al respecto. Deberías seguir escribiendo».

Cuando estás en séptimo y una mujer tan maravillosa a la que admiras se toma el tiempo de expresarte una idea así… Eso prendió una chispa que ya nunca se apagaría durante el resto de mi vida.

Por aquella época se encendió otra chispa más. Mi padre me había hablado de su primer amago de experiencia sexual y no había sido nada agradable. Acudió a un prostíbulo del centro de Grand Rapids. Las prostitutas eran todas negras. A mi padre lo mandaron arriba a una habitación y unos minutos después entró una señora de mediana edad con algo de barriga. Le preguntó si estaba listo, pero mi padre tenía tanto miedo que soltó: «Lo siento, no puedo hacerlo». ¿Cómo iba a poder rendir alguien en unas circunstancias así? ¿Llegar a un sitio extraño y terminar con una persona extraña sin ningún tipo de conexión contigo, y tener que pagar por eso? Creo que esa vivencia tuvo mucho que ver con que mi padre quisiera que mi primera experiencia sexual fuese mejor. Solo que no sé si imaginó que mi primera vez sería con una de sus novias.

En cuanto me mudé con mi padre, la idea de tener relaciones sexuales se convirtió en una prioridad para mí. En realidad, la expectación, el deseo y la obsesión frente al acto inevitable me habían estado rondando desde mucho antes de llegar a California. Pero a esas alturas ya tenía once años, casi doce, y era momento de actuar. Las niñas de mi edad en Emerson no querían nada conmigo. Mi padre tenía una sucesión de novias adolescentes preciosas con las que yo no podía evitar fantasear, aunque no era capaz de reunir el nervio para acercarme a ellas. Y entonces empezó a verse con una muchacha llamada Kimberly.

Kimberly, de dieciocho años, era guapísima, de voz suave y pelo rojo, con una piel blanca como la nieve y unos pechos enormes, perfectamente formados. Tenía una personalidad etérea y soñadora que quedaba patente en su firme rechazo a ponerse las gafas, pese a padecer una miopía horrible. Una vez le pregunté si podía ver sin las gafas, y me dijo que las cosas le quedaban muy borrosas. ¿Y entonces por qué no se ponía las gafas? «En realidad, prefiero no ver el mundo con claridad».

Una noche, poco antes de cumplir yo los doce años, estábamos todos en el Rainbow. Me había tomado un Quaalude y estaba ciego como un piojillo, y reuní el coraje para escribirle una nota a mi padre: «Sé que es tu novia, pero estoy muy seguro de que ella está dispuesta, así que si no tienes problema, ¿podemos arreglar la cosa para que termine haciéndolo con Kimberly esta noche?».

Negoció el trato en un segundo. Ella entró en el juego, así que volvimos a la casa y mi padre dijo: «Bueno, ahí está la cama, ahí está la chavala, haz lo que quieras». Para empezar, la cama de mi padre era extraña, porque tenía cuatro colchones apilados uno encima del otro para crear un efecto casi de trono. Para mi gusto, mi padre estaba demasiado presente en todo aquello, y yo me notaba demasiado nervioso, pero Kimberly se encargó de todo. No dejó de guiarme, y fue muy cariñosa y amable, y todo resultó bastante natural. No recuerdo si duró cinco minutos o una hora. Sencillamente, fue un momento borroso, difuso, sexi.

Me pareció algo divertido de hacer, y nunca me sentí traumatizado, pero creo que de manera subconsciente quizá se me quedó grabado de un modo algo raro. A la mañana siguiente no me desperté en plan: «Hostia, ¿qué cojones ha pasado?». Me desperté queriendo irme a fardar del tema con mis amigos y encontrar la manera de poder hacer que aquel arreglo se repitiese. Pero esa fue la última vez que mi padre me dejó hacer tal cosa. Siempre que se echaba una novia nueva y preciosa, yo le decía: «¿Te acuerdas de aquella noche con Kimberly? ¿Y si…?».

Y mi padre siempre me cortaba: «No, no, de eso nada. Eso fue cosa de una vez. Ni me saques el tema. No va a volver a pasar».

En el verano de 1975 hice mi primer viaje de vuelta a Michigan desde que me había mudado a vivir con mi padre. Spider me dio un buen pellizco de Colombian Gold —que en aquel momento ocupaba la punta de la pirámide alimentaria en lo que a hierba se refería—, algunos porros tailandeses y una barra de hachís libanés. Era mi suministro para el verano. Por supuesto, les facilité a mis amigos Joe y Nate su primer colocón. Fuimos a Plaster Creek, nos fumamos un trócolo bien servido y salimos haciendo volteretas y piruetas laterales y riéndonos.

Me pasé el verano hablándole a la gente de las maravillas de vivir en Hollywood, de las personas tan distintas e interesantes que había conocido y de la música que había estado escuchando, es decir, la colección entera de mi padre, desde Roxy Music hasta Led Zeppelin o David Bowie, Alice Cooper y los Who.

En julio de ese verano, mi madre se casó con Steve. Celebraron una boda preciosa bajo un sauce en el patio trasero de su granja en Lowell. Sentí que las cosas les iban bien a ella y a mi hermana, Julie. Regresé a West Hollywood a finales del verano, ansioso por retomar mi estilo de vida en California, y por volver junto a quien se convertiría en mi nuevo mejor amigo y compañero en el crimen durante los dos años siguientes.

Conocí a John M. al final de séptimo curso. Había una escuela de niños católicos pegada a Emerson y solíamos vacilarnos unos a otros a través de la verja. Un día, me pasé por allí y me metí en una batalla de insultos con un niño que decía saber kárate. Seguramente estuviese aprendiendo *katas* y no tenía ni idea de peleas callejeras, porque le reventé el culo delante de toda la escuela.

En algún momento, en mitad de aquella melé, establecí un vínculo con John. Vivía en la parte de arriba de Roscomar Road, en Bel Air. Aunque esa zona seguía perteneciendo a la ciudad, detrás de su casa había montañas y un embalse con una cascada gigante que daba a otro embalse. Era la zona de juegos perfecta. El padre de John trabajaba para una empresa aeroespacial y era un bebedor empedernido, así que en su casa no se discutía de nada, ni se hablaba de sentimientos, solo se fingía que todo iba bien. La madre de John era de lo más dulce, y la hermana estaba confinada a una silla de ruedas por alguna enfermedad degenerativa.

Cuando empecé octavo curso, John se convirtió en mi mejor amigo. No hacíamos más que patinar y fumar maría. Algunos días podíamos pillar maría y otros no, pero patinar podíamos siempre. Hasta aquel momento, yo solo había usado el patín por la calle como un medio de transporte, y para saltar curvas, básicamente para llegar donde fuese con una pizca de estilo. En realidad, era igual de funcional que cualquier otra cosa. A principios de los setenta, ese deporte empezó a ascender y la gente iba a patinar por tuberías de desagüe, tramos inclinados y piscinas vacías. Más o menos en esa misma época los patinadores del barrio de Dog Pound de Santa Mónica empezaron a llevar el patinaje a un nuevo nivel, más alto y semiprofesional. John y yo lo hacíamos por diversión y como un reto.

John tenía toda la pinta del típico chaval estadounidense. Era un auténtico cervecero, y nos íbamos a pasar el rato delante del mercado de la zona para convencer a algún adulto de que nos comprase cervezas. El del alcohol no era mi ciego favorito, pero resultaba medio excitante perder el control de esa manera, sentir que no sabías lo que iba a ocurrir.

Pasamos de pedirle a la gente que nos comprase *packs* de seis cervezas a cometer atracos para conseguir la priva. Un día estábamos paseando por Westwood y vimos en un restaurante a unos trabajadores cargando cajas de cervezas a un almacén de una tercera planta. En cuanto desaparecieron un segundo, nos subimos a un contenedor de la calle, nos agarramos a la escalera de incendios, nos impulsamos hacia arriba, abrimos la ventana y cogimos una caja de Heineken que nos duró un par de días.

Luego pasamos de robar cervezas a robar *whisky* en los supermercados de Westwood. Entrábamos en el súper, cogíamos una botella de *whisky* y nos la colábamos en una pernera, nos poníamos el calcetín por encima y salíamos andando, un poco como si tuviéramos una pata de palo. Tenía un sabor horrible, pero nos obligábamos a bebérnoslo. Antes de darnos cuenta, el licor se nos había subido a la cabeza. Luego nos íbamos a patinar por ahí, a chocarnos contra cosas y a fingir peleas.

En cierto momento, John decidió cultivar su propia plantación de marihuana, cosa que me pareció muy ingeniosa por su parte. Después nos dimos cuenta de que era más fácil buscar las plantaciones de otras personas y robarles la hierba. Un día, tras semanas de búsqueda infructuosa, dimos con una plantación custodiada por perros. Yo distraje a los animales, John robó la hierba, y nos llevamos todas aquellas plantas enormes a casa de su madre. Sabíamos que teníamos que secarlas primero en el horno, pero a John le preocupaba que su madre volviese a casa, así que sugerí que, como la mayoría de la gente estaba todavía trabajando, usáramos el horno de otra persona.

Nos alejamos unas cuantas casas de la de John, nos colamos en una de ellas, trasteamos el horno y metimos el montón de hierba. Nos quedamos una hora allí, y aunque no conseguimos que la hierba se pudiese fumar, aprendimos lo fácil que era colarse en las casas de la gente y empezamos a hacerlo con cierta frecuencia. No nos aventurábamos para robar televisores ni rebuscar joyas; solo queríamos dinero, o cosas que pareciese divertido tener, o drogas. Buscábamos en los botiquines de la gente, porque para entonces yo había visto ya un montón de pastillas y sabía cuáles había que buscar. Un día encontramos un bote enorme de pastillas en el que ponía «Percodan». Nunca me había tomado ninguna, pero sabía que se consideraban la *crème de la crème* de los analgésicos, así que cogí el bote y regresamos a casa de John.

—¿Cuántas nos deberíamos tomar? —me preguntó.

—Vamos a empezar por tres y a ver qué pasa.

Nos tomamos tres cada uno y nos quedamos sentados unos minutos, pero no ocurrió nada, así que nos metimos un par más. Lo siguiente que supimos fue que se nos había ido la olla con un subidón opiáceo y que aquello nos encantaba. Pero eso solo fue cosa de una vez. No volvimos a tomar Percodan.

Nuestros pequeños éxitos con los atracos envalentonaron a John. Vivía enfrente de la que había sido su escuela de primaria y sabía que los ingresos del día de la cafetería los guardaban en una caja fuerte y los metían en el congelador todas las noches. Resultó que durante el último mes, cuando cursaba sexto, John le había robado un juego de llaves del colegio al bedel.

Planeamos nuestra estrategia. Pillamos unas máscaras, nos pusimos guantes y esperamos hasta medianoche. Las llaves funcionaban. Entramos en la cafetería, fuimos al congelador y allí estaba la caja fuerte. La sacamos y echamos a correr, cruzando la calle hasta la casa de John. En su dormitorio, abrimos aquella caja y contamos cuatrocientos cincuenta dólares. Era de lejos el mayor botín que habíamos conseguido jamás. ¿Y entonces?

«Vamos a pillar medio kilo de maría, vendemos una parte para sacar beneficio y así tener toda la hierba que queramos fumar», sugerí. Estaba harto de quedarme sin maría hasta el extremo de tener que limpiar las pipas para encontrar algo de resina de THC. Sabía que Alan Bashara tendría medio kilo de maría por algún sitio, y así era. Por desgracia, era una maría de mierda. Yo había pensado llevármela a la taquilla de Emerson y venderla desde allí, pero hacer eso era demasiado estresante, así que terminé llevándome la maría a casa y vendiéndola en mi habitación; todas las veces que vendía algo le metía mano al bloque y me fumaba los mejores trozos. En una ocasión, intenté venderle esa maría puerca a un par de yonquis que vivían enfrente, pero incluso ellos se quejaron. Cuando vieron el bote de Percodan, me ofrecieron cinco dólares por pastilla. Se las vendí todas de un tirón.

El culmen de mi experimentación con las drogas en octavo junto a John llegó con nuestros dos viajes de ácido. No conocía a nadie que se metiera LSD; era como una droga de una generación distinta. Aun así, sonaba a una experiencia más aventurera que no consistía en colocarse y camelar a las señoritas, sino en hacer un viaje psicodélico a un estado de alteración. Así era exactamente como veía mi vida por entonces: viajes a lo desconocido, a lugares en la mente y en el reino físico que otra gente no hacía. Preguntamos por todas partes, pero ninguno de nuestros amigos porretas sabía cómo pillar ácido. Cuando fui a casa de Bashara a por la hierba, resultó que tenía unas cuantas tiras con veinte pegotillos piramidales de gelatina de color chillón, diez verdes y diez morados. Cogí dos papeles de cada color y corrí a casa de John. De inmediato planeamos los dos viajes. El primero iba a ser el fin de semana siguiente y dejaríamos el segundo para cuando John y su familia se fuesen a la casa de la playa, en Ensenada, México. Primero le dimos al ácido morado. Como era muy puro y fuerte, nos pusimos cieguísimos de inmediato. Fue como contemplar el mundo a través de unas gafas nuevas. Todo era vívido y brillante, y nos convertimos en máquinas de vapor de energía, corriendo por el bosque y saltando de los árboles, con una sensación de absoluta inmunidad ante cualquier peligro. Luego se puso en marcha el aspecto espiritual del ácido y empezamos a ponernos introspectivos. Decidimos observar a las familias en sus casas, así que nos colamos en varios patios traseros y empezamos a espiar a los residentes a través de las ventanas; en lo que a nosotros respectaba, éramos invisibles. Nos acercábamos a las ventanas y observábamos a las familias cenando, y oíamos sus conversaciones.

El sol empezó a ponerse y John se acordó de que su padre volvía a casa de un viaje de negocios ese día, así que tenía que cenar en familia.

—No creo que sea muy buena idea. Se van a dar cuenta de que estamos fatal colocados de ácido —opiné.

—Nosotros sabemos que estamos fatal colocados de ácido, pero no creo que ellos sean capaces de notarlo —dijo John.

Yo seguía con mis dudas, pero fuimos a la casa y nos sentamos a la mesa, ante una cena formal junto al padre conservador de John y a su dulce madre, y a su hermana en la silla de ruedas. Le eché un vistazo a la comida y empecé a alucinar, no podía ni pensar en comer. A continuación me puse a observar fascinado cómo se abría la boca del padre y le salían flotando unas palabras enormes. Para cuando los padres de John empezaron a convertirse en bestias, los dos estábamos riéndonos sin control.

Ni que decir tiene que a los dos nos encantó aquello una barbaridad. Fue una experiencia preciosa, extraordinaria y alucinógena, más de lo que habríamos podido imaginar. Habíamos tenido alucinaciones leves fumando maría, en las que a lo mejor veíamos colores, pero nada con lo que sintiéramos que estábamos viajando a una galaxia lejana y de repente comprendiésemos todos los secretos de la vida. Así que estábamos ansiosos por nuestro siguiente viaje de ácido en México.

La familia de John tenía una casa preciosa en una playa de arena blanca infinita. Nos tomamos el ácido verde por la mañana, nos fuimos hasta un banco de arena y nos quedamos siete horas en el mar, alucinando con el brillo y el destello del agua, con los delfines y las olas. Aquellas dos veces fueron los mejores viajes de ácido que he tenido en la vida. Más adelante me dio la sensación de que hubiesen dejado de hacer LSD bueno de verdad, y el ácido se convirtió en un rollo más inmediato y tóxico. Aun así, seguí teniendo unas alucinaciones de locura, pero nunca volvió a ser una sensación tan relajante ni tan pura.

No quiero dar a entender que John fuese mi único amigo en Emerson, porque no era así. Pero como siempre, la mayoría de mis amigos estaban excluidos del orden social de las cosas. A veces tenía la sensación de ser «menos que». Era «menos que» porque no era tan rico como la mayoría de aquellos niños. También me sentía apartado cuando se trataba de niñas. Como todos los chiquillos que pasan a la pubertad, empecé a quedarme colgado por todos los pibones que se me cruzaban por delante de los ojos. Y en Emerson había muchos. Eran pequeñas debutantes ricas y divas con nombres como Jennifer y Michele. Se vestían con unos vaqueros Ditto pegados en miles de colores pastel que hacían cosas maravillosas con sus cuerpos femeninos de jóvenes adolescentes: les daban marco, forma, sostén, configuración, empaque a la perfección. Y yo no podía quitarles los ojos de encima.

Pero siempre que me acercaba a una niña y le pedía salir, me soltaba: «Estás de coña, ¿no?». Eran todas preciosas, estaban buenas, pero eran unas esnobs. Todas aquellas niñas querían a un tío que fuese un par de años mayor, o que estuviese ya en forma o tuviese un coche. Para ellas yo era un friki a quien tenían que evitar, y odiaba esa sensación. El mismo grado de confianza y seguridad en mí mismo que adoptaba en mi otra vida, la del club y la de las fiestas, la vida de los amigos de mi padre —en la que me sentía en paz, al mando y capaz de comunicarme—, desaparecía con las niñas en la escuela preparatoria. No me aportaban nada en cuanto a refuerzo de la confianza. A excepción de Grace.

Antes de comentar la anomalía que supuso Grace, debo dar marcha atrás y retomar el hilo de mi historia sexual. Después de mi lío con Kimberly, pasé como un año sin tener contacto sexual con ninguna mujer. Sin embargo, más o menos al mismo tiempo que experimenté con Kimberly, descubrí el arte y el goce de la masturbación, gracias a las Photo Funnies de la *National Lampoon*. Por algún motivo, el tema de la masturbación no fue algo que mi padre sacara a colación. Me enseñó hasta la parte más minúscula de la anatomía femenina, pero nunca me contó que, si necesitaba satisfacerme sexualmente, podía hacerlo solo. La *National Lampoon* me inspiró para averiguarlo.

Toda esa experimentación tuvo lugar una tarde en mi dormitorio anexo. No es que físicamente yo fuese una persona de desarrollo demasiado tardío, pero tampoco fui precoz. Más o menos el primer mes que llegué a ser capaz de tener un orgasmo y eyacular, se me ocurrió que podía usar fotos para conseguirlo. Sorprendentemente, no recurrí a la enorme colección de revistas *Penthouse* y *Playboy* de mi padre. Me sentí atraído por el realismo de las chicas que salían en las *Lampoons*, por el hecho de que no estuviesen en las posturas convencionales de lo que se suponía que debía ser sexi. No eran más que chavalas desnudas reales. Al poco, abusaba de cualquier revista que pudiese para completar mi misión, sobre todo en el instituto, donde se había convertido casi en una competición ver cuántas veces podías pajearte en un día, y con qué estímulos te pajeabas, y qué herramientas incorporabas al proceso. Aunque eso llegaría mucho después.

Más o menos cuando mis hormonas empezaron a revolucionarse, disfruté de la maravillosa experiencia de tener una noche como canguro a Cher. Estaba en octavo curso y aún pasaba ratos a veces con Sonny y Connie, pero un día se les complicó la cosa y Cher se ofreció para cuidarme por la noche. Acampamos en su dormitorio, tuvimos una charla muy seria durante horas y nos hicimos amigos de verdad por primera vez.

Pasado un rato llegó la hora de acostarse. Como era una casa tan grande y podía darme miedo estar solo, Cher me dejó dormir en su cama hasta que Sonny y Connie fuesen a recogerme. En mi cabeza había un poco de tensión: no es que yo fuese a hacer ningún movimiento para acercarme a esa mujer, era simplemente la idea de estar en la cama con una criatura tan magnífica. Pero pensé que no pasaba nada, porque éramos amigos.

Entonces Cher se levantó para ir al baño y prepararse para acostarse. La habitación estaba a oscuras, pero en el baño había luz, así que observé cómo se quitaba la ropa mientras fingía estar quedándome dormido. Había un cuerpo desnudo de mujer, y era largo y esbelto, especial, apasionante. No es que yo tuviese los medios para pretender alguna relación física con ella, pero en mi cabeza fue un momento estimulante y medio inocente. Tras ponerse el camisón, volvió a la habitación y se metió en la cama. Recuerdo haber pensado: «No pasa nada por estar aquí tumbado al lado de esta preciosa dama».

La siguiente mujer que haría avanzar mi educación sexual fue también alguien mayor que yo. Becky había sido novia de Alan Bashara. Tenía unos veinticuatro años entonces, y era menuda y preciosa, con un pelo rizado adorable. También le daba al Quaalude. Íbamos juntos a hacer recados, Becky se machacaba unas pastillas y luego nos montábamos en su Fiat y conducíamos por la ciudad. Esos días terminaban siempre con los dos colocándonos, volviendo a casa y haciendo el tonto. Nuestras sesiones resultaron ser unas grandes lecciones de aprendizaje para mí, porque me enseñó con todo detalle a cómo comérselo a una chica. Una vez me dijo incluso que le masajeara las nalgas. «¡Guau, nunca se me habría ocurrido!», me dije maravillado.

El sexo era todavía algo bastante esporádico para mí en octavo. Pero ni siquiera entonces conocía a ni un solo niño que se acostase con nadie. Todos mis amigos estaban destinados a seguir vírgenes durante unos cuantos años más, así que parte de mi disfrute era llegar a la escuela al día siguiente y decirles a mis amigos: «Eh, he pasado la noche con una tía». Y ellos se quedaban en plan: «Guay, no entiendo nada». Aunque más asombrados aún se quedaron después de mi experiencia con Grace en Emerson.

Aquello empezó, como muchos de mis encuentros sexuales de la época, con un Quaalude. O con medio, para ser exactos. Llevé una pastilla a la escuela y la compartí con John. Planeamos vernos a la hora del almuerzo y poner en común la experiencia de haber estado ciegos en clase. Para cuarta hora, yo iba cargadísimo. Estaba en clase de Periodismo con una niña preciosa llamada Grace, muy desarrollada físicamente para tener catorce años, y sobre todo para ser japonesa. Sabía que había estado colada por mí desde siempre. De repente, me vino la inspiración. Le pedí permiso al profesor para ir con Grace a hacer una tarea en las instalaciones de la escuela, y darnos una vuelta para ver si podíamos sacar historias para el periódico de la clase. Me mostré muy resuelto porque estaba ciego y sentía la coacción gregaria del Quaalude fluyendo en mi interior. El profesor dijo: «Vale, pero tenéis que estar de vuelta para antes de que termine la clase».

Grace y yo salimos del aula y avanzamos por el pasillo, hasta llegar al baño de los niños, que era uno de esos baños antiguos grandes y preciosos construidos en los años treinta, con un montón de cabinas, un techo alto y ventanas enormes. Empecé a jugar con los pechos de Grace y a besarla, y a ella le encantó. Yo iba puesto y ella no, pero los dos estábamos igual de cachondos y teníamos las mismas ganas de vivir esa experiencia. En cuanto empecé a meterle mano ahí abajo, entró un niño pequeño en el baño, nos vio en la cabina, soltó un grito y echó a correr. En vez de entrar en pánico y abortar la misión, me decidí a buscar un sitio más seguro. Así que nos recorrimos la escuela y encontramos una caseta de bedel detrás de uno de los módulos. De inmediato, nos quitamos la ropa y nos pusimos a ello. Para mi gran sorpresa, Grace sabía muy bien lo que estaba haciendo. En cuanto me corrí, me levanté y, como era adolescente, seguía teniendo la polla dura. De manera instantánea, Grace se puso de rodillas y empezó a hacerme una mamada, y volví a correrme. Estaba alucinado. ¿Cómo sabía siquiera hacer aquello? Nos vestimos y volvimos corriendo a clase, riéndonos nerviosos todo el camino. Nada más llegar al almuerzo, les conté a mis amigos toda la historia y se quedaron boquiabiertos, muertos de envidia. Para mí no era más que otra batallita rutinaria, porque siempre estaba dispuesto a hacer lo que se me presentara por delante.

En julio volví a pasar un típico verano en Michigan, en una zona relajante de bosque y lagos y huertos de melocotoneros, pegando tiros con mi pistola de balines y pasando el rato con Joe y Nate. Sin embargo, al acabar el verano, mi madre y yo decidimos que debía quedarme en Michigan a pasar el primer semestre de noveno. Mi madre estaba embarazada por tercera vez y me quería tener cerca para que cuando diese a luz yo crease un vínculo afectivo con mi nueva hermana. Como ella y Steve vivían en Lowell, que estaba en el campo, terminé yendo a clases a una localidad con menos de dos mil habitantes.

La mayoría de los niños me condenaron al ostracismo. Todos los chavales populares, los idiotas hijos de granjeros, me llamaban «nenaza» y «Hollywood» y «maricón» porque tenía el pelo largo. Cuando empezaron las clases, aparecí con una ropa diferente y otro peinado y con una actitud distinta, y aquellos paletos montones de heno quisieron matarme. Mi único consuelo eran mis relaciones con las niñas, que parecían apreciarme algo más. Aquel semestre me lie con un pibón hispano y con una rubia llamada Mary, que había ganado el concurso de pelo largo y sedoso de L'Oreal en el Medio Oeste. Era muy guapa y un año mayor que yo, aunque nuestra relación nunca terminó en el romance pleno que yo me había imaginado. Casi todo el tiempo que pasábamos juntos estábamos cogidos de la mano liándonos, y me dejó tocarle algunas partes del cuerpo, pero nunca me dio toda la pesca. Nunca supe si me estuvo siguiendo la corriente porque yo era más joven y dos cabezas más bajo que ella.

El 3 de octubre de 1976, mi madre dio a luz a mi segunda hermana, Jennifer Lee Idema. Fue una época feliz en la familia y formábamos una unidad pequeña y maravillosa, con Steve, Julie, mi madre, la nueva cría y Ashley, el perro. Aparte de crear un vínculo con Jenny, pasé muy buenos ratos con Steve. Siempre me apoyaba mucho en todo lo que hacía.

Cuando regresé a Emerson para la segunda mitad del noveno curso, vi que se había producido un cambio radical. Antes de marcharme, yo era el rey de la escuela en el imperio de los inadaptados y los marginados. Pero al volver me había convertido en ¿Tony Qué? El mando estaba en manos de niños nuevos, algunos de ellos con pelo de barba (yo estaba a años luz de lucir un solo pelillo). Así pues, desarrollé una identidad nueva. Me iba a convertir en actor, básicamente porque eso era lo que estaba haciendo mi padre.

A Spider siempre le había interesado el mundo de la interpretación. Para entonces, se había cansado de su vida como Lord de Sunset Strip. Estaba harto de vender drogas y del bombardeo constante de gente invadiendo la casa a todas horas de la noche. Así que cuando Lee Strasberg abrió una sede de su instituto en Los Ángeles, mi padre decidió matricularse. Llegaba a casa después de clase todo entusiasmado con el Método y el recuerdo emocional y todos esos conceptos nuevos. Parecía ser todo un arte que había que llegar a comprender.

Como parte de su decisión de darle una nueva dirección a su vida, mi padre se cortó la melena. De la noche a la mañana, se reinventó a sí mismo con un *look* característico de gánster de cine negro de los treinta, con el pelo repeinado. A los pocos días, yo estaba sentado en el sillón de una barbería para que me hicieran un corte de gánster de los años treinta. Para entonces, todos los demás niños estaban empezando a alcanzarme, y el pelo largo ya no era un signo real de rebeldía ni de individualismo, así que me lo corté y desconcerté a todos mis compañeros de clase con mi nuevo aspecto. Cuando mi padre empezó a llevar trajes de raya diplomática y chaqueta cruzada, con zapatos bicolores, blancos y negros, y unas camisas blancas finas con corbatas sofisticadas, lo primero que hice fue salir a que me hicieran un atuendo idéntico. Había llegado el momento de matricularme en la escuela de interpretación. Me metí en unas clases para niños con una mujer llamada Diane Hull, y eran maravillosas. Nos enseñaban que la interpretación iba más allá del puro fingimiento: tenías que meterte de verdad en la cabeza del personaje que estabas interpretando.

Tras unos meses de estudio, mi padre me lanzó una bomba. Iba a cambiarse el nombre legalmente de John Kiedis a Blackie Dammett. Para crear su nuevo apellido, había combinado el nombre propio y el apellido de uno de sus escritores favoritos, Dashiell Hammett.

—¿Cuál quieres que sea tu nombre artístico? —me preguntó.

—Bueno, tendrá que ser no sé qué Dammett, porque soy tu hijo —respondí, en otro gesto más de solidaridad hacia mi padre.

Y así fue como nació Cole Dammett. ¿Lo pilláis? Cole, el carboncillo, hijo de Blackie, el negrillo.

Desde ese día, a mi padre solo se le conoció como Blackie, tanto profesional como personalmente. Ni John, ni Jack, ni Spider. Pero yo seguí con mis dos identidades independientes. No había manera de despistar a Tony en la escuela, y mi familia tampoco estaba dispuesta a empezar a llamarme Cole. Pero Blackie sí lo hizo. Me llamaba Cole con más frecuencia que otra cosa, porque siempre se mantenía en su papel.

Con nuestros nombres artísticos ya listos, era el momento de conseguir agentes. Mi padre encontró a uno que lo representase, y luego le recomendaron a una agente infantil para mí. Se llamaba Toni Kelman, y era la agente infantil más buenorra de todo Hollywood. Para cuando firmé el contrato con ella, yo ya había salido en una película. Roger Corman estaba rodando una versión con calificación muy de adultos de *Love American Style* titulada *Jokes My Folks Never Told Me*. Era la típica peli de los setenta con mujeres preciosas desnudas por todas partes. El director había sido compañero de mi padre en la UCLA y vino de visita un día. Abrí la puerta.

—Vengo a ver a tu padre —dijo en tono cordial.

Yo no conocía a ese tipo, y desde luego no tenía ni idea de cuál era su relación con Blackie, así que reuní mi metro y medio de altura y bufé:

—Bueno, ¿y tú quién eres?

Lo que le estaba diciendo con mi lenguaje corporal era: «Te voy a dar una hostia como intentes entrar en mi casa, aunque sea solo un niño». Le impresionó tanto mi confianza que me metió en dos de las historias de la peli a hacer del niño cabrón que cuenta chistes guarros en clase.

Nada más terminar eso, me contrataron para una peli de las que se emitían por las tardes y un programa para niños de la televisión pública. Por supuesto, en los dos hacía de niño malo. Pero era trabajo. Y se me iba acumulando. Me abrí una cuenta en el banco de mi padre y al poco miré la cartilla y vi un par de miles de dólares, una cantidad impactante para mí.

Me estaban malacostumbrando: me daban todos los papeles para los que hacía audiciones. Una tarde estaba en casa de John cuando Blackie llamó para decirme que me habían cogido para hacer de hijo de Sylvester Stallone en *F.I.S.T. (Símbolo de fuerza)*, su siguiente película después de *Rocky*. Me emocioné tanto que salí corriendo de la casa, gritando de alegría y cantando la canción de *Rocky*, con los brazos en alto. Estaba convencido de ser la nueva gran sensación porque iba a compartir película con Sly Stallone, aunque solo tenía una escena con él cenando.

Cuando llegué al rodaje, fui a la caravana de Stallone y llamé a la puerta, con la idea de que debíamos conocernos algo antes de rodar nuestra gran escena.

—¿Quién es? —dijo una voz ronca desde la caravana.

—Soy Cole. Hago de tu hijo en la escena que vamos a rodar ahora.

Abrió la puerta con cuidado.

—¿Y qué haces aquí?

—Como interpreto a tu hijo, pues pensé que deberíamos pasar algo de tiempo juntos y así yo podría…

Stallone me interrumpió.

—No, no lo creo —dijo, y miró a su alrededor en busca de un asistente personal—. Que venga alguien a por este niño. ¡Sacadlo de aquí! —gritó.

Rodamos la escena, y cuando dije mi gran frase, «¿Me pasas la leche?», la cámara no estaba precisamente colocada para hacerme un primer plano. Resultó ser un papel de los de «parpadeas y te lo pierdes», pero aun así, era otro mérito para el currículum.

Haber actuado en *F.I.S.T.* me ayudó cuando fui a la Paramount al *casting* de una película titulada *American Hot Wax*, la historia de Buddy Holly y el DJ Alan Freed. Se trataba de una película importante, y yo hacía la audición para un papel clave: el del presidente del club de fans de Buddy Holly. Después de unas audiciones abiertas y segundas y terceras y no sé cuántas audiciones más, e incluso una prueba de guion, la cosa quedó en dos candidatos: yo y el actor infantil más de moda del momento, Mossie Drier. Confiaba en que me iban a dar el papel porque Blackie se había entregado en cuerpo y alma para ayudarme a prepararlo, se había aprendido todas las canciones de Buddy Holly y se había comprado esas gafas grandes de carey. Así que cuando Toni me llamó para decirme que no lo había conseguido, me quedé hecho polvo.

Aquella noche, Connie me llevó a casa de un amigo y nos dimos un buen atracón de drogas: esnifamos coca, fumamos maría, le dimos a la priva y hablamos de cómo a la próxima iba a conseguirlo seguro y a terminar siendo la mayor estrella de cine que hubiese conocido jamás aquella ciudad y bla, bla, bla, un chorreo infinito de cháchara sin sentido típica de la cocaína, mantenida entre el niño que acababa de perder el papel de su vida, la señora que quería ayudarlo pero en realidad estaba bastante perdida ella misma y el tío que solo quería meterse entre los pantalones de la señora. Nos pasamos así hasta las tantas de la madrugada, cuando la coca se acabó por fin, momento en el que la realidad se coló de golpe y no fue nada agradable. La depresión química generada cuando las drogas pierden efecto, combinada con la realidad de la pérdida, me llevaron a pasar unas veinticuatro horas brutales.

Pese a mi otro éxito temprano, yo no era el más disciplinado ni diligente de los estudiantes de interpretación. Indagué en ese mundo, participé de él y aprendí de él, pero no me comprometí a poner todas mis energías en ello. Divertirme con mis amigos, corretear por la ciudad y patinar seguían colocados en los primeros puestos en mi lista de prioridades. Y colocarme también.

Los placeres de la cocaína los había descubierto ya antes de que aquella noche Connie tratase de animarme. Cuando tenía trece años, Alan Bashara se había pasado por nuestra casa de Palm Avenue en mitad del día y le había dicho a mi padre que tenía una cocaína increíble. En los setenta, la cocaína era muy fuerte y muy pura, no estaba tan cargada de químicos como ahora. Me había pasado año y medio viendo a los adultos meterse coca en la casa, así que les dije que yo también quería.

Bashara me hizo una raya y me la esnifé. Veinte segundos después, se me adormeció la cara y empecé a sentirme como Superman. Fue un ataque de euforia tan flagrante que creí estar viendo a Dios. Pensaba que esa sensación nunca desaparecería. Pero entonces, bum, el efecto empezó a diluirse.

«Hostia, hostia, ¿podemos pillar más de eso?». Estaba frenético. Pero Alan tenía que irse y mi padre se puso con sus cosas, y yo me quedé hundido. Por suerte, la química de un cuerpo joven no tarda mucho en recuperarse. Una hora después, me encontraba bien y pasé a otra cosa.

Así pues, me enamoré de la cocaína a primera vista. Siempre rebuscaba por la casa a ver si había quedado algún resto de la noche anterior. Y con frecuencia así era. Raspaba las bandejas con una cuchilla y repasaba los viales de cristal vacíos para juntar los residuos, llevármelo todo al instituto y compartirlo con John. Aunque siempre esperábamos a que terminaran las clases. Aparte de aquel medio Quaalude, nunca tomé drogas en la escuela.

La cocaína me llevó sin darme cuenta a la heroína. Tenía catorce años cuando un día fui con Connie a dar una vuelta a Malibú. Terminamos en la casa de un camello de coca en la que un montón de adultos estaban metiéndose cantidades ingentes de polvo blanco dispuesto en una pila enorme sobre la mesa del salón. Yo estaba allí con todos ellos, y como donde fueres, haz lo que vieres, nos colocamos todo lo posible y más. En un momento, decidieron salir a alguna parte. Para entonces, solo quedaba una raya solitaria y pequeña sobre el espejo. «Puedes quedarte aquí, pero hagas lo que hagas, no te metas esa rayita», me dijeron. Yo sonreí y asentí.

En cuanto cerraron la puerta al salir, FIUUSH, me esnifé aquella raya. Cuando volvieron, vieron que la raya se había esfumado.

—¿Dónde está la raya? —preguntó alguien.

—Bueno, estaba confuso y... —empecé a decir buscando una excusa.

—Es mejor que lo llevemos corriendo al hospital. Está a punto de darle una sobredosis.

Se estaban poniendo todos histéricos. Yo no lo sabía, pero esa rayita era heroína China White.

De todos modos, me encontraba bien. Pero que muy bien. Me di cuenta de que me gustaba la heroína aún más que la cocaína. Sentía el subidón de la coca, pero sin la agitación ni el nerviosismo. La mandíbula no me rechinaba. No me preocupaba en absoluto dónde iba a conseguir la siguiente raya de coca. Estaba en un sueño, y me encantaba. Por supuesto, de camino a casa vomité, pero no fue gran cosa. Le pedí a Connie que parase el coche rápido y lo eché todo por la ventanilla directamente. Me estuvieron vigilando muy de cerca, con la certeza de que me iba a dar un paro cardíaco, pero no pasó nada de eso. Me encantó, aunque yo no lo busqué.

Para cuando terminé noveno, en la superficie todo parecía estar remontando. Blackie estaba estudiando interpretación y se metía en serio en sus papeles, a veces hasta un extremo aterrador. Se convirtió en un habitual del Hollywood Actors Theatre, un teatro independiente del sindicato con noventa y nueve butacas situado junto a Hollywood Boulevard. Daba igual que estuviese representando un papel pequeño o uno principal: hacía una inmersión total en el personaje. Gran parte de esa inmersión consistía en encontrar el *look* de su personaje. Se convirtió en un maestro del disfraz: modificaba el fondo de armario, el pelo, las gafas, la postura y la conducta, y decoraba los guiones con imágenes, notas y objetos representativos del personaje.

Los problemas surgieron cuando Blackie empezó a convertirse de hecho en sus personajes, y alcanzaron su culmen cuando le dieron un papel de travesti en una producción del Hollywood Actors Theatre. A Blackie no le daba ningún miedo lo que la gente pensara de él, y en esa misma línea, se sentía tan cautivado por la idea de convertirse en ese personaje que pasó meses viviendo como un travesti. Se había hecho un montón de fotografías vestido de *drag* y colocó el montaje encima de la chimenea, junto a gráficas, gráficos, diagramas y carteles relacionados con el travestismo.

A continuación, mi padre, un heterosexual pendenciero y voraz, empezó a llevar vaqueros cortados tipo *shorts* con el paquete metido a un lado en unos pantis de nailon. Se embutía en un top y llevaba guantes con anillos encima. Usaba un maquillaje inmaculado, pintalabios rosa fucsia incluido. Se pavoneaba por la casa con unos tacones altos, chupando una piruleta, hablando como una locaza. La cosa fue a peor cuando empezó a salir a la calle de esa guisa. Se paseaba por Hollywood Boulevard, arriba y abajo, interpelando a extraños metido en su personaje.

Al principio lo apoyé y me sentía orgulloso por su gran compromiso con esa disciplina artística. Pero al final me vine abajo. Desafiaba mi masculinidad por completo. Así que cuando un día empezó a gritarme por un problema que había tenido en la escuela, le dije «maricón». En cuanto me salió esa palabra por la boca, me levantó la mano. Y mi padre era rápido. De algún modo, logré bloquear el golpe de derecha antes de que me alcanzase. Estuve a punto de responder con un puñetazo de mi cosecha, pero no había hecho la mitad del movimiento cuando pensé que no era buena idea ponerme violento con mi propio padre. Para entonces, Blackie me había empujado contra la estantería y estábamos los dos manteniendo distancia, con los puños en alto. No hubo derramamiento de sangre en último término, pero se respiraba una energía violenta y fea en el ambiente. Y, de algún modo, las cosas entre nosotros ya nunca serían lo mismo durante décadas.

03

Fairfax High

Nunca olvidaré mi primer día de instituto. Llegué al Uni High y busqué a mi orientadora para ver qué asignaturas iba a cursar. Entonces me lanzó la bomba.

«Tony, sé que has estado yendo a Emerson tres años con una dirección falsa. Como no vives en este distrito, no puedes asistir aquí a clase».

En aquel momento no lo sabía, pero ese fue uno de los giros más memorables del destino que he experimentado jamás.

Me marché a casa para enterarme de cuál era el instituto de mi distrito. Resultó ser el Fairfax High, un centro muy extenso situado en la esquina de Fairfax y Melrose Avenue. Fui allí al día siguiente y me sentí como un extraterrestre en un mar de gente que ya se conocía entre sí. Como llegaba un día tarde, muchas de las asignaturas que quería coger ya tenían el cupo lleno. No conocía a ningún alumno, ni a ningún profesor, ni siquiera sabía dónde estaba la cafetería.

Me puse a rellenar los formularios de clase y cuando me tocó poner el nombre escribí impulsivamente «Anthony» en vez de «Tony». Al pasar lista, todos los profesores me nombraron como «Anthony Kiedis» y no les corregí. Y así me convertí sin más en Anthony: ese chaval ligeramente distinto que era más maduro y adulto, que se sentía más al mando.

Fairfax era todo un crisol. Había inmigrantes chinos, inmigrantes coreanos, inmigrantes rusos, niños judíos y montones de niños negros, además de los niños blancos. Una vez más, empecé a hacerme amigo de todos los niños más solitarios y menos queridos del instituto. Mis primeros amigos fueron Ben Tang, un chaval chino flacucho, descoordinado, con unas gafas enormes, y Tony Shurr, un enclenque pálido de cuarenta y cinco kilos. Transcurrido más o menos un mes, Tony y yo estábamos hablando en el patio interior a la hora del almuerzo cuando un niño diminuto, con pinta de loco, los dientes separados y pelazo se acercó tan campante a Tony, lo agarró por el cuello y empezó a darle una paliza. Al principio no supe distinguir si era un rollo de broma entre amigos o si aquel chaval estaba intimidando a mi mejor amigo en Fairfax, así que me equivoqué por mor de la amistad. Di un paso adelante, lo agarré apartándolo de Tony y le bufé:

—Si vuelves a tocarle así, te vas a arrepentir para el resto de tu vida.

—¿De qué hablas? Que es mi amigo —protestó el chaval.

Resulta extraño. Pese a aquel inicio agresivo de «voy a machacarte», sentí una conexión inmediata con aquel pequeño bicho raro excepcional. Tony me dijo que se llamaba Michael Balzary, a quien pronto se le conocería más allá de los confines de Fairfax High como Flea[3].

Mike y yo nos hicimos inseparables. Vivía a unas cinco manzanas de mi casa, en Laurel Avenue. Todos los días volvíamos andando del instituto, juntábamos nuestros escasos recursos y comprábamos una bandeja de taquitos para compartir en el grasiento puesto de hamburguesas y tacos. Después jugábamos al fútbol en la calle. De un modo extraño, estaba pasando de llevar una vida muy adulta con mi padre, yendo a fiestas, clubes y saliendo sobre todo con sus amigos, a tener una segunda infancia, auténtica y sin preocupaciones.

Mike era otro ajeno en Fairfax. Había nacido en Australia. Su padre era un agente de aduanas que se había mudado con la familia a Nueva York y había disfrutado de un estilo de vida bastante conservador y estable, hasta que la madre de Mike se juntó con un músico de jazz. Los padres de Mike se separaron y su hermana, su madre, su reciente padrastro y él se trasladaron a Los Ángeles.

Mike era exasperadamente tímido e inseguro, y estaba mucho más protegido de lo que yo había estado, así que asumí el papel

_____
[3] O «el Pulga».

de macho alfa en la relación. Esa dinámica se mantendría durante mucho tiempo, y era una cosa preciosa, porque compartimos muchísimas cosas. Sin embargo, también llevaría consigo un toque de resentimiento por su parte, porque a veces, a lo largo del camino, fui un poco cabrón y un abusón miserable.

Mike nunca iba a ninguna parte sin su trompeta. Era el primer trompetista de la banda del instituto, lo que significaba que trabajábamos juntos, ya que ese año yo participaba en la producción teatral. Me impresionaban su talento musical y el hecho de que siempre tuviese hinchado el labio de tocar la trompeta. Su manera de tocar me abrió además a otro mundo: el jazz. Un día, Mike me puso un disco de Miles Davis y me di cuenta de que ese era el tipo de música verdaderamente espontáneo e improvisado.

Pese a que Mike vivía en una unidad familiar más o menos tradicional, su situación en casa parecía igual de caótica que la mía. Me entretenía con historias sobre su padrastro descontrolado, Walter. Durante años, Walter había lidiado con un problema de alcohol. Había alcanzado la sobriedad —un concepto que me resultaba totalmente desconocido entonces—, pero se había convertido en un auténtico ermitaño. Yo apenas lo veía, y las pocas veces que me topé con él se comportó como un tipo huraño, pegando gritos porque Mike no se había acordado una vez de sacar la basura el día correcto. Siempre era lo mismo: «Oh, oh, se me ha pasado que es jueves. Me voy a meter en un buen lío».

La madre de Mike era un verdadero amor, pese a su extraño acento australiano. De todos modos, durante los primeros meses después de conocernos, Mike no paró de hablarme de su hermana mayor, Karen, que se había vuelto a Australia. «Es una gata salvaje. Está buenísima. Tiene un millón de novios y es la mejor gimnasta de todo Hollywood High. Salió corriendo en bolas en mitad de una competición urbana». Tenía que conocer a la hermana Balzary.

Más adelante durante ese curso, Karen apareció por fin. Era joven, atractiva e increíblemente atrevida. Por entonces, Mike y yo dormíamos a menudo uno en la casa del otro. De hecho, en la habitación de Mike había dos camitas, una para él y otra para mí. Su familia tenía un *jacuzzi* en el patio de atrás, y una noche Mike,

Karen y yo estábamos allí bebiendo vino. La mano de Karen no paraba de rondarme bajo las burbujas, y cuando Mike dijo que iba a acostarse y yo me dispuse a hacer lo mismo, Karen me agarró. «Quédate», me suplicó. Hora de conocer a la hermana. De inmediato, Karen cogió las riendas. Empezó a liarse conmigo y luego me llevó a su habitación, donde se pasó las tres horas siguientes introduciéndome en una variedad de experiencias sexuales que yo ni siquiera sabía que fuesen posibles. Estaba plenamente en forma, y hacía cosas como ir al lavabo y volver con la boca llena de agua caliente para chupármela. Por Dios, pero ¿qué había hecho yo para merecer una experiencia tan maravillosa?

Al día siguiente, Mike me preguntó qué tal con su hermana. Le ahorré los detalles porque, después de todo, era su hermana, pero le agradecí enormemente que nos hubiese presentado. Años y años después, se me acercó y me dijo: «Somos buenos amigos, de verdad, pero hay algo que lleva perturbándome años. Mientras estabas en la habitación con mi hermana, salí de la casa y me puse a espiaros unos segundos por la ventana». A esas alturas no podía importarme menos, pero probablemente estuvo bien que esperase tanto para contármelo.

Mike ya fumaba maría cuando lo conocí, así que empecé a meterle mano cada vez más al alijo de mi padre para satisfacer nuestras necesidades. Conocía los escondites que tenía encima de las estanterías para guardar los porros a medio fumar. No obstante, el alijo principal lo guardaba en el mismo armario que la balanza. Un día estaba con Mike en el taller de su padrastro, en el sótano, y di con un escondite enorme de llaves maestras. Era una posibilidad entre un millón, pero le pregunté a Mike si me dejaba probar las llaves con el armario de Blackie y, en efecto, encontré una que funcionó. Así que empecé a desplumar con cuidado el alijo de hierba, Quaalude y coca que tenía mi padre. A Mike le impresionaba que fuese capaz de coger un cogollo y dejarlo todo tan intacto como para que Blackie nunca se diera cuenta de que faltaba algo.

El primer viaje en el que estreché de verdad lazos con Mike tuvo lugar ese semestre, cuando fuimos a esquiar al monte Mammoth.

En el trayecto de ida en el autobús de la compañía Greyhound viajaba el popurrí clásico de gente decrépita y desolada: una chavala con un ojo morado, un adicto a las anfetas al que acababan de despedir del trabajo... Toda la cultura de raritos de autobús, aparte de nosotros, dos niños tiernos.

De inmediato fui al baño de atrás, me fumé medio porro, luego se lo pasé a Mike y él repitió el ritual. Para cuando llegamos a Mammoth, se había desatado una ventisca y todo estaba negro. Nuestro plan era pasar la noche en la lavandería común de los apartamentos, un consejo que me había dado uno de mis amigos de Emerson, pero el Greyhound nos dejó en mitad de ninguna parte. Emprendimos el camino hacia los apartamentos, y de repente a Mike le entró un dolor de barriga terrible. Seguimos andando y andando, helados los dos, y Mike a punto de ponerse a llorar del dolor. Ya al borde de la congelación, dimos un giro arbitrario y encontramos los apartamentos. Entramos en la lavandería, sacamos los sacos de dormir y los colocamos, uno debajo de un estante desvencijado de madera contrachapada para doblar la ropa y el otro encima del estante. Eché unas cuantas monedas de veinticinco en la secadora y me acurruqué en el suelo, y Mike durmió en el estante desvencijado, hecho para aguantar solo unos kilos de ropa.

A la mañana siguiente, fuimos a alquilar unos esquís. Elegimos todo el equipo y Mike intentó pagar con la tarjeta de crédito que nos había dado su madre, pero la chavala de diecisiete años del mostrador no la quería aceptar. Insistía en que la madre de Mike debía estar allí en persona para autorizar el cargo.

Mike trató de explicarle que la madre ya estaba en las pistas, pero ella no se movió de su posición. Tenía que salvar ese viaje, así que salí a la calle y me acerqué a una señora que se estaba preparando para esquiar con sus hijos. Le pedí que me prestara la chaqueta, el gorro de esquiar y las gafas. De algún modo la convencí, y me puse la parka, el sombrero y las gafas de sol grandes y cuadradas. Me metí nuestros mitones y gorras dentro de la parka a modo de tetas, sintonicé la voz de la madre de Mike en mi cabeza y entonces volví a la tienda de esquís y me acerqué a la chavala del mostrador.

«No me puedo creer que me hayas sacado de las pistas para esto. Esta tarjeta es mía y se la he dado a mi hijo. ¿Qué problema tienes?».

La chavala se llevó un susto de muerte al oír aquella voz de mujer loca salir desde detrás de ese atuendo de esquí, y conseguimos todas las cosas. Nos lo pasamos en grande: nos pusimos ciegos en el telesilla, nos estuvimos colando y nos portamos como los pequeños cabrones que éramos. Mike no tenía ni idea de esquiar. Cuando bajó la montaña de primeras, se cayó unas cincuenta veces. En el tercer intento, ya me seguía el ritmo. Se empeñó en aprender a esquiar en una hora y punto.

Aquella noche volvimos a la lavandería y usamos unas cuantas monedas de veinticinco más para pasar otra noche. Nos quedaba un segundo día esquiando antes de que llegase la hora de volver a casa. Por alguna razón, decidí que la tienda de esquís no tenía un buen sistema de inventario, así que aquellos esquís eran nuestros. Fuimos andando hasta la estación de Greyhound y metimos los esquís alquilados en el autobús con los del resto de la gente. Cuando estábamos a punto de montarnos, llegó el *sheriff* en su coche patrulla, se bajó y dijo:

—Vosotros dos. Aquí, ahora.

—¿Qué problema hay? —dije en tono inocente.

—Esos esquís son una propiedad robada. Necesito alguna identificación.

—Ah, no, no, no, no, no nos los íbamos a llevar. ¿Cree acaso que nos íbamos a llevar estos esquís? No, no, los alquilamos y en realidad los íbamos a devolver. De hecho, a lo mejor los podemos dejar aquí y marcharnos y ya está. —Improvisé desesperado.

Al final, convencimos a aquel tío de que nos multara y nada más, y prometimos regresar y solucionar el asunto. Conseguimos volver a Hollywood. El viaje había sido un éxito descomunal, incluso con el mal sabor de boca del rollo del *sheriff* al final. Pasó un tiempo y no hubo llamadas, ni citaciones, ni malas noticias procedentes del norte. Y entonces un día ocurrió. Tanto Mike como yo habíamos estado atentos al correo, pero el mismo día, mientras estábamos en el instituto, Blackie y Walter recibieron una carta.

Ahí sí nos vimos metidos en un problema grave. Walter era estricto, y mi padre no estaba por la labor de añadir ningún inconveniente a su vida, sobre todo porque en Mammoth los menores tenían que llevar a sus padres ante el juez. A partir de entonces eran ellos dos quienes tenían que lidiar con nuestro problema. Mike y yo pensamos que ese iba a ser el final del mundo tal y como lo conocíamos, pero extrañamente, tanto su padre como el mío utilizaron aquel viaje como una oportunidad para estrechar vínculos con sus hijos. Al final, escapamos con una torta en el culo, y lo único que tuvimos que hacer fue escribir una carta cada par de meses durante seis meses para contar cómo nos iba.

De todos modos, mi correría con las autoridades y los esquís fue un asunto menor en comparación con lo que le iba a ocurrir a Blackie ese otoño.

Era el día otoñal perfecto en California: soleado y hermoso. Volví a casa del instituto sobre las tres y media de la tarde, como cualquier otro día, pero mi padre parecía algo irritado por algo. Estábamos en el salón, donde había un ventanal muy bonito que daba al patio de delante de la casa, cuando Blackie se quedó paralizado. Miré fuera y vi a unos tipos con las mismas pintas que el trampero Grizzly Adams, unos leñadores grandes y corpulentos que merodeaban por el patio. Mi padre me puso una mano en el hombro y me dijo: «Creo que esos tíos van de incógnito…».

No había terminado de decir aquello cuando la puerta principal de recia madera de roble se abrió de una patada. Al mismo tiempo, vimos cómo aplastaban la puerta de atrás y entraba en tropel una falange de tíos con escopetas, chalecos antibalas y pistolas. Llevaban las armas cargadas y listas para disparar, y nos apuntaron a mi padre y a mí con ellas. Todos se pusieron a gritar: «¡Quietos! ¡Quietos! ¡Al suelo!», como si aquello fuera una operación de envergadura. Un movimiento en falso de un solo dedo y nos habrían llenado de plomo. Nos esposaron juntos en el sofá y emprendieron la tarea de destrozarnos la casa sistemáticamente.

Resultó que unas noches antes mi padre había llamado a una prostituta para que viniese a casa, pero cuando llegó a mi padre no le pareció muy de su tipo. Como buen perdedor, le ofreció algo de cocaína. Ella se fue hecha una furia, llamó a la policía y les dijo que creía que Blackie era el Estrangulador de la Colina, que estaba aterrorizando Los Ángeles en aquella época.

Los polis se pasaron las dos horas siguientes haciendo trizas los colchones, estudiando cada prenda de ropa del armario y robando todas las navajas tan bonitas que me había comprado en Tijuana, para regalárselas a sus hijos cuando volvieran a casa. Por suerte, no estaban encontrando nada de droga. Justo cuando empezaba a pensar que a lo mejor no descubrirían la cueva del tesoro de mi padre, uno de esos puñeteros cabezas huecas rebuscó en el techo del armario trasero y lo encontró todo. En ese momento, mi padre y yo supimos que se nos había acabado el invento. Cogieron las piedras grandes de coca, las bolsas de hierba y el tarro enorme de Quaalude.

Empezaron a deliberar sobre qué hacer conmigo. Se pusieron a hablar de llevarme al reformatorio, pero yo era consciente de que tenía que permanecer fuera de la cárcel para ayudar a Blackie a conseguir una fianza. Los convencí de que no tenía nada que ver con nada de eso y que debía ir a clase a la mañana siguiente. Al final acordaron que me quedase en el apartamento saqueado y luego se llevaron a Blackie.

Los dos estábamos hechos polvo. Yo ya veía a mi padre desaparecido durante años, así que llamé a Connie, que logró que su nuevo novio pusiera su casa como aval de la fianza. Al día siguiente, Blackie estaba fuera de la cárcel. Tenía ahorrados unos siete mil dólares, que de inmediato tuvo que sacrificar para conseguir un buen abogado, dejando nuestras finanzas en algo más que un aprieto, porque era cierto que Blackie había recortado el trapicheo y estaba más metido en la interpretación.

Por suerte para nosotros, unos meses antes me habían contratado para hacer un anuncio de Coca-Cola, y eso suponía un montante bastante bueno para un niño de quince años. No obstante, el tema generó más fricción con mi padre, porque ganaba más dinero que él. Incluso intentó que le pagase parte del alquiler, cosa que se convirtió en un motivo de discordia entre nosotros, al igual que el 20 por ciento que ya me quitaba de mis ingresos como actor en calidad de *manager*. Todo eso en conjunto estaba creando un cisma en la sociedad Kiedis.

Entretanto, yo andaba de lo más preocupado con mi incipiente vida social en Fairfax. Unos meses después de conocer a Mike, me topé con otra persona que se convertiría en uno de los amigos más cercanos que he tenido jamás. Cada cierto tiempo, una banda rara de rock de algún instituto de la zona tocaba en el escenario exterior del patio de Fairfax. En una ocasión de ese primer semestre vi tocar a un grupo absurdo llamado Anthym. No quiero que se me entienda mal cuando digo «absurdo»: todos aquellos chavales tenían talento de verdad, pero estaban un poco anticuados desde mi punto de vista. Hacían versiones de Queen y Led Zeppelin, grupos todos que para entonces estaban acabados, y llevaban el pelo largo y rizado, abultado, con pinta de caniches.

Durante el bolo había gente repartiendo chapas rectangulares de Anthym hechas a mano y cogí una. Un día llevaba la chapa puesta cuando me topé con uno de los guitarristas del grupo. Se llamaba Hillel Slovak. Empezamos a hablar y me invitó a su casa a tomar algo.

A los pocos minutos de estar con Hillel, percibí que era completamente distinto de la mayoría de la gente con la que yo pasaba el tiempo. Por lo general, me sentía el líder en muchas de las relaciones que mantenía con otros niños de mi edad, dadas las experiencias demenciales que había tenido de niño, pero de inmediato supe que Hillel estaba al menos a mi nivel, y de hecho sabía un montón de cosas que yo no. Entendía muchísimo de música y era un artista visual genial, además de tener un gran sentido de su propia identidad y mucha calma, aspectos que me resultaban fascinantes. Hillel era judío, parecía judío y hablaba de cosas judías, y la comida de la cocina de su casa era judía. Aquel día preparó unos bocadillos de ensalada de huevo con pan de centeno, una comida por completo exótica para mí entonces.

Después de los bocatas, tuvimos una charla seria e importante. Para cuando me fui de su casa, iba pensando: «Bueno, este es mi nuevo mejor amigo de por vida». Me había pasado lo mismo cuando conocí a Mike y a Joe Walters. A veces lo sabes sin más. Hillel tenía una ranchera Datsun B10 y pasamos muchas muchas noches subiendo hasta la cima de Hollywood Hills, donde parábamos en un área de descanso a mirar la ciudad, poner algunas cintas locas de rock progresivo, fumar hierba y hablar sobre las niñas de Fairfax.

Una cosa había sido conocer a Mike y a Hillel, que se convertirían en unas personas importantísimas en mi vida, pero ¿qué probabilidades había de encontrar a tres almas gemelas mías ese primer año en Fairfax? En realidad, a Haya Handel la conocí antes que a Mike o a Hillel. Durante la primera semana de instituto, estando en clase de Español, los ojos se me pegaron a esa niña increíblemente preciosa de pelo largo, ondulado y moreno, piel perfecta y clara, y grandes ojos marrones que brillaban con una luz imposible. Era judía y con mucho la persona más inteligente de la clase, además de increíblemente sencilla y sorprendentemente coqueta.

Por supuesto, de inmediato me quedé colgado a muerte por ella. Siempre que la veía le tiraba los tejos. Sin embargo, tardó poco en hacerme saber que no estaba disponible como novia. Al principio pensé que estaba saliendo con Johnny Karson, un rubio que luego iba a desempeñar un papel principal en mi vida, pero me dijo que Johnny no era más que un viejo amigo de la escuela preparatoria. Resultó que estaba con Kevin, un chaval negro y alto, corpulento y guapo, que era la estrella del equipo de gimnasia. Yo sabía que Haya era de una familia judía conservadora que consideraba un tabú que su hija saliera con alguien que no fuese judío, así que su relación con el gimnasta negro era un gran secreto para su familia. Hablamos y confió en mí: «Me muero de ganas por salir a la calle con mi novio, pero no puedo…, es demasiado arriesgado y mis padres se pueden enterar». Fue un mensaje trágico, porque no se trataba de mí, pero por supuesto no perdí el interés y seguí adelante.

Nos sentábamos juntos en otra clase ese semestre. Era la hora que venía justo después del almuerzo, así que siempre veía al novio acompañarla hasta el aula, donde hacían su pequeño ritual de despedida. Un día me decidí: «A tomar por culo, voy a traerle flores». Compré un ramo y escribí un poema, pero para cuando volví al instituto, la clase ya había empezado. Entré corriendo y el profesor dijo:

—¿Hay algún buen motivo para que llegues tarde?

—Bueno, en realidad no —respondí, y le di a Haya las flores y el poema.

Todo el mundo se puso en plan «oooh» y «aaay», y el profesor se relajó de inmediato conmigo. Haya se sentía avergonzada, pero se dio cuenta de que debía estar bastante loco por ella. Eso marcó el inicio de mi relación con Haya, aunque fue un inicio inestable que se alargaría hasta el curso siguiente en el instituto.

Para la segunda mitad de décimo, de alguna manera me había fundido todo el dinero que había ahorrado con mi carrera de actor, inactiva ya en gran medida, porque lo único que quería era centrarme en ser un chaval de instituto normal. Como el flujo de dinero de Blackie era tan escaso, cogí un trabajo a tiempo parcial como repartidor para una licorería lujosa llamada John and Pete's. Me encantaba ese trabajo. Conducía como un temerario, quebrantando todas las leyes, aceleraba e iba por el otro lado de la calle, y atravesaba el tráfico para hacer los repartos y poder tomarme mi tiempo para volver a la tienda. Tras unas semanas, me di cuenta de que si escondía una botella de licor o un *pack* de seis cervezas en el contenedor de la tienda, podía volver después, recuperarlo y aprovecharlo para la noche. En combinación con los treinta dólares de propinas que me sacaba por turno, si trabajaba varios días a la semana, tenía para cubrir mis gastos.

En cualquier caso, mi primer año en Fairfax fue en gran medida un oasis exento de responsabilidades. Tenía un montón de tiempo libre para vagar, jugar, caminar sin rumbo y descubrir cosas, hablar y hacer travesuras, robar, ser un vándalo y visitar a algún amigo, tratar de encontrar algo de maría que fumar y quizá jugar algo al baloncesto. No había presión, no había ansiedad. A lo mejor tenía que hacer deberes, pero me ponía después de cenar.

Mike me acompañaba constantemente. En nuestros largos paseos, nos cruzábamos con todos esos edificios de apartamentos de una, dos, tres y a veces cuatro o cinco plantas que estaban construidos en torno a una piscina central. Un día surgió una idea genial. Miré un edificio y dije: «Eso es un trampolín, tío».

En Michigan había cogido algo de experiencia saltando de puentes ferroviarios a masas de agua. A veces esperábamos hasta justo antes de que apareciese el tren y era un subidón alucinante. Mike decía que sí a todo, así que empezamos saltando a las piscinas desde edificios de dos plantas. No importaba que hubiese gente alrededor de la piscina tomando el sol; de hecho, eso lo hacía mucho más divertido: aparecíamos de pronto como caídos del cielo y aterrizábamos junto a un bañista desprevenido.

Cuando había algún riesgo de que nos cogieran, saltábamos y luego salíamos corriendo como demonios y atajábamos por los patios traseros para escapar. Pero otras veces salíamos del agua y nos dábamos cuenta de que no había peligro de que nos pillasen, así que teníamos una oportunidad más de asustar a alguien gritando, bailoteando o haciendo calvos.

Al final logramos subir a los edificios de cinco plantas. Nuestro favorito estaba en King's Road. Nos subíamos al tejado, mirábamos abajo, veíamos un cuadradito de agua del tamaño de un sello e íbamos a por él. Después de eso empecé a experimentar con diferentes estilos de salto. No buscaba sumergirme en una piscina, sino que empecé a saltar del edificio de espaldas, haciendo cosas de Superman. Echaba a correr y, en vez de saltar muy hacia delante, daba un salto hacia arriba, arqueaba el cuerpo y me tumbaba, y luego me enderezaba para entrar en la piscina.

Daba igual la profundidad de las piscinas. No hace falta mucha agua para aterrizar. Si la piscina es poco profunda, en cuanto das contra el agua, dejas que el cuerpo vaya hacia los lados, para usar el ancho del agua además de la profundidad.

Mi padre sabía lo de los saltos, y no era muy fan. No intentó que lo dejara, pero de vez en cuando me soltaba el sermón: «No vayas a saltar. Sé que estás todo el rato fumando maría. No es una buena combinación». En aquella época, había muchos temas en los que no nos comunicábamos. Se quejaba, yo no le hacía caso y le decía: «Sí, venga, vale. Que te den».

Ese año, un día de junio, Mike y yo le estuvimos echando un ojo al edificio de apartamentos que había bajando la manzana desde mi casa. La piscina era pequeña, con forma de lágrima, y la parte más honda estaba en el tramo más estrecho de la lágrima. Para llegar a lo alto del edificio, tuvimos que escalar por barandillas y montamos tal escándalo subiendo que alguien empezó a gritarnos para que bajáramos. En ningún momento pensamos en abortar el plan. Le dije a Mike que empezara, saltó y oí el agua salpicar. Luego me subí yo en la barandilla. Ni siquiera miré hacia abajo para ver el ángulo: estaba más preocupado por la gente que gritaba.

Salté y, mientras estaba en el aire, me di cuenta de que le había dado demasiado impulso al salto y que me iba a pasar la piscina, pero ya no podía hacer nada. El cemento se me iba acercando, y aterricé directamente sobre los talones; no acerté en la piscina por unos veinticinco centímetros. Estaba aturdido, me caí de espaldas a la piscina y empecé a hundirme. De algún modo, pese a estar paralizado por el *shock*, logré impulsarme para salir de la piscina, rodar hasta el borde de cemento y emitir un sonido inhumano que parecía proceder de las profundidades del Hades.

Miré a mi alrededor y vi a Mike, pero no podía moverme. Alguien llamó una ambulancia y los paramédicos me colocaron torpemente en una camilla; casi me tiran al hacerlo. La camilla no estaba fijada en la parte de atrás de la ambulancia, así que fui todo el camino hasta el hospital dando tumbos, con un dolor agónico. Sentía dolor, impresión y horror, y sabía que la cosa era bastante grave, porque seguía sin poder moverme.

Me llevaron al Cedars Sinai Medical Center y me hicieron una radiografía. Al poco, el médico vino a la habitación y me dijo: «Te has roto la espalda y la cosa no pinta nada bien». Yo había mantenido una actitud bastante optimista ante el asunto, guardando la compostura, pero cuando me dio el diagnóstico, me eché a llorar. «Aquí se me acaba el verano. Aquí se me acaba el atletismo. Aquí se me acaba la vida».

Me puse a pegarles a todas las enfermeras que se pasaban por allí, desesperado por que me diesen analgésicos, pero no me iban a poner nada hasta que el médico no lo autorizase. Entonces llegó Blackie corriendo y gritando:

—¿Qué te dije? ¿Quién tiene razón ahora? ¿No te dije que iba a pasar esto? Fumas maría y te pones a saltar de cosas. Esto tenía que pasar.

Miré a la enfermera y le dije:

—Que alguien se lo lleve. No tiene permiso para estar aquí.

Al final me medicaron, e instalaron un sistema de poleas con un arnés y un corsé ortopédico. Me dijeron que tenía las vértebras aplastadas como panqueques y que un mes de tracción ayudaría a recolocarlas de nuevo.

Durante la primera semana en el hospital, vinieron a visitarme Mike, Hillel y otros cuantos amigos. Para entonces ya me había ganado a Haya, que era más o menos mi novia. Una vez vino a visitarme, se tumbó en la cama conmigo y me dejó que la tocara; fue un auténtico regalazo. «Bueno, me he roto la espalda, pero al menos tengo las manos en los pechos de la niña de la que llevo enamorado desde el primer día en clase de Español».

Después de dos semanas de tracción, empezó a entrarme la ansiedad. Un día Hillel vino a visitarme y le dije: «No puedo quedarme ni un día más. Tienes que sacarme de aquí». Bajó a por el coche, yo me desenganché el corsé, rodé y me incorporé apoyándome en mis dos piernas debiluchas. Con el pijama del hospital, que me dejaba el culo al aire, empecé a avanzar a trompicones como Frankenstein por el pasillo. Las enfermeras se volvieron locas, gritándome que no podía ir a ninguna parte en dos semanas, pero no me importó. De algún modo, conseguí bajar las escaleras y Hillel me ayudó a entrar en el coche. Antes de ir a casa, le dije que me llevara al edificio donde la había liado para intentar averiguar qué había hecho mal.

Me pasé las siguientes semanas en horizontal en la cama. Recibí varias visitas encantadoras de una amiga de mi padre, Lark, una preciosa actriz con cierto éxito de veintitantos años. Venía a todas horas, a lo largo del día, tarde por la noche, cuando fuese, para ponerme sexualmente a punto. Yo llevaba otra vez el corsé puesto y tenía que insistirle constantemente en que tuviese mucho cuidado, pero me convertí en la montura de un hada ninfómana salvaje. Gracias a eso, el periodo de convalecencia fue un poco más agradable.

Aquel verano volví a Michigan, aunque seguí luchando con la espalda. Cada vez que me hacían una radiografía, los médicos decían que no tenía buena pinta: estaba torcida, las vértebras seguían machacadas. Nunca me daban buenas noticias. De todos modos, con el tiempo la espalda fue mejorando poco a poco. En una ocasión, Mike cogió un Greyhound para visitarme. Apareció en casa después de ese viaje tortuoso con pinta de demacrado y de falto de sueño, porque se había pasado todo el camino apretujado entre un indio gigante que roncaba y alguien que no dejaba de vomitar. Mike traía un *Penthouse*, y recuerdo abrirlo y que todas las páginas estuviesen pegadas. «Vaya, estaba así cuando lo pillé», mintió.

Pero en cuanto se instaló se le veía feliz como una perdiz. Mi madre lo trató como si fuese su hijo, y Steve nos dejó su coche para explorar Michigan. Nos fuimos de acampada a la Península Superior, visitamos a mi tía y a mis primos y fuimos a hacer esquí acuático. Éramos dos niños, ya maduros en ciertos aspectos, pero unos críos en otros, aunque por supuesto no nos viésemos a nosotros mismos como tales: nos creíamos los Masters del Universo, por encima del resto de formas de vida, incluidos los adultos. Estábamos más en la onda, éramos más guays y más listos, sabíamos más sobre casi todo lo que se pudiera saber más y nos parecía de maravilla. La adolescencia es una época divertidísima en la vida, porque crees que lo sabes todo y no has llegado al punto en el que te das cuenta de que no sabes casi nada. Disfrutamos, pues, de nuestra diversión veraniega, y cuando Mike ya estaba para marcharse, recuerdo a mi madre ir a la ciudad con bolsas y bolsas de comida para aquel pobre niño que tenía que viajar en el Greyhound. Le horneó un pastel de pacanas, le dio una bolsa enorme, tamaño industrial, de galletitas saladas Pepperidge Farm Goldfish y lo trató como a un pequeño príncipe.

Regresé a mi segundo curso en Fairfax, pero las cosas en casa se estaban complicando cada vez más. Después de la redada, mientras esperaba la sentencia, mi padre se convirtió en una persona mucho más precavida. Dejó de vender drogas por completo y pasó a ser el típico actor muerto de hambre. Teníamos que pelear por conseguir las cosas más mundanas. Una vez se puso como una furia porque me había comido una de sus latas de sopa; en otra ocasión, lo cabreé por comerme un bocadillo de la nevera con el que había estado soñando todo el día.

Por esa época Blackie intentó además imponerme un toque de queda. Decidió de manera arbitraria que debía estar en casa a medianoche. Si incumplía el toque de queda, me quedaba en la calle. Una noche salí a patinar y llegué a casa unos minutos después de medianoche, y la puerta estaba cerrada con pestillo. Llamé, llamé y llamé, pero no hubo respuesta. Al final apareció en la puerta, hecho una auténtica furia. «¿Qué te tengo dicho? Aquí no se entra después de las doce». Se quejó porque tenía que levantarse temprano para ir a clases de interpretación y yo le interrumpía el sueño. Y eso lo decía el mismo tío que me había tenido despierto hasta las seis de la mañana durante todos mis años de preparatoria.

La siguiente vez que ocurrió lo mismo, el vecino salió y me ofreció dormir en su sofá, pero no acepté. Había probado a dejar abierta una rendija en la ventana de mi habitación para colarme, pero mi padre estaba tan preocupado por la seguridad que antes de acostarse comprobó que la casa fuese impenetrable. Así que tuve que despertar otra vez a Blackie, y en esa ocasión enloqueció aún más. Tuvimos una pelea a empujones en la cocina y me dijo que o seguía sus normas o me largaba de allí.

Fue dicho y hecho. Llamé a Donde Bastone, un amigo mío, y le pregunté si quería tener un compañero de piso. Había conocido a Donde durante mi primer año en Fairfax, pero en undécimo curso dejó de estudiar y se dedicaba a traficar con hierba desde su propia casa en Wilcox Avenue. En mi entorno, era el único chaval de dieciséis años que se lo montaba tan bien como para tener su propio apartamento y un cochecillo muy apañado. Aceptó que me mudase con él, aunque dispuso cuánto tenía que pagar de alquiler exactamente y cuáles serían mis responsabilidades en la casa.

A mitad del día, Haya vino con su coche enorme y empezamos a cargar mis cosas. Tenía algo de ropa, mi radiocasete y un letrero enorme de neón de Shamrock Billiards que mi padre me había dado. Por desgracia, cuando estábamos saliendo del camino de entrada a la casa, Blackie llegó.

—¡Eh, eh, eh! ¿Qué crees que estás haciendo?

—Me voy. Me largo. Mira bien lo último que vas a ver de mí.

—¿Y todas esas cosas que hay en el coche?

—Son mis cosas.

—Esas no son tus cosas, son mías.

—Tú me diste estas cosas.

—Te las di mientras vivías bajo mi techo. Si no estás en la casa, no son tus cosas.

Tuvimos una discusión tremenda sobre mis pertenencias, discusión que perdí, pero ni siquiera me importó en ese momento. Solo quería largarme.

Me mudé con Donde y de inmediato llegué a la conclusión de que ese chaval iba muy por delante de su época en sentidos muy diversos. Por un lado, tenía una colección de discos extraordinaria (incluidas unas estanterías especiales construidas para guardarla) y un equipo de sonido realmente bueno. Además de ser un cabeza hueca y un porreta, parte de su rollo era poner música todo el día y toda la noche. En aquella casa había un disco girando a todas horas. Por suerte, tenía un gusto musical increíble. No era uno de esos chavales que le daban solo al ska o al punk rock o al blues antiguo: Donde le daba a todos los palos. Y como tenía amigos que trabajaban en compañías discográficas, siempre conseguía copias por adelantado de álbumes de David Bowie o los Talking Heads.

Nuestra casa se convirtió además en la casa de las fiestas, y cada dos fines de semana o así montábamos una buena juerga. Aquella fue una de esas épocas en las que las drogas y el alcohol funcionaban a la perfección y no interferían en nuestro trabajo, ni nadie estaba enganchado a nada. Parecía que Donde siempre lograba conseguir algo de cocaína para esas fiestas, y como la cocaína entonces era un lujo, no algo que pillásemos todo el tiempo, no terminaba por arrastrarnos.

Por esos tiempos, mi relación con Hillel se intensificó. Yo iba a una clase de Salud a dos puertas de donde Hillel tenía Arte. Su profesor de Arte era muy liberal, así que yo pedía permiso en clase de Salud para ir al baño, entraba en la clase de Arte y mantenía unas conversaciones muy intensas con Hillel mientras él hacía sus dibujos anatómicos. Mike y Hillel también se estaban haciendo amigos y desarrollando un vínculo musical interesante. Anthym iba a dar una serie de conciertos en otros institutos y, de buenas a primeras, Hillel empezó a enseñarle en secreto a Mike a tocar el bajo. Todd, bajista de Anthym entonces, no era muy buen músico, aunque aportaba al grupo un sistema de sonido PA. Pero Hillel, Alan Mishulsky —el otro guitarrista— y Jack Irons —el batería— eran verdaderos talentos musicales, así que Hillel estaba buscando que eso se replicase también en el bajo. Cuando Todd apareció un día en el ensayo y vio al pequeño Mike tocando canciones de Anthym en su bajo y con su amplificador, cogió el equipo y dejó el grupo. Y así entró Mike.

Justo antes de que empezaran a tocar por ahí, me acerqué a Hillel y le pregunté si podía hacer de presentador para el grupo. En realidad, la idea se la había robado a Blackie, que llevaba mucho tiempo presentando a los grupos de sus amigos con discursos cómicos e irónicos en plan Las Vegas. Hillel aceptó y, para mi primera presentación, reformulé uno de los clásicos de Blackie. Recurrí a Cal Worthington, que se había hecho famoso en Los Ángeles por unos anuncios horteras de coches de segunda mano emitidos de madrugada.

«Señoras y señores: Cal Worthington los llama los roqueros más mortales de Los Ángeles. Sus padres los llaman locos, y las niñas los llaman todo el rato, pero yo los llamo tal y como los veo, así que los llamo Anthym», grité. Y me bajé del escenario para meterme entre el público y bailar durante todo el concierto. No me importaba ni una pizca ser la única persona que bailaba: estaba entregadísimo a apoyar el arte de mis amigos.

No obstante, por muy fan que fuese de todo el grupo, en realidad la cosa se convirtió en algo entre Mike, Hillel y yo. Hillel conocía a Jack y a Alan desde hacía mucho más tiempo, pero cuando nos encontró, sintió que nosotros éramos su gente. Por un lado, Hillel estaba bien metido en la hierba y ellos, no. Nosotros éramos de hacer locuras y desafiar los límites, y Alan y Jack eran más niños de mamá. Así que Mike, Hillel y yo nos convertimos en los auténticos Tres Mosqueteros durante los dos años siguientes de instituto. Para nuestra diversión personal, nos creamos unas identidades alternativas: tres mexicanos que hablaban con un acento estilizado propio de Cheech y Chong. Yo era Fuerte, Mike era Poco y Hillel era Flaco. Juntos éramos Los Faces.[4] Éramos una

---

[4] Apodos en español en el original.

banda, aunque no una criminal, sino una banda cómica. Pasábamos horas y horas interpretando a nuestros personajes, y eso nos ayudó a desarrollar un sentido de la camaradería que duraría años. Entretanto, mi amistad con Haya iba progresando, pero no con tanta fluidez como mi vínculo con Mike y Hillel. Aún teníamos un gran problema: yo no era el buen niño judío que su familia había imaginado para ella. Nunca olvidaré cómo me explicó la situación: «Las cosas son así. Yo te quiero, eres el hombre de mi vida, pero mis padres no pueden saberlo nunca, porque no quieren que salga con alguien que no sea judío. Por lo que a ellos respecta, tú y yo somos muy buenos amigos y trabajamos juntos en cosas del instituto y ya está. No seas cariñoso conmigo cuando vengas a casa. Actúa como un amigo».

Era duro. Su padre apenas me dirigía la palabra. La madre era más cordial, pero los dos percibían una incomodidad en su vida, y esa incomodidad era yo. Siempre vi claro cómo la represión que ejercían se manifestaba en la psique de Haya. Por mucho que ella tratara de no limitarse al mundo confinado de sus padres, la tenían muy reprimida, y existía un vínculo contra el que Haya luchaba, pero que cuando llegaba el momento de romperlo, nunca lo hacía. Era su hija.

Yo sabía que aunque Haya me quería, tenía miedo de llevar ese amor demasiado lejos. Durante el undécimo curso, me volví loco con la idea de hacer el amor con ella. Había tenido un montón de experiencias sexuales distintas, pero nunca una basada en amor verdadero. Pese a saber lo divertido que podía ser follar, con Haya tenía la oportunidad de hacerlo en serio. Intentaba que se acostase conmigo, pero no se comprometía nada. «No, dame tiempo. No estoy preparada. Tengo algún problema con los anticonceptivos». Haya no dejaba de posponerlo, y la cosa terminó siendo un constante «¿estás lista ya?». Entretanto, Haya me hacía pajas, y se le daba genial, pero yo quería tenerla entre mis brazos mientras estaba dentro de ella.

Me estaba desquiciando. Haya era todo mi mundo. La adoraba. Habría hecho cualquier cosa por ella. Pero no daba su brazo a torcer. A los siete meses de relación tuvimos una cita. Yo iba con mi mejor ropa y me había peinado lo mejor que había podido.

Volvimos a mi habitación sin intención de que pasara nada y empezamos a besarnos. Nos quitamos la ropa y, básicamente, entramos en una esfera de amor, luz y calidez, y el resto del mundo desapareció. Fue mejor de lo que nunca podría haber soñado, fue justo lo que yo había estado buscando, ese amor mezclado con el arrebato del sexo.

Una vez que Haya y yo empezamos a tener relaciones sexuales con frecuencia, alcancé la felicidad máxima. Quería estar practicando el sexo con ella todo el día y toda la noche, todos los días y todas las noches. Si no la veía durante un tiempo, en lo único que podía pensar era en estar con ella. Cuando me iba de viaje a Michigan, ansiaba volver a verla. Todas las canciones que oía hablaban de ella. Teníamos nuestras canciones especiales: *Heroes* de David Bowie y *Here, There and Everywhere* de los Beatles.

El último curso en Fairfax estuvo plagado de contradicciones. Mis amigos y yo éramos unos excluidos, sin ninguna duda. Vivíamos según nuestro propio código moral, uno de cuyos dogmas era: «Robarás siempre la comida». Mike y yo perfeccionamos un método de robar comida que fue imbatible durante dos años, hasta que los supermercados por fin se dieron cuenta. Yo entraba en el súper y llenaba una cestita roja de plástico con las mejores provisiones que ofrecían: *filet mignon*, langostas, coñac, lo que fuera. A continuación, iba con la cesta hasta el estante de las revistas, que estaba justo al lado de la entrada. Cogía una revista y ponía la cesta en el suelo, y mientras miraba con detenimiento la revista, deslizaba subrepticiamente la cesta por debajo de la barandilla cromada. Mike, que estaba fuera esperando, entraba entonces como un rayo, agarraba la cesta y se iba directo a la salida. No tardamos en acumular una pila de dos metros y medio de cestas rojas vacías detrás de mi casa, como testimonio de nuestra habilidad continuada para alimentarnos con estilo.

Seguíamos usando nuestro viejo método testado para robar priva de «botella a la pernera». En una ocasión, llegué a subir la apuesta y robé un par de esquís. Fui a la parte de atrás de la tienda de deportes y pregunté:

—¿Cuál es el mejor par de esquís que tienen de mi talla?

—Bueno, estos esquís de carrera —respondió el vendedor. Esperé a que se marchase, cogí los esquís y me fui hasta la puerta principal. Había decidido que si pasaba de largo descaradamente por delante de la caja, pensarían: «Ha venido a por algo que ya tenía pagado, por eso no se para».

En ciertos aspectos, nuestros impulsos antisociales se veían reforzados por la música que escuchábamos. Cuando entré en Fairfax en 1977, el punk rock no había hecho más que empezar a dejarse sentir en Los Ángeles, pero era una subcultura diminuta. Blackie, mérito suyo, estaba a la vanguardia del nuevo mundo musical. Fue una de las primeras personas en frecuentar el Masque, un club de punk rock situado en Hollywood Boulevard. Siempre que un grupo de punk rock de Nueva York venía a la ciudad, tocaba en el Whisky, y Blackie y yo acabábamos en el Tropicana Motel, un viejo paraíso clásico y sórdido de Santa Monica Boulevard en el que se alojaban los grupos y continuaba la fiesta. En aquel tiempo, mi disco favorito era el primero de Blondie. Tenía todas y cada una de las canciones grabadas en el alma y estaba enamorado hasta las trancas de Deborah Harry.

Evidentemente, cuando Blondie vino a la ciudad fuimos a la fiesta en el Tropicana. Tenían una *suite*, y Debbie estaba en el cuarto de estar. Empezamos a hablar y me quedé embelesado, me derretía con ella. En mi estado ilusorio, pensé: «Esto pasa una vez en la vida. Quizá nunca vuelvas a ver a esta mujer. Es mejor que muevas ficha». Y con total sinceridad, le dije:

—Sé que no nos conocemos de hace mucho, pero ¿quieres casarte conmigo?

Sonrió y me respondió:

—Me parece muy amable por tu parte. Creo que eres un tío genial, pero no sé si sabes que el guitarrista con el que he tocado esta noche, el que está ahí detrás, en el dormitorio…, bueno, que es mi marido. Estamos felizmente casados y en realidad no tengo sitio en mi vida para ningún otro hombre.

Me quedé hecho polvo.

Mike y yo empezamos a frecuentar el mundillo punk por necesidad. Poco después de entrar en Fairfax, había llevado a Mike una noche al Rainbow. Antes de llegar, bebimos un montón de cerveza Michelob. Yo soportaba bien el alcohol, pero aparentemente él no. Estábamos en la mesa del jefe, la mesa de Blackie, había tías por allí, la música estaba sonando y entonces Mike me miró y me dijo: «No me encuentro muy bien». Empezó a correr hacia la salida, pero antes de avanzar medio metro siquiera, se puso a lanzar vómitos por todo el Rainbow. No era precisamente eso lo que querían en aquel local de dos niños menores de edad. Estuvo echando la pota todo el camino hasta el aparcamiento, donde le dieron la patada. Luego vinieron a por mí y me dijeron: «Lárgate de aquí y vete con tu amigo. Nunca vais a volver a entrar». Me pasé un año intentando entrar de nuevo, pero me habían puesto en la lista negra de verdad. Había llegado el momento de encontrar mi propio mundillo.

Mi primer concierto de punk fue un espectáculo diurno en el Palladium. Tocaban Devo y los Germs. Yo estaba al fondo, fascinado. La música era de la hostia, aquella gente tenía una pinta increíble, molaban casi demasiado para mí: nunca en la vida podrían aceptarme en su círculo, estaban años luz por delante de mí en cuanto a estilo. Recuerdo ir hasta el lateral del escenario, por donde la gente iba y venía del *backstage*, y ver allí a una chavala con un corte de pelo punk-roquero muy reventado, que estaba cogiendo unos imperdibles gigantes para agujerearse la mejilla, uno detrás de otro. Aquello era nuevo para mí.

Mike y yo empezamos a intentar hacernos un hueco en este nuevo mundo en el que, al contrario que en el Rainbow, yo no tenía ninguna influencia. Por aquel entonces había una explosión de grupos alucinantes en Los Ángeles: X, los Circle Jerks, Black Flag, China White y la lista seguía y seguía. La energía que envolvía aquello estaba desbocada, era más creativa, excitante y grandilocuente de lo que se hubiera visto jamás. En la moda, en el ambiente, en el baile, en la música… era como el amanecer del Renacimiento en mi propia ciudad. El rock se había convertido en una bestia vieja y aburrida, a punto de morir, y por las calles de Hollywood corría sangre fresca de locura total. El punk rock ya había llegado a la cresta de su primera ola, pero venía una segunda en camino. No se trataba de un ambiente violento y *hardcore* como el de los grupos del condado de Orange. En

Hollywood todo se basaba más en la creatividad y la originalidad. Los Screamers y los Weirdos fueron dos de los primeros grupos de punk rock de Hollywood, aunque no sonaban nada parecidos.

Lo que sí compartían todos esos grupos era un elemento de anarquía e inconformismo. El primer disco de X y todos los álbumes de Black Flag de entonces fueron obras maestras. Las letras de Darby Crash para los Germs eran de lo mejor que se había hecho nunca en el mundo del punk rock. Darby estaba en un nivel de inteligencia completamente distinto.

Así las cosas, Mike y yo echábamos el rato en el aparcamiento del Starwood, probablemente el mejor local de punk rock de la zona por entonces, y empezamos a asomar el hocico por las puertas de ese mundo. El Starwood era un club complicado para colarse, aunque había una puerta lateral cerca del aparcamiento, custodiada por un gorila enorme. Si estallaba una pelea y eso distraía su atención, nos metíamos todo lo rápido que podíamos. A veces, mientras estaba entrando un montón de gente, probábamos a escabullirnos entre ellos y usarlos de tapadera. Cuando no lográbamos colarnos en la actuación, nos quedábamos por el aparcamiento, pero ninguno de los dos teníamos mucho rollo ni estábamos muy en la onda, así que nadie nos iba a invitar a pasar el rato y nos quedábamos mirando lo que se cocía por allí.

Mike y yo nos colamos una vez en el Starwood para un concierto de Black Flag. Estábamos como peces fuera del agua. Nos encantaban esos grupos, pero no llevábamos la ropa que había que llevar, ni el corte de pelo, ni los zapatos, y ni siquiera bailábamos como los punkis. Aquellos tíos iban con unas botas guapísimas envueltas en cadenas y la combinación perfecta de ropa a cuadros rasgada y pelo pincho. Mike y yo teníamos suerte de compartir una chaqueta de cuero entre los dos.

Black Flag dio un concierto alucinante. Tenían a un tío en el escenario que se llamaba Mugger y se ocupaba de la seguridad. Cada vez que alguien intentaba saltar al escenario para bailotear un poco y luego saltar de vuelta al público, Mugger atacaba directamente a la persona que fuera y se metía en una pelea brutal a puñetazos. Cuando aquello pasaba, el grupo ni se inmutaba. Un tío logró zafarse de Mugger y tirarse desde el escenario. Pasó volando por mi lado y me dio una patada en la cabeza con una de esas botas duras de punta de acero. Casi pierdo el conocimiento. Uno de los motivos por el que no nos metimos de lleno y del tirón en ese ambiente fue que, en ciertos sentidos, seguíamos siendo unos estudiantes modelo de Fairfax. Al menos, yo lo era. Resultaba una dicotomía extraña. Fumaba un montón de maría, tomaba pastillas y bebía los fines de semana, pero nunca se me iba de las manos. Nunca me perdí una clase. Para mí era importante ser el empollón con nota. En cierto sentido, era un rebelde por sacar buenas notas, porque la mayoría de los porretas y los drogatas no aprobaban ni una. No quería ser como ellos. En el penúltimo curso, me dieron el expediente y tenía la nota máxima en todas las asignaturas, y eso me encantó. Quería ser el mejor en todo lo que se me pusiera por delante. Siguiendo mis reglas, claro. No quería pasarme necesariamente horas estudiando para conseguirlo, pero sí hacer lo suficiente en el último momento.

Por entonces, todos teníamos la cabeza puesta en la universidad. Al final del último curso, mis notas empezaron a empeorar y tuve que presentarme ante la señorita Lopez, mi profesora de Español, para pedirle, rogarle y suplicarle que me pusiera una nota medio buena. Mike tenía sus propios problemas con las calificaciones. Siempre vaciló entre ser un estudiante del todo brillante y un completo fracasado. En el último semestre, Mike estaba en la clase de Historia de Don Platt para estudiantes de alto nivel con Haya. Platt era un general firme y serio que mantenía un control absoluto sobre su clase. Estaba calvo, pero tenía una forma física genial y un bronceado perfecto: era un tipo afable a lo Gavin MacLeod.

Mike y yo nos habíamos pasado la semana anterior a su gran examen final por ahí, como locos, así que no había estudiado nada y se copió. Don Platt era el último tío del planeta Tierra que hubieses querido que te pillase copiando. No tenía ningún reparo en pegarte un grito delante de la clase y humillarte. Y eso es lo que le hizo a Mike, que salió de clase ese día blanco como un fantasma. Suspender la asignatura de Platt iba a suponer una merma muy importante en las posibilidades de Mike para conseguir una buena media.

En cualquier caso, ese no era mi problema. Yo ya tenía seguro mi paso a la universidad gracias a mis notas. De hecho, había previsto pedirle a Don Platt una de las cartas de recomendación para poder ir a la UCLA. Había sido alumno de Platt tres años y había sacado la nota máxima en todas sus asignaturas, así que sabía que me daría la mejor de todas las recomendaciones. Unos días más tarde, fui a verlo después de clase y tenía una expresión muy hostil en la cara. Le pedí una recomendación y fue como si ya tuviese el discurso preparado para mí. «Nadie que tenga algún vínculo con Michael Balzary es amigo mío, ni va a recibir ninguna recomendación mía. Por lo que a mí respecta, Michael y tú habéis estado copiando todo el tiempo en mis clases».

Aquello era absurdo. Probablemente yo fuese el mejor alumno que había tenido ese hombre en diez años. La única vez que estuve a punto de cabrearlo fue en mi primer semestre. Elegí hacer un trabajo oral sobre Uriah P. Levy, un gran oficial naval estadounidense. Durante el transcurso de mi investigación, descubrí la etimología de la palabra *fuck*, que procedía de los primeros diarios navales que llevó ese capitán: cuando un miembro de la tripulación recibía un castigo por haber mantenido relaciones sexuales, en el diario se anotaba FUCK («for unlawful carnal knowledge», o por conocimiento carnal ilegítimo). Era un dato curioso demasiado bueno como para no compartirlo con toda la clase.

Así pues, me puse a soltar el rollo sobre Uriah P. Levy y la Marina, y todo me parecía de lo más monty-pythoniano. Llegué a los delitos punibles, me acerqué a la pizarra y escribí «F, U, C, K» en letras grandes. Miré al señor Platt y vi cómo se le precipitaba toda la sangre hasta lo más alto de la calva, pero no esbocé ni una sonrisa y seguí explicando el concepto. Entretanto, Mike y el resto de la clase estaban descompuestos, pero no había nada que Platt pudiera hacer. Lo tenía en mi mano.

Y aquel día, él pensó que me tenía a mí. Traté de exponerle las razones para que me diese la recomendación, pero no atendió a nada. «Ahí está la puerta». Me fui de allí en estado de *shock*. Al final, terminé por acudir al profesor de Geometría, que fue lo bastante majo como para escribirme una recomendación genial. Pero aún me quedaba pendiente devolvérsela a Platt.

En algún momento de ese semestre, me había topado con unas cajas de cartón que tenían unas letras grandes de plástico para marquesinas, preciosas, negras y rojas. Me las quedé, pensando en que pudieran servirme para algún proyecto de arte. Cuando se estaba acabando el fin de semana del Día de los Caídos, la noche antes de tener que volver a clase, Mike y yo íbamos por ahí con el coche, ciegos de maría, escuchando música, cuando se me ocurrió una idea brillante.

Fuimos hasta la marquesina situada delante del Fairfax High y nos pusimos a trepar por el poste, armados con las letras adecuadas. A continuación, deletreamos DANDY DON PLATT COME CULOS y untamos el poste y la plataforma con aceite de motor, para evitar que alguien pudiera subir e intentar quitar nuestro mensaje.

Observamos el letrero, nos felicitamos el uno al otro, nos fuimos a casa y nos echamos a dormir. Al día siguiente, llegamos al instituto y había un alboroto tremendo de actividad alrededor de la marquesina, con gente haciendo fotos y trabajadores intentando sortear el aceite de motor y quitar las letras.

Nadie nos vino nunca a Mike ni a mí para preguntarnos. Ni siquiera éramos sospechosos. Quizá Platt hubiese jodido a bastantes niños para que hubiese gente de sobra con motivos. Pero ahí no había acabado la cosa. Al terminar el verano, decidimos dejar un mensaje para quienes entraban el curso siguiente en Fairfax. Así que volvimos a la caja de letras, trepamos de nuevo por el poste y dejamos un DANDY DON SIGUE COMIENDO CULOS.

04

Bajo el sol del Zero One

Estaba emocionado por averiguar si me habían admitido en la UCLA. No solo iba a ir a la misma universidad a la que había asistido mi padre, sino que Haya, que podría haber entrado en cualquier otra universidad del país, había decidido quedarse en casa e ir a estudiar conmigo. Parecía que los planetas se hubiesen alineado.

Sin embargo, volví a poner los pies en la tierra muy rápido. En la UCLA nunca me sentí como en casa. El alumnado estaba lleno de repelentes y niños asiáticos que no habían ido allí a socializar ni a hacer el tonto en absoluto. Todo el mundo se dedicaba a su trabajo, todo el rato. No hice ni un amigo en el tiempo que pasé allí. Además, salir a clubes y montar fiestas en la casa de Donde, y pasearme por ahí con Hillel y Mike, eran cosas mucho más importantes para mí que estudiar Historia China, una de las asignaturas en las que me matriculé, quién sabe por qué razón.

Y por encima de todas esas calamidades, mis finanzas hacían aguas por todas partes. No tenía ningún ingreso salvo los veinte dólares al mes que me mandaba mi madre. Así que volví a mis antiguas prácticas. Cuando llegó el momento de conseguir libros de texto, que eran increíblemente caros, fui a la librería del campus, llené una cesta, caminé hasta la salida, la empujé más allá de los sensores, luego compré un paquete de chicles y cogí mis libros gratis a la salida. Para la comida, iba a la cafetería del campus, que tenía una gran selección de platos calientes y fríos, y llenaba una bandeja. Antes de llegar a la caja, me iba yendo hacia atrás en la cola, como si siguiera cogiendo cosas que me hubiese olvidado, hasta que llegaba al final. Y entonces salía de allí con la comida.

Nunca me cogieron. Hillel solía venir y acompañarme, porque también estaba bajo de presupuesto. Esas comidas con él fueron probablemente los momentos que más disfruté durante mi época universitaria.

Aquel año, Hillel, Mike y yo perfeccionamos algo a lo que llamábamos «cenar y volar». Elegíamos restaurantes que tenían un montón de ajetreo y muchas camareras, como el Canter's de Fairfax Avenue. Nos terminábamos la comida y luego íbamos saliendo uno a uno por la puerta. Lo triste era que nunca dejábamos de pensar en que esas pobres camareras se quedaban colgadas con la cuenta, e incluso aunque el restaurante no las obligase a pagar la comida, no se llevaban propina alguna. No fue hasta años después, cuando tuve que analizar las consecuencias de algunos de mis actos previos, cuando empecé a poner remedio volviendo a esos sitios y dejando algo de dinero en la caja.

Hillel disponía de mucho tiempo libre ese primer semestre, porque no fue a la universidad al terminar en Fairfax. Nos veíamos después de clase, pasaba con él los fines de semana y nos poníamos ciegos de maría. Aunque se apuntó tarde al consumo de drogas, le encantaba la hierba.

Saboreaba el tiempo que pasaba con él, porque no es que me volviese loco por ir a clase. Odiaba todas las asignaturas menos una: una asignatura de redacción explicativa impartida por una profesora joven. Todas las semanas teníamos que redactar un texto que luego ella comentaba. Aunque yo era experto en dejarlo todo para el final y esperaba hasta la noche anterior para ponerme siquiera a pensar en ello, me encantaba esa clase. Obtuve la nota máxima en todas las redacciones, y al igual que Jill Vernon, la profesora me mandaba llamar después de clase y me animaba a escribir más.

Si algunas de mis otras asignaturas hubiesen sido Introducción al Consumo Recreativo de Drogas o, mejor aún, Curso Avanzado en Chutes de Coca, quizá me hubiese ido mejor en la UCLA. Tenía catorce años la primera vez que me chuté coca. Estaba en una de las fiestas de mi padre, en Palm Street, observando cómo se pinchaban todos los adultos, y les di la lata para que preparasen un chute poco cargado y me pincharan a mí también. Al final de mi último año en Fairfax, empecé a chutarme otra vez. Una de las primeras veces que lo hice estaba solo en casa y me sentí tan eufórico que llamé a Haya. Le dije: «Esta es la mejor sensación del mundo. Tenemos que hacerlo juntos». No lo veía como un camino hacia la muerte y la demencia, sino simplemente como un sentimiento precioso, precioso de verdad.

Por muy eufórica que sea la sensación de chutarse coca, el bajón de después resulta espantoso: el infierno de Dante multiplicado por diez. Caes a un lugar oscuro y demoniaco, deprimente, en un estado agonizante de incomodidad, porque todas esas sustancias químicas que por lo general tienes que liberar muy lentamente para mantenerte a gusto en tu propia piel han desaparecido, y no tienes nada dentro que te haga sentir bien. Ese fue uno de los motivos que me llevó a consumir heroína unos años después: era la colchoneta de veinte metros que amortiguaba mi caída desde la cocaína.

Nunca tuve ningún escrúpulo en usar agujas para consumir drogas. En una ocasión, llegué a convertir el acto de chutarme en un curioso proyecto de arte. Estaba todavía en Fairfax y me había peleado con Haya. Llevaba un par de días pasando de mí, así que fui con el coche hasta la tienda de su padre, donde Haya trabajaba. Me detuve delante de su coche y, a plena luz del día, me hinqué una jeringa vacía en el brazo y me saqué unos centilitros de sangre fresca. Luego me acerqué al coche de Haya, me derramé la sangre en la palma de la mano, me embadurné la boca y le llené el parabrisas y la ventanilla del conductor de besos de sangre. Mi pequeño proyecto romántico de sangre funcionó. Me marché a casa y ese mismo día, más tarde, recibí una llamada: «Me ha llegado tu mensaje. Ha sido precioso. Te quiero mucho». Por desgracia, la sangre manchó el cristal y, pese a repetidos lavados, nunca pudimos borrar todos los restos de aquellos besos de sangre.

Me sentía cómodo con las jeringas, pero el dilema estaba en cómo conseguirlas. Lo resolví un día mientras paseaba por un supermercado que tenía farmacia. Vi un anuncio de insulina y se me encendió una bombilla en la cabeza. Me di cuenta de que si iba al mostrador y fingía ser diabético, podía pedir la insulina primero y luego las jeringas, y ni siquiera dudarían. Me acerqué y pedí insulina Lente U 100. El farmacéutico fue hasta la nevera y sacó una caja de viales de insulina, y cuando venía de vuelta le dije en tono despreocupado: «Ah, y póngame también un paquete de jeringas ultrafinas». Cogió las jeringas sin vacilar siquiera. Ese timo me funcionó años y años.

Durante ese primer año en la UCLA, fui aumentando el consumo de drogas de manera exponencial. Sabía que más allá la vida seguía su curso, y allí era donde yo pretendía buscar mi educación, lo que incluía acudir a todos los conciertos que pudiera permitirme. Vi a los Talking Heads y a Police. Incluso fui a Nueva York con Donde para visitar a su familia y ver algunos conciertos. Era el cumpleaños de Donde, así que nos metimos algo de ácido y fuimos al Tracks a ver a John Lurie and the Lounge Lizards, y luego al Bottom Line, donde actuaba Arthur Blythe. Para nuestra sorpresa, con Blythe estaba tocando Kelvyn Bell, el genial guitarrista de Defunkt. El concierto fue increíble. Cuando terminó, me acerqué a la barra y hablé con Kelvyn de música, de su manera de tocar la guitarra y de los discos en los que sabía que había tocado. Le encantó entrar en temas de música con un chaval de dieciocho años de Hollywood aceleradísimo por el ácido.

Me sentía eufórico por que Kelvyn fuese una de las personas que me habían tomado en serio en el tema musical. Donde tenía un álbum de Defunkt, y cuando venía gente a casa, lo ponía y decía: «Haced un corro. Anthony va a bailar», y yo me marcaba unos pasos. Bailar se convirtió en una competición lúdica para nosotros y, en un momento dado, empezamos a ir a concursos de baile. Aparecíamos en el Osco's, una discoteca moderna de punk rock que había en La Cienega, y Hillel, Mike y yo nos apuntábamos al concurso. Nos salíamos del mapa. La mayoría de la gente recurría a pasos de baile convencionales que estaban muy vistos, pero nosotros inventábamos los nuestros.

Además de dedicarse a poner discos constantemente, Donde también tenía una guitarra eléctrica barata y un amplificador. Los fines de semana, cuando no estaba trabajando en el servicio de asistencia telefónica de su padre, se sentaba por ahí y aporreaba la guitarra eléctrica. Sabía tocar algunos acordes, pero tenía un tono de lo más estridente, así que cuando empezaba a improvisar, yo solía irme de la casa. Aun así, un día Donde sugirió que Mike, él y yo formásemos un grupo. Él tocaría la guitarra, yo cantaría y Mike tocaría el bajo. Aunque fue más bien en tono de broma que otra cosa, ensayamos algunas veces en el teatro de su padre en Hollywood. La mayor contribución de ese proyecto fue el nombre. Nuestro amigo inglés Patrick solía llamar a su polla «spigot» y pensé que era un apodo tan fantástico que me convertí en Spigot Blister. Donde se llamó Skid Mark. El nombre de Mike no lo recuerdo. Nos pusimos Spigot Blister and the Chest Pimps; los *chest pimps* eran los granos que ocupaban el pecho púber de Mike.[5] Nuestros ensayos consistían sobre todo en hacer ruido. En retrospectiva, aquel fue un ejercicio más de inventarnos personajes que de inventarnos música. No compusimos ninguna canción, ni escribimos siquiera una letra, solo nos limitamos a hacer algo de ruido del malo y a gritar y a aporrear cosas. Al final, perdimos todo interés en el proyecto.

De todos modos, ver a Kelvyn Bell fue inspirador para mí, y sentí con toda claridad que, pese a no disponer de un medio concreto para lograrlo, e independientemente de lo que terminase haciendo con mi vida, quería provocar en la gente lo que esa música provocaba en mí. El único problema era que yo no tocaba la guitarra, ni el bajo, ni la batería, ni tampoco cantaba. Lo que hacía era bailar y ser un maníaco de las fiestas, y no sabía bien como crear un trabajo a partir de eso.

Todos mis intentos previos de conservar un empleo habían resultado en un fracaso deplorable. Estando todavía en Fairfax, tuve una serie de trabajillos de mierda que subrayaron lo incapaz que era yo de encajar en la sociedad. Trabajé en una empresa de cobros, para una tienda de productos regionales, incluso fui camarero menor de edad en el Improv, pero me ponía ciego en todos los conciertos que organizaban. En la UCLA, estaba tan desesperado por conseguir dinero que leí en el tablón de anuncios de «trabajos asquerosos para explotar a estudiantes que curran

---

[5] Spigot Blister podría traducirse como «ampolla de grifo»; Skid Mark viene de *skidmark*, es decir, «huella de patinazo»; y los *chest pimps* son, literalmente, los «proxenetas del pecho».

por nada» que una familia rica de Hancock Park necesitaba un paseador de perros para sus dos pastores alemanes. No me importaba darme el paseo todos los días, ni tampoco estar con los perros, pero era una situación lamentable tener que pasear a esos animales por veinticinco dólares a la semana.

En algún momento de ese primer curso universitario, dejé de poder pagarle el alquiler a Donde, así que tuve que marcharme. Regresé al mismo tablón de anuncios y encontré uno que decía: «Habitación con pensión completa para estudiante joven varón dispuesto a cuidar a un niño de nueve años. Madre soltera necesita ayuda para llevar al niño al colegio y recogerlo». La mujer vivía en una casita pintoresca de Beverlywood. Era una madre joven a la que un tipo había dejado plantada y se había quedado sola con un niño supuestamente hiperactivo, con déficit de atención, al que medicaban con Ritalin. Me cayó bien de inmediato. Yo no tenía unas responsabilidades muy grandes: básicamente, asegurarme de que el niño llegaba al colegio por la mañana, salía por la tarde y merendaba.

Era ideal para mí. Me proporcionaba un techo, algo de comida para el estómago y una buena habitación que Haya visitaba con frecuencia y en la que teníamos algunas ruidosas sesiones de amor. Al poco tiempo, le cogí cariño al pequeño. Quizá estuviese un pelín perjudicado mentalmente, pero no era hiperactivo ni tenía limitada la capacidad de atención. Cuando estábamos juntos, no se portaba como ningún tarado ni perdía los nervios. Había leído que cuando un adulto tomaba Ritalin, en vez de tener un efecto calmante, lo que hacía era estimular el equilibrio químico postadolescente. Una noche, Hillel y Mike vinieron a verme y decidimos poner a prueba la teoría. Sin dudarlo, y en combinación con una buena botella robada de vodka finlandés, nos pusimos a la tarea. Nos tomamos un puñado de Ritalin y nos convertimos en tres cometas borrachos corriendo por la casa. El niño se lo pasó en grande, y cuando la madre y su cita llegaron a casa algo entonados, ella se quedó de fiesta con nosotros, sin darse cuenta en ningún momento de que nos habíamos colocado con las medicinas de su hijo. De todos modos, al final me despidió.

También tenía un pie fuera de la universidad. Desde las primeras semanas, me había sentido totalmente alienado de la vida del campus, tan excluido de todo que conmemoré ese sentimiento con un corte de pelo radical y estrambótico. Decidí cortarme mucho todo el pelo salvo la parte de atrás, y tenía una melena larga, por los hombros. No es que estuviese imitando a los jugadores de *hockey* ni a la gente de Canadá, sino que aquella era mi idea de un peinado punk-roquero. Probablemente me inspirase en David Bowie y su época de *Pin Ups*, aunque no me lo teñí de rojo fuego ni tenía la parte esa de delante hacia arriba; llevaba flequillo. Para la gente de la UCLA, era algo abominable. Incluso mis amigos se quedaron espantados. Pero Mike le dio el visto bueno. Siempre decía que uno de mis grandes logros era haber inventado el *mullet*.

El culmen de mi alienación de la UCLA llegó más adelante, ese mismo año. Mike, Hillel y yo acabábamos de terminar una de nuestras «cenas y a volar» en el Canter's. Estábamos en pleno viaje de ácido deambulando por las calles. Pasamos junto a un callejón y di con un montón de ropa que algún vagabundo había desechado. Tuve de inmediato un «momento ácido» de claridad, me desnudé y me puse aquel atuendo extraño y sin conjuntar que me quedaba grande. En cierto modo, eran prendas bonitas y majestuosas, y los pantalones tenían incluso una especie de diseño con vetas de seda iridiscentes. En combinación con el corte de pelo Spigot Blister, era para verme. Estuve toda la noche despierto y, por la mañana, fui a clase con ese atuendo de vagabundo místico, aunque como seguía con la resaca del ácido, me salí y me tumbé en el césped.

Haya me vio.

—¿Qué es lo que te pasa?

—He estado toda la noche puesto de ácido y no puedo soportar la clase de Astronomía ahora mismo.

—Tienes una pinta horrible.

Y estaba en lo cierto. Tenía una pinta horrible y me sentía fatal, y aquel fue el momento en el que me di cuenta de que no iba a encajar nunca en ese ambiente. De lo que entonces no me di cuenta fue de que Haya y yo tampoco íbamos a conseguirlo.

Tuve dos episodios desafortunados de infidelidad durante ese año en la UCLA. El primero fue con una tía muy bien dotada de las que aparecían por las fiestas. Venía constantemente a casa y no me dejaba en paz. Una noche, antes de salir a bailar, le dejé claro que estaba metido en una relación seria. Sin embargo, tengo la leve sospecha de que compartimos un Quaalude en algún momento de la noche y volvimos a su apartamento. Empezó a hacer insinuaciones sexuales y recuerdo haber pensado: «Voy a hacerlo. Voy a acostarme con esta tía y voy a arrepentirme para siempre, pero no puedo evitarlo».

Ella se desnudó, yo perdí el control por completo y nos acostamos. Me lo pasé genial y luego me sentí hecho polvo, desmoralizado y asqueado conmigo mismo. Sabes instintivamente que nada va a ser igual, y que tendrás que cargar con ese acto como si fuese un peso enorme. La siguiente vez que ves a tu novia no puedes mirarla directamente a los ojos del mismo modo que lo has hecho durante años.

La segunda infidelidad fue incluso peor. Estaba redactando un trabajo para una de mis clases y necesitaba algo de ayuda, y resultó que Karen, la hermana de Mike, tenía algo de experiencia en ese campo. Me pongo enfermo solo de pensarlo. Karen tenía una casita en Laurel Canyon y Haya me acercó hasta allí. De nuevo me estaba poniendo en una situación de riesgo, porque Karen era una gata salvaje. Para cuando llegué, ya se había tomado una botella de vino y estaba borracha, y había comido sopa de ajo, cosa que no me excitó precisamente. Pero Karen se puso pegajosa e insistente, y cuando tienes dieciocho años no hace falta mucha provocación para llegar a un punto en el que no puedes contenerte. Así que terminamos teniendo un encuentro sexual muy tormentoso, para mí. De inmediato me sobrevino una cantidad enorme de culpa, vergüenza y decepción conmigo mismo.

No pretendo decir que esos episodios destruyesen mi relación con Haya. Fui capaz de encapsularlos en un envoltorio protector de materia gris y comprender que no significaban nada frente a lo que sentía por Haya. Sin embargo, nuestra relación llevaba otras cargas suficientemente pesadas que parecieron condenarla al final. El principal problema seguía siendo el conflicto entre la lealtad de Haya para con sus padres y sus sentimientos hacia mí. Haya tenía constantemente en el fondo de la cabeza las voces desaprobadoras de sus padres. Y si hubo algún cambio, fue que la actitud de ellos se hizo cada vez más inflexible conforme nuestra relación avanzó. Una noche, cuando aún vivía en la casa de Donde, Haya y yo pasamos unas cuantas horas gloriosas juntos. Teníamos la idea de que sus padres pensaban que estaba en otra parte, así que Haya se sentía feliz. Estábamos tumbados en la cama, charlando y riéndonos, cuando empezó a hacerse tarde y el teléfono sonó.

Lo cogí, esperando que fuese una llamada para Donde, pero la voz masculina al otro lado del auricular era fría como el hielo y dura como una piedra. Bien podría haber sido un verdugo.

«Anthony, dile a Haya que se ponga».

La miré y supo que tenía que coger el teléfono. Empezó a escuchar toda esa diatriba de que no era una buena persona y que su padre iba a renegar de ella, y se echó a llorar. Intenté decirle que la quería y que sus padres no pensaban en lo que más le interesaba a ella, pero Haya suspiró y dijo: «No, es mi familia. No puedo darles la espalda». Y se marchó a casa, con la gente que le estaba haciendo eso.

Para finales de aquel primer año en la UCLA, Haya y yo empezamos a hablar sobre lo que íbamos a hacer. En un momento, Hillel me había llegado a dar un *chai*, la letra hebrea que significa «vida», y la llevaba colgada al cuello con una cadena. Supongo que eso desconcertó lo suficiente al padre de Haya como para invitarme a su casa y preguntarme por mi pasado. Le expliqué que era en mayor medida lituano, y aquello le gustó.

«¿Sabes que antes de la Segunda Guerra Mundial el 10 por ciento de la población de Lituania era judía?», me preguntó.

Entonces fue a su biblioteca y cogió algunos libros de genealogía lituana, y trató con desesperación de descubrir qué posibilidades había de que yo tuviese alguna conexión con un linaje judío. Le seguí la corriente, pero sabía que era una causa perdida.

Así pues, Haya y yo empezamos a mantener unas charlas cada vez más serias y tristes, porque aunque ella se había centrado en sus estudios y seguía bajo el dominio de su familia, estábamos locos el uno por el otro. El estrés de la universidad y la dinámica particular de su familia empezaron a cobrarse un precio en nuestra vida sexual. Yo me sentía muy dolido y confundido, y mi ego y mi confianza sexual comenzaron a menguar.

Poco a poco, nuestra relación se desintegraba, no de un modo inmaduro, sino profundo, hasta que los dos comprendimos discretamente que quizá vivíamos en mundos demasiado dispares y que no hubiese un futuro para nosotros. Acabamos manteniendo nuestra última conversación en la casa de Hillel, que se había convertido en un santuario para mí durante ese año ingobernable. Hillel nos dejó su habitación, y Haya y yo nos miramos y nos dijimos: «Esto no va a funcionar, lo sabemos». Después nos tumbamos en la cama de Hillel, nos abrazamos muy fuerte y lloramos durante lo que me parecieron horas, porque los dos sabíamos que ese gran amor estaba llegando a su fin.

Al terminar el primer curso no tomé en ningún momento la decisión de dejar la UCLA. Las clases habían acabado, y fui otra vez a mirar el tablón de anuncios, pero en aquella ocasión encontré algo interesante de verdad. Se trataba de un trabajo de chico para todo en una empresa de películas para artes gráficas, y pagaban diez dólares la hora, muy por encima del salario mínimo. La empresa tenía un espacio compacto de oficinas en La Brea. Las oficinas eran modernas, con alta tecnología, y el dueño de la empresa, David, era una persona muy cuidada, con un aspecto muy prístino y claramente gay. Con solo observar se podía ver que dirigía su nave con ritmo firme y eficiente. La entrevista fue bien (estoy seguro de que no me perjudicó ser un chaval de dieciocho años) y empecé a trabajar al día siguiente.

Mi labor consistía básicamente en llevar rollos de película a los reveladores, encargarme del dinero en efectivo para los gastos menores y hacer cualquier otra cosa que David quisiera. Era una de las primeras empresas en especializarse en animaciones gráficas para anuncios y logos de cadenas de televisón. David había empezado por lo más bajo de la animación por ordenador y estaba ganando una fortuna. Aunque yo no era más que un recadero, se quedó prendado conmigo y empezó a explicarme aquellas complejas aplicaciones gráficas. No era un rollo sexual: desde el primer día mantuvimos discusiones abiertas de hetero a homo sobre el atractivo de los hombres frente al de las mujeres. Y pese a que yo encarnaba el tipo de chaval al que él no dejaba de buscar, nunca me acosó sexualmente ni me hizo sentir incómodo en el lugar de trabajo.

Tardé poco en poner en práctica mi habilidad tradicional para aprovecharme de las situaciones, así que cuando me mandaba ir a comprar alguna cosa para su casa, como un edredón nuevo, yo solía encargar dos artículos iguales y quedarme con uno. Nadie nunca pareció darse cuenta, y como David tenía una casa en las montañas, un Ferrari y un Porsche Carrera, no me parecía que fuese a echar nada en falta. Seguramente David se fijaría mucho más en mi persona que en las cosas que yo creía que me estaba agenciando por la cara, porque desde luego no tenía un pelo de tonto, solo que hacía la vista gorda.

Para mí, aquel trabajo se asemejaba a unas vacaciones de verano, y estaba ganando dinero más rápido de lo que era capaz de gastarlo. Mike trabajaba en un hospital veterinario y nuestro amigo Johnny Karson, que solía juntarse con Haya en la preparatoria, tenía un empleo en la Warner Bros. Durante años, Mike y yo habíamos soñado con tener casa propia en Hollywood, así que los tres decidimos juntar nuestros recursos y alquilar una casita apañada cerca del Formosa Café. Nos instalamos allí, pero tres semanas después pusieron en alquiler una casa aún mejor bajando por la misma manzana. Tenía un patio más grande y era un par de cientos de dólares más barata al mes. Así que abandonamos el barco, batallamos para que nos devolviesen la fianza y nos mudamos más abajo en esa misma calle.

Al poco, se hizo evidente que J. K. era la excepción, porque tenía una vida laboral típica de nueve a cinco en la Warner. Mike y yo no dejábamos que nuestros trabajos interfiriesen en nuestras fiestas que, ya en la primera casa, consistían en chutarnos un montón de cocaína. Poníamos una cara B de Police a todo volumen, *Fall Out*, y luego Mike y yo nos pinchábamos la coca y corríamos por la casa en un estado temporal de megaéxtasis eufórico. Levantábamos los brazos para detener la hemorragia y empezar a extasiarnos. «Dios, Dios, Dios, esta es buena, esta es la hostia, esto es demasiado, no, no, no es demasiado, estoy bien, estoy bien, joder, es increíble», y luego nos poníamos a cantar la canción. La cosa consistía, pues, en un ciudadano más o menos normal que no se metía coca y que encima tenía que lidiar con dos locos más pendientes de su propio mundo que del mundo exterior.

Cuando J. K. planeó irse unos días a esquiar a Mammoth, Mike, Hillel y yo decidimos hacer la madre de todas las fiestas. Mike y yo nos hinchamos de robar priva y surtimos bien la casa, y luego sacamos todos los muebles para dejar más sitio para bailar. Hillel nos ayudó a repartir folletos y yo pegué unas letras enormes en el suelo del salón que decían BAILAR.

Mike había estado escondiéndose unas píldoras de colores del hospital veterinario, no para consumirlas, sino como *souvenirs*. La casa estaba toda recorrida por un saliente estrecho a la altura del pecho en el que alternamos dibujitos hechos con píldoras azules, amarillas y rojas, creando un efecto como de jardín de rocas japonés.

Entonces llegaron las hordas. El alcohol empezó a correr, la música retumbaba y la gente bailaba y desaparecía en las habitaciones, o se salía a los arbustos, y aquella se convirtió en la mejor fiesta en la que habíamos estado, por no hablar de que la habíamos organizado. Conforme avanzaba la noche, todo el mundo empezó a tomarse las píldoras, sin saber que eran para tratar el estreñimiento de los perros o la psicosis de los felinos o cualquier cosa así.

En un momento dado, la casa cobró vida propia, como si la energía que encerraba se desbordase por las ventanas al mundo. Nos quedamos inconscientes en algún momento por la mañana temprano, y cuando recobramos el conocimiento, Mike y yo echamos un vistazo al lugar. Era una zona de guerra. El suelo estaba cubierto por dos centímetros de pringue, había comida y píldoras aplastadas, vómito, botellas de cerveza vacías, colillas y basura en general por todas partes. Sabía que J. K. volvía a casa esa misma noche, así que saqué unas fregonas, un cubo, agua y jabón y me pasé el día recorriendo la casa y limpiando todos los rincones y rendijas. Para cuando hube terminado, parecía que nadie había pasado nunca por allí.

Pese a que logré conservar el trabajo en la empresa gráfica, definitivamente me había convertido en adicto a la cocaína. Teníamos un suministro bastante constante, porque tanto Mike como yo estábamos ganando dinero, y él lograba complementar lo que comprábamos porque intercambiaba clases de bajo por coca con un camello de Topanga Canyon. Yo esperaba con ansia los días que Mike daba clase, porque en cuanto terminaba, sabía que nos íbamos a chutar cocaína. Nunca había suficiente para que durase más de una hora o así, pero sentía una necesidad real de meterme esa sustancia en el cuerpo. La adicción psicológica estaba en toda su plenitud. Aunque físicamente no me sentía débil, psicológicamente tenía una necesidad constante de cocaína.

Mi consumo creciente terminó por estallar en ciertos episodios de psicosis cocainómana avanzada. En una ocasión, le eché mano a un montón de coca y pasé la noche entera, hasta el día siguiente, chutándomela. Estaba solo en mi habitación y me convencí de que alguien se había colado en casa a plena luz del día. Luego empecé a tener alucinaciones visuales del intruso recorriendo la casa. Corrí de una habitación a otra, convencido de que había saltado por la ventana justo antes de que yo entrase en cada cuarto. Así que pensé: «Vale, sé cómo enfrentarme a esto». Trepé al tejado de la casa con un neumático viejo, pensando que así atraería al tipo fuera y entonces le tiraría el neumático como una arandela y lo dejaría atrapado dentro para inmovilizarlo, como en unos dibujitos animados. Por suerte, Mike llegó a casa y me persuadió para que bajase.

No solo estaba abusando de cocaína. Por aquella época, conocí a una punk-roquera que me preguntó por qué me chutaba cocaína cuando, por veinte dólares, podía chutarme *speed* y estar dos días colocado. Terminé pasando una noche con ella, pinchándome *speed* y poniéndome muy ciego. Todas las veces que me metía *speed*, coca o incluso un revuelto, algo se me removía en la cabeza y, sin importar lo que estuviera haciendo o con quién me encontrase, cogía un lápiz o un rotulador o algo de pintura y empezaba a dibujar en un papel, en un cartón o en la pared de donde fuese, daba igual. Simplemente, tenía que dibujar en el instante en el que esas drogas me hacían efecto. Y cuando no estaba dibujando, estaba follando.

En el verano de 1981, la heroína todavía no había desempeñado ningún papel prominente en el mundo de las drogas. Recuerdo estar en el centro con Mike, en el Al's Bar, y ver una mesa entera de jóvenes punk-roqueros cabeceando puestos de heroína, y pensar que no parecía una cosa muy divertida. Sin embargo, había otra voz en el fondo de mi cabeza que de vez en cuando me hablaba y me decía: «Tienes que volver a pillar heroína de esa. Es la droga a la que todo el mundo teme, así que tiene que ser la mejor». No recordaba con cariño mi experiencia con aquella raya única de China White cuando tenía catorce años; más bien, me llamaba la idea de tomar una droga realmente subversiva.

Un día llegó al trabajo un chico nuevo. Parecía un cantante de rockabilly, con un tupé negro, gafas de sol negras y grandes a lo Roy Orbison, una piel superpálida y un porte extraño. Le pregunté a mi compañero Bill de qué iba ese tío.

«Esa es la pinta que se te queda cuando te metes heroína».

Bingo. Ahí estaba mi contacto con el mundo de la heroína.

Pasados unos días, me acerqué al tipo y le dije:

—Hostia, tío, ¿puedes conseguirme un poco de heroína?

—Claro, claro.

Los yonquis siempre están dispuestos a hacerse con drogatas nuevos para poder tangarlos. Así pues, planeamos meternos heroína esa misma noche en mi casa. Estaba tan emocionado que volví corriendo a casa y les conté a Mike y a J. K. que iba a chutarme heroína por la noche.

«¿Cómo? No puedes chutarte heroína. Te vas a morir», me advirtieron. Les dije que ese tío llevaba un tiempo metiéndose, y estábamos tan intrigados que decidimos que debían ver cómo me chutaba.

Aquella noche el tipo llegó y se quedó de piedra cuando vio que había unas sillas en torno a la mesa de la cocina con público. En cualquier caso, colocó las cucharillas y procedió con todo el ritual de cocinar esa droga persa que yo nunca antes había visto. Como la heroína tenía una base de aceite, el tipo necesitaba un limón para hacer la mezcla. Primero se preparó su inyección y se colocó un poco, y luego dijo: «Te toca». Cuando lo terminó de apañar todo, salió una movida de color marrón. Nunca me había chutado nada marrón. Estaban todos acojonados, preguntándose si me iba a morir. Me chuté, pero no sentí mucha cosa. Le pedí que me diese algo más, y me dijo que vale, pero que ahí se terminaba el jaco. Me dio otro chute y seguí sin notar el supersubidón opiáceo soñado, en plan tirarte en el sofá y dormir doce horas. Más tarde me enteré de que el caballo que conseguía ese tipo era bastante flojo. Sin duda, fue un ciego decepcionante, y desde luego no me puso a tono ni tampoco me inspiró para buscarme un contacto con el que pillar heroína. Terminó siendo una pérdida de dinero, y el gran espectáculo de hacerlo delante de mis amigos quedó en nada, y todo el mundo se largó.

Para el otoño de 1981, y pese a que no había tomado una decisión consciente, ya no era alumno de la UCLA. Los estudios no encajaban en ese arrasador estilo de vida de drogas y clubes que estaba llevando. No tenía desde luego ninguna pinta de estudiante. Había cambiado mi corte de pelo ya rarito de Spigot Blister por un corte militar. Había estado viendo ese peinado por los clubes y pensé que molaba, así que fui a una peluquería búlgara de Melrose Avenue, Bud's Flattops, y por cuatro pavos me afeitaron todo el pelo por los lados y por detrás y me dejaron un centímetro de pelo recto en la parte de arriba de la cabeza. Al hacerlo, fue como si hubiese cortado de raíz todos los lazos con mi pasado. Me había convertido en un punk-roquero loco y descontrolado. Cuando aparecí en el trabajo al día siguiente, David se sorprendió. «Dios mío, te has cortado el pelo».

Justo en ese momento salió en la radio una canción de Devo, le subí el volumen a tope y empecé a bailar por toda la oficina.

«Vaya manera más violenta tienes de bailar», añadió David inquieto. Pero yo iba a mi rollo, con la quinta marcha metida camino de mi nueva identidad.

Todo el tiempo que pasaba trabajando, lo pasaba también metiéndole mano al dinero de los gastos, y a la vez mi afición por la cocaína iba en aumento, aparte de que bebía mucho alcohol y tomaba un montón de pastillas. En aquel momento no lo vi, pero estaba perdiendo el norte. No me importaba el trabajo, no me importaba la salud, no me importaban responsabilidades como pagar el alquiler: viajaba en un tren desbocado. El horriblemente irónico truco cósmico de la drogadicción es que las drogas son de lo más divertidas cuando empiezas a consumirlas, pero para cuando las consecuencias se manifiestan, ya no estás en posición de decir: «Uh, tengo que parar». Has perdido esa capacidad, y has creado un patrón de condicionamiento y refuerzo. Allí donde hay drogas de por medio, nada sale gratis.

Después de faltar al trabajo demasiadas veces con la excusa de estar enfermo, David me despidió. Me sentía realmente triste por haberlo decepcionado, y también por haber perdido esa gallina de los huevos de oro. Después de eso, recibí otra mala noticia. Parecía que J. K. le había llevado al casero una copia del folleto de la fiesta que habíamos montado. Le contó que los habíamos distribuido por tiendas de discos de Melrose Avenue y que habíamos dado una fiesta salvaje que había puesto en peligro la casa. Entretanto, J. K. se había buscado a otros dos amigos para que se mudaran con él. Para cuando su proceso de desalojo fue efectivo, nosotros ya estábamos preparados para irnos. Nuestras vidas habían empezado a autodestruirse hasta tal punto que no podíamos seguir pagando un alquiler con regularidad.

Antes de dejar la casa, conseguí reunir algo de dinero y comprarme un coche de segunda mano. Había estado usando un Capri que Steve y Peggy me regalaron al graduarme en el instituto. Nunca lo había cuidado, así que llegó a su último año de vida sin silenciador ni frenos. Cogí la costumbre de dar en el bordillo con las ruedas cuando quería parar. Una mañana, el coche dejó de funcionar sin más y cuando miré el aceite, estaba sin una gota. El motor se había convertido en una piedra, así que le dije adiós al coche, le di las gracias por un par de años de servicio fiel y sin accidentes, y lo dejé en la calle. Me hice con un número de *The Recycler* y encontré un T-Bird precioso del 62 por seiscientos dólares. Era un bicho bueno y, más temprano que tarde, se convertiría en mi dormitorio móvil.

Por algún motivo, a Mike y a mí no nos resultó desconcertante vernos en la calle. El concepto en sí de dormir no tenía mucho sentido para nosotros entonces. Estaban abriendo un montón de clubes nuevos al tiempo que nacía todo un mundo postpunk en Hollywood. Teníamos los *afters* del Lasa Club y del Zero One, y estaba el CASH Club (*cash* de Creative Artist Space of Hollywood). Terminábamos siempre en esos sitios porque pasábamos toda la noche fuera, todas las noches, dejándonos llevar por esa corriente invisible, siguiendo la fiesta.

Mike estaba en algo de mejor forma que yo. No le daba tan fuerte a las drogas y aún tenía algunos ingresos por su trabajo en el hospital veterinario. Cuando nos fuimos de la casa de Formosa, terminó durmiendo en el CASH Club. El CASH lo llevaba Janet Cunningham, una mujer que tenía un trabajo legal como directora de *casting* para extras en la industria del cine. Si eras actor, pintor o músico, Janet te dejaba dormir gratis en el club, que era un espacio diáfano. De día se convertía en un sitio donde pasar el rato y por la noche había actuaciones. Para cuando Mike se mudó, Larry Fishburn vivía allí, junto a una magnífica batería de Guadalupe llamada Joelle, un pintor francés de nombre Fabrice y un auténtico punk-roquero, Animal Boner, que era de las primeras personas —marineros aparte— a las que les veía un tatuaje, y encima lo llevaba en las rótulas, y ponía FÁBRICA DE RÓTULAS METÁLICAS.

Como Mike se quedaba allí, de vez en cuando yo terminaba pasando la noche también con él. Fue entonces cuando empezamos a meternos heroína. Fab, además de ser artista, comenzó a tener un flujo constante de heroína China White. Era tan pura que con esnifar una raya te colocabas. Mike empezó a esnifarla también, pero fue siempre muy mindundi con la heroína. Bromeábamos diciendo que no había más que acercarle una papela de jaco y se ponía a vomitar.

Para entonces, me estaba empezando a crecer el pelo, así que una noche, estando en el Valle de San Fernando en una fiesta, le pedí a Hillel que me hiciese una cresta. Sabía que se le daban bien las formas y las dimensiones, así que nos metimos en el baño y me puso el pelo hacia arriba. Como ya tenía el corte hecho para que el pelo se me quedase recto, no necesitaba usar huevo ni gomina ni nada de lo que utilizaban otros punkis para enderezarse la cresta. La mía se quedaba así sola, como las crines de caballo metidas en los cascos antiguos de los guerreros.

La cresta me dio una personalidad y una energía nuevas. No me importaba no tener un sitio para vivir ni trabajo, porque tenía esa nueva armadura y me sentía bien conmigo mismo. Me disfrazaba con un vestido blanco de mujer, sin ropa interior, y unas botas militares negras y salía a bailar. Uno de los sitios nuevos geniales que descubrí fue el Radio Club, el primer club de hip hop de Los Ángeles. Iba con Mike y Gary Allen, nuestro amigo diseñador de moda gay, negro y loco, que era de Arkansas y el cantante líder de un grupo llamado Neighbor's Voices. Nos pasábamos cinco horas bailando hasta que terminábamos reventados por completo.

Cuando llegaba la hora de dormir, no me ponía escrupuloso. Me dejaba llevar. Si estaba con Mike, a lo mejor pasaba la noche donde estuviese él. La casa de Hillel era de mis preferidas en mi gira por los sofás. Su familia siempre me recibía bien y nunca me hacía sentir como el perdedor que era, incluso aunque una vez abusé demasiado de esa acogida y Hillel vino a decirme: «Creo que si te quedas esta noche en el sofá vas a sobrepasar un poco los límites del aguante de mi madre. Ha pasado por una época chunga». Acabé durmiendo en mi T-Bird, que estaba aparcado delante de la casa de Hillel. Entre los asientos y el revestimiento metálico no cogía una postura cómoda, así que salí y me tiré en el césped delantero. Por la mañana, los hijos del vecino vinieron a jugar y vieron a aquel friki con ropa de segunda mano, inconsciente y tirado en la hierba. Al final, Hillel me invitó a entrar y tomar un café y una tostada.

Cuando no estaba en casa de Hillel, me quedaba con mi amigo Keith Barry. Keith vivía con su padre, un tío moderno, en una casita retirada de dos habitaciones en Hollywood. Su padre fumaba hierba a diario, así que aquella se convirtió en otra parada para colocarme. Como Keith siempre había sido un excluido, me respaldaba en mi rollo cresta. También era un gran músico, y despertó en mí el interés por un jazz antiguo excelente. Me dejaba dormir en el suelo de su habitación, y a mí eso me iba bien; enrollaba una toalla, me la ponía debajo de la cabeza y listo. Sin embargo, al igual que en la casa de Hillel, el padre de Keith empezó a sentir un cierto rechazo hacia mi presencia, así que terminé durmiendo en un patio trasero diminuto que tenían. Apenas había espacio para poner un par de sillas de jardín, pero aquello era todo lo que yo necesitaba para acurrucarme.

En cuanto cogía algo de dinero, me daba un atracón de drogas. El problema era que no tenía una casa donde ir a metérmelas, así que empecé a usar las casas de los demás, y cuando se me terminaban las drogas, salía a pillar otra vez. Comencé a hacer una ruta itinerante para chutarme: pillaba las drogas, me iba a un aparcamiento subterráneo, me escondía en una esquina detrás de un maletero, lo preparaba todo y me chutaba. Me ponía cieguísimo y me iba a deambular por las calles, hasta que encontraba un callejón o el patio de un colegio, o me iba detrás de un arbusto a meterme algo más.

En algún momento de esa primavera, mi periodo de sin techo llegó a su fin. Me topé con Bill Stobaugh, amigo mío del antiguo trabajo en la empresa gráfica. Era blanco, pero le sobresalía un montón enorme de pelo en plan *Cabeza Borradora*. El precioso material gráfico psicodélico de Bill le valió el sobrenombre de Hallucinogenius. Se trataba de una especie de hombre del Renacimiento: cineasta, guitarrista y coleccionista de preciosas guitarras antiguas de doce cuerdas. Había pasado por otras firmas de diseño gráfico, y me ayudó a encontrar un trabajo a tiempo parcial para conseguir algo de dinero que llevarme al bolsillo.

Uno de esos sitios se llamaba Mid-Ocean, propiedad de Ray, un irlandés gigante, de metro noventa, con un expediente académico sobresaliente. Era capaz de hacer veinte tareas a la vez y llevarlas todas a término. Su mujer, rubia y menuda, se ocupaba del aspecto financiero del negocio. Hacían un trabajo de vanguardia y se encargaron de toda la animación de *Blade Runner*.

Ray y su esposa medio me adoptaron y conseguí de nuevo un trabajo como recadero. Pero también empecé de nuevo a meterme heroína. Me quedaba toda la noche despierto consumiendo jaco, y luego iba a trabajar y tenía que llevar rollos de película al condado de Orange para que los procesaran. Iba conduciendo la camionetilla roja de la empresa, cabeceando por el ciego de heroína. Es asombroso que no me matase en un accidente de coche.

Estando en Mid-Ocean, Bill se dio cuenta de que no tenía casa, así que me preguntó si quería irme a vivir con él. Tenía un sótano grandioso y oscuro, con muchas ventanas que daban a la acera, en un edificio de apartamentos antiguo y clásico de Hollywood donde la mayoría de los inquilinos eran mexicanos. El espacio estaba desnudo y no había paredes, pero me ofreció un rincón si lo ayudaba a poner barrotes en las ventanas para mantener a la gentuza a raya.

Una noche, poco después de mudarme allí, decidí meterme uno de mis infames atracones de coca. Tuve una de esas noches extrañas de paseos en las que recorría Hollywood Boulevard arriba y abajo, entrando en *sex shops* y haciendo mierdas raras. En mitad de la noche, puede que volviese a casa en algún momento, en silencio, a coger dinero o ropa de más abrigo, pero terminé pasando la noche fuera.

Al día siguiente, entré en Mid-Ocean y Bill se me echó encima con una mirada en los ojos que no había visto nunca antes. «Voy a matarte, hijo de puta». Siempre había sido un tipo de lo más apacible y buenrollero, así que le pregunté qué le pasaba. Se detuvo en seco, quizá porque me vio algo en los ojos que no esperaba, y me contó que le habían robado la noche antes y le habían desaparecido todas y cada una de sus preciadas guitarras, y que yo era la única persona que podía haberlo hecho.

«Bill, sé que estoy loco, sé que me meto drogas y que hago mierdas raras y desaparezco, y entiendo que me culpes al haber pasado algo así, pero es mejor que tires por otro camino, porque yo no lo he hecho. Si no te centras en quienes lo hayan hecho, se van a ir de rositas». Bill no lograba meterse en la cabeza que pudiese haber sido cosa de otra persona. Solamente yo tenía llaves. Pero para mí estaba claro que aquello había sido un trabajo desde dentro y que eran los de mantenimiento del edificio quienes le habían robado.

Ese fue el final de mi convivencia con Bill. No había forma de vivir con un tipo que pensaba que le había robado. Tenía que encontrar otro sitio donde alojarme. En Mid-Ocean habían montado un pequeño espacio diáfano encima de la sala principal de grafismo al que se accedía por una escalera y que tenía un par de futones. Empecé a quedarme a dormir allí y me levantaba con tiempo suficiente para que nadie supiera que no era simplemente la primera persona en llegar a trabajar por la mañana.

Para entonces, Mike (a quien apodaron Flea durante un viaje a Mammoth con Keith Barry y J. K.) se había mudado a un apartamento en lo que llamábamos el Wilton Hilton, un edificio clásico y antiguo de ladrillo, genial, en la esquina de Wilton Place con Franklin Avenue. El bloque estaba lleno de artistas y músicos, y lo administraba una casera de setenta años superexcéntrica que además era un auténtico tapón. Flea vivía con Joel y Fabrice, sus colegas del CASH. En algún momento, Hillel se convirtió también en medio residente del edificio. Así que cuando mi convivencia con Bill terminó, acabé quedándome allí con mucha frecuencia. Durante ese tiempo, What Is This (el nombre nuevo y más maduro de Anthym) siguió tocando en directo y haciéndose con un público de culto. Yo todavía los presentaba, pero a esas alturas ya escribía mi propia poesía para las *intros*. Una vez llegué a rimar «metrópolis» con «acidófilos». Cuanto más tocaban, más reconocimiento obtenía Flea como estrella del grupo. Siempre que le dejaban hacer un solo de bajo, ese se convertía en el momento álgido de la noche.

Por aquel entonces, Fear era el grupo de punk rock más famoso de Los Ángeles. Habían llamado la atención de todo el país cuando John Belushi los acogió bajo su tutela y los presentó en *Saturday Night Live*. Por tanto, cuando el bajista dejó el grupo, fue de lo más normal que trataran de meter a Flea como sustituto. Flea se me acercó un día y me soltó la bomba de que le habían pedido hacer una audición para Fear. Se trataba de una situación peliaguda, porque Flea y Hillel eran mis dos mejores amigos en el mundo. De todos modos, lo estuvimos hablando y resultó que, de tener que elegir entre esos dos estilos de música, Flea terminaría optando por el bando de Fear. Así que le aconsejé que fuese a la audición.

Salió de la audición con el puesto, aunque todavía tenía que enfrentarse a Hillel, el tío que, ante todo, le había enseñado a tocar el bajo. Flea se puso tan nervioso antes de reunirse con él que vomitó. Y Hillel no se tomó la noticia nada bien. «No tengo nada que decirte», le soltó, y se largó. What Is This sustituyó a Flea con una serie de bajistas mediocres; entretanto, Flea saltó al pequeño estrellato del punk rock. Después de unos meses de incomunicación total, Hillel tuvo que perdonar a Flea. En su interior, Hillel sabía que aunque Flea se hubiese portado mal, había seguido su destino, y que debía tragarse un poco de ego y dejar que Flea floreciese. Era duro, porque ninguno de nosotros tenía ninguna figura paterna a la que consultar cuestiones tan serias. Al final, volvieron a ser amigos y a hacer sesiones de improvisación.

Yo seguía trabajando en Mid-Ocean, así que me pasé el verano de 1982 conduciendo esa camioneta. En la radio del panel frontal no dejaba de resonar una canción alucinante. Se llamaba *The Message* y era de un grupo de rap de Nueva York, Grandmaster Flash and the Furious Five. Fui y me compré la cinta, y la ponía una y otra vez. Unas semanas después, el grupo vino a Los Ángeles y tocó en el Country Club. Fue un concierto increíble. Tenían una puesta en escena muy inspirada, y todos representaban un personaje propio y eran fantásticos rapeando. A los platos estaba Grandmaster Flash; los sonidos, los ritmos, el funky y el buen rollo que ese tío emanaba desde el escenario eran absolutamente impresionantes.

Pero más que nada, *The Message* empezó a hacerme pensar. Esos tíos escribían rimas, una cosa que a Hillel y a mí nos encantaba desde hacía mucho tiempo. Cogimos por costumbre colarnos en la planta de arriba del Continental Hyatt House en Sunset, un club privado; la teníamos para nosotros solos, y nos poníamos a contemplar las espectaculares vistas de la ciudad, nos fumábamos un porro y nos inventábamos unos personajes extravagantes para hacer sesiones de rimas espontáneas. Fueron mis primeros intentos de rapear.

Así, cuando *The Message* se convirtió en la canción más de moda ese verano, empecé a darme cuenta de que no había que ser Al Green ni tener una voz tan increíble como la de Freddie Mercury para encontrar un sitio en el mundo de la música. Rimar y crearse un personaje eran otra manera de conseguirlo.

05

Subidón fuerte

En ciertos sentidos, mi carrera se la debo a mi amigo Gary Allen. En febrero de 1983, Gary & Neighbor's Voices iban a tocar en el Rhythm Lounge del Grandea Room, en Melrose Avenue. Unos días antes del bolo, sugerí que Flea, Hillel y yo hiciéramos de teloneros y tocáramos un tema, conmigo como líder del grupo.

Aunque al principio Hillel y Flea se mantuvieron escépticos porque yo no era cantante, Gary había reconocido mi potencial como artista, sobre todo por mis brincos maníacos en la pista de baile de varios clubes de la ciudad. Decidimos montar algo juntos, y de inmediato tuve claro, gracias a Grandmaster Flash, que no tenía que cantar una canción por fuerza. Podía salir ahí y rapear un poema. Todos nos habíamos quedado enganchados a la energía de Defunkt y a la crispación en bruto de Gang of Four y, por supuesto, a la libertad cósmica implícita en el guitarreo de Jimi Hendrix, así que íbamos a canalizar esas influencias. Pero sobre todo, queríamos hacer algo basado en el funk, porque What Is This no tenía absolutamente nada que ver con el funk.

No disponíamos de ningún espacio donde ensayar, y no nos tomamos el bolo muy en serio, así que decidimos que lo único que teníamos que hacer era juntarnos en el salón de Flea en el Wilton Hilton y montar un ensayo a capela. Entre Flea y Hillel existía una telepatía tan exquisita que bastaba con que se mirasen el uno al otro para saber qué tocar. Así pues, Flea se sacó una línea de bajo, Hillel se inventó un *riff* funky de guitarra y Jack Irons, el batería de What Is This, fijó un ritmo. Y entonces yo me fui a escribir una letra.

Tuve suerte. Decidí escribir sobre algo que conociese: mis pintorescos amigos y nuestra vida nocturna. Titulé la canción *Out in L.A.* y había referencias a Flea, a Tree (el apodo de Keith Barry) y a Slim, que era Hillel. Siguiendo la gran tradición rapera, escribí un verso sobre mi pericia sexual y me autodenominé Antoine the Swan, por el único motivo de que rimaba.[6] Durante años y años, la gente se me estuvo acercando para preguntarme: «¿Qué es en realidad lo del cisne? ¿Es que tienes la polla en curva?». En cierto modo, era una referencia irónica, porque mi estilo bailando era de lo más desgarbado y lo menos parecido a un cisne. Intentaba hacer maniobras físicas como de *prima ballerina*, y terminaba chocándome o dándome contra una mesa, o tirando las cortinas.

Fue una primera canción bastante ambiciosa. Dejé espacios para un solo de bajo, un solo de guitarra y una irrupción vocal a capela. Después de ensayarla hasta el punto de considerar que la teníamos dominada, se me ocurrió un nombre. No buscábamos un nombre de grupo permanente, porque aquello iba a ser cosa de una sola vez, así que nos llamé Tony Flow and the Miraculous Masters of Mayhem:[7] era como queríamos tocar, de un modo majestuoso y caótico.

Aparecimos en el Rhythm Lounge, y había unas treinta personas en el club, todas para ver a los Neighbor's Voices. Yo llevaba una túnica tres cuartos de pana con estampado de cachemir y un gorro de caza naranja fluorescente. Extrañamente, estaba sobrio por completo. No tenía ni idea de cómo me iba a sentir actuando; solo supe que en cuanto nos subimos al escenario surgió una sensación extraña, como si un campo de fuerza se moviese entre nosotros. Había visto tocar a Flea, a Hillel y a Jack millones de veces, pero nunca habían mostrado esa intensidad en el rostro ni esa determinación en su lenguaje corporal. Flea parecía un cilindro de energía brillante; sin yo saberlo, había estado esnifando heroína antes del concierto.

---

[6] La canción se titula *De marcha por Los Ángeles*. Junto a «el Pulga», están «el Árbol» y «el Canijo», aparte de «Antoine el Cisne».

[7] «Tony *Flow* y los Milagrosos Maestros del Mogollón».

El escenario era microscópico. Podía haberme estirado en cualquier dirección y haber tocado a Hillel o a Flea. Aunque ni siquiera nos presentaron en condiciones, la gente empezó a darse cuenta de nuestra presencia cuando enchufamos los instrumentos. Me sobrevino toda la expectación del momento e instintivamente supe que el milagro de manipular energía, de acceder a una fuente infinita de poder y emplearla en un espacio pequeño con tus amigos era para lo que yo había venido al mundo. Y entonces Jack Irons, criatura de Dios, echó el cuello y las baquetas hacia atrás y contó «un, dos, tres, cuatro». Al empezar la música no supe lo que iba a hacer, pero en mi interior había tantos flujos que di una voltereta en el aire en aquel espacio diminuto y la clavé. Y todos estallamos sin más. Hasta ese momento, no teníamos ni idea de cuál era nuestro rollo, pero en plena canción nos dimos cuenta de que lo nuestro era explotar y reventar con todo lo que teníamos. Conforme íbamos tocando, todo el mundo que había en aquel local, y que no había estado prestando ninguna atención, empezó a acercarse al escenario en plan zombis. Cuando terminamos, el público estaba estupefacto por completo y sin habla, se habían quedado helados.

Solomon, el francés promotor del concierto, salió corriendo de la cabina del DJ, con ese lenguaje corporal apasionado típico de los franceses, me tocó y dijo:

—Por favor, ¿podéis volver y actuar la semana que viene en mi club? ¿Podríais tener dos canciones para entonces?

Aunque no habíamos previsto volver a tocar, le respondí:

—Claro, ahí estaremos la semana que viene y te traeremos una canción más.

Teníamos tal subidón por el concierto que la idea de tocar a la semana siguiente parecía de lo más natural.

Nos reunimos durante la semana y escribimos una canción titulada *Get Up and Jump*. Flea había pasado mucho tiempo trabajando en una parte de bajo sincopada, entrelazada y complicada, que combinaba punteos y *slaps* de un modo extraño y maravillosamente funky. Yo tenía que escribir la letra, así que volví a inventarme algo con una base de personajes. Elegí el tema de saltar y escribí unas estrofas sobre diferentes versiones de saltos en los dibujos animados: una cuerda de saltar, alubias mexicanas saltarinas. Aunque el verso más memorable de la canción iba sobre Rona Frumpkin, una tía por la que Hillel estaba colgado.

Una de las características más sobresalientes de Hillel era la bolsa escrotal grande y colorada que tenía, de la que se sentía muy orgulloso y que enseñaba sin que hubiera que insistirle mucho. Solíamos bromear con el paquete de Hillel, porque cuando juntaba la polla y los huevos, le aparecía una forma de calabaza en los pantalones, que se hacía mucho más pronunciada cuando Rona estaba cerca. Así que escribí un verso que decía: «Hillel be jumping on that little baby Frumpkin / Say what, you got a pumpkin in your pants?».[8]

Decidimos que íbamos a echarle teatro a nuestro segundo espectáculo, así que coreografiamos un baile divertido para la popular canción *Pack Jam*. La noche del concierto el club estaba lleno hasta arriba, así que empezamos la actuación entrando en desfile por la puerta principal y abriéndonos paso entre la multitud con *Pack Jam* resonando en un loro. Cuando llegamos al escenario nos pusimos con nuestro baile robótico retrasado. Jack no lograba coordinar los movimientos sincronizados, así que abandonamos el baile a la mitad y nos fuimos directos a tocar *Out in L.A.* y *Get Up and Jump*.

Creo que mi letra de la Frumpkin funcionó, porque Rona estaba entre el público y esa misma noche, más tarde, Hillel por fin consiguió enrollarse con ella. Así, cada vez que alguien del grupo tenía problemas para acostarse con una tía en concreto, yo metía su nombre y, bum, funcionaba como un reloj: no pasaban veinticuatro horas sin que la chavala cayera bajo el hechizo.

Después de la segunda actuación, nos dimos cuenta de que aquello era demasiado divertido como para dejarlo. Al fin tenía algo que hacer, algo con un sentido y una finalidad. Sentía que podía convertir en canción cualquier idea y cualquier filosofía

---

[8] «Hillel salta sobre la pequeña Frumpkin, sobre la falda / ¿Qué pasa? ¿Eso de tus pantalones es una calabaza?», de *Levántate y salta*.

Todas las canciones que se incorporan traducidas en nota al pie aparecen en versión de la traductora; una traductora que no es poeta ni cantautora, así que solo ha intentado poner un poco de funky a lo que iba saliendo.

estúpidas que tuviese. Un indicio de que estábamos empezando a ir en serio fue que sentimos la necesidad de inventarnos un nombre para el grupo. Empezamos a ponernos con esas listas enormes y larguísimas de nombres imbéciles, sin sentido, aburridos. Todavía hoy, Tree y Flea aseguran que ellos se inventaron lo de Red Hot Chili Peppers.[9] Se trata de una derivación de los nombres clásicos de la vieja escuela estadounidense del blues y del jazz. Estaba Louis Armstrong con su Hot Five, y otros grupos que eran Red Hot tal o Chili cual. Incluso había un grupo inglés que se llamaba Chilli Willi and the Red Hot Peppers, y que luego pensaron que les habíamos robado el nombre. Pero nadie había sido nunca los Red Hot Chili Peppers, un nombre que se convertiría para siempre en una bendición y una maldición. Si piensas en los Red Hot Chili Peppers en términos de sentimiento, sensación o energía, tiene todo el sentido del mundo para nuestro grupo, pero si lo analizas en términos de la verdura en sí, surgen un montón de connotaciones falsas. Hay una cadena de restaurantes con el nombre de ese vegetal, y los chiles se han comercializado en todas las formas posibles, como colgajos decorativos para la casa o como adornos para árboles de Navidad. Basta con decir que nos quedamos cuajados cuando la gente empezó a traer pimientos chiles a nuestros conciertos como una especie de ofrenda.

Por aquella época, Hillel, Flea y yo combinamos nuestros recursos y encontramos una casa increíblemente barata de tres habitaciones en una calle infame, Leland Way, que estaba ocupada por una sola manzana y era conocida también como el Callejón de la María, porque la mafia mexicana traficaba allí con maría. Se trataba de un barrio peligroso y desagradable, lleno de traficantes y vagabundos, pero no nos importaba. De hecho, me aportó material para nuestras canciones. Todas las noches, me quedaba mirando a la calle desde la ventana de mi habitación y observaba los helicópteros de la poli dando vueltas en círculos, planeando sobre nuestra manzana, apuntando con las luces a aquella vorágine de trapicheo de maría.

---

[9] Ni más ni menos que «Pimientos Chiles Picantes Rojos».

Police Helicopter sharking through the sky
Police Helicopter landin' on my eye
Police Helicopter takes a nosedive
Police Helicopter no he ain't shy[10]
(de *Police Helicopter*)

Esa casa se convirtió en un hervidero de actividad musical. Hillel estaba siempre tocando la guitarra. Al llegar, me encontraba a Flea tocando en el porche; aunque probablemente debía haber estado practicando sus rasgueos para Fear, se dedicaba a crear patrones de funk llenos de sentimiento y emoción. Yo me sentaba allí a escuchar y de pronto soltaba: «¡Esa, esa es buena! Puedo trabajar con eso», y me iba corriendo a mi habitación, sacaba el cuaderno y componíamos una canción. Es la misma fórmula que usamos hoy para escribir canciones, que no es ninguna fórmula. Simplemente aparecemos, empezamos a improvisar y yo me pongo a recopilar notas. Eso es lo que nos diferencia de muchos otros grupos, porque en nuestro caso todo nace de la improvisación. Llegamos, lo sacamos todo tocando y vemos qué es lo que funciona.

Nuestro tercer concierto fue bastante memorable. Lo hicimos en el Cathay de Grande que, al contrario que el Rhythm Lounge, era una sala de música en directo de verdad. El promotor del bolo, Wayzata Camerone, pertenecía al mundillo y nos había ofrecido doscientos dólares, más del doble de lo que nos habían dado en el último concierto. Por desgracia, había muy poca gente en el local aquella noche, treinta personas quizá, aunque contábamos con una sección de fieles. Yo había estado saliendo con una francesa preciosa llamada Patricia que estaba allí, además de la novia de Flea, Tree y mi padre, que para entonces se había reconciliado conmigo. La actuación fue igual de emocionante, energética, explosiva y descontrolada que las dos primeras. Tocamos cuatro canciones: las dos que ya teníamos y dos nuevas, *Police Helicopter* y *Never Mind*. El tema *Never Mind* era un desprecio audaz a otros cuantos grupos (Gap

---

[10] «Helicóptero Policial que el cielo acecha / Helicóptero policial que los ojos me ciega / Helicóptero policial que en picado se hunde / Helicóptero policial que nunca sucumbe», de *Helicóptero policial*.

Band, Duran Duran, Soft Cell, Men at Work, Hall and Oates), para decirle al mundo que se olvidasen de ellos, porque éramos nosotros quienes les íbamos a enganchar a partir de entonces.

En algún momento de la noche, me estaba tomando una cerveza en el escenario y di un salto a la pista de baile casi vacía, y empecé a dar vueltas por allí como un derviche giratorio, con la cerveza sostenida en alto, bañando así a quienes me quedaban a tres metros o menos de distancia. Aquella noche, entre canción y canción hicimos unos cánticos a capela creados a partir de canciones del patio del colegio y de los campamentos. Hillel nos había dado a conocer una titulada *Stranded*, para la que creamos una coreografía simplona: levantábamos los brazos en el aire mientras cantábamos «Stranded, stranded, stranded on the toilet bowl / What do you do when you're stranded and there ain't nothing on the roll? / To prove you're a man, you must wipe with your hand / Stranded, stranded, stranded on the toilet bowl».[11]

Aunque no había demasiada gente, a todo el mundo le encantó el concierto. Sin embargo, al final de la noche, Wayzata se esfumó de un modo extraño. Lo localicé y traté de conseguir nuestro dinero, pero empezó a decir que había habido poca gente y que tal y que cual.

—Sí, bueno, qué mal, pero aquí había un compromiso y, como promotor de un club, es un riesgo que tienes que asumir.

Se echó mano al bolsillo y sacó algo de dinero.

—Bueno, aquí tenéis cuarenta. A lo mejor la próxima vez que organicemos un concierto juntos podemos compensar el resto —dijo, y se metió en el baño de tíos para evitarme.

Salí corriendo tras él y terminé levantándolo del suelo y dejándolo caer en el urinario, para después registrarlo de arriba abajo en busca de todo el dinero que llevase encima; no llegó a la suma acordada, pero me parecía inconcebible que alguien rompiese un trato y luego tratara de escaquearse.

Otra señal de que estábamos haciendo ruido en el mundillo fue que empezaron a mencionarnos en el *L.A. Weekly*, en «L.A.

---

[11] «Atrapado, atrapado, en el váter atrapado / Estás atrapado en el váter y no hay papel, ¿qué hacer? / Si ser un hombre quieres aparentar, con la mano te has de limpiar / Atrapado, atrapado, en el váter atrapado», de *Atrapado*.

Dee Dah», una columna social con crónicas sobre lo que se movía en el mundo de la música de Los Ángeles. Flea y yo nos convertimos en estrellas de aquella columna de cotilleo, no porque lo buscásemos, sino porque nos pasábamos todas las noches en la calle haciendo locuras, colocados, hasta las cinco de la mañana, recorriendo todos los clubes *underground*. Me entusiasmó que empezasen a sacarnos con mucha frecuencia.

Una de las primeras veces que salí mencionado fue en un cotilleo que me vinculaba a una «cierta cantante alemana de vanguardia», Nina Hagen. Yo no sabía mucho sobre Nina cuando la conocí en el concierto del Cathay, más allá de que era una artista alemana atractiva que contaba con un público de culto dentro del mundo del punk de Hollywood. Estábamos todavía en el *backstage* después del concierto cuando Nina entró en la zona diminuta de baño-camerino y empezó a ponerme ojos de loca. Me llevó a un lado y se puso a decir a voces con ese acento duro de Alemania del Este cuánto le encantaba nuestro grupo. La cosa se intensificó hasta llegar a predicciones dignas de Nostradamus: «Ahora mismo sois el grupo más maravilloso del mundo que haya visto jamás, y dentro de cinco años el resto del mundo os conocerá, y dentro de siete seréis el grupo más grande del mundo». Y mientras, yo pensaba: «Sí, sí, señora, lo que usted diga». De cualquier forma, Nina tenía tanto estilo y tanta gracia, y era tan arrolladora y atractiva, que recuerdo mirar de lejos a Patricia y notarla amargada por estar viendo cómo esa alemana me dedicaba todo su amor. Nina me pasó su número de teléfono y salí huyendo de inmediato.

Al día siguiente, la llamé y me invitó a desayunar. Tenía una casa modesta pero bonita, con piscina, y también tenía una niña pequeña preciosa, Cosma Shiva. Desayunamos y comprobé entonces que Nina optaba sin duda por una cocina más sana y ecológica que yo. Hablamos mucho ese día. Nina me contó cómo era su vida en Alemania del Este y me habló de los diferentes hombres que había habido en su vida: el yonqui loco que era el padre de su hija, su nuevo novio que estaba fuera de la ciudad hasta final de mes. Me pareció una persona de lo más fascinante, y era tan cariñosa que ese mismo día iniciamos un romance tórrido. Duró más o menos un mes, pero luego mantuvimos una buena amistad, y Nina no dejó de ser una ávida seguidora de nuestra música. Justo después de que se terminase nuestro romance, nos pidió a Flea y a mí que le compusiéramos una canción para el disco en el que estaba trabajando, y así fue como creamos *What It Is*. Entretanto, seguimos ampliando constantemente nuestro canon de canciones. Uno de los primeros temas que compusimos en la casa de Leland Way fue *Green Heaven*. Yo había estado leyendo un montón de libros sobre ballenas y delfines, y siempre había tenido la conciencia bien despierta ante la injusticia social. En Los Ángeles, a principios de los ochenta, el departamento de policía estaba infestado de corrupción. Así pues, me puse a escribir una canción que pusiera en contraste la vida en superficie y la vida bajo el mar: relataba los excesos durante los años de Reagan y los comparaba con el idílico Shangri-La que se vivía bajo el nivel del mar, con animales a los que yo consideraba poseedores del mismo potencial cerebral que los humanos.

Here above land man has laid his plan
And yes it does include the Ku Klux Klan
We got a government so twisted and bent
Bombs, tanks and guns is how our money is spent...

Time now to take you to a different place
Where peace-loving whales flow through liquid outer space
Groovin' and glidin' as graceful as lace
Never losing touch with the ocean's embrace...

Back to the land of the policeman
Where he does whatever he says he can
Including hating you because you're a Jew
Or beating black ass that's nothing new[12]

(de *Green Heaven*)

---

[12] «Aquí sobre la tierra el hombre tiene un plan / Y, sí, incluye al Ku Klux Klan / Tenemos un Gobierno tan retorcido / Que se gasta la pasta en tanques, armas y explosivos... // Es momento de llevarte a otro lugar / Donde nadan al espacio exterior las ballenas amantes de la paz / Bailan y se deslizan gráciles como un fular / Sin perder nunca el abrazo del mar... // En la tierra del policía otra vez / Donde hace lo que dice que puede hacer / Incluido odiarte por ser judío / O pegarle al negro, nada nuevo, tío», de *Paraíso verde*.

Terminamos componiendo *Green Heaven* en veinticuatro horas, y este tema se convirtió en el punto fuerte y épico de nuestros conciertos. Hillel hacía una *intro* increíble con *talk-box*: de la caja de una guitarra sacaba un tubo de plástico grande junto con un micro. Luego se metía el tubo por la garganta y tocaba la guitarra. Los sonidos de la guitarra iban a la boca, y moviendo la boca lograba formar palabras a partir del sonido de la guitarra. Era psicodélico a más no poder, en el uso más literal de la palabra, no en lo referido a la psicodelia pop ni a la psicodelia tergiversada por la televisión, sino a la psicodelia real, desde el corazón y el alma del viaje cósmico hasta el espacio exterior.

Con todo lo políticas que parecían ser esas letras, nunca consideré a los Red Hot Chili Peppers un grupo sociopolítico, como eran, por ejemplo, los Dead Kennedys. Simplemente creía que estábamos ahí para crear belleza, inducir a la alegría y hacer a la gente reír, y si las letras resultaba que incluían comentarios políticos o sociales, que así fuera. Pero nunca tuvimos como responsabilidad salir y convertirnos en los U2 de nuestra generación.

Pese a que éramos ya un grupo consolidado, Flea todavía se iba a ensayar con Fear, y Hillel y Jack se iban a ensayar con What Is This, y nunca hubo ningún conflicto con nada de eso. Tocábamos nuestras canciones como algo que nos divertía hacer, no como un paso en nuestra carrera profesional. Ninguno de ellos estaba pensando en dejar sus trabajos cotidianos para implicarse en los Red Hot Chili Peppers, y a mí me parecía bien. Yo estaba feliz planificando nuestro siguiente concierto, porque todos y cada uno eran monumentales para mí. La noche antes nunca podía dormir. Me tumbaba en la cama y pensaba en la actuación. Y si me dormía, de inmediato empezaba a soñar con el concierto. Cuando me levantaba, lo primero que me venía a la cabeza era: «¡Tenemos concierto esta noche! ¡Es noche de concierto!», y el día entero giraba en torno a los preámbulos del bolo.

Poco después de que Flea, Hillel y yo nos fuésemos a vivir juntos, Hillel se volvió a enamorar de una mujer. Cuando Hillel se enamoraba, desaparecía. El típico mejor amigo que se pasa contigo día y noche y de pronto se enamora y hasta el año que viene. Así que Flea y yo nos íbamos a recorrer clubes, y siempre terminábamos en el Zero, que se había trasladado de Cahuenga Boulevard a una ubicación nueva genial en la esquina de Wilcox Avenue con Hollywood Boulevard. Una noche en concreto, Flea y yo compramos una pequeña cantidad de China White y un Quaalude. Nos metimos la droga y fue una combinación única. Nos dejaron entrar en el Zero y empecé a sentirme realmente bien, muy seguro de mí mismo. Como era temprano, no había mucha gente en el club, pero una pelirroja con piel alabastrina y ojos azules no paraba de pasearse por delante de mí. Llevaba un mono antiguo sin camiseta debajo, así que se le veían las tetas desde la mayoría de los ángulos. No podía quitarle los ojos de encima y, gracias a las sustancias químicas que me rondaban el cerebro y me daban seguridad, me acerqué a ella de un tropezón y le dije: «¡Hola!», y ella me respondió: «¡Hola!», y empezó a restregarse contra mí como una gata en celo. De inmediato nos fuimos a las escaleras para subir hasta el tejado, aunque no llegamos tan lejos.

Se desabrochó el mono, que cayó al suelo, y empezamos a liarnos. Ni siquiera sabía su nombre, pero sí sabía que quería follar, así que estaba listo para lanzarme a la tarea cuando se dio la vuelta, me agarró la polla y se la metió directamente en el culo. No fue una situación porno, lo hizo con mucha suavidad, pero era ahí donde quería tenerla. Estuvimos disfrutando del tema unos cuantos minutos y entonces apareció un segurata enorme e imbécil subiendo las escaleras, hecho un basilisco. Creo que más tarde la chavala me contó que el tipo estaba sobreactuando porque ella le gustaba y no le hacía ni caso. Fuese cual fuese el motivo, nos echó de las escaleras.

La tía me sugirió que nos fuésemos a su casa, a dos manzanas de allí. Para entonces, me había dicho que se llamaba Germaine y que vivía en un edificio de apartamentos antiguo de siete plantas. Cuando llegamos al ascensor, en vez de ir a su apartamento, subimos directamente a la azotea, donde pasamos toda la noche follando. Yo seguía ciego de heroína, así que no logré correrme en todo ese tiempo. Cuando empezó a salir el sol, Germaine se sentó encima de la arcaica maquinaria del ascensor y nos pusimos a mantener otra ronda de relaciones. Yo seguía y seguía y entonces cambié de ritmo y el sol empezó a brillar y ella empezó a gritar y justo en ese momento alguien llamó el ascensor y la electricidad empezó a desplazarse por aquella vieja maquinaria y los engranajes empezaron a encajarse y los motores rugieron y por fin me corrí. Fue un final espectacular para una noche surrealista. Le di las buenas noches y corrí a casa en mitad del amanecer, convencido de que la vida era bella. Y aunque aquel segurata estúpido trató de meterme en la lista negra del club, el propietario, John Pochna, lo puso en su sitio y disfruté de muchas más noches allí en el futuro, tanto como lo hice con Germaine.

Un par de meses después de que nuestro grupo empezara a actuar, decidimos grabar una maqueta con nuestras canciones en una cinta. Cogimos a Spit Stix, el batería de Fear, como técnico de grabación y alquilamos para tres horas un estudio de grabación tipo cuchitril en Hollywood Boulevard. Para dar una idea del nivel de profesionalidad del que estamos hablando, el presupuesto total ascendió a trescientos dólares, incluido el alquiler del estudio, el técnico y la cinta. Por algún motivo, yo era el único que tenía dinero esa semana, así que lo cedí encantado para la causa.

Las sesiones de la maqueta fueron de lejos las grabaciones más productivas e inspiradas que hemos vivido. Durante los últimos veinte años, nunca hemos tenido un solo momento en el que hubiese tanta magia y tanta unidad. Estábamos enchufados. Todo se grabó a la primera y todo salió a la perfección. Terminamos nuestras seis canciones tan rápido que nos sobró tiempo para grabar tres cancioncillas a capela, algo que no habíamos planeado.

Salimos de allí con una cinta original y unas cuantas copias en casetes más pequeños. Al llegar a casa escuchamos la música y lo flipamos. La gente siempre había dicho que estábamos hechos para el directo y que lo nuestro no podía traducirse en una grabación, pero ahí teníamos la prueba de que eso eran gilipolleces. Flea y yo cogimos las cintas, escribimos nuestros nombres en las cajas de plástico y empezamos a patearnos las calles para intentar cerrar bolos. Ni siquiera estábamos planteándonos conseguir un contrato discográfico. Para mí, todo ese proceso constaba de dos partes. Primero escribías y practicabas las canciones, y luego dabas conciertos. Y nosotros queríamos dar conciertos cada vez más grandes.

Pero también queríamos expandir el chili-pepperismo a Nueva York. Más o menos una semana después de grabar la maqueta, nuestro amigo Pete Weiss nos ofreció llevarnos. Pete era de Los Ángeles y había conocido a Flea en el rodaje de *Suburbia*, una película sobre el mundillo del punk rock en Los Ángeles en la que Flea había actuado. Pete era microfonista y músico, y un hombre íntegramente del Renacimiento, un año y medio mayor que nosotros más o menos. Tenía un apartamento en un sótano en Hollywood que se convirtió en la sede de nuestro club, además de un coche clásico estadounidense, antiguo y precioso, que nos llevaba a la playa o de paseo por ahí mientras fumábamos maría y cazábamos tías.

Pete trabajaba para el guionista Paul Schrader, que iba a mudarse a Nueva York y había contratado a Pete para conducir un camión Ryder enorme cargado con sus pertenencias hasta su nuevo piso en Fifth Avenue. Flea y yo aprovechamos sin pensar la oportunidad de ir a Nueva York. Teníamos nuestra arma secreta, nuestra cinta, y nos imaginábamos poniéndosela a gente de aquella ciudad. Cuando escucharan esa maravilla, las puertas se abrirían, los mares se separarían y la gente saldría a bailar a las calles. No teníamos ninguna duda de que íbamos a cerrar bolos en todos los clubes de Nueva York.

Nuestro buen amigo Fab también se subió a bordo para el viaje, y me vino genial, porque en algún punto del desierto de California se me acercó furtivamente y me dijo que tenía una cantidad pequeña de heroína, así que nos esnifamos aquella China White y nos pusimos muy ciegos. Salvo por algunos desacuerdos con unos camioneros zumbados de la cabeza, el viaje fue bastante poco accidentado. Pete nos dejó en el SoHo y se volvió a Fifth Avenue para descargar las cosas de Paul. A Flea y a mí nos quemaba la cinta en los bolsillos, aunque aún nos quedaba por solucionar el tema de la supervivencia. No teníamos alojamiento, pero Fab conocía a dos modelos que vivían en Broome Street, así que fuimos hasta su edificio.

—Voy a quedarme con estas dos modelos, lo que pasa es que no puedo meteros conmigo.

—Bueno, ¿podríamos entrar al menos y lavarnos o algo? —sugerí.

Subimos a la casa y nos instalamos en toda regla. Aquellas modelos preciosas se pasaron cuatro días echándonos a patadas a Flea y a mí de sus camas y sus habitaciones. Éramos sanguijuelas.

Nos pusimos entonces a la tarea de enseñarles la maqueta a diferentes dueños de clubes. Por supuesto, no teníamos contactos ni tácticas. Íbamos a un club y preguntábamos por el gerente. Nos señalaban la oficina, nos acercábamos allí, poníamos la cinta y bailábamos a lo salvaje nuestra música, tratando de vendernos. El único problema era que nadie nos compraba. La acogida más cálida nos la dio un semental italiano fumador de puros que regentaba el Peppermint Lounge. Nos concedió unos minutos. La mayoría de la gente nos señalaba la puerta y nos decía: «Largaos de aquí con vuestra cinta de mierda». Después de varios rechazos, comprendí que esa no era la manera de cerrar bolos en los clubes.

Flea y yo pasamos, pues, un día de turismo. Fuimos a Central Park y nos sentamos en un banco, metimos la cinta en el loro y pusimos nuestra música a todo volumen. Queríamos que alguien supiera que habíamos hecho esa maqueta de los cojones. Recibimos un montón de miradas despreciativas de gente que creía ofensivo que pusiéramos la música así de alta, pero sorprendentemente todos los niños que la oían se ponían a bailar como locos, dándolo todo. Ese detalle fue interesante. Cuando volvimos a Los Ángeles, compusimos una canción titulada *Baby Appeal*,[13] que se convirtió en un clásico de nuestras primeras actuaciones.

Poco después de regresar de Nueva York, Hillel se mudó con su novia. Debíamos dinero del alquiler, y Flea y yo teníamos unos doscientos dólares cada uno. Estaba la opción de reunir suficiente dinero entre los dos para pagar otro mes de alquiler, o bien salir y comprarnos unas chaquetas de cuero de alta calidad, el artículo de rigor imprescindible para todo punki que se preciara. Así que nos fuimos a Melrose Avenue, que se estaba convirtiendo en núcleo de la moda *vintage* molona. Había un tipo de Nueva York llamado Danny que acababa de abrir una tiendecita donde vendía unas cuantas chaquetas *vintage* de cuero a lo James Dean, y eran geniales.

---

[13] Es decir, «atractivo para los nenes (y las nenas)», lo que tenían entonces.

Flea y yo elegimos las chaquetas perfectas, pero cuando fuimos a comprarlas los precios de Danny resultaron ser astronómicos, por lo menos cien dólares por encima de lo que teníamos cada uno.

—Mira, tengo ciento cincuenta pavos, y mi amigo tiene ciento setenta, ¿por qué no nos das las chaquetas por ese precio y ya está? —le sugerí.

—¿Estás loco o qué? ¡Largaos de mi tienda! —gritó.

Sin embargo, después de haber visto esas chaquetas, no podíamos concebir no tenerlas, así que se me ocurrió la idea de montar un piquete en la tienda. Hicimos algunos carteles en los que ponía PRÁCTICAS EMPRESARIALES INJUSTAS. DANNY ES UN MONSTRUO AVARO. Supuse que le asombraría hasta dónde éramos capaces de llegar para conseguir esas chaquetas. Empezamos a manifestarnos delante de la tienda con los carteles y Danny salió corriendo a la calle.

—¿Qué cojones estáis haciendo, punkis de mierda? Largaos de aquí antes de que os rompa los cartelitos en la cabeza.

Creí detectar un timbre divertido en su voz, así que se me ocurrió otro plan. Íbamos a montar una huelga de hambre delante de la tienda hasta que aceptara vendernos las chaquetas. Volvimos y nos tiramos en la acera.

Danny corrió a enfrentarse a nosotros.

—Y ahora ¿qué?

—Es una huelga de hambre. No nos vamos a mover, ni a comer ni a beber hasta que nos des esas chaquetas —le respondí.

—Por Dios bendito. ¿Cuánta pasta tenéis?

Por fin lo teníamos en nuestro terreno. Nos llevó dentro y trató de colarnos unas chaquetas más baratas, pero nos mantuvimos firmes y le dimos todo el dinero que teníamos por las dos chaquetas buenas.

Ese mismo día, más tarde, mientras desfilábamos por Hollywood Boulevard con nuestras chaquetas *vintage* recién estrenadas, sin percatarnos de la ironía de que estábamos en el grupo de punk funk más rompedor de Los Ángeles sin un sitio donde vivir ni dinero, se nos acercó un punki chiflado con pelambreras y gafas, con pinta de rata de biblioteca y una curiosa chaqueta. «Eh, vosotros sois los de los Red Hot Chili Peppers». El tipo había conocido a Flea una noche cuando era DJ en un club y estaba pinchando un disco de Defunkt. Flea había saltado a la cabina y le había dado la vuelta al disco, porque consideraba que estaba pinchando la cara equivocada.

Se llamaba Bob Forrest y, aparte de su empleo como DJ ocasional, llevaba el Sunday Club, que era una de las salas de conciertos más de moda en la zona. Bob nos preguntó qué tal y le contamos nuestra triste historia de chaquetas nuevas sin casa. «Menuda locura. Hace media hora mi mujer me ha dejado definitivamente. Si queréis, podéis quedaros en mi casa».

Forrest vivía en la tercera planta de un edificio de apartamentos clásico llamado La Leyenda que había visto tiempos mejores, sobre todo antes de la afluencia de los punk-roqueros. Tenía un apartamento de una habitación lleno hasta los topes con toneladas de libros y discos. Flea se instaló en el salón y yo me hice con el rincón del desayuno.

Bob había ido a la universidad durante unos años antes de abandonarla. Trabajaba en una librería cuando lo conocimos, probablemente por el salario mínimo, pero su empleo se convirtió en una gran fuente de ingresos para nosotros, porque compraban libros usados. Flea y yo salíamos a robar libros de colecciones privadas o bibliotecas. Una pila de libros suponía diez dólares, y diez dólares suponían que podíamos comprar drogas y chutárnoslas y colocarnos. Solíamos pillar coca, que era una droga mala para consumirla sin tener mucho dinero, porque en cuanto se pasa el efecto, quieres más. De todos modos, pillábamos, volvíamos a casa de Bob y echábamos la coca en una copa de martini, vertíamos la cantidad correcta de agua y metíamos ahí las jeringas para coger la coca licuada. Lo hacíamos un par de veces hasta que la coca se acababa, y entonces nos hundíamos y nos sentíamos descarnados, violados, y nos íbamos al Zero a ahogar las penas en alcohol, buscar una tía para pasar el dolor o encontrar más coca.

Ese verano hicimos un contacto fiable para pillar *speed*, un tío de Oriente Medio que llevaba un local de ensayo. Así fue como empezamos a chutarnos *speed*, que es muy distinto a chutarse coca. La cocaína da una sensación limpia ultraeufórica, demasiado buena para ser verdad, que dura unos tres minutos. Te pitan los oídos y la mandíbula se te abre y durante esos tres minutos te sientes uno con el universo. El *speed* es mucho más sucio y menos eufórico, y algo más físico. Cada centímetro de la piel te hormiguea y se te eriza.

Empezamos, pues, a darnos atracones de *speed* en trío y terminábamos tirándonos días y días despiertos, jugando al *cribbage*, e incluso montamos un grupo al que llamamos La Leyenda Tweakers. Por desgracia, decidimos actuar en la calle, delante de nuestro apartamento, y estábamos tan ciegos de *speed* cuando dimos el concierto que parecíamos tres enfermos mentales. El *L.A. Weekly* nos hizo nuestra primera crítica negativa. Sabíamos que estábamos sembrando el caos en nuestros cuerpos, pero delirábamos tanto que creíamos que si comíamos sandía el cuerpo y el alma se nos limpiarían de esa tortura química atroz que éramos incapaces de detener. Comprábamos sandías en cantidades ingentes, volvíamos a casa y las cortábamos en tres partes. Cuando nos terminábamos las sandías, nos íbamos a la azotea de La Leyenda para hacer el lanzamiento ceremonial de esas cáscaras grandes y verlas explotar abajo en el aparcamiento. Ahí se acababa una juerga viciosa de *speed*. Luego intentábamos dormir algo, antes de levantarnos y empezar el ciclo otra vez desde el principio.

En algún momento a mediados de julio, fuimos capaces de juntarnos para hacer lo que se convertiría en un bolo legendario de los Chili Peppers. Nos contrataron como artistas principales en el Kit Kat Club, un club clásico de *striptease* que montaba conciertos de rock. Los cuatro trabajamos muy duro para preparar esa actuación. A petición de Hillel, incluso aprendimos a versionar el *Fire* de Jimi Hendrix. Llegamos esa noche al club y nos dieron un camerino enorme que normalmente debían de usar las *strippers*. Me aseguré de tener todas las letras y luego escribí la *setlist* para el concierto, una responsabilidad que había asumido en los inicios del grupo. Esa noche teníamos preparada una sorpresa superespecial. Como tocábamos en un club de *striptease* y las chicas estarían bailando en el escenario con nosotros, decidimos que para los bises lo adecuado sería salir desnudos, sin nada aparte de unos calcetines de deporte largos que llevaríamos tapándonos el tema. Ya habíamos tocado sin camiseta antes, y nos habíamos percatado del poder y la belleza del desnudo sobre el escenario.

Se me ocurrió la idea de usar calcetines porque cuando vivía con Donde Bastone conocí a una clienta suya compradora de maría que se quedó colgadísima conmigo. Era guapa, pero me resistí siempre a sus insinuaciones, que incluían mandarme tarjetas de felicitación de broma con reglas desplegables para medirme el tamaño de la polla, e incluso fotos de ella chupándosela a un marinero. Un día, apareció en la casa y decidí abrir la puerta en bolas, con un calcetín cubriéndome la polla y las pelotas.

Estábamos emocionados por tocar. Nuestra interacción iba cada vez a mejor. Antes, nuestros conciertos habían consistido en una gran traca final de fuegos artificiales de principio a fin. Para entonces, habíamos empezado a desarrollar diferentes dinámicas sobre el escenario. Unos diez minutos antes de la hora del concierto, alguien se sacó un porro. Nunca habíamos fumado hierba antes de una actuación, pero lo rulamos y todos le dimos una calada, incluso Jack. En cuanto la hierba me hizo efecto, me puse paranoico, aterrorizado ante la idea de que estuviésemos a punto de arruinar tanto trabajo tan duro y una sensación tan perfecta por ir ciegos de maría. Hillel y Flea empezaron a sentirse igual. Me fui a darme una vuelta por la manzana para aclararme la cabeza, y funcionó.

Nosotros salíamos detrás de un espectáculo fantástico a cargo de un grupo anarquista de genios excéntricos, Roid Rogers and the Whirling Butt Cherries. De todos modos, eso solo sirvió para que me viniese más arriba, porque quería demostrarle a todo el mundo que nosotros éramos más potentes. Así pues, aquella noche pisamos el escenario y lo sacamos todo actuando. Jack y Flea mostraron una precisión increíble, y Hillel estaba en otra dimensión. Yo tenía un monitor vocal genial, así que me escuchaba muy bien, cosa que no ocurría siempre en nuestros conciertos. Terminamos la actuación y nos fuimos al *backstage*, exaltadísimos y atacados. Jack se reía a carcajadas, porque cuando se pone nervioso empieza a partirse sin más.

Cuando volvimos al escenario solo con los calcetines, la multitud soltó un grito ahogado audible. No nos disuadió ni por un momento el estado colectivo de *shock* que vimos en el público. Nos pusimos a reventar el local con el *Fire*; nuestra amiga Alison Po Po se había abierto camino a empujones hasta la primera fila y se abalanzó hacia mi calcetín. Yo estaba centrado en la canción y en mi actuación, aunque una parte del cerebro empezó a insistirme en cuántos centímetros separaban mi calcetín de su alcance. Mientras veía cómo un puñado de nuestros amigos habían corrido al escenario y estaban tratando de agarrar los calcetines, tuve una sensación plena de liberación y empoderamiento. Cuando eres joven y todavía no te sientes saturado, la idea de estar desnudo y tocar esa música hermosa con tus mejores amigos y generar tanta energía, color y amor en un momento de desnudez es genial. Pero no es solo que estés desnudo, sino que además tienes de tu lado esa imagen enorme de un falo. Los calcetines eran bien largos. Normalmente, cuando estás tocando la polla se pone en modo protección, así que no estás suelto ni relajado ni empalmado, estás más compacto, como en un combate de boxeo. Por tanto, tener ese apéndice añadido era una sensación genial. En cualquier caso, nunca nos imaginamos que los calcetines se convertirían en una imagen icónica asociada a nosotros. Nunca pensamos que volveríamos a hacer lo mismo más adelante, ni tampoco que los promotores quisieran añadir cláusulas en nuestros contratos para asegurarse de que lo repetiríamos en sus escenarios. Dejó una impresión más duradera de lo que nunca pretendimos.

Entre el público había una persona que se quedó verdaderamente impresionada: un cazatalentos de treinta y tantos años llamado Lindy Goetz. Lindy había trabajado mucho tiempo en la sección de publicidad de MCA Records y había sido *manager* de los Ohio Players, uno de nuestros grupos favoritos. Flea y yo reunimos suficiente dinero para ir al Valle de San Fernando, donde estaban las oficinas de Lindy. Lindy era un judío pelirrojo de metro setenta con bigote, que de algún modo había llegado a Los Ángeles desde Brooklyn a finales de los sesenta. Esa tarde fumamos algo de maría y nos hicimos una o dos rayas de coca e intercambiamos historias. No creo que nos diéramos cuenta en aquel momento, pero Lindy estaba abandonando cuesta abajo y sin frenos sus días de pagar sobornos a las radios y vivir a todo tren.

Había sido *manager* de los Ohio Players, sí, pero por entonces su carrera caía en picado. Lindy trataba de mantener la compostura y mostrar al exterior que tenía un negocio, pero no pagaba las facturas y no le entraba dinero. Parecía un tipo agradable, aunque soltara algunos comentarios ingeniosos sin ninguna gracia. Después de una larga conversación, Flea y yo le pedimos un minuto para deliberar.

—Vamos a preguntarle si nos lleva a comer por ahí. Si es que sí, lo contratamos —dijo Flea.

Volvimos a entrar.

—Bueno, si nos llevas ahora a comer a un chino, puedes ser nuestro *manager* —le expliqué a Lindy.

Conseguimos cerdo *moo shu* y un *manager* nuevo. Y comida a fondo perdido. Durante los meses siguientes, nos levantábamos y decíamos: «¿Qué hay de comer? ¿Nada? Vamos a ver a Lindy». Vivía en un edificio de apartamentos de lujo en West Hollywood y estaba casado con Patty, una muchacha de Atlanta. Nos llegábamos a casa de Lindy, ella cocinaba pollo frito y nos lo comíamos todo. En una buena noche, nos metíamos un poco de coca, fumábamos algo de hierba y hablábamos del futuro. Lindy nos explicó que su primera tarea era conseguirnos un contrato discográfico, algo que ni siquiera me preocupaba. Parecía una cosa guay y emocionante, y supongo que es lo que hacen los grupos, pero yo no sabía nada de grabar discos.

Si íbamos a intentar obtener un contrato discográfico, necesitábamos un abogado. Alguien nos recomendó a un tío llamado Eric Greenspan. Fuimos a su bufete, que estaba en un edificio opulento en Wilshire Boulevard. Cuando Flea y yo entramos en el vestíbulo, pensamos que estábamos en la catedral de los mormones. Esa empresa representaba tanto a Israel como a Egipto. Cogimos el ascensor hasta la planta de Eric y nos acercamos a la señora del mostrador de recepción.

—Somos los Red Hot Chili Peppers y hemos venido a ver a Eric Greenspan —le dije.

—Bueno, no sé, déjenme que… —Parecía estar desprevenida.

Por alguna razón desconocida, decidimos hacerle un calvo. Nos dimos la vuelta y gritamos:

—Somos los Red Hot Chili Peppers, joder, y queremos ver a Eric.

Y nos bajamos los pantalones. Entonces Eric apareció corriendo y nos metió en su oficina. Tenía en las paredes unos trabajos geniales de Gary Panter. Nos contó que representaba a Gary y a algunos artistas de reggae como Burning Spear.

Fui al grano:

—No tenemos ningún contrato discográfico ni tampoco dinero. Solo tenemos un *manager* y necesitamos un abogado.

Eric ni pestañeó.

—Vale, seré vuestro abogado y no tendréis que pagarme hasta que ganéis dinero de verdad, y entonces iremos al 5 por ciento estándar.

Fue así como Eric se convirtió en nuestro abogado y nunca ganó un céntimo hasta que empezamos a tener dinero de verdad. Actualmente, sigue con nosotros. En este negocio, es muy raro que un tío haga eso. En aquel momento no teníamos ninguna pinta de ser la gallina de los huevos de oro. Los grupos populares que ganaban dinero en esa época eran bandas como Poison, Warrant y RATT, esas eran las cajas registradoras. Nosotros éramos el antídoto. Y probablemente también el anti ganar dinero de entonces.

En el transcurso de cinco meses, habíamos hecho mella en el mundo de la música de Los Ángeles. Escribieron sobre nosotros en el *L.A. Times* y tocamos en algunos locales respetables, como el Club Lingerie. Cuanta más notoriedad alcanzábamos, más le agobiaba a Lee Ving que Flea estuviese en dos grupos. Recuerdo que una vez llegó a llamar y dijo:

—¿Vas a estar en mi grupo o en el otro?

—Bueno, voy a estar en los dos, pero si lo planteas así, estaré en mi grupo y ya está —respondió Flea.

En algún momento de agosto, Flea y yo fuimos a una fiesta que daba una revista de arte en una casa de Hollywood Hills. A mí me había dado por ponerme una camiseta de pijama de franela rasgada, y la cresta me había crecido mucho y se había caído a un lado. Nos lo estábamos pasando bastante bien en el patio de atrás cuando miré al interior de la casa y vi a una jovencita que era una criatura cósmica. Caminaba como una especie de princesa, a cámara lenta, con las manos extendidas a los lados. Llevaba un sombrero blanco gigante en forma de disco, con unas joyas grandes opalescentes en torno a la parte de arriba. Iba con un vestido holgado hecho de papel, que no era de su talla y tenía un aspecto futurista. Estaba un poco regordeta, pero era preciosa.

Y tenía un magnetismo de lo más estrafalario, con su forma de caminar y su hablar resuelto pero lento, como si fuese Alicia en el País de las Maravillas y el resto del mundo no. Pero también tenía un punto como de Mae West en versión punk rock, por la extravagancia que emanaba y su halo estridente, descarado e intocable. Simple y llanamente, el tipo de tía que me gustaba: la rarita del grupo.

Entré en la casa y le tiré de la coleta o lo que sea que hacen los niños cuando ven a una niña que les gusta y no saben cómo hablar con ella.

«Pero ¿tú quién eres?», me dijo. Empezamos a hablar, y se dirigía a mí en tono enigmático, sin darme respuestas directas. Resultó que se llamaba Jennifer Bruce, era diseñadora de moda y había diseñado el sombrero de *La marca del Zorro*. A los pocos minutos, me vi abrumado por su presencia, su aura, su estilo marcado. En una ciudad plagada de gente que trataba de parecer diferente y actuar diferente y ser esto o aquello, ahí tenía a una persona que lo conseguía con total facilidad, porque era una superfriki de nacimiento, con tendencia natural a parecer el interior de la concha de una ostra.

No es que se derritiese en mis brazos exactamente; me mantenía a cierta distancia. No creía que me fuese a dar su número de teléfono, pero seguí presionando. «Vamos, no tienes alternativa. Vas a ser mi novia lo quieras o no».

Debió de sentir algo, porque me estuvo dando el suficiente pie como para que la cosa avanzara, pero entonces desapareció y yo me marché en una nueva dirección. No obstante, se me quedó grabada a fuego en la cabeza.

Tenía otros asuntos esperándome, uno de ellos, hacer de teloneros de Oingo Boingo en el Universal Amphitheatre. Oingo Boingo había salido del mismo mundillo de clubes en el que estábamos nosotros, y simplemente habían seguido avanzando. No eran nuestro grupo preferido del mundo, pero tenían alguna instrumentación interesante. Conocíamos al trompetista, que nos ofreció hacer de teloneros para su gran concierto. Ahí estábamos nosotros, sin contrato discográfico, con un repertorio de diez canciones y pasando de tocar en un club ante doscientas personas a hacerlo ante un público de cuatro mil.

Salimos al escenario aquella noche con la ropa más estrafalaria que teníamos. Justo en mitad de la primera canción, Flea rompió una cuerda del bajo. De repente, todo quedó en silencio y solo se oían grillos, así que tuve que ponerme a hablar con el público mientras Flea cambiaba la cuerda. A los pocos segundos, la multitud empezó a abuchearnos y a tirarnos cosas, coreando: «Que salga Oingo Boingo». Pero eso solo fue material combustible para mantener el flujo de energía. Volvimos a empezar y Flea estaba tan alterado que rompió otra cuerda. En aquel momento, Danny Elfman, el cantante líder de Oingo Boingo y fan nuestro, se acercó hasta el escenario en bata y con la cara llena de crema de afeitar, como si hubiese llegado directo de su camerino. Cogió el micro y le dijo al público que le gustábamos de verdad y que tenían que ser respetuosos, y luego se marchó, pero los pocos revoltosos que había entre la masa de gente no acataron la petición de apoyo. Nosotros no aflojamos el ritmo y nos pusimos a lo nuestro, y para cuando terminamos, creo que les habíamos dejado claro que íbamos en serio y que acababan de toparse con algo que tardarían en olvidar.

Después del concierto, estábamos celebrándolo en el *backstage* cuando Blackie, que había sido uno de nuestros primeros seguidores, se nos acercó a Flea y a mí. Llevaba unos guantes negros ajustados y nos enseñó un par de sobres con unos billetes de avión dentro.

—Son para ti, Anthony, y quiero que te lleves a Flea.

—¿Llevarlo dónde?

Me quedé desconcertado. Miré los sobres y vi dos billetes de ida y vuelta a Londres, Inglaterra. Había llegado el momento de mi rito de paso a Europa.

Había varios asuntos que atender antes de marcharnos a Europa, y uno de ellos eran las complicaciones derivadas de conseguir contrato discográfico. Teníamos la corazonada de que las compañías de discos nos habían echado el ojo, sobre todo después de los conciertos que dimos en el Lingerie y en el Universal Amphitheatre, y de un regreso triunfante al Kit Kat Club en septiembre. Un ejecutivo de Enigma/EMI, Jamie Cohen, tuvo una manera especialmente agresiva de perseguirnos. Una noche, Flea y yo estábamos en La Leyenda cuando recibimos una llamada de Lindy. Nos dijo que teníamos un contrato discográfico con Enigma/EMI. Me emocioné tanto que lo último en lo que pensé fue en que pudieran surgir problemas. Recuerdo celebrarlo y pensar que todo iba a salir según los planes, que no teníamos más que sentarnos, ser aplicados y ponernos a trabajar.

Todavía seguía emocionado con el contrato cuando el teléfono sonó otra vez. Flea lo cogió. De fondo, le oí decir:

—¿Seguro? Joder, qué mal, qué mal...

Yo estaba allí sentado en plan «¿qué?, ¿qué?, ¿qué?» cuando Flea colgó el teléfono y me miró.

—Jack y Hillel han dejado el grupo. What Is This ha conseguido un contrato discográfico y han elegido quedarse con ellos.

Me quedé sin palabras, en estado de *shock*, como si se me hubiese caído un piano encima del corazón. Me fui tambaleando hasta el sofá y empecé a llorar. No podía ser verdad. Habíamos inventado algo como grupo, habíamos creado aquella cosa que el mundo tenía que oír, y de repente era como abortar con un bebé de seis meses. Flea estaba allí sentado diciendo: «Se ha ido a la mierda, a la mierda».

Nuestro sonido se basaba en la batería de Jack Irons y en la guitarra de Hillel Slovak. No es que fuesen tipos casuales, ellos conformaban nuestra atmósfera. Éramos chavales de instituto, éramos un equipo, uno no puede salir a buscarse a una madre y un padre nuevos, eso no es así. Mientras pensaba: «Bueno, mi vida se ha acabado, mi causa está perdida, no hay ninguna parte donde ir», Flea me dijo:

—Vamos a tener que buscar a otros dos tíos.

Y pasé de ser una flor marchita y muerta a:

—¿Cómo? ¿Otros tíos? Pero ¿eso lo podemos hacer?

—Sí, conozco a algunos músicos buenos.

Una vez que me puse a pensarlo, me di cuenta de que teníamos las canciones, teníamos un contrato discográfico, nos teníamos a Flea y a mí, y todavía amábamos lo que hacíamos. Simplemente, no habíamos llegado hasta el final aún y debíamos encontrar la manera de conseguirlo. Flea sugirió de inmediato que contratásemos a Cliff Martinez como batería. Había tocado con los Dickies, Roid Rogers, los Weirdos y Captain Beefheart. Yo no sabía mucho de Beefheart, pero sí que era un tío legendario. Flea y yo fuimos a hablar con Cliff. Vivía en un apartamento absurdo de una habitación al que se accedía por un garaje subterráneo en Harper Avenue. En realidad, no era un apartamento en sí, sino un trastero convertido en piso. Cliff había estado en los Weirdos, así que su sentido del estilismo de grupo era coger una tabla de lavar y convertirla en camiseta, y luego buscar una tetera y ponértela de gorro. Cuando tocó con Roid Rogers, actuó con un tampón colgándole del culo. Era de lejos, muy de lejos, el más excéntrico de todos nosotros. Yo creía conocer a algunas personalidades humanas estrafalarias, pero Cliff estaba en otro nivel, aunque en uno muy apreciable.

Cuando le pedimos que se uniera al grupo, le entró el pavo de la alegría, empezó a sonreír, a reírse y dijo: «Venga, vale. Espero ajustarme a lo que estáis buscando, porque puede ser un viaje alucinante». Hicimos nuestra primera sesión de improvisación y quedó claro desde el minuto uno que Cliff Martínez no solo sabía tocar ritmos muy locos de funk y otros ritmos vanguardistas únicos en su especie, sino que dominaba una variedad de estilos y sabía tocarlos todos bien.

Nos faltaba encontrar guitarrista. Mientras improvisábamos con Cliff, hablamos de varios músicos, y Cliff nos sugirió a Dix Denney, un tipo con el que había tocado en los Weirdos. Flea ya había improvisado antes con Dix, y era un colega encantador con el que yo me había ido de fiesta. Flea y yo nos sentimos cómodos por poder seguir adelante con esos dos tíos. Y pudimos irnos a Europa.

En Europa nos lo pasamos genial, explorando Londres, París y luego Ámsterdam. En París, dejé tirado a Flea unos cuantos días para enrollarme con una danesa preciosa. Cuando volví,

Flea me hizo el vacío, pero entonces compré por la calle unas tazas de latón preciosas pintadas en azul cielo y las coloqué en las hombreras de nuestras chaquetas de cuero, y nos convertimos de inmediato en Hermanos de Taza. Continuamos hacia Ámsterdam y pasamos unos cuantos días más en Londres antes de regresar a casa, aunque me di cuenta de que durante todo el viaje fui incapaz de quitarme a Jennifer de la cabeza, pese a mi aventura con la danesa y a un breve cuelgue que me había entrado con una puta francesa.

Al volver nos encontramos con una situación interesante en nuestro apartamento de La Leyenda. Habíamos estado luchando con la casera meses por el alquiler que no le pagábamos, y ella nos había mandado muchos avisos de desalojo, pero pasamos de ellos. Unos meses antes de irnos a Europa, nos había quitado la puerta del apartamento. Ni siquiera eso nos detuvo. Seguimos viviendo allí como si no importase mucho que el apartamento no tuviera puerta principal. Suponíamos que allí no había nada que mereciese la pena robar. Llegó un punto en el que no podíamos entrar andando al piso, porque la casera vivía en un apartamento cercano, así que nos oía y salía a la carga, por lo que empezamos a trepar por la escalera de incendios para entrar por una ventana. Entonces entraba corriendo por delante y veía a Flea durmiendo desnudo, y se ponía hecha una furia. Cuando regresamos de Europa, por fin había convencido a los jefes de policía de que se presentaran allí y nos dejaron avisos de que nos iban a meter directamente en la cárcel si volvíamos a ocupar el lugar.

Flea se mudó con su hermana, que tenía un apartamento de una habitación encima de un garaje en una zona mexicana de la ciudad, en East Melrose. Más pronto que tarde, terminé acoplándome allí y los tres compartíamos una cama doble. No me quedé mucho tiempo, pero sí lo suficiente para recuperarme y buscar a Jennifer.

Como era de esperar, me topé con ella una noche y conectamos. Jennifer vivía en Encino, una zona profunda del Valle de San Fernando, con su padre, un antiguo marine convertido en vendedor de seguros, y su hermana pequeña. Estaban en un edificio de apartamentos clásico y gigante de una megalópolis del Valle, sin nada de personalidad ni encanto. La mejor amiga de Jennifer era su prima: dos rubias teñidas del Valle con un gusto extremo por la moda marcada y personalizada, unas divas que pasaban horas maquillándose de manera extravagante y creando un vestuario estrafalario antes de irse de marcha.

Les flipaban sus Kamikaze y fumaban *sherms*, es decir, cigarrillos Nat Sherman empapados en PCP. Eran un par de chaladas, pero había algo en Jennifer que me parecía de lo más fascinante, no solo estéticamente, sino también espiritualmente: algo en sus ojos, algo en su alma, algo en su ser me atraía. Me enamoré de ella.

Al poco tiempo de empezar a quedar nos hicimos novios. Desde entonces, había una persona nueva en mi vida que empezó a ocuparme mucho tiempo y energía, pero lo compensaba siendo la musa absoluta y una persona llena de generosidad. Aunque Jennifer solo tenía diecisiete años, acababa de salir de una relación con un punk-roquero muy conocido de Hollywood. Yo era fan de ese tío, así que me sentía un poco celoso de oír las historias que Jennifer me contaba, aunque haber sido su novia también le daba a ella mayor crédito. Jennifer era una flor del punk rock duro que no admitía mierdas de nadie, se sentía muy segura de sí misma y tenía muchas dotes para su juventud. Cuando nos conocimos, estudiaba en el Fashion Institute de Los Ángeles. Incluso tenía coche propio, un MG amarillo de tres puertas.

Al igual que yo, Jennifer era una persona muy sexual, aunque tenía poca experiencia en la materia. Yo llevaba un tiempo ya funcionando más que bien y me sentía muy atraído sexualmente hacia ella. Cuando empezamos a hacer el amor la primera vez, le pregunté si había tenido algún orgasmo y me dijo que no. Se había acercado cuando se metía en la bañera y usaba la alcachofa de la ducha, pero nunca lo había experimentado durante el acto sexual. Le prometí que trabajaríamos en eso, y empecé a tocarla con los dedos durante lo que me parecieron siglos. Jennifer estaba cada vez más cerca, hasta que por fin dimos con la tecla y se convirtió en un ser orgásmico, lo que supuso un gran logro pero también un gran alivio.

Una vez, al principio de nuestra relación, quiso tomar ácido conmigo. Nos metimos un poco y salimos a dar vueltas con su coche, muriéndonos por hacerlo, así que la llevé a casa de la hermana de Flea. Decidí que en vez de ponernos a follar en la cama de Karen, cosa que no habría sido una gran idea, nos íbamos a meter en el baño para hacerlo en la ducha. Pasamos mucho rato en aquella ducha, y nos pusimos bastante ruidosos y el tema terminó convirtiéndose en una experiencia cuasi espiritual, alucinaciones de arcoíris incluidas. Y entonces llegó Karen a casa. Karen era una persona muy sexual también, y teníamos una especie de relación de amigos con derecho a roce que compartían sus diversos escarceos sexuales, así que no pensé que le importase que estuviese follando en su ducha. Pero me equivoqué, y tanto que me equivoqué. Cuando salí de aquel baño, Flea me llevó a un lado y me dijo que Karen estaba muy molesta y que lo que habíamos hecho allí no molaba nada. Así que aquel fue el final de mi convivencia con Flea y su hermana.

Empecé a pasar las noches en Encino, aunque al padre de Jennifer no le hacía mucha gracia. De todos modos, quería a sus hijas, y si eso implicaba tener que soportar a un gamberro, pues lo hacía. Para mí, la casa de Encino era un frigorífico más, una fuente de alimentos y un lugar en el podían cuidar de mí, sobre todo cuando enfermé aquel otoño. De repente perdí toda la fuerza, e incluso salir de la cama me suponía un esfuerzo. Cuando por fin fui al médico, me dijo que tenía hepatitis. Irónicamente, no era del tipo que se pilla con las agujas, sino la hepatitis que se contrae por comer marisco en mal estado. Después de una semana en la cama, me sentí bastante bien como para seguir.

Una vez capturado el corazón de la chica por la que me había estado consumiendo, era el momento de retomar el negocio de ser un grupo. Uno de nuestros primeros problemas era que Dix no estaba siendo capaz de cumplir a la guitarra. Cliff se había aprendido todas nuestras canciones de inmediato. Se iba a casa y practicaba toda la noche y se aseguraba de saber exactamente qué tocar. Dix era un músico genial incapaz de centrarse en los acordes de otra persona. Si le pedías que compusiera una canción, era un mago. Pero aprender los *riffs* experimentales de funk de Hillel no era su fuerte. No lo entendíamos muy bien; pensábamos que cualquiera podía ser capaz de aprender cualquier cosa.

Dix venía a los ensayos y teníamos unas sesiones de improvisación brutales, pero cuando decíamos: «Venga, vamos a tocar *Get Up and Jump*», Dix se quedaba en blanco. Era un problema crucial, porque teníamos previsto grabar todas nuestras primeras canciones. Así que Flea y yo decidimos echar a Dix. Pero ¿cómo íbamos a despedir a ese tío tan amable, encantador y callado? Planeamos invitarlo a jugar al *croquet*. Le explicaríamos de una manera civilizada que su estilo y nuestro estilo no se estaban fundiendo como debían, y que por tanto ambas partes debíamos ser libres de retirarnos y expresarnos a nuestro modo.

Había un patio pequeño frente a la casa de Flea, al otro lado de la calle, y montamos allí el partido de *croquet* sin ni siquiera consultarlo con los vecinos. Mientras estábamos golpeándoles a las bolas, dije:

—Bueno, Dix, ¿qué tal todo?

—Bien.

—Pues hemos estado pensando un poco, y hemos estado pensando que... Flea, ¿por qué no le dices lo que hemos estado pensando?

—Bueno, hemos pensado que, estrictamente en términos musicales... Anthony, creo que tú vas a saber explicarlo mejor.

—Bueno, musicalmente hablando, digamos que nosotros vamos en esta dirección y, Flea, ¿por qué no lo retomas desde aquí?

—Dix, eres un genio musical en tu estilo, y tú vas como en aquella dirección...

—Y tu dirección y la nuestra no parecen destinadas a cruzarse. Lo sentimos —sentenciamos los dos.

Seguimos insistiendo en que nuestras direcciones musicales eran diferentes, y Dix nos escuchaba, como siempre, sin hablar. Cuando pensábamos que le habíamos explicado que nuestros caminos eran incompatibles, Dix se dirigió a nosotros y nos dijo:

—Vale. Entonces, ¿mañana el ensayo es a la misma hora?

Tuvimos que decirle claramente con todas las letras que no podíamos seguir tocando en el grupo con él, y por fin cayó en la cuenta y recogió sus cosas, se metió en el coche y se marchó. Aquel fue el primero de muchos despidos dolorosos que Flea y yo tuvimos que presidir. Pensábamos que seríamos siempre los mismos cuatro zopencos de Hollywood, pero estábamos aprendiendo que íbamos a tener que lidiar con las realidades de la vida.

Hicimos audiciones de guitarra y vimos a un montón de gente, pero la cosa quedó reducida a dos tíos: Mark Nine, un refugiado de la escuela de arte, vanguardista y modernito, que había estado en un grupo con Cliff llamado Two Balls and a Bat; y Jack Sherman. Yo no tenía ni idea del pasado de Jack, ni de cómo había llegado al ensayo, pero supe que era un tipo raro en el instante en el que entró en la audición. Y no es que eso fuese un punto negativo, porque en aquellos momentos nos dejábamos abrazar por esa energía rarita. De todos modos, aquel tío era un bicho raro sin ni siquiera ser consciente de ello. Tenía el pelo muy rizado, peinado hacia atrás sin un solo nudo, y era limpio y ordenado. Llegó con una sonrisa enorme, y no parecía molarle mucho la improvisación, pero encajó bien con Flea y Cliff y la cosa no se estancó ni les costó encontrarse entre ellos: la música fluyó de verdad. Además, el tipo tenía un talento de locos y las cosas más complicadas le salían de manera natural. Tocamos algunas de nuestras canciones y, pese a que su sonido carecía de ese elemento bajuno y perro, técnicamente era un músico eficaz y tocaba todas las notas en su sitio. Su manera de tocar no tenía el mismo espíritu que la de Hillel, pero al menos tocaba sus partes.

Así pues, la cosa quedó entre el colega modernito y el tipo normal. Al salir esa noche del local de ensayo, Jack se puso en plan: «Joder, ha sido una improvisación alucinante, moláis mucho, tíos. No tocaba funk desde 1975, cuando estuve en el grupo ese, Top Forty…». Le contamos que nuestro primer paso era grabar el disco y luego salir de gira.

«Ah, vaya, grabar un disco, eso está genial —respondió Jack. Y entonces se detuvo en seco—. Pero si me elegís para el grupo, voy a tener que consultarlo con mi astrólogo antes de salir de gira, porque no puedo irme mientras haya una tercera luna en Venus que pueda alzarse tras la proyección astral de Júpiter hacia el quinto universo».

Nos quedamos esperando a que dijera: «Que es coña», pero siguió hablando de esas conjunciones y movimientos retrógrados y movidas, así que al final tuvimos que preguntarle si iba en serio.

«Pues claro que voy en serio. No habrá problema, pero tengo que comprobarlo con mi astrólogo».

Le dijimos que nos pondríamos en contacto con él y se marchó. Volvimos a discutirlo todo y, de algún modo, decidimos optar por el bicho raro. Pensábamos que tenía mucha experiencia y que, a su manera, era un guitarrista alucinante. Pese a no ser el brujo crudo y explosivo del funk que andábamos buscando, sin duda sería capaz de ir al estudio y ocuparse de sus partes, así que lo contratamos. Aquel fue otro momento de celebración, porque habíamos reunido por fin todas las piezas.

Con el grupo ya montado, lo que necesitaba era un lugar donde vivir. Bob Forrest y yo habíamos oído que alquilaban los espacios de oficinas de un edificio de dos plantas antiguo en Hollywood Boulevard, y que eran baratos. Por entonces la zona de Hollywood Boulevard se encontraba en un estado de deterioro. El edificio se llamaba Outpost y probablemente llevase allí desde los años veinte; era el tipo de inmueble que seguro que en algún momento acogió oficinas de detectives privados. Se trataba de un sitio precioso, con una escalera elegante y pasillos de techos altos, lámparas antiguas y ventanales grandes, y esos baños de otra época con diez urinarios, todo en materiales y azulejos antiguos y bonitos. Yo había ahorrado unos cientos de dólares y le conté al propietario que era escritor y necesitaba un sitio donde trabajar. Sabíamos que no podíamos decirle que queríamos vivir en un edificio de oficinas, aunque ya hubiese un par de personas más viviendo allí; no es algo que se diga, simplemente se hace con discreción, y no se enteran y no pasa nada. Me enseñaron unas cuantas oficinas y cogí la más grande y bonita. Tenía un techo alto y varios ventanales con vistas a Hollywood Boulevard. Era una habitación alargada y grande, sin baño, con un buen suelo de madera. Bob tenía un presupuesto más ajustado, así que cogió el sitio más barato, que daba al aparcamiento de atrás. Mi alquiler era de ciento treinta y cinco dólares al mes y el de Bob, de unos 85: tirado. No nos podía importar menos no tener baño propio; dimos por hecho que nos asearíamos en los lavabos.

Esas oficinas del Outpost se convertirían en el escenario de mucha decadencia y libertinaje y del declive de unas mentes jóvenes. Poco después de mudarnos allí, Greg, un tipo excéntrico y antiguo amigo de Bob, del condado de Orange, se vino a vivir al fondo del pasillo. Estaba enganchado a la coca, traficaba con coca y era guitarrista en potencia. A mi lado se mudó una diseñadora que vivía con su novio, un guitarrista enorme y desagradable llamado Carlos Guitarlos, con quien yo había tenido algunos desencuentros en el pasado. Me dispuse a decorar mi casa nueva. Coloqué una cama en la esquina, en plan *loft*, y metí un escritorio. La novia de Carlos me ofreció un sofá redondo y pequeño cubierto con piel de leopardo, que fue todo un hallazgo.

Tener a Bob tan cerca era una bendición y una maldición al mismo tiempo. Se pasaba por mi casa continuamente y reuníamos cualquier mínima cantidad de dinero que pudiéramos para ir a comprar drogas. El suministro de heroína nos eludía, así que nos metíamos coca y luego tratábamos de beber para escapar de ella. Por supuesto, nuestro nuevo vecino, Greg, tenía lo que parecía ser un suministro infinito. Una noche entré en racha y me puse a pillarle a Greg, y ni yo podía parar ni él tampoco, así que empezó a fiarme la droga, y yo me seguí pasando por su casa a pillar más y más. Llegué a darle incluso unos esquís caros como aval hasta que pudiese ir por la mañana a empeñar una guitarra, una mentira como un camión que le solté para no interrumpir el flujo de polvo blanco, porque no tenía ni dinero ni guitarra. Pensé que Greg se quedaría inconsciente y dormido durante cinco días y no me daría la brasa.

Cuando la fiesta acabó por fin, perdí el conocimiento sumido en un asqueroso estado de malestar. Después de dormir unas cuantas horas, oí unos golpes muy fuertes en la puerta. Era Greg y quería su dinero. Pensé que si no abría la puerta se marcharía, que lograría acabar con su paciencia. Error. Siguió viniendo a cada tanto, golpeando en la puerta cada vez con más fuerza. Al final, oí el *crack* de la madera. Me asomé desde la cama y vi un hacha grande atravesando mi preciosa puerta de madera gruesa. Hum. No pintaba bien. Supuse que o bien podía quedarme en la cama y que Greg entrase encolerizado a trocearme con el hacha, porque yo no tenía ni dinero ni guitarra que empeñar, o bien podía enfrentarme a él, tratar de darle la vuelta a la tortilla y tener una oportunidad de sobrevivir.

Salí zumbando hasta la puerta, la abrí de golpe y grité:

—¡Menudo cabrón! ¡Mira lo que le estás haciendo a mi puerta!

El cocainómano enrabietado pareció desinflarse. Miró la puerta y luego a mí y dijo:

—Joder, lo siento. Voy a arreglar la puerta ahora mismo.

Decidí aprovechar la ventaja.

—¿En qué estabas pensando, tío? Me debes pasta por esto.

Greg parecía confuso.

—No, me debes dinero tú a mí.

—¿Yo a ti? Mira lo que le has hecho a mi puerta, amigo. Creo que deberíamos quedar en paz.

—No sé... Ese dinero se lo tengo que pagar a mi contacto...

—Mira, quédate con los esquís. Lárgate de aquí. Te has cargado mi puerta.

Greg se dio la vuelta y se marchó como un cachorro con el rabo entre las piernas y un hacha en la mano. La puerta tenía una astilla grande arrancada a través de la cual se podía ver mi casa, así que cogí algo de cartón y lo pegué encima. Luego me volví a dormir.

Debo decir que aquel no fue un día atípico en el Outpost. Muchos de los días de mi vida consistían en pasar el rato con Bob, meterme drogas de noche, levantarme al día siguiente sin dinero y reunir noventa y nueve céntimos para bajar a comprarme un trozo de *pizza*.

Flea ya no participaba de nuestra demencia. Cuando todavía vivíamos en La Leyenda, había leído algo sobre Minor Threat, un grupo de Washington D. C. que promulgaba una filosofía antidroga en la canción *Straight Edge*. Flea se sentía tan desmoralizado y deprimido por toda la droga que habíamos estado metiéndonos que arrancó la letra de la canción de la revista, se afeitó la cabeza y trató de abrazar esa filosofía de no colocarse. La cosa no cuajó, pero sí evitó que Flea siguiera cuesta abajo. Se estabilizó y empezó a consumir menos drogas, mientras que Bob y yo estábamos descontrolados. En una ocasión, viviendo en el Outpost, había estado chutándome coca y *speed* y me quedé sin nada. Llega un punto en el que quieres seguir chutándote algo, aunque estés ciego, solo para que te venga un nuevo subidón. Alguien me había dado un tripi y tenía una botella de vodka, así que cogí el ácido, lo puse en una cucharilla, eché algo de vodka en la cuchara, disolví el cartón lo mejor que pude y me pinché el LSD mezclado con el vodka. Era la primera vez que el ácido me subía en un segundo. Y en vez de tener el sabor de la heroína, de la cocaína o del *speed* al fondo de la boca, tenía sabor a vodka.

En algún momento del camino, volví a dar con un poco de heroína China White. Recuerdo que me gastaba todo el dinero que tenía en coca y me tumbaba en la cama, sin poder dormir. Llamaba a Jennifer al Valle y le pedía que viniera a cuidar de mí, lo que significaba que me trajese más dinero para poder pillar algo de heroína y se me bajara la coca. Solían ser las cuatro de la mañana, Hollywood Boulevard estaba muerto a esas horas y yo era un alma vacía tirada en un colchón, esperando oír el sonido del MG de Jennifer. Tenía tal enganche que podía percibir el ruido característico del coche de Jennifer cuando salía de la autovía, diez minutos antes de que apareciese en casa. Y entonces Jennifer me daba veinte o cuarenta o sesenta dólares, lo que tuviese. En aquel momento, ella no tenía problemas con las drogas, así que estaba allí para rescatarme. Ese era nuestro patrón: yo atento a oír el coche acercarse, y la sensación de alivio absoluto cuando sabía que Jennifer estaba aparcando abajo.

A esas alturas, mis escarceos para chutarme estaban empezando a afectar al grupo. Me perdí algún ensayo, luego pasé a no aparecer sin avisar y comencé a distanciarme de Flea. Teníamos el contrato discográfico y teníamos trabajo que hacer, y yo estaba en el suelo de mi apartamento en el Outpost, envuelto en unas sábanas después de una despreciable noche de abuso, tratando de dormir algo. Un día, estando precisamente así, oí que llamaban a la puerta. Era Flea. Entró en el apartamento, que era un caos de sordidez, y me miró.

—Anthony, levántate. —Me senté—. Ya no puedo seguir en esto contigo. Estás demasiado hecho mierda. Voy a dejar el grupo.

Me desperté de golpe, porque no era eso lo que me esperaba que dijese. Pensé que iba a decirme: «Eh, tío, eres un desastre, vamos a hablar para que dejes de colocarte tanto», pero cuando me soltó que tenía que dejar el grupo, todas las células de mi cuerpo resonaron y me puse tenso. Era la primera vez que percibía el hecho de que podía estar destruyendo el sueño que habíamos creado con ese grupo alucinante de funk basado únicamente en el baile, la energía y el sexo. Quería estar en ese grupo con Flea más que nada en el mundo. Pero ¿era capaz de hacérselo entender? Y entonces tuve una ocurrencia.

—Flea, no te puedes ir —le rogué—. Voy a ser el James Brown de los ochenta.

¿Cómo me lo iba a discutir?

06

Los Red Hots

Después de firmar el contrato discográfico, Flea y yo convertimos las oficinas de EMI en nuestra segunda casa. Alguna gente de allí era agradable con nosotros, pero notábamos claramente que EMI tenía un tótem de grupos y nosotros no formábamos parte de él, mucho menos ocupando la base. Incluso los guardas de seguridad de la puerta principal nos ponían problemas para entrar. Siempre que llegábamos, pasábamos junto a un Rolls-Royce que había aparcado en la entrada. Preguntábamos de quién era el coche y nos decían: «Ah, es de Jim Mazza, el propietario de la empresa». Sin embargo, cada vez que pedíamos reunirnos con él, nos respondían que no hacía falta, que él no estaba implicado en las decisiones del día a día de ningún grupo. Puedo garantizar aquí que Jim Mazza no sabía que en su sello había un grupo llamado Red Hot Chili Peppers.

Un día, Flea y yo fuimos a EMI por la tarde y Jamie Cohen, la persona que nos había contratado, no estaba. Exigimos ver a un superior y salió la secretaria de Jamie. «El señor Jamie Cohen no está disponible. Se encuentra en una reunión muy importante de la junta con todo el personal de EMI Internacional. Se han marchado todos a esa reunión», nos dijo.

Flea y yo nos ocultamos tras una esquina, deliberamos y decidimos aumentar radicalmente nuestra visibilidad en EMI. Así pues, nos metimos en el pequeño baño, nos quitamos la ropa, salimos directos a la puerta, irrumpimos en la sala, nos subimos a la mesa y empezamos a corretear, ululando y dando voces. Entonces bajamos la mirada y nos dimos cuenta de que en la reunión no había solamente hombres. Estaba todo el equipo multicultural de EMI, procedente de todo el mundo, y todos tenían allí sus carteras, papeles, gráficos, gráficas, punteros y lápices, y nosotros habíamos arramblado con todo eso. Cuando la cosa se hundió, nos bajamos de la mesa, salimos corriendo de la sala, y procuramos ponernos la ropa interior mientras nos perseguían los guardas de seguridad, a quienes ya habían notificado nuestra intrusión.

Salimos disparados como dos bolitas de mercurio, superamos a los guardas a la carrera por el aparcamiento y subiendo por Hollywood Boulevard, y llegamos al Waddle's Park. Una vez allí, nos sentamos y nos encendimos un porro bien grande y gordo de hierba hawaiana verde para celebrar el acto de haberles hecho saber a los de EMI quiénes éramos. A mitad del porro, me empezó a entrar la paranoia.

«Ha sido una buena idea, ¿verdad? —le pregunté a Flea—. ¿Y si nos echan del sello? Tenían pinta de cabreados. Piénsalo, nos estaban gritando. Ay, Dios mío, ¿y si ya no tenemos contrato?».

Cuando se nos pasó el ciego de maría, llamamos a Lindy y averiguamos que aún no nos habían echado.

Todo quedó en el olvido, y nosotros nos preparamos para hacer nuestro primer álbum. Jamie y Lindy necesitaban saber a quién queríamos para producir el disco, y Flea y yo, sin dudarlo, recomendamos a Andy Gill, el guitarrista de Gang of Four. El primer álbum de ese grupo, el *Entertainment*, fue el que me inspiró para meterme a bailar cuando vivía con Donde. Era una música con aristas, dura, atrevida, el epítome de ese funk propio de la escuela inglesa, y Gill tenía unas letras geniales y sociopolíticas, aunque con el toque propio de quien no se toma demasiado en serio a sí mismo.

Lindy se puso en contacto con el *manager* de Gill, que aceptó producirnos y para nosotros supuso una gran victoria. Cuando quedamos con él y nos soltó varios comentarios despreciativos sobre sus primeros trabajos, debimos haber leído entre líneas. En cualquier caso, empezamos con la preproducción del álbum en los estudios SIR, que estaban en Santa Monica Boulevard, muy cerca de Vine Street, a unas manzanas de la casa nueva en la que vivía con Jennifer. Como yo tenía algo de dinero del contrato discográfico, y Jennifer vendió su MG, juntamos pasta suficiente para alquilar una casita en Lexington Avenue, en una zona bastante tortuosa de Hollywood que albergaba a todo tipo de prostitución, desde transexuales hasta niños jóvenes.

Andy Gill emprendió el trabajo de preproducción con Cliff, Jack, Flea y conmigo, pero yo no le veía ningún sentido. En realidad, no sabía qué cojones era lo que hacía un productor. La situación me resultaba extraña e incómoda, y la presión empezó a afectarme. Me pegaba unos atracones terribles de drogas, para lo que desaparecía varios días seguidos. Por lo general, lo que hacía era chutarme coca, porque había conseguido algunos buenos contactos. Bob Forrest me había llevado hasta un tío que era miembro de un grupo de rock prominente de Los Ángeles. Vivía en un rascacielos enorme de Hollywood. Yo era un estafador y una rata, hasta el punto de que al final el tipo se negó incluso a dejarme subir a su apartamento. Cuando aparecía por allí, me tiraba una lata atada a una cuerda desde el balcón en la que tenía que meterle el dinero, y solo entonces me bajaba la coca. Sin embargo, mi fuente de coca más fiable eran los aparcacoches de un centro comercial próximo. Alguien me había contado que si te parabas para que te aparcaran el coche, bastaba con decir: «Necesito un *ticket*» o «Necesito medio *ticket*», y ese era el código para comprar cocaína. Yo iba allí mañana, tarde y noche y pillaba un montón de *tickets*.

La heroína también empezó a hacer más acto de presencia. Jennifer me odiaba cuando me chutaba cocaína, porque entonces desaparecía y actuaba raro y no era la persona más cálida ni accesible. A ella no le daba miedo encararse conmigo, gritarme y soltarme puñetazos. En cualquier caso, una noche estuvimos en el Power Tolls Club, en el centro, y me encontré allí con Fab, que acababa de mudarse a un *loft* enorme situado a una manzana del club. Fuimos a su casa y me vendió una micropapelina en miniatura diminuta de la heroína China White más fuerte que se pudiese encontrar, tan fuerte que ni siquiera había que inyectársela.

Esnifamos un poco y fue como hundirse en el paraíso. A Jennifer le encantó, y nos fuimos a casa y nos pasamos doce horas seguidas follando: fue el principio del carrusel infinito de sexo y heroína en el que nos metimos los dos. No obstante, ese subidón inicial es la sensación que estás condenado a perseguir el resto de tu vida, porque la siguiente vez que te metes está bien, pero no es igual. Incluso así, la China White era muy barata y parecía de lo más inocua. No es que yo estuviese tirado por las calles haciendo mierdas raras o pinchándome jeringas en los brazos, con cientos de cardenales y goterones de sangre por todas partes. Parecía mucho más elegante pasar el rato en ese *loft* entre pinturas y franceses, y esnifar un poco de mercancía y sentirnos eufóricos, y eso duraba y duraba, y al despertarte por la mañana aún te quedaba dinero en el bolsillo. La China White era un organismo de lo más engañoso. Al principio te mostraba el paraíso y te ocultaba el infierno.

Jennifer y yo empezamos a consumir más heroína, aunque yo seguía metiéndome atracones maníacos de coca. Siempre que podía, le cogía a Jennifer su coche nuevo, un taxi antiguo al que llamaba Circus Peanut, porque tenía el mismo color que esos caramelos de malvavisco. Y cuando no era posible, me veía obligado a ir andando a casa de mi nuevo camello, un escritor que vivía a unos kilómetros de mí. Traficaba con heroína y coca, algo muy cómodo para mí. De todos modos, nunca conseguía buenos tratos con él, porque también era consumidor. Por supuesto, yo era el típico cliente porculero que lo despertaba siempre o lo agobiaba normalmente hasta que me dejaba entrar.

Un día, mientras me estaba chutando coca en su casa, me dio un ataque de locura total y me echó a patadas. Al principio, cuando empecé a chutarme, era muy escrupuloso con eso de usar instrumental y algodón estéril, pero a esas alturas ya no me importaba demasiado. Si era necesario, usaba una jeringa que encontrase por la calle. En vez de algodón esterilizado, utilizaba una parte del calcetín o, con más frecuencia, el filtro de un cigarrillo. En mis inicios, solo usaba agua mineral esterilizada para disolver la mercancía, pero a esas alturas me conformaba con levantar la tapa de una cisterna o buscar un irrigador de césped o incluso un charco.

Esa conducta demente empezó a filtrarse en mi vida profesional. Comencé a saltarme ensayos y sesiones de composición. Luego pasé a perderme algunas actuaciones en directo, incluido un gran concierto de punk rock en el Olympic Auditorium, en el centro, donde íbamos a tocar con nuestros amigos de los Circle Jerks y los Suicidal Tendencies.

Un par de días antes había puesto en marcha uno de mis atracones y cuando llegó el día del concierto, simplemente no podía dejar de consumir. No paraba de decirme a mí mismo: «Vale, este es el último gramo que voy a meterme, y luego me iré para llegar al concierto». Dejar tirado al grupo de esa manera fue la sensación más devastadora que había tenido nunca. De todos modos, Keith Morris, mi amigo de los Circle Jerks, me cubrió. Se limitó a cantar el mismo verso, «What you see is what you get»,[14] una y otra vez en todas las canciones. Aquella no fue la única ocasión en la que me perdí un bolo por estar de escapada narcótica. En nuestros inicios, habíamos tocado en Long Beach y no me presenté, así que invitaron a los chavales del público a subir y cantar las canciones. En otra ocasión, me suplió el hermano de Lindy.

Decidimos grabar el álbum en los estudios El Dorado, en la esquina de Hollywood Boulevard con Vine Street. El Dorado era un antiguo estudio clásico de Hollywood con un equipo *vintage* excelente. Como técnico de sonido contratamos a Dave Jerden, un tipo de voz suave, con experiencia y competente a los mandos. Andy Gill era muy distinto de lo que habíamos esperado. Se trataba de una persona accesible, pero también era muy inglés, bastante frío, sin duda inteligente y sin nada de agudeza. Nosotros éramos unos personajes agresivos y volátiles, y ahí teníamos a ese tío inglés blando y sabiondo. Aunque a todos nos caía bien y Gill estaba interesado en nosotros, no se iba a convertir en el quinto dedo del grupo. No abrazaba en absoluto nuestra estética musical ni nuestra ideología. Casi parecía mirar todo eso por encima del hombro. Él ya había estado ahí, había hecho lo mismo y le parecía genial, pero quería avanzar, ir hacia otro lado. Y nuestra reacción era: «Pero ¿qué otro lado? ¡Nosotros somos esto!». Por tanto, había un poco de tensión.

---

[14] O «lo que ves es lo que hay».

Un día eché un vistazo al cuaderno de Gill; junto a la canción *Police Helicopter* había escrito «Mierda». Me resultó demoledor que la despreciase como a una mierda. *Police Helicopter* era una joya de nuestra corona. Encarnaba el espíritu de quiénes éramos: una fuerza de asalto cinética, punzante, angular y chocante de sonido y energía. Probablemente al leer las notas de Gill cerrásemos un pacto en nuestras cabezas: «Vale, ahora estamos trabajando con el enemigo». Aquello pasó a ser un enfrentamiento de Gill contra nosotros, sobre todo contra Flea y contra mí. Hacer el disco se convirtió en una auténtica batalla.

Andy estaba centrado en conseguir un éxito a toda costa, pero pretender llevar un orden del día era un error garrafal; no tenía más que limitarse a hacer de nosotros el gran grupo que ya éramos. Cuando le presentábamos nuestros sonidos tan preciosos, rudos e interesantes, nos soltaba:

—Ah, no, no, nunca vais a conseguir que pongan eso en la radio.

—Pero ¿qué es lo que pretendes? No estamos haciendo esto para salir en la radio.

—Bueno, pues yo sí, lo que tengo en mente es que de aquí salga algo para la radio.

Jack Sherman tampoco tenía detrás el mismo pasado que Flea y yo. Era nuevo en el grupo y se comportaba de un modo mucho más cooperador con Andy, optando por esos sonidos limpios, supuestamente «radioviables».

Si hicieron migas, fue porque Andy veía a Jack como un chivo expiatorio que podía controlar en el estudio. Nosotros discutíamos todo el rato por el tono de la guitarra de Jack. Andy trataba de suavizar la cosa y nos sacaba de quicio. «Ese sonido es débil, blando y soso, y esto es una canción de punk rock y tiene que sonar a tralla, a algo duro», gritábamos.

Parte de nuestra frustración con Jack se debía a que, pese a ser un guitarrista pulido, en realidad no tenía ningún pedigrí en el punk rock. Además, era una persona muy puñetera, nada que ver con Flea ni conmigo. Un día, Jack se estaba preparando para tocar en el estudio y yo llegué temprano. Jack tenía un pañito para la guitarra en la mano y estaba limpiando con delicadeza el mástil del instrumento. A continuación, metió la mano en su inmaculado maletín de médico donde guardaba las cosas, sacó lo que parecía un ambientador y empezó a rociarlo con mucha destreza por el mástil de la guitarra.

—¿Qué cojones es eso? ¿Qué le estás haciendo a la guitarra? —le dije.

—Ah, es Fingerease. Ayuda a que se deslicen los dedos con más facilidad por el mástil.

Yo estaba acostumbrado a Hillel, que tocaba con tal dureza que los dedos se le caían a pedazos. Hillel sabía que había tenido una buena noche porque terminaba con la guitarra cubierta de sangre. Y ahí estaba ese tipo, haciendo esa mariconada del espray en el diapasón para que los dedos se le deslizasen fácil. Yo aprovechaba para vacilarle con eso. «¿Has traído el Fingerease? No salgas de casa sin el Fingerease». Y él me salía con cosas como: «En fin, seguramente ni siquiera sepas lo que es un acorde de séptima disminuida».

Durante los primeros días en el estudio todo pareció ir bien, pero pronto me di cuenta de que Andy buscaba un sonido que no era el nuestro. Al terminar las sesiones, Flea y yo salíamos del estudio hacia la sala de controles, dando pisotones literalmente, nos asomábamos por encima de los vúmetros de la consola y gritábamos: «¡Que te den por culo! ¡Te odiamos! ¡Esto es una mierda!». Andy mantenía la calma absoluta en todo momento. Y Dave Jerden era como uno de esos muñecos que se ponen en la parte de atrás de los coches y balancean la cabeza, en plan: «Hay que escuchar a Andy. Hay que escuchar a Andy».

También hacíamos cosas más desenfadadas. Una noche, estábamos en mitad de una discusión acalorada con Andy en el estudio y Flea dijo:

—Vamos a parar un segundo. Voy a ir a soltar un buen mojón reluciente.

—Perfecto, y asegúrate de traérmelo luego, ¿no? —respondió Andy en tono jocoso.

—Vale.

—Viniendo de ti, no me extrañaría —añadió Andy.

Salí con Flea de la sala y de camino al baño fuimos diciendo: «Vamos a llevarle la mierda de verdad».

En efecto, Flea defecó y pusimos la mierda en una caja de *pizza* vacía que había en el estudio; volvimos corriendo por el pasillo y le entregamos la *pizza* de mierda a Andy.

Andy se limitó a poner los ojos en blanco y decir: «Qué predecibles sois...».

Todavía hoy, Flea recuerda ese incidente para demostrar por qué somos un grupo tan bueno: porque le llevamos mierda a Andy Gill.

Me acuerdo de varios destellos de felicidad durante aquel periodo. Canciones nuevas como *Buckle Down, True Men, Mommy, Where's Daddy* y *Grand Pappy DuPlenty* tenían un sonido emocionante y genial. Aunque me sentí horriblemente decepcionado cuando oí las mezclas de *Get Up and Jump, Out in L.A., Green Heaven* y *Police Helicopter*: sonaban todas como si hubieran pasado por la máquina esterilizante de Blancanieves. Cuando las habíamos tocado en directo, tenían un sonido de lo más vicioso, y mezcladas sonaban como la explosión de la pompa de un chicle.

La tensión afectó a Dave Jerden: lo tuvieron que tratar de una úlcera de estómago y se perdió una semana de trabajo. Luego Andy tuvo que ir al hospital para que le quitaran un testículo afectado de cáncer. Mientras estaba ingresado, Flea y yo intentamos que Dave Jerden rehiciera el álbum, pero no lo consintió.

El álbum salió y no fue ningún motivo de celebración. Me sentía como si hubiésemos aterrizado entre dos cimas, en el valle del compromiso. No me avergonzaba de él, pero no se parecía en nada a nuestra maqueta. Aun así, nos lo tomamos en plan: «Vale, este es nuestro disco, sigamos adelante», sobre todo después de leer la primera crítica. Cogí un *BAM*, una revistita de música del Área de la Bahía, y destrozaban el álbum, sin más. Me dolió mucho, pero me di cuenta de que a veces la gente capta la onda y otras no. No podía darle demasiado peso a lo que los escritores tuvieran que decir sobre nuestra música. Luego nos hicieron una crítica genial en uno de los primeros números de la revista *Spin*, así que teníamos el yin y el yang de las críticas de discos. En cualquier caso, nos estaban reconociendo ya en otros sitios aparte de en la columna «L.A. Dee Dah».

Justo antes de que saliera el disco, posamos para nuestro primer póster. Ya antes habíamos hecho una sesión de fotos con los calcetines que llegó a ser famosa, pero ese era nuestro primer póster promocional oficial. Justo antes de la sesión, cogí un rotulador subrayador y empecé a pintarle el pecho, el abdomen y los hombros a Flea. No eran más que líneas, garabatos y puntos, pero quedó genial. Nos había dado por ponernos sombreros poco favorecedores, pero entonces apareció Cliff y su atuendo estrafalario nos superó a todos. Llevaba una máscara enorme con un sombrero encima y una especie de guantes, de forma que no se le veía ni un centímetro de la piel. Parecía un robot cubierto de tela. Entonces Flea me agarró con el brazo por el cuello y nos hicimos las fotos para el póster.

Le pusimos caretos a la cámara en todas las fotos. Habíamos nacido en una época en la que posar y poner posturas y morritos y hacerse los guapos era la norma dominante. Todo consistía en tratar de parecer lo más atractivo posible haciendo una música fina y vacía. Y nosotros éramos anti todo lo que fuese popular. Así que poner caretos y retorcer la cara nos parecía la respuesta natural a toda esa gente que trataba de aparentar la perfección.

También grabamos nuestro primer vídeo. Enigma/EMI apareció con algo de dinero y contratamos a Graham Wiffler, que había hecho grabaciones para los Residents, un grupo de San Francisco rarísimo que nos encantaba. Wiffler diseñó un vídeo para el tema *True Men*; nos presentamos allí y nos pasamos una jornada de dieciocho horas haciendo cosas como brotar desde debajo del escenario a través de unos agujeros en la arena porque un agricultor estaba regando su maizal. Entregamos nuestros cuerpos plenamente a la causa. Si nos hubiésemos tenido que tirar en una cama de clavos diez veces seguidas, lo habríamos hecho. Recuerdo levantarme al día siguiente y sentirme como con cien años encima. Me encantó el vídeo, aunque todavía resultaba raro mirar y ver a Jack Sherman en vez de a Hillel.

Probablemente una semana después de que saliera el disco, sin yo saberlo, Flea recibió una llamada de Johnny Lydon, famoso por los Sex Pistols, para hacer una audición de bajo para su nuevo grupo, Public Image. Flea fue sin decir nada e hizo la prueba, de manera similar a cuando le surgió la audición para Fear estando en What Is This. Le fue muy bien y lo tenían como primera opción. Entonces lo consultó con Hillel, como lo había hecho conmigo cuando Fear se puso en contacto con él. Empezaron a escuchar a los dos grupos, y Hillel le preguntó a Flea si quería ser un miembro de apoyo en la aventura de Lydon o un miembro fundador de algo nuevo. Flea tomó la determinación de quedarse con nuestro grupo. Y gracias a Dios, porque en aquel momento yo era un muñeco de trapo hecho trizas más que un ser humano. Estoy seguro de que Flea no dejaba de pensar: «Por Dios, no puedo confiar en este friki. Se está muriendo ahí, cubierto de marcas de pinchazos. Lleno de moratones por todas partes. Robando coches, desapareciendo, en la cárcel. Un puto zumbado. ¿Cómo puedo aguantar esto?».

Por aquel tiempo, una de las veces que se suponía que teníamos que ensayar, no aparecí. Jack Sherman estaba loco por ponerse a tocar, pero Flea se quedó allí sentado, con el bajo sobre las piernas y la cabeza gacha.

—Venga, tío, vamos a hacer algo —le dijo Jack.

—Cállate. —Le gruñó Flea.

—¿Qué es lo que te pasa? ¿Por qué estás tan hundido? ¿Por qué no podemos trabajar algo?

—Si tu amigo estuviese a punto de morirse en cualquier momento, estarías igual de hundido.

No supe nada de esa conversación hasta este año. Tan en los inicios, según yo recuerdo, Flea nunca me expresó nada parecido siquiera a eso. Cuando hablábamos del tema, nunca se ponía en plan: «Estoy preocupado por ti. Creo que a lo mejor tienes un problema, o que te estás postulando para morir joven». Me soltaba siempre cosas del tipo: «No puedo hacer esto. Me estás dejando colgado. Necesito a alguien en quien confiar». Di por hecho que Flea se parecía más a Jack y no se veía como el tutor de un hermano, sino solo como un profesional motivado que necesitaba socios fiables.

El álbum salió ese verano y teníamos programado ir a Nueva York a promocionarlo, con un concierto en el CMJ New Music Seminar, la sala más importante en la que se daban a conocer los grupos alternativos. Estuve a punto de no conseguir llegar a Nueva York, no por la cocaína ni por la heroína, sino por abusar de otra droga: el alcohol. Estaba en casa, en Michigan, en mi visita anual del verano. Había llevado a Jennifer, que apareció con su típico peinado tricolor, amarillo pollo con plumas rosas, saliéndole de la cabeza. Cuando se la presenté a mi familia, no supieron qué pensar de ella. Jennifer parecía un campo gigante de narcisos en flor, y lo primero que hizo fue salir al campo de melocotones situado detrás de la casa y montar un tipi. Pensé que iba a levantar un tipi de juguete, pero Jennifer sentía una pasión tan legítima por la cultura de los nativos americanos que se pasó toda la tarde hasta bien entrada la noche en el bosque, recogiendo palos para el tipi. No sé si habría llevado algo de casa, porque siempre tenía bolsas llenas de telas y materiales sin tratar, pero terminó construyendo un auténtico tipi de cuatro metros y medio de altura que aguantó el siguiente duro invierno de Michigan.

Antes de marcharme de Los Ángeles, estaba consumiendo más heroína de la deseada. Empecé con la típica norma de meterme solo una vez a la semana, porque si lo haces más de una vez a la semana corres el riesgo de engancharte. Luego pasé a: «Voy a meterme dos veces esta semana, y la semana que viene nada en absoluto». Y entonces llega el tercer día y te dices: «Dejaré pasar un día entre chute y chute, porque así nunca voy a engancharme». Después cambias a: «Si me meto dos días seguidos, y luego no consumo nada durante dos días, y luego me meto un día, no voy a engancharme». Estaba perdiendo la batalla.

Entretanto, Jennifer se fue haciendo muy amiga de mis hermanas. Mi madre no sabía qué pensar de ese pájaro precioso y alocado. Por supuesto, como todas las madres, no se daba cuenta de que el pájaro más loco de la casa era su propio hijo. Una noche me empecé a sentir mal porque se me había acabado el poquito de mercancía que me había llevado. Supe intuitivamente que necesitaba algún medicamento para aliviar el dolor, así que dejé a Jennifer en casa con mi madre y fui a ver a mi colega Nate, que estaba en un bar con un puñado de tíos normales y corrientes del Medio Oeste, refugiados allí. Todos iban vestidos igual, bebían lo mismo, conducían los mismos coches, tenían el mismo tipo de trabajo y vivían en el mismo tipo de casa. Y bebían mucho. El alcohol nunca fue mi primera opción en lo que a drogas se refiere, ni siquiera la segunda ni la tercera. Bebía con frecuencia, solo que nunca había llegado a desarrollar esa tolerancia. De todos modos, me sentía mal y me dejé llevar por el ambiente de aquel bar de Grand Rapids, excéntrico, soso y sin mucho espíritu. Así que empecé a beber cerveza en lo que parecían ser cubos gigantes de palomitas. Cubo a cubo, me fui poniendo a la par que los demás. Nos estábamos emborrachando y me estaba funcionando para llenar el vacío de la mercancía que se me había acabado. Creía que estaba bien, pero no tenía ni idea de lo ciego que iba.

Para volver a casa de mi madre había que recorrer más de treinta kilómetros por una carretera de campo recta. Nunca me ponía el cinturón de seguridad, y ni siquiera ahora lo hago, pero mientras me despedía de Nate, de broma, monté un numerito con el tema de abrocharse el cinturón. Así pues, pisé el acelerador a fondo en la ranchera Subaru de mi madre, hasta ponerme a unos ciento treinta o ciento cuarenta kilómetros por hora. Me empecé a notar muy cansado y comencé a dar cabezadas y respingos bruscos. Me pasó unas cuantas veces, hasta que decidí cerrar los ojos solo un segundo. Tenía tanto alcohol en el cuerpo que las luces se me apagaron.

Me desmayé y el coche viró hacia el carril contrario, saltó el borde de la carretera y chocó contra una protuberancia, momento en el que me desperté y vi un puñado enorme de árboles delante de mí. «¿Árboles? ¿Qué coj…?». ¡Bum!: el coche quedó aplastado como un acordeón contra un olmo, el motor apareció a mi lado, en el asiento del conductor, y el volante se había roto al impactar con mi cara. Me habría quedado allí, inconsciente y sangrando, durante quién sabe cuánto tiempo, de no haber sido porque, a lo lejos, una persona había oído el accidente. Por suerte, esa persona era un paramédico que casualmente tenía la ambulancia a la puerta de su casa.

En cuestión de minutos, había llamado a los bomberos, que vinieron con sus herramientas de rescate y me sacaron del coche haciendo palanca. De pronto me vi a los paramédicos encima preguntándome quién era el presidente. Respondí a la perfección a todas las preguntas, aunque no lograba entender por qué estaban comprobando si tenía algún daño cerebral. No me di cuenta de que me había abierto la cabeza entera y tenía el aspecto de un plato de espaguetis con albóndigas.

Me llevaron corriendo al hospital más cercano y le dieron la noticia a la pobre de mi madre, que estaba en casa ayudando a su marido, Steve, a recuperarse de una operación reciente de cuádruple *bypass*. Pero a los minutos, mi madre y mi hermana Jenny aparecieron en el quirófano. Me miraron como si fuera un fantasma. Pregunté si podía ir al baño, y las enfermeras me dejaron acudir con reticencias. Fui directo al espejo, que me devolvió el reflejo del Hombre Elefante. Tenía el labio superior tan gordo que, de hecho, me cubría la nariz. La nariz parecía un cuenco de coliflor esparcido por toda la cara. El ojo izquierdo estaba cerrado del todo, aunque con pinta de haberse tragado una bola de billar antes de cerrarse. Y había sangre por todas partes. De inmediato pensé: «Dios mío, nunca voy a volver a parecer un ser humano». Solo podía ver por un ojo, pero lo suficiente para saber que aquel era el final de mi cara tal y como la conocía.

Pasé una semana en el hospital, tomando Percodan a diario y reponiendo pastillas más rápido de lo que podía tragármelas, encantado con ese nuevo suministro de heroína. Al final, el médico me descubrió el juego y me lo cortó en seco. Pasados unos días, la inflamación remitió y me repararon los huesos rotos. Tenía el cráneo fracturado, la cuenca de un ojo rota y el suelo de la órbita —ese hueso fino como un papel en el que reposa el globo ocular— destrozado. El cirujano plástico tuvo que trabajar a partir de una foto que mi madre les llevó, pero con un poco de titanio y un poco de teflón me devolvió a una copia razonable de mi persona.

Llamé a Lindy, me disculpé y le dije que no creía que fuese capaz de llegar al concierto en el CMJ, pero Flea me pidió que acudiese si podía. Para entonces, me habían colocado un molde en la cara que molaba bastante, así que decidimos que actuaría con eso puesto. Jennifer me había hecho un sombrero de vaquero angular de la era atómica, morado. Me subí a un avión con el molde para la cara, el sombrero de vaquero morado y la chaqueta de cuero con las tazas, y el grupo dio la mejor versión de sí mismo tocando en aquel enorme escaparate. Recuerdo sentirme nervioso y aterrorizado, afectado y motivado, y fue la primera vez que me di cuenta de que, vale, tenía que encontrar una manera de coger esa adrenalina y ese miedo y esas mariposas en el estómago y convertirlos en espectáculo. Fue una sensación que se quedó conmigo de por vida, porque si no noto ese sentimiento antes de un concierto, la cosa no fluye.

Después del concierto, Flea y yo irrumpimos en la sala de prensa de la MTV. Había un panel con George Clinton, Madonna, Lou Reed y James Brown, pero Flea y yo tomamos la zona de entrevistas. Ese fue el principio de nuestra rutina como monstruo de dos cabezas: al contrario que en otros grupos, nosotros no teníamos un único portavoz. Fuimos los Dos Bocazas desde el principio, sentados en la misma silla y compartiendo el mismo micro. Es algo que, por desgracia, se fue disipando con los años: solíamos estar muy a gusto apoyándonos el uno al otro y jugándonosla el uno al otro, y empezando o terminando las frases el uno del otro de la mejor manera posible. En aquella época, el extraño sentido de competencia que siempre ha estado presente entre nosotros no interfería en nuestro singular propósito. Sencillamente, nos sentíamos felices por estar bajo un foco de atención y compartirlo. Supongo que la simbiosis es algo que desaparece con el tiempo sin motivo alguno. Una pena. En los comienzos, salíamos al Zero Club y nos presentábamos a la gente como In y Out, y caíamos en un rollito Abbot y Costello: «¿Yo soy Out? Creía que era In». «Ah, ¿otra vez soy In?». Solíamos dormir uno junto al otro en estaciones de trenes. Ahora es imposible que compartamos la misma casa.

Sentíamos que éramos el grupo más grandioso y exitoso del mundo. Ni siquiera veíamos mayor éxito en grupos que vendían montones de discos y tocaban en estadios. EMI estaba decepcionada con nuestras ventas, y cuando nos dijeron que el disco no se había vendido, respondí: «Bueno, ¿y cuál es el problema?». Yo no era uno de esos chavales que había crecido soñando con discos de oro. Para mí, la vida era lo que tenía por delante, y lo que tenía entonces por delante era una gira por Estados Unidos en una furgoneta Chevrolet azul. Allí donde tocábamos había gente, gente interesada, gente a la que hacíamos bailar hasta reventar, y nosotros lo dábamos todo.

No hay manera de describir lo poco preparado que estaba yo para nada de eso. Lindy nos dijo: «Nos vamos de gira», y le respondimos: «Vale. ¿Dónde vamos?». Ahí fue cuando empezamos con Trip Brown, nuestro primer agente musical. Yo ni siquiera sabía lo que era un agente musical, pero resultó que además de un *manager*, había que tener a otro tío de la industria, a otro parásito; y no es que nuestros colegas fueran parásitos, pero en general, esa gente suele ser bastante parasitaria. Así pues, Trip nos cerró esa gira con sesenta fechas en sesenta y cuatro días por todo Estados Unidos. Nunca se nos pasó por la cabeza decir: «Oye, esos son demasiados conciertos, y no hay días de descanso».

Antes de marcharnos, el grupo invirtió en una preciosa furgoneta Chevrolet azul con rayas blancas. Lindy se la pilló a un grupo religioso, y era una V8 bien grande y fuerte que corría como el demonio. Las pocas veces que Lindy me dejaba conducirla, lograba hacerla volar. Bob Forrest terminó conduciendo la furgoneta hasta nuestro primer bolo, que fue en Detroit. Bob era un compositor y artista con talento, pero se ofreció a ser nuestro *roadie*, así que lo contratamos. Que Bob se encargase de llevar la furgoneta por todo el país no es algo tan sencillo como parece. Era un tío incapaz de administrar cinco dólares, se gastaba sin querer todo el dinero que le dabas en las cosas mas inútiles posibles, ninguna de ellas relacionada con la gasolina ni el gasoil ni el alojamiento, así que, para cuando llegó a Detroit, era un despojo borracho. Y estaba amargado y cabreado.

—¿Cómo es que vosotros habéis venido en avión y yo he tenido que conducir?

—Porque te contratamos para llevar el equipo en la furgo. Ese es tu trabajo —le explicamos.

Y teníamos que vivir con eso constantemente, con ese «qué guay estar aquí de ruta, pero que os den por culo, soy yo el que debería actuar».

Nuestro primer concierto fue en una sala antigua magnífica llamada St. Andrews Hall. En aquellos tiempos, hacíamos pruebas de sonido antes de casi todos los conciertos si era logísticamente viable. Nos pusimos a ello, y Jack adoptó la actitud más puñetera que pudo. Comentaba meticulosamente todo problema imaginable. «Este cable solo mide dos metros y medio, y debe medir tres y medio, porque tengo que colocarme aquí para hacer la mezcla correcta con los monitores, y tengo que encontrar el Fingerease, porque con el viaje las cuerdas de la guitarra se han secado». Estábamos preparados para volvernos locos perdidos y destrozar el local, y él estaba ahí plantado con sus preocupaciones.

Procedimos a hacer la prueba de sonido con *True Men* y, aunque no había público, me dejé ir por completo con la primera nota, por abrir boca. Debí de hacer algún movimiento al bailar que desconectó a Jack, o le di una patada a la guitarra o a él o le tiré el pedal. Y no fue intencionado, pero el colega se largó. Se bajó del escenario y dijo: «No puedo estar en un grupo en el que las pruebas de sonido son así. Necesito mi billete de avión de vuelta a casa». Lindy suavizó el tema y Jack tocó aquella noche.

Me acusó de intentar de sacarle el cable del pedal deliberadamente, pero el baile no se dirige, te pones a girar como una peonza y punto. Nunca mostré ningún tipo de beligerancia física hacia Jack. Para Flea y para mí, una parte inherente de la experiencia sobre el escenario era hacerse daño. De hecho, si te hacías daño era señal de una actuación importante. Si salías del escenario sangrando por la cabeza o el cuerpo, habías cumplido con tu trabajo, habías salido y lo habías dado todo. El escenario era el escenario, y no un sitio en el que poner límites. En un momento dado, Jack llegó a pegar una cinta en el escenario y me dijo que esa era zona prohibida. ¿Por qué vas a querer apartarte de tu compañero de grupo, espiritual o físicamente?

Justo al comienzo de la gira, supe que nuestra relación con Jack estaba condenada al fracaso. Viajábamos embutidos en la furgoneta azul, de una ciudad a otra, sin sacar nada de dinero. Flea rompía las cuerdas del bajo todas las noches, y las cuerdas de un bajo son caras de verdad. Así que nos dijo:

—Me gustaría plantear algo para que lo debatiese el grupo. Estoy teniendo que cambiar las cuerdas del bajo casi en todos los conciertos, y eso equivale prácticamente a mi asignación diaria, y creo que debería considerarse un gasto del grupo.

Jack metió baza:

—Eso no es un gasto del grupo. Tú has elegido ese instrumento. Yo no voy a poner un duro para cuerdas de bajo.

Flea casi se le echa encima en la furgoneta.

En aquella gira nos pasaron un montón de cosas extrañas. Tocamos en Grand Rapids, y el promotor del concierto era Alan Bashara, el viejo amigo de mi padre. Nos contrató para el Thunder Chicken, un local de la periferia. Se trataba de una choza enorme de paletos donde solían actuar grupos de música country o gente que hacía versiones de los REO Speedwagon. Pese a que toda mi familia y mis conocidos estaban allí, eso no impidió que hiciéramos nuestro espectáculo de siempre. Esa noche Flea se había tomado unas cuantas cervezas antes de salir a escena, y no toleraba muy bien el alcohol, así que se sacó la polla en el escenario. Ni siquiera hizo el gesto de sacársela en plan ofensivo, sino más bien fue un signo de exclamación al final de una canción. De cualquier forma, los padres les taparon los ojos a sus hijos y la gente se largó hecha una furia.

Nos marchamos de la ciudad y al día siguiente el periódico local sacó un artículo con un titular enorme: SI TUVIESE UN HIJO ASÍ, LE PEGARÍA UN TIRO. Todos los residentes de la Iglesia reformada de Grand Rapids hablaban de lo terribles que éramos, de que éramos la semilla del diablo. Mi madre no se dejó amilanar. Respondió con el corazón de león de una madre y escribió una carta al editor en la que decía: «Usted no conoce a mi hijo. Mi hijo es uno de los mejores hombres sobre la faz de la Tierra. Su capacidad de compasión y de ayuda a sus compañeros está más allá de cualquier cosa que pueda hacer usted nunca con su vida. Insisto en que retiren todo lo negativo que hayan dicho sobre mi hijo».

Después de llevar un par de semanas de gira, estaba claro que Bob no era el *roadie* más responsable del mundo, así que Lindy contrató a un tío llamado Ben, otro cuerpo más que embutir en aquella furgoneta azul. Tanto Ben como Bob cogían unos veinte dólares al día para comida, y Bob llegó a un trato con Ben: le daría la mitad de su asignación diaria si Ben hacía todo el trabajo de *roadie*. Bob se gastaba el resto del dinero en cerveza.

Y en drogas. Todas las noches que podíamos, nos poníamos ciegos de algo. Yo no tenía vicio con la heroína, pero sí un ansia constante de cocaína, sobre todo después de haber bebido. Tras pasar un tiempo en la carretera, logré desarrollar un radar de drogadictos. Cuando tocábamos en algún antro, dirigía mi atención a la persona que sabía que tenía que ser camello, o al menos conocer a alguno. La gente que está metida en la droga huele el material en el desierto si hace falta, y sabe detectar el jarabe con codeína para la tos o a la persona que consume el medicamento más similar a la droga deseada. Resulta extraño: yo era todo un superviviente y quería formar parte de la vida, al mismo tiempo que trataba de extinguir toda la vida que había en mí. Tenía esa dualidad de tratar de matarme a base de drogas, y luego comer solo cosas buenas y hacer ejercicio e ir a nadar e intentar formar parte de la vida. Siempre estaba yendo adelante y atrás en algún nivel.

A veces, teníamos las drogas, pero no el instrumental para chutárnoslas. Una noche estábamos alojados en una zona algo sospechosa del centro de Cleveland y a mí no me apetecía salir del motel a por jeringas, así que mandé a Bob. Pasó una hora. Dos horas. Ni rastro de Bob. Salí a la calle en esa noche fría como el hielo y le pregunté a un desconocido dónde iría alguien a buscar drogas en Cleveland. Me indicó una cafetería que estaba abierta toda la noche a unas tres manzanas de allí. En la distancia, vi el letrero de neón, un faro de esperanza. Entré y examiné el local y, cómo no, en uno de los reservados del fondo, vi a Bob con su traje hecho polvo y el pelo a rastas, sentado con dos chavalas negras y grandes con pinta de locas.

Me acerqué a ellos y me fijé en que una de esas tías enormes estaba sentada en la parte de fuera del reservado, como si tuviese a Bob allí clavado. Pensé que se parecía a un *wide receiver* de los Cleveland Browns, pero cuando estuve más cerca y vi que aquella tipa, además del pintalabios, las pestañas, la peluca y la ropa fluorescente, tenía unos músculos importantes, me di cuenta de que probablemente fuese de hecho un *wide receiver* de los Cleveland Browns. Entonces vi que estaba echada encima de Bob, tocándole la polla, calentándolo. Empecé a gritar: «¡Deja en paz a mi amigo! ¡Deja en paz a mi amigo!» y cuando estaba a punto de meterme en esa bronca, me di cuenta de que Bob tenía una sonrisa plantada en la cara y estaba disfrutándolo. Pasaron horas allí sentados, invitándolo a copas. Esa noche no conseguimos jeringas. Pero en Chicago sí. Tocamos en una sala repleta y yo salí al escenario con una capucha de verdugo que había llevado para el vídeo de *True Men*. Luego me quité la máscara y me tiré al público mientras seguía cantando. El grupo tenía un rollo genial, y una chavalita del club, que estaba muy buena, me agarró, se puso de rodillas, me arrancó los pantalones pegados de tela que llevaba y empezó a hacerme una mamada allí mismo. Aprecié el gesto, pero no tenía tiempo ni ganas de sexo en ese momento. Quería reventar el local.

Terminamos el concierto, y de algún modo Bob había logrado agenciarse una cantidad de coca considerable. Nos alojábamos en un Travelodge ruinoso en el interior de la ciudad, todo rodeado de alambre de espinos, pero no nos importaba, porque teníamos coca y algunas jeringas y un puñado de cervezas. Nos fuimos a nuestra habitación y nos pusimos a hincarnos a manos llenas la cocaína comprada en el club. El pobre Bobby cayó de inmediato en la psicosis de la coca y empezó con que teníamos que parar porque había helicópteros de la poli aterrizando fuera. Estaba pegado a la ventana, convencido de ver helicópteros. No recuerdo si había algún helicóptero o no, pero de haberlo, sin duda no iba a estar pendiente de un par de tíos que se chutaban coca en el Travelodge.

Bob se puso tan paranoico que estaba dispuesto a salir corriendo al aparcamiento y tirarse a merced de la policía. Traté de calmarlo. Se recompuso y luego siguió: «Vienen, vienen otra vez». Pasó horas acojonado hasta que la coca desapareció, cosa que siempre ocurre. Entonces nos vimos totalmente despiertos a las cinco de la mañana con el cerebro pidiendo a gritos más dopamina. Encontramos algo de priva y tratamos de ahogar en alcohol la cámara de tortura del alba que era ese semisueño, cuando los pájaros de Satán cantan al otro lado de la ventana. No fue nada divertido. Algunas de las sensaciones más deprimentes conocidas por la humanidad surgen en ese inframundo de la mañana, cuando te quedas sin coca y estás en un hotel sórdido y el sol empieza a salir y tienes que ir a algún sitio. Durante esa gira, repetí varias veces las rutina de noches en vela drogándome, para luego meterme en la furgoneta, dormir en el suelo debajo de los asientos todo el camino hasta el concierto siguiente, tener que despertarme y sentirme como una estatua de cera con corazón de poliestireno, y buscar de algún modo la fuerza para actuar.

Para cuando llegamos a Nueva York, más o menos un mes después de empezar la gira, Bob ya no podía más. Nos alojábamos en el Iroquois Hotel en Times Square, que estaba un escalón por encima de los alojamientos de la beneficencia. Flea, Bob y yo compartíamos habitación. Aquello era Nueva York, y quería hacerlo bien de verdad, así que me fui a la salida de incendios para practicar las canciones. Iba a desvelar un nuevo *look* para Nueva York: un gorro de natación de mujer, unas gafas de sol enormes, mi típica chaqueta de esmoquin de cachemir y, para el concierto en el Pyramid Club, un chaleco salvavidas de una compañía aérea que había robado en el vuelo a Detroit. En el momento oportuno, sacaría los cartuchos de CO_2 y lo inflaría.

Esa noche tuvimos el público más fantástico del mundo: una mezcla de *drag queens*, modernitos y drogatas, góticos y punkroqueros. Reventamos el local y cumplimos nuestra misión, y luego nos fuimos a seguir la fiesta. Al día siguiente, nos reunimos delante del hotel con la furgoneta. Salíamos para ir a tocar en el Maxwell's de Hoboken, Nueva Jersey. Bob había pasado toda la noche despierto y había llegado de verdad a su límite. Iba por la acera en plan cascarrabias, dando golpes en el suelo con los pies, gritando y chillando:

—No voy a consentir que me tratéis así.

—¿Tratarte cómo? Tienes tus tres comidas al día y un sitio donde dormir y te pagamos. Está Ben para hacerte todo el trabajo, así que lo único que tienes que hacer es beber, y de todas formas nunca apareces. ¿Cómo te estamos tratando?

—Esto parece de coña. ¿No sabéis quién soy? No puedo hacer esto si Ben va a estar aquí. Lo dejo. Abandono esta gira de mierda.

—Genial, vale, tenemos que irnos, nos vemos en Los Ángeles.

—No, lo digo en serio, no voy a seguir con vosotros —insistió.

Sentimos bastante alivio cuando lo dejó. Por mucho que nos preocupásemos por él y disfrutásemos de la anarquía de su compañía, para cuando llegamos a Nueva York la cosa había perdido toda la gracia. Así que nos largamos y lo dejamos ahí. Mientras nos alejábamos, estuvo gritando, chillando y silbando. Continuamos para terminar la gira, y él se quedó en Nueva York y se puso a trabajar para una pandilla de traficantes de agujas para mantenerse hasta conseguir volver a Los Ángeles.

Cuando consumes mucho alcohol o cocaína, el pensamiento se te tuerce y te sientes dispuesto a hacer un montón de cosas que normalmente no harías. En cualquier caso, no sé si dormir con una tía distinta cada vez durante más de la mitad del tiempo que pasé de gira mientras el amor de mi vida seguía en Los Ángeles se debió a tener el juicio nublado por las drogas. En aquel momento de mi vida, no tenía moral. Aunque no había dejado de querer a Jennifer y pensaba en ella todos los días, y la llamaba siempre que me lo podía permitir, no tenía problema ninguno en engañarla. Se convirtió en una cuestión de impulso. Cuando no estás buscando activamente mujeres, pierdes ese impulso, e incluso aunque cambies de opinión y decidas que quieres acostarte con alguien, se hace complicado. Pero si ocurre todas las noches, entonces estás en el mercado y no hay que esforzarse, sobre todo cuando eres el centro de atención. Eso era lo que yo quería en aquel momento de mi vida.

La situación daría un giro años más tarde. El instante en el que esa energía cambió y ya no necesitaba esforzarme nada para acostarme con tías porque estaba en un grupo famoso fue el instante en el que dejé de querer acostarme con ellas. Cuando éramos unos punk-roqueros de los que nadie sabía nada, yo quería llamar la atención de la gente y demostrarles quién era. Todo consistía en divertirse, y tenía sentido y no me sentía raro haciendo nada de eso. Por supuesto, a Jennifer le decía que era fiel, así que no solo la estaba engañando, sino que además le mentía. Pero yo era un egocéntrico descontrolado y egoísta, centrado en coger lo que me pertenecía mañana, tarde y noche.

A veces, coger lo que te pertenecía tenía truco, sobre todo cuando éramos al menos dos en una misma habitación. Había que ser creativo. En ocasiones, podías usar el baño del *backstage* o una habitación ajena en alguna de las fiestas de después del concierto. Cuando compartía habitación con Lindy, cosa que ocurría a veces, no había problema. Una noche, me topé con una tía de Nebraska. Fue irónico, porque Nebraska es el estado del maíz y esa tía tenía el bello púbico similar a la textura precisa de las barbas del maíz. A lo largo del camino, te encuentras con muchos bellos púbicos diferentes: el de ricitos, el largo, el corto, el afeitado, de todo tipo. A esa tía le brotaban unas barbas de maíz negras del monte de Venus. Y era un cielo, una tía respetable, no una cualquiera, ni una puta ni una de esas chavalas echadas para adelante del *backstage*. La llevé a nuestra habitación y Lindy se quedó imperturbable. Se tumbó en la cama sin más, se puso los tapones y un antifaz, y desapareció para el mundo.

Algunas veces combinaba mi pasión por las drogas y por las mujeres. Un día, acabábamos de tocar en Carolina del Sur y estaba un poco borracho, así que me fui directo a buscar coca. El camarero del club me encontró medio gramo y me lo metí todo demasiado pronto, así que estaba cachondo más allá de todo control cuando se me acercó una gorda. Debía de medir sobre un metro sesenta y tenía una complexión robusta inusual, con una cintura más que grande y unas tetas como dos misiles enormes que le salían proyectadas desde los codos hasta el final de las manos. Era más o menos guapa, aunque no el tipo de tía a la que le hubiese tirado los tejos nunca antes. Pero tenía nuestro disco y me dijo que yo era su poeta favorito de todos los tiempos, y me dio una carta que, entre otras cosas, sugería que mi polla era un delfín y su coño el mar y que tenía que darme un baño en ese mar. También había escrito que adoraba la tierra que yo pisaba y que era mi sirvienta y haría cualquier cosa por mí.

«¿Puedes conseguirme algo de coca?», le solté.

Claro que podía. Solo teníamos que ir en coche al condado de al lado, a la caravana de su tío. Llegamos allí y había armas y botellas de cerveza y cigarrillos y póker: una auténtica comunidad sureña de camellos en un *parking* para caravanas. Consiguió la coca, nos volvimos a su pequeño apartamento y nos la metimos toda. En cuanto nos acabamos la coca, la ropa desapareció al momento y disfruté de una de las mejores experiencias sexuales en carretera imaginables con la candidata más improbable. Como no era la típica buenorra, no había ninguna presión, lo que ocurriese, bien estaba, y nos pasamos toda la noche haciéndolo, con esos pechos grandes, hermosos y acogedores como un almohadón y ese cuerpo extragrandísimo. Todo el tiempo que pasamos follando me estuvo diciendo que yo era su sueño hecho realidad, pero no de un modo que resultara desagradable. Más tarde descubrí que en la carta que me había dado había metido veinte tripis, así que en la siguiente ciudad pude cambiarlos por algo de coca.

Para cuando llegamos a Nueva Orleans, la gira estaba flojeando, pero el nivel de emoción se había redoblado. Íbamos a tocar en uno de los edificios antiguos de la Exposición Internacional, y teníamos una zona de *backstage* de lujo, con duchas y sofás incluidos, y toda enmoquetada. Al acabar el concierto, una mujer joven y encantadora se acercó al camerino. Tenía el pelo rubio teñido, unos labios rojo fuego y unas pestañas gigantes que la hacían parecer una versión sureña reencarnada de Marilyn Monroe. Siguiendo mi tendencia de la época, hice mi primer movimiento antes de que nadie pudiese hablarle siquiera. La cogí de la mano, la llevé hasta el baño y le pedí que me hiciera compañía mientras me daba una ducha.

Cuando me había metido en la ducha, se puso a hacer una interpretación impecable de Marilyn cantándole el cumpleaños feliz a J. F. K. Salí de la ducha listo para empezar. Se quitó la ropa de inmediato e hicimos el amor en el suelo. Conocía a esa tía de hacía cinco minutos, pero el afecto que sentía hacia ella era sincero. Pasamos la noche juntos y descubrí más cosas sobre su vida, como que había ido a una escuela católica (sería la inspiración para una canción posterior, *Catholic School Girls Rule*).

Al día siguiente, salimos hacia Baton Rouge y, por supuesto, la Marilyn sureña vino con nosotros. Después de bajar del escenario, se me acercó y me dijo: «Tengo algo que contarte. Mi padre es el jefe de policía y todo el estado de Luisiana me está buscando porque he desaparecido. Ah, y aparte de eso, solo tengo catorce años». No me asusté en exceso, porque en mi mente en cierto modo ilusa sabía que si la chavala le decía al jefe de policía que estaba enamorada de mí, el padre no iba a llevarme a un campo solitario para matarme, pero sí quise que se volviese a su puñetera casa de inmediato. Así que follamos una vez más y me dedicó un cumplido interesante que nunca olvidé: «Cuando me haces el amor, es como si fueras un profesional». Le expliqué que tenía que darse un poco más de tiempo hasta caer en la cuenta de que eso era porque no tenía mucho con lo que comparar, la metí en un autobús y la mandé de vuelta a Nueva Orleans.

Esa noche anterior en Nueva Orleans, las cosas con Jack Sherman llegaron a un punto de no retorno. Habíamos pasado un infierno y parte del otro con él por todo el país, y a punto estuvo de tirar la toalla en unas cuantas ocasiones. A esas alturas, estábamos tocando realmente bien y los conciertos cada vez nos salían mejor. Las gracietas entre canciones formaban una parte importante de nuestro espectáculo. En el flujo natural de las cosas entraba dedicarle tiempo a charlar con el público. Esos interludios sacaban a Sherman del juego. En Nueva Orleans, Flea rompió una cuerda durante la primera canción, así que me puse a repetir frases improvisadas. Jack empezó a echarme miradas de odio o a decirme que siguiéramos con el concierto, o a soltar negatividad de algún tipo, a lo que respondí echándole encima unos jarros de agua helada mientras hacía un solo de guitarra. No fue un acto de odio, fue más una cosa teatral, un «esto es lo que pasa cuando le das por culo al cantante».

Jack me miró en estado de *shock* y agarró el micro.

—Quiero que sepáis todos que este es un concierto histórico, porque es la última noche que voy a tocar con los Chili Peppers.

Entonces me acerqué a mi micro.

—Quiero que sepáis todos que este es un concierto de proporciones históricas, porque es la última noche que vamos a tener que tocar con este gilipollas.

Fue un buen espectáculo. Teníamos al público en la palma de la mano. Estaban en plan: «¿Es esto parte de la actuación? ¿Es de verdad?». Y todo el mundo se quedó en silencio. Jack y yo nos miramos, él se acercó al micro y dijo:

—Creo que me debes una disculpa, tío.

Después de otra pausa, fui hasta el micrófono.

—Creo que eres tú quien me debe una disculpa a mí, tío.

Para entonces, Flea había cambiado la cuerda, volvió, seguimos tocando y el asunto se olvidó. En cualquier caso, fue uno de los arrebatos más impresionantes que tuvimos, porque sacamos fuera toda la tormenta interior y la convertimos en espectáculo. Jack era el hombre recto definitivo, porque era un tío recto de verdad, no lo fingía. En eso consistía lo que a la gente le gustaba de nosotros. Cuando recibíamos comentarios de los conciertos, eran en plan: «La música es de lo más interesante. Nos lo hemos pasado genial bailando. Pero es que sois los tíos más graciosos que hemos visto nunca».

Dios bendiga a Jack, que mantuvo el grupo a flote durante un año, y de no haberlo hecho, los años que estaban por venir quizá no habrían existido. Por muy incómoda, peleada y desagradable que resultase nuestra relación con él, aquella fue una época importante. Incluso en esa gira descontrolada, todas y cada una de las veces que nos bajábamos del escenario, sentía que estaba levitando. Era el mayor de los subidones. No importaba que hiciese un frío gélido y el *backstage* fuese un patio al aire libre. Incluso así, al terminar nos reuníamos bajo el frío, sudando, en plan: «¿Os lo podéis creer? Les ha encantado. Vamos a salir a hacerles un bis y a tocarles una canción nueva».

Regresamos de esa gira con unos quinientos dólares cada uno, así que Jennifer y yo tuvimos que dejar la casa de Lexington. Jennifer se fue a vivir con su madre, pero mi propósito principal en la vida pasó a ser procurar estar colocado. Chutarme revueltos se fue convirtiendo cada vez más en mi especialidad. La clave de los revueltos es que vas en dos direcciones al mismo tiempo, lo que te da una sensación divina. En vez de alcanzar la euforia pura de luz blanca propia de la cocaína, también te da la euforia suave de la heroína, así que no solo notas ese pelotazo del cristal, sino que además hay una sensación oscura, como de fumadero de opio. Recibes lo mejor de los dos mundos, y es que estás liberando serotonina y dopamina al mismo tiempo.

Cuando regresamos de la gira, nos dimos cuenta de que teníamos que dejar que Jack Sherman se fuera, tristemente. Por mucho que no estuviésemos en su misma onda, sabíamos que eso suponía un mal trago para cualquiera. Aunque también sabíamos que era el momento de volver a algo más crudo, algo que saliese de un terreno común.

Así pues, fuimos los tres juntos al apartamento de Jack en Santa Mónica, donde vivía con su nueva mujer. Flea y yo nos pusimos a discutir fuera.

—Bueno, ¿quién va a decírselo? Creo que la charla deberías darla tú.

—¿Yo por qué? Ya me ocupé la última vez.

Creo que al final se encargó Flea de la tarea de entregar el mensaje. Sin embargo, antes teníamos que recorrer el camino largo de entrada que llegaba a la casa de Jack. Conforme empezamos a andar con toda la intención, nos pusimos a reírnos como histéricos por pura emoción nerviosa, y por el entusiasmo ante lo desconocido y el amanecer de una nueva era para nosotros. Cuanto más nos dábamos cuenta de que teníamos que ponernos serios y cortar por lo sano bien para seguir adelante, menos podíamos parar de reírnos.

Llegamos a la puerta tratando de ahogar las risas, pero éramos incapaces. Entramos y le dijimos: «Se ha acabado. Te despedimos. Ya no sigues en el grupo». Jack se quedó estupefacto y se enfadó. Nosotros nos dimos la vuelta y nos marchamos.

En algún momento después de despedir a Jack, Flea se me acercó y me preguntó:

—¿Qué pensarías si Hillel quisiera volver al grupo?

—¿Qué? —le respondí, porque sabía que Flea no me iba a sugerir nada así de no haber tenido algún contacto con Hillel—. ¿Que qué pensaría? Sacrificaría a mi primogénito para hacer que Hillel volviese al grupo. No hay más preguntas. Vamos.

07

El Año de la marmota

Cuando Hillel regresó al grupo en 1985, la sensación fue descomunal, como si retomásemos el rumbo. Por fin teníamos un guitarrista que sabía qué canciones funcionaban con nosotros y cuáles era capaz de cantar yo. Además, Hillel era nuestro hermano. Y como hermano se preocupaba por la cantidad de drogas que me estaba metiendo. Yo iba y venía de los ensayos, a veces aparecía tarde, y a veces ni siquiera aparecía. Para entonces, me había acoplado en el apartamento de dos habitaciones de la madre de Jennifer, en Cahuenga Boulevard, justo en la Hollywood Freeway. Dios bendiga a esa madre que me aceptó, aunque yo era un caos: el típico novio horrible y parasitario que no tenía dinero, vivía bajo su techo, se acababa los cereales Corn Pops de la cocina y nunca reponía nada porque andaba corto de pasta.

Desaparecía varios días seguidos en mis escapadas para consumir coca, y luego volvía como un cachorro apaleado y trataba de colarme en la casa en silencio para descansar algo. Pero Jennifer no lo soportaba. En una ocasión, abrió la puerta con un par de cizallas gigantes para el cuero que usaba en sus diseños textiles. Yo sabía cuándo iba de farol y cuándo tenía ganas de sangre y daño óseo, y esa vez en concreto me habría hincado de buena gana las cizallas en el cráneo si me hubiera acercado lo suficiente a ella.

—¿Dónde estabas? ¿Con quién has dormido? —me gritó.

—¿Estás de coña? No he dormido con nadie. Estaba intentando colocarme. Ya sabes cómo soy —le supliqué.

Al final, la engatusé para volver a entrar en la casa.

Cuanto más metida estaba Jennifer en la heroína, más fácil se hizo para mí acceder a la casa, porque ella necesitaba un conspirador para ir a pillar, y yo necesitaba su dinero. A Jennifer no le importaba que me metiese caballo, porque cuando lo hacía me calmaba y podíamos estar juntos de verdad y fundirnos uno en los brazos del otro y cabecear por el ciego de heroína mientras veíamos pelis antiguas en blanco y negro a las cuatro de la mañana, enredados en la euforia maravillosa y letal del opio. Pero odiaba con todo su ser que me pinchase cocaína, porque me convertía en un monstruo y desaparecía. Por supuesto, yo nunca quería chutarme heroína solamente. Así que cuando estábamos en su habitación pinchándonos heroína, yo me escabullía para meterme un chute de coca. Pero Jennifer tenía una vista de lince total: «No, de eso nada. Dame la coca. Dame la jeringa. ¡No vas a chutarte coca!».

Me inventé unas maneras horribles y engañosas de ponerme ciego de coca. Para entonces, tenía el pelo tan largo y enmarañado que me escondía jeringas en el tren de aterrizaje del peinado que llevaba y aceptaba que Jennifer me cachease todo el cuerpo. Había escondido previamente la coca en una caja de cereales en la cocina, así que bajaba corriendo y me chutaba antes de que Jennifer, su hermana o su madre entrasen. No me imagino el terrorismo emocional que infligí sobre esas personas. Estaba perdido en aquella adicción. Y la cosa iba a empeorar mucho antes de empezar a mejorar.

No tenía ni idea de lo dependiente que me estaba volviendo de la heroína. Parecía como si hubiese un suministro infinito. Todo Hollywood se estaba llenando de camellos raros de cojones. Estaba el camello ruso que vivía en un apartamento mierdoso con su mujer rusa y apenas hablaba inglés, pero tenía un suministro inagotable de China White. Estaba el camello chungo blanco de Hollywood con *mullet* en la esquina de Sunset Boulevard. Había cinco o seis franceses distintos, desde mi viejo amigo Fabrice hasta Dominique o François, y luego otras cinco personas a quienes ellos conocían.

Si le pillaba a Fab, podía irme a su casa con cincuenta pavos y conseguir una papelina que me durase un día, probablemente un décimo de gramo. Pero si tenía que ir al ruso, que era un chanchullero, con cincuenta pavos me daba para un chute. Por supuesto, allí no iba con cincuenta pavos, iba con veintidós, y le rogaba que me diese la papela de cincuenta y le ofrecía dejarle mis zapatos. Los rusos no aprecian la negociación, pero eso no me impedía acosarlo, rogarle, discutir y ponerme sórdido. Me sentaba allí y agotaba a aquel cabrón, haciéndole sentir como una miseria antes de sentirme yo así.

Los otros franceses eran camellos pretenciosos, arrogantes y sin corazón. No solían fiar mucho. Eran todos drogadictos también, así que sabían lo que era necesitar un poco de algo para estar bien, pero si no eras una tía ni tenías un montón de dinero, buena suerte. Así que me veía obligado a probar con cualquier estrategia imaginable. No me pareció indigno presentarme con una copia de nuestro primer disco.

«No sé si has visto este disco, pero es de mi grupo. Este soy yo. Tengo un *manager* que me está guardando ahora mismo un par de miles de dólares. Voy a quedar con él más tarde. No sé si te apetecerá venir al concierto que damos la semana que viene. Por supuesto, tu novia y tú estáis invitados». Cualquier estafa, cualquier mentira, cualquier táctica inventadísima. Era una posición humillante y fatal para mí.

De algún modo, conseguía mantenerme y todavía escribía música y aparecía en los ensayos la mayoría de las veces. Pero sin en realidad saberlo, la vida me estaba empezando a abandonar. Me quedé delgado como un palo de escoba. En esas, la poli hizo una redada donde el viejo Fabster y mandó al garete su negocio. Pasó de traficar y ser capaz de esnifarse unas rayas de caballo gigantes a no tener caballo, ni flujo de dinero ni clientes, pero sí una adicción enorme. Lo siguiente que supe fue que Fab se había asociado con un joven mexicano. Yo lo llamaba Johnny Demonio porque, obviamente, era el demonio encarnado en el planeta Tierra: lo bastante encantador como para querer pasar el rato con él, y lo bastante inteligente y confabulador para dejarte ver otras caras que no eran la suya. Pero me caía bien. Nunca me cabreó y, a su modo diabólico y demoniaco, era justo, generoso y amable.

Mi hábito iba a peor, y el dinero se me acababa con rapidez, así que tuve que recurrir a los empeños. Todos los días me levantaba lo más tarde posible, porque sabía que no tardaría en sentirme mal. Le pedía a Jeniffer veinte dólares. No había veinte dólares.

—¿No tenemos nada que vender? —le suplicaba.

—Lo hemos vendido todo.

—¿Podemos vender este cuadro? ¿Y el extintor? ¿Y esta alfombra? ¿Hay alguna radio vieja que nadie use en la casa?

Acudía a la tienda de empeños con cualquier cosa que encontrase para conseguir veinte o treinta pavos. Luego me iba a buscar a quien fuese, al ruso, al francés o al tío chungo blanco; pillaba la mercancía y me iba a un montecito en la esquina de Argyle Street con Franklin Avenue, mirando a la carretera, echaba la droga en una cucharita, la mezclaba con agua y me la chutaba de inmediato. En cuanto esa mierda me subía, era como echar agua en una esponja marchita. Pasaba de sentirme mal, deprimido, débil y desprovisto de vida a estar vivaracho y hablador. Nada más chutarme la droga, la pata de cerdo se me ponía tiesa y me entraban ganas de follar con Jennifer en el momento. Pero ella estaba cabreada conmigo por ese suplicio cíclico de coger, comprar, vender, empeñar y pillar.

Un día me desperté y los armarios estaban completamente vacíos. Cogí prestada la bici de la hermana de Jennifer, sin ninguna intención de embargarla; solo estaba desesperado por pillar algo. No tenía tiempo de ir por la ruta normal hasta el centro, donde vivía el Demonio, así que me subí en esa bici de paseo de una velocidad, salí de la zona de los apartamentos, subí por la rampa de acceso a la Hollywood Freeway, me incorporé en el carril derecho y pedaleé desde Hollywood hasta el centro de Los Ángeles.

Por fin llegué a casa de Johnny Demonio, pero el tipo estaba mal de dinero y de suministros. Primero intentamos fundir unos Tuinal en una cucharilla y chutárnoslos, pero en el momento en el que el polvo de las cápsulas dio con el agua, se hizo espuma. Tratamos de meter la espuma en la jeringa para aliviarnos un poco, pero no funcionó.

«Tú y yo vamos a encontrar algo», me prometió, y nos montamos en su coche y fuimos hasta el Valle de San Bernardino. Paramos en un barrio que parecía sacado de raíz de la zona más pobre de Tijuana. Toda el área estaba repleta de chabolas de una planta en patios de tierra. En cada parcela había hogueras encendidas en barriles de petróleo. En las casas no se veían ventanas ni puertas. Era como estar en Beirut durante la guerra.

Johnny frenó junto al bordillo y salió del coche. «Espérame aquí. No te muevas», dijo, y desapareció en ese laberinto de calles y casas. Yo estaba tan débil que no podía moverme aunque lo hubiese querido. Me quedé allí, con la certeza de que alguien iba a acercarse, llenarme el cuerpo con balas del veintidós, coger el coche y largarse. El Demonio volvió a aparecer por fin de entre las sombras, muy lejos del lugar por el que había entrado. Caminaba con un paso muy decidido. Se subió de nuevo al coche.

—¿Has pillado? ¿Has pillado? ¿Has pillado?

Me lanzó una mirada inquieta.

—Relájate. Todo va a ir bien. No me preguntes nada.

Obviamente, estaba de mal humor. Por lo que yo sabía, y con esa actitud tan rara, podía haber entrado allí y haber matado a una familia para pillar aquella mierda. Pero en cuanto salimos del barrio, se sacó del abrigo una cosa enorme del tamaño de una pelota de béisbol. Era heroína, alquitrán negro puro. Cortó un trozo del tamaño de un chicle Bazooka, me lo dio y se guardó el resto.

—Eh, ¿vas a quedarte con todo eso? Es mucho. A lo mejor podría guardarme un poco. —Maquiné.

—Esta cantidad es la que necesito —respondió.

Fuimos a casa de una tía en Hollywood y el Demonio procedió a fundirse aquella puta pelota de béisbol, chute a chute, hasta que se había acabado casi toda, sin en ningún momento desmayarse ni sufrir sobredosis, sin ni siquiera caer en incoherencias. Sencillamente estaba instalado en su bienestar demoniaco. Unos días después, desapareció y nunca volví a verlo ni a saber nada de él.

Pese a todo mi consumo de drogas, la composición del segundo álbum iba bien. Veía a Hillel y a Flea tocar juntos y me daba cuenta de que la música era un acto de telepatía: si estabas junto a tu alma gemela con una guitarra en la mano y él con un bajo, podías saber lo que el otro estaba pensando y comunicarte a través de la música. Hillel sin duda había crecido como guitarrista mientras había estado apartado de nosotros. Empezó siendo un músico influenciado por Kiss, con algunos toques de rock progresivo. Luego experimentó con los primeros Red Hot Chili Peppers, y en esos momentos regresaba con un elemento extraño y seductor incorporado a su estilo. No se limitaba a un funk maníaco sincopado, sino que añadía un toque suave y fluido.

Mientras estábamos en la zona de ensayos de EMI en Sunset, recibimos una llamada en la que nos comunicaron que el legendario empresario Malcolm McLaren quería hablar con nosotros. McLaren era el hombre misterioso que había creado a los Sex Pistols y a Bow Wow Wow. En esos momentos, andaba buscando al siguiente gran grupazo, y si teníamos suerte, el fabricante de estrellas nos rociaría con sus polvos mágicos. Vino a un ensayo con algunos amigotes y le tocamos un par de nuestras canciones más desquiciadas y complicadas: una cosa rápida, caótica, densa, llena de capas, sin rimas ni razones, pero con un montón de sentimiento y mucho funk.

Fue evidente que no le impresionó. «Muy bien, bueno, ¿podemos hablar en algún sitio, chavales?».

Pasamos a una sala de reuniones diminuta que había al lado de la zona de ensayos. Alguien empezó a rular un canuto del tamaño de un puro habano.

«Vale, todo eso que tocáis es de puta madre, pero no tiene ningún sentido. A nadie le importa ese tipo de música. Lo que yo tengo en mente es…».

Empezó a soltar palabras como «cacofonía» y «epifanía», y nosotros cada vez lo flipábamos más, en plan: «¿Qué quiere decir con cacofonía de sonidos?».

Al final llegó al quid de la cuestión. Como ejemplo, sacó unas fotos de surferos con unos colores rosas brillantes típicos de los punk-roqueros.

«Quiero coger este grupo y simplificar la música. Convertirla en un rock and roll antiguo de los cincuenta, algo sencillísimo, con bajo, notas de repetición, guitarra, *riffs* simples, ritmos básicos. Y quiero que Anthony sea la estrella, el líder, para que no haya confusiones. El público puede concebir que haya un personaje central, y el resto estaréis de fondo, tocando el rock and roll más sencillo que haya existido».

Hizo una pausa para ver nuestra reacción, y yo miré a Flea.

Flea se había quedado traspuesto.

Supongo que Malcolm se percató de que su mensaje no había tenido buena acogida. Me halagó en cierta medida que pensara que yo tenía potencial para ser el líder, pero lo demás suponía renegar de todo aquello que guardábamos con cariño en lo más hondo de nuestros corazones. Era como si el mago de Oz hubiese hablado y sus palabras hubieran sido demasiado absurdas como para tomárselas en serio.

Había llegado el momento de hacer nuestro segundo disco. EMI nos preguntó a quién queríamos de productor. Sin dudarlo, dijimos: «George Clinton», porque después de nuestro primer disco, la gente se nos acercaba y nos decía: «Debéis de ser alumnos del P Funk», el legendario grupo de funk de George. Habíamos llegado tarde a la experiencia Parliament-Funkadelic, y en esos momentos no sabíamos tanto sobre George como debíamos o como supimos después, pero sí éramos conscientes de que si a James Brown se le consideraba el Padrino del Funk, entonces George era el Tío.

Así pues, EMI localizó a George por teléfono y le dijimos: «George, somos los Red Hot Chili Peppers, unos capullos de Hollywood, California, que saben hacer rock del duro, y creemos que tienes que producir nuestro disco». Le enviamos el disco y la maqueta y le gustaron, y después de que Flea y Lindy fuesen a Detroit a reunirse con él, aceptó producirnos. Todavía hoy, cuando la gente me pregunta cómo conseguimos a George Clinton de productor, cuento que se lo pedimos por teléfono, pero Flea siempre responde: «Veinticinco mil pavos», que es la cantidad de dinero que EMI acordó pagarle. No creo que lo hiciera solo por dinero, sino que, aparte de eso, vio algo especial, hermoso y excepcional en esos cuatro chavales que estaban tratando de mantener vivo el espíritu de la música funk más dura, sin ninguna pretensión ni buscando copiar a nadie, sino contribuyendo a inventar un nuevo género en el funk.

Fuimos a Detroit con más o menos el 70 por ciento de las canciones acabadas. Teníamos *Jungle Man*, mi oda a Flea, ese medio hombre, medio bestia nacido en el interior de un volcán en Australia que había llegado al mundo y usaba el pulgar como conductor del trueno hasta su bajo. *American Ghost Dance, Catholic School Girls Rule* y *Battleship* (cuyo estribillo, «blow job park»,[15] estaba

---

[15] «El parque de las mamadas».

inspirado en la aventura real de Cliff eludiendo súplicas de mamadas en las áreas de descanso de Mulholland Drive mientras practicaba sus clases de canto). *Nevermind* y *Sex Rap* estaban ya en la maqueta original, y *30 Dirty Birds* era una antigua canción de campamento de Hillel. George tenía en mente que nos quedásemos en Detroit con él más o menos un mes antes de meternos en el estudio, así que en cualquier caso había tiempo para componer más canciones.

Íbamos a grabar en el estudio de George, United Sound, un edificio de ladrillo de dos plantas en mitad de la tierra baldía en la que se había convertido el interior de Detroit a mediados de los ochenta. En algún momento de los años setenta, George se había quedado con ese estudio, propiedad de la Motown, y allí era donde había grabado todos los álbumes clásicos de Parliament-Funkadelic. Se trataba de un estudio grandioso, con antiguos paneles analógicos grandes, una sala de batería preciosa y salas independientes para los vientos.

El plan era mudarnos primero a casa de George una semana o así, hasta que alquilásemos una casa para el grupo (encontramos una en el lago Wabeek, en el más rico de todos los barrios de la periferia. Teníamos, pues, un triángulo de opuestos al completo: alojarnos con George en el campo, ensayar en el centro, donde el terreno valía menos de treinta céntimos el metro cuadrado, y vivir entre blancos ricos en un campo de golf). George vivía en una casa de campo moderna sobre un terreno de veinte hectáreas, en un lugar llamado Brooklyn, más o menos a una hora a las afueras de Detroit. Aunque no era la zona de campo más atractiva del lugar (desde la finca se escuchaban las carreras de coches del vecino Michigan 500), George tenía allí su santuario. Había un estanque con peces y unos montes bonitos, y la casa estaba agraciada con la presencia de la hermosa mujer de George. Era alguien dulce y maternal, no la Zorra del Funk Superfreak con quien uno se imagina que va a estar enrollado George, sino el tipo de mujer de «oh, Dios, ojalá fuera mi madre».

Hillel y yo compartíamos habitación, al igual que Cliff y Flea, Lindy tenía una para él solo, y George y su mujer estaban en la habitación principal. La idea era mantenernos fuera de la ciudad para poner en marcha la historia, porque no queríamos que las sesiones descarrilasen nada más empezar por cuenta de las drogas. Sin embargo, en cuanto llegué allí me sentí como si sufriera un episodio terrible de intoxicación alimentaria. Empecé a vomitar, la piel se me puso de un color extraño y no podía comer. No tenía ni idea de lo que me pasaba, pero Flea me dijo: «Estás pasando el mono, joder». Tenía tal empanada mental que ni siquiera me había dado cuenta de que estaba atravesando una auténtica desintoxicación de la heroína.

Por alguna razón estúpida, encargamos quinientos dólares en coca, y Lindy, Hillel, Flea, George y yo nos la ventilamos toda. Eso me hizo sentirme genial durante media hora más o menos. Luego volví a no dormir y al mono. Unos días después remitió, y montamos el chiringuito en el salón de George. Baterías, guitarras, bajo, amplis: empezamos a tocar y a conocer a George.

Conocer a George es quererlo. Es un tipo enorme con una mata de pelo enorme, pero tiene otra cosa más del tamaño de un elefante: el aura. A George le encanta contar historias, y no le avergüenza admitir haber tenido todo tipo de comportamientos raros, estrafalarios y cuestionables. Nos convertimos en un puñado de niños de campamento que se sentaban a oír las historias del gran maestro del funk psicodélico. «George, cuéntanos otra sobre Sly Stone», y empezaba y no paraba. Además de ser un gran cuentacuentos, George nos enseñó la importancia de ir con regularidad. Se paseaba por la casa con una botella de zumo de ciruelas en plan: «Sabéis bien lo mayor que soy. Y sabéis que puedo estar en pie todo el día y toda la noche. Es por esto, porque voy con regularidad».

George tenía además una colección de animales disecados. En la casa, donde no había muebles propiamente dichos, había animales disecados a tamaño natural, por todas partes, algunos muy antiguos. Supongo que era coleccionista, y sus fans, amigos y familiares añadirían piezas constantemente a la colección, así que estábamos en mitad de un gran circo de animales disecados.

Después de una semana viviendo con George, nos mudamos a nuestra casa en el campo de golf. Entonces llegó el momento de empezar a hacer maquetas de los temas en un estudio del centro de Detroit propiedad de un tipo llamado Navarro, un proxeneta de la vieja escuela, camello y propietario de estudio, un tipo peculiar pero perverso. Se trataba de un caballero mayor, con una voz de lo más grave, gruñona y profunda, tipo Isaac Hayes o Barry White. No se le entendía mucho al hablar, pero sí se captaba lo que quería decir. Cuando entraba en la sala, daba igual quién estuviese allí —tías, la gente del equipo, George—, él era el hombre al que había que respetar.

Así pues, empezamos a hacer las maquetas. Y también empezamos a meternos coca, que estaba por todas partes. Pedíamos pollo de Popeye's y pedíamos cocaína al mismo tiempo. Y si lograbas comer pollo antes de estar demasiado ciego de coca, habías cenado; si no, la cena te daba igual. Al contrario que nosotros, George nunca actuaba como un bicho raro cuando se encocaba. Era imposible saber si se había metido o no una tonelada de coca; tenía una constitución fuerte de verdad, sin más.

Yo me ponía alteradísimo y trataba de terminar las canciones que tenía empezadas, y a veces funcionaba, pero otras veces me metía en círculos viciosos, inventando complejas combinaciones de palabras. Mientras yo escribía, George escuchaba a esos chavales de Hollywood tocar una música funk dura y excéntrica, disfrutando con cada minuto de ella. Le enseñaba algunas letras y le pedía opinión, y me decía: «Joder, este rollo es una movida muy extraterrestre. Me encanta. Escribe otra, necesitamos otra estrofa».

En algún momento durante la preproducción, Flea, que había estado escuchando mucho a los Meters, sugirió que hiciéramos una versión de su tema *Africa*. George se lo pensó y nos propuso: «¿Y si hacéis *Africa*, pero reescrito por Anthony para que se convierta en vuestra África particular, que es Hollywood?». Así que reescribí el tema y George creó después por detrás uno de sus increíbles arreglos vocales. Creo que incluso cantó uno o dos versos de la canción.

Freaky Styley fue otra innovación interesante de George. Originalmente, se trataba de una obertura instrumental para introducir otro tema, pero George estaba tan metido en ese ritmo *in crescendo,* como de caballería, que insistió mucho en que debía ser una canción independiente, aunque la letra fuese un simple cántico. Cuando grabamos la música, estábamos todos en la sala de control escuchando esos ritmos, que siguen siendo una de las mejores piezas musicales que hemos compuesto, y George empezó a corear: «Fuck'em, just to see the look on their face. Fuck'em, just to see the look on their face». Todos nos unimos a él y surgió una combustión musical espontánea. El otro verso de la canción, «Say it loud, I'm Freaky Styley and I'm proud», fue una de esas frases nuestras que surgen en el momento. En aquella época, a todo lo que molaba lo llamábamos «Freaky Styley».[16] Un baile, una tía, un ritmo de batería, cualquier cosa. Cuando terminó todo el proceso y estábamos sentados alrededor de la mesa de la cocina en plan: «¿Qué título le ponemos al álbum?», Cliff levantó la vista y dijo: «¿Por qué no lo llamamos como llamamos a todo? *Freaky Styley*».

Después de un tiempo en el estudio de Navarro terminamos los arreglos, y para entonces yo había preparado algunas letras nuevas. George tenía un estilo de producción único. No había mucho de alta afinación superrefinada, que reaccionara a todos los patrones del bombo. Se trataba más bien de una producción desde el corazón. George era un maestro escuchando partes de segundas voces, sobre todo en las secciones esotéricas de una canción en las que normalmente no hay voces. Al oír los discos de Funkadelic o de Parliament, los arreglos vocales dentro del esquema musical son obras maestras en sí mismos. George empezó a escuchar esas partes en nuestras canciones, y como estábamos abiertos a todo, cuando decía: «Quiero hacer una parte vocal a cinco en este fragmento de la canción», saltábamos de alegría.

Nos pasamos a United Sound y empezamos a grabar las pistas básicas. Siempre descartábamos las voces de referencia, porque en aquella época lo que se hacía era grabar unas primeras voces y

---

[16] El coro de George Clinton es: «Vamos a joderlos, a ver qué cara se les pone. Vamos a joderlos, a ver qué cara se les pone».

Y el coro común: «Grita ahora:"Soy Freaky Styley y a mucha honra"» (un verso basado, por supuesto, en el reivindicativo tema *Say It Loud, I'm black and I'm proud* de James Brown).

El *freaky styley* es, básicamente, la filosofía del *frikismo*.

luego tratar de mejorarlas. No editábamos las voces, en el sentido de cantar un tema veinte veces y luego cortar y pegar las mejores sílabas. George me colocaba en mitad de la sala, no aparte en una sala distinta, y así me sentía parte del grupo; era muy buena idea, porque todo el mundo había dicho siempre: «Ah, bueno, los Chili Peppers son geniales en directo, pero esa química de flipar que se nota sobre el escenario no se capta en el estudio».

Durante el proceso de grabación, empezamos a recibir a un visitante inusual: se trataba de Louie, un tipo pálido y calvo del Medio Oeste. Resultó que era el repartidor personal de coca de George. Después de unas pocas visitas, quedó claro que en la relación entre George y ese tío había un montón de pasta de por medio, pero George permanecía imperturbable. A partir de un momento, Louie venía acompañado de un par de esbirros y, con su acento lento y marcado, le decía a George:

—George, te lo digo en serio, tío, vas a tener que ponerte al día antes de que pueda darte algo más. Que tengo un negocio.

—Louie, mira a tu alrededor. ¿Crees que ando corto de pasta? En este negocio te pagan cuando te pagan. Y cuando me paguen, serás el primer cabrón en recibir dinero después de mí.

Louie parecía incómodo.

—George, no es la primera vez que oigo eso. No he traído a estos tíos por gusto, y si tienen que hacerle daño a alguien, pues…

George nunca pestañeó siquiera, porque tenía un plan. Sabía que a Louie le fascinaba el negocio musical, así que intuía que implicar a Louie en el proceso le aseguraría un flujo constante de coca. Al final, George le prometió a Louie que haría su debut vocal en el álbum.

Mi reacción fue pensar: «Vale, confío en George, sé que todo está pasando por algún motivo, pero me va a dar por culo tener que dejar que ese gilipollas aparezca en mi disco. Eso es sagrado, joder». George me dijo: «No te preocupes, todos vamos a terminar contentos. Él aparecerá en el disco, y a ti te dará igual». Y tenía razón. Al principio de *Yertle the Turtle* se oye una voz extraña sacada de contexto que entra y dice: «Look at the turtle go, bro»,[17]

---

[17] «Mira, mira la tortuga pasar, chaval», de *La tortuga Yertle*.

y luego la canción pasa a un ritmo funk sincopado. Ese fue el debut de Louie, y se quedó lo bastante contento como para no tener que hacerle daño a nadie. Cuanto más largas eran las sesiones, más a menudo aparecía Louie con la farlopa, porque quería sus quince minutos de puñetera fama.

Justo antes de que me tocase incorporarme para hacer las voces finales, decidí que iba a pasarme dos semanas sin meterme cocaína, que es como decidir ser célibe viviendo en un burdel. Mi determinación no tenía nada que ver con la sobriedad, porque aunque tenía veintitrés años, seguía siendo un joven emocionalmente perturbado. Era solo que no quería volver a Hollywood en plan: «¿Qué ha pasado? He tenido la oportunidad de grabar un disco con George Clinton y la he cagado». Para mis voces había asignado un periodo de dos semanas, y supongo que me di cuenta de que era más complicado cantar cuando tienes coca chorreándote por la garganta.

Una de las razones por las que estaba tan preocupado por mis voces era que durante la preproducción Flea había empezado a tocar al bajo una canción de Sly Stone, *If You Want Me to Stay*. Hillel y Cliff se subieron al carro y decidimos versionar el tema. A mí me resultaba abrumador, porque soy capaz de cantar cualquier cosa que escribo, pero los temas de otro tío siempre me suponen un desafío, y no hablemos ya si ese tío es Sly Stone, uno de los vocalistas más originales en cuestión de fraseo.

George debió de percibir mi inquietud. «Esto lo tienes controlado, no te preocupes. Sé que eres capaz de hacerlo», me animó. Luego me invitó a su casa a pasar el fin de semana y trabajar en la canción. Antes de eso, decidí ir unos días a visitar a mi madre y me llevé la cinta con la canción, para practicarla una y otra vez. En el camino de vuelta de Grand Rapids, paré en casa de George. Comentamos la canción y la practicamos, y dimos unos largos paseos por su finca. No me di ni cuenta, pero en realidad George me estaba aleccionando discretamente. Conversamos sobre todo tipo de cosas bajo el sol, y de manera subconsciente fue reforzando mi confianza y guiándome para que me sintiera cómodo y hubiese magia en el estudio. Creo que se había dado cuenta de que Hillel era un guitarrista con un talento tremendo, Flea sabía exactamente lo que hacía con el bajo y Cliff era un batería de primera, mientras que yo era el típico tío con habilidad lírica pero poco seguro de su voz.

Por la mañana temprano, íbamos a pescar al estanque. Cambiaba por completo de comportamiento cuando pescaba. Ya no era el maestro de ceremonias demagogo del universo del funk, sino más bien un hombre introspectivo, poco convencional, con una experiencia tremenda. Pescar era su meditación. Y no le importaba lo que cogiésemos, se comía lo que fuera: mojarras, peces luna, siluros, cualquier cosa que el lago soltara terminaba en la sartén. Cogíamos los peces, los llevábamos a casa y la mujer de George los cocinaba para desayunar.

Para cuando me marché de su casa, me sentía bien con la canción. George fue mi mentor incluso durante el proceso de grabación. Tenía un micro instalado en su cabina y me mandaba ánimos o cantaba conmigo. Los demás estábamos ahí fuera grabando las pistas básicas y oíamos su genial voz saliendo del pequeño altavoz con transistor. Cuando montamos la cabina de voces y estaba yo solo grabando mis voces, George entraba en el estudio, se ponía los cascos y cantaba y bailaba conmigo mientras yo estaba cantando. Para mí era como un hermano mayor, considerado, de lo más sensible y comprensivo con nuestro pasado peculiar y estrambótico. Quería que nunca se sintiese decepcionado conmigo.

Al acabar, en nuestra mente el disco superaba tanto el resultado del que nos creíamos capaces que empezamos a pensar que íbamos camino de la inmensidad. Algunos ejecutivos de EMI viajaron a Detroit para escuchar parte del material. Les tocamos algunas canciones y, en vez de soltarnos: «Tíos, vais a ser enormes», no dijeron nada. Yo me puse a bailar y a cantar, se me fue la olla, y ellos se quedaron en plan: «Bueno, ya veremos lo que podemos hacer con esto». Claro que estamos hablando de una compañía discográfica que no tenía noción alguna de la sensibilidad necesaria para coger algo distinto y original, reconocer su valía y presentárselo al mundo. Estaban buscando otro grupo como Roxette.

Regresamos a Los Ángeles con sensación de estar realizados y de tener más experiencia, y entonces todo el mundo volvió de lleno a su locura particular. A esas alturas, la madre de Jennifer se había mudado de Cahuenga Boulevard a un complejo de apartamentos en Pasadena. Justo al lado había un edificio abandonado, así que Jennifer y yo nos metimos ahí de okupas. El agua caliente y el agua fría aún funcionaban, tiramos un cable alargador hasta el edificio para poder escuchar música y colocamos una cama y unas velas.

Entonces fue cuando empecé de verdad a engancharme al sexo con heroína. Me di cuenta de que si estabas enamorado de alguien y, para empezar, te sentías sexualmente inspirado, ponerse ciego de heroína multiplicaba la experiencia por diez, porque podías pasarte toda la noche practicando el sexo y no ser capaz de correrte, pero tampoco perder el interés. Recuerdo mantener esas maratones sexuales con Jennifer en aquella cama y pensar: «La vida no puede ir a mejor. Estoy en un grupo, tengo un par de dólares en el bolsillo, tengo una novia preciosa, dulce, buenorra, sexi, loca, un techo y algo de droga».

Esas sensaciones desaparecían, y al día siguiente me largaba de escapada para consumir. Jennifer hacía lo que podía por lidiar con mi locura, porque mientras tanto se estaba ocupando lentamente de la suya propia. Más o menos al regresar de Detroit, intensifiqué mi relación con una tía llamada Kim Jones. Mi amigo Bob Forrest tenía un cuelgue horrible con Kim, pero ella le había dado calabazas (al poco tiempo Bob escribió una canción sobre ella con el estribillo: «Why don't you blow me and the rest of the band?»[18]). Bob seguía obsesionado con ella, y solía llevarme hasta el apartamento de Kim en Echo Park, para llamar a la puerta y ver si estaba por allí.

Bob me relataba las muchas virtudes de Kim: era brillante y preciosa, había estudiado en China, escribía para el *L.A. Weekly*, era de Tennessee, y además era lesbiana, porque había dejado a Bob por un auténtico pibonazo. Resulta que Kim no era lesbiana, aunque el resto de sus virtudes sí eran ciertas. En cuanto la conocí, supe que íbamos a ser grandes amigos. Los dos éramos escorpio, y nunca hubo ninguna tensión sexual entre nosotros.

---

[18] «¿Por qué no me la chupas, a mí y al resto del grupo?».

En cierta manera, Kim era el equivalente femenino de Hillel, porque no había delito que cometieras y ella no te perdonase, ni ningún acto atroz de comportamiento egoísta tras el que no intentase buscar tu lado bueno. Por supuesto, también era un caos absoluto: inteligente pero atolondrada, drogadicta, codependiente, incitadora y cuidadora; mi alma gemela, hermosa y cariñosa. Empecé a tener una relación cada vez más cercana con Kim, porque era una fuente de cariño y confort, de amistad, compañía y semejanza, sin ninguna de las complicaciones que supone una novia. Nunca perdí la atracción sexual que sentía por Jennifer; cuanto más tiempo pasaba con ella, mejor iba el sexo entre nosotros, aunque yo no fuese muy buen novio. Cuando le decía que iba a tardar una hora en volver a casa, a lo mejor aparecía tres días después. Si ahora mismo alguien me hiciera eso, me daría un ataque al corazón, pero cuando eres un chaval, no sabes hacer las cosas mejor.

A Kim no le importaba que estuviese tres días seguidos por ahí, por lo que pasar el rato con ella no tenía ninguna desventaja. Nunca se ponía en plan: «Cabronazo, has mirado a esa tía, no has venido a casa, te has gastado todo el dinero». De hecho, Kim esperaba que me gastase todo el dinero, que mirase a las demás tías y que desapareciese. Una vez, me pasé por su casa y no estaba. En un ataque de desesperación, le cogí el horno tostador y lo cambié por una bolsa de droga. Cuando llegó a casa, ni se inmutó. «Pues vale, pillaremos otro horno».

No tardé mucho en mudarme con Kim, y nuestra misión diaria pasó a ser ponernos ciegos. Ella tenía algunos ingresos: unos cheques por incapacidad porque su padre había muerto, unos cheques del *L.A. Weekly* y unos cheques que le mandaba su madre desde Tennessee. Los cobrábamos y buscábamos a algún francés o a un ruso en una esquina de Hollywood y comprábamos heroína y, si nos quedaba dinero, pillábamos algo de coca. Pronto desarrollamos una adicción los dos. Hillel también estaba consumiendo, y tenía una novia chiflada, Maggie, que era amiga de Kim, así que montábamos pequeñas fiestas narcóticas.

De cuando en cuando, el grupo salía de gira a San Francisco. Todavía éramos jóvenes y no estábamos tan perjudicados como para no tocar bien aunque tuviésemos esas adicciones a las drogas. En septiembre de 1985, dimos dos conciertos con Run-DMC, uno en San Francisco y otro en Los Ángeles. En Los Ángeles actuamos en el Palladium y, aparte de nuestra actuación como teloneros de Oingo Boingo, ese fue nuestro mayor concierto hasta la fecha. Entradas agotadas. Por supuesto, la noche antes me di un atracón de drogas, así que aparecí para el bolo reventado por la coca y la heroína. Los del grupo estaban furiosos conmigo, pero de algún modo logré reunir fuerzas y subir al escenario. Ese concierto fue notable por dos cosas. Más o menos a mitad de la actuación, George Clinton apareció dándolo todo en el escenario y empezamos a montar los dos todo un auténtico baile de salón funky al ritmo de nuestras improvisaciones. George inyectó una buena dosis de color, amor, energía y sentido al espectáculo.

Pero el concierto fue memorable además porque, poco antes de que George subiera, decidí interrumpir la actuación y dar un discurso inconexo y muy sentido de diez minutos sobre los peligros de consumir drogas. No tenía la charla planeada en absoluto, pero mientras me miraba los brazos llenos de moratones algo me sobrevino y empecé a rapear sin más.

«Si nunca te has metido una aguja, no lo hagas jamás. Te hablo por experiencia y te digo: no tienes por qué. Yo estoy ahora ahí, y es un horror, y no quiero que nadie tenga que sentir lo que siento yo. Deja que sufra por ti, porque nadie más necesita pasar por ahí. Y si ya te has metido, bueno, vale, pero si has llegado tan lejos no pienses que volverás a ser tú, olvídalo».

Procedí a explicar, con todo detalle, por qué chutarse drogas era un gran error. Seguí hablando, no podía dejarlo estar. Entretanto, el grupo me lanzaba miradas en plan: «Dios mío, menudo imbécil de mierda». Después del concierto, tenía miedo de ponerme delante de ellos. Pensaba que me iban a odiar por haber tenido los cojones de soltar todo eso y ser un hipócrita desgraciado. Mientras todos me dedicaban sus miradas de odio, mi amigo Pete Weiss, el batería de Thelonious Monster, vino al *backstage*.

«Swan, te he oído hablar mucho en los escenarios, pero esto ha sido lo mejor que has dicho en la puta vida —me dijo efusivo—. Ha sido fascinante, tenías a todo el mundo pendiente de ti. Sabían que eras un cabrón hecho mierda, pero también que el asunto te preocupaba de verdad y que solo estabas intentando compartir algo de cariño. No dejes que este grupo de idiotas se ría de ti, esta noche has hecho lo que tenías que hacer».

Un mes después, cuando llegó el momento de hacer la gira del *Freaky Styley* por Estados Unidos, mi disertación no había provocado ningún cambio en nosotros. Tanto Hillel como yo estábamos colgados, aunque por primera vez me di cuenta de que Hillel no lo llevaba nada bien. Se le veía débil, y mientras que yo era capaz de recuperarme rápidamente de las juergas narcóticas, parecía que Hillel no avivaba ya su fuego israelí como siempre. La cosa quedó patente cuando empezamos con la lucha libre, nuestra distracción usual durante las giras. Hillel y yo formábamos un equipo; yo era su *manager* y él tenía que luchar contra Flea. Pese a la robustez de Flea, Hillel era más grande y tenía unas piernas enormes, como troncos de árboles, parecido a Pan, pero en alto. Tuvimos una preparación de dos semanas para el combate, y cuando una noche lucharon en una habitación de hotel, Flea lo destrozó en lo que se tarda en agarrar a alguien, tirarlo al suelo y sujetarlo sin piedad hasta la muerte: diez segundos. Vi con claridad que Hillel no tenía ningún núcleo de fuerza interior; su adicción le había robado la fuerza vital que te permite al menos defenderte. Fue un momento triste.

Hillel y yo no consumíamos heroína en la carretera, así que bebíamos botellas de Jägermeister, porque era lo que nos causaba una sensación más parecida a la del subidón de heroína. Hillel se burlaba de mí por ser un borracho cutre, porque cuando me ponía ciego me quitaba la ropa en el motel y me paseaba por el pasillo llamando a todas las puertas, mientras que él se emborrachaba y actuaba como un caballero.

Salir de gira en aquel tiempo era un calvario para mí, sobre todo por mi relación volátil con Jennifer. Pese a que vivía principalmente en casa de Kim, Jennifer seguía siendo mi novia y estaba convencida de que Kim y yo follábamos. Un día, vino a casa de Kim y nos vio a los dos dormidos profundamente, desnudos y acurrucados. Sé que puede parecer una escena desafortunada si eres la novia del tipo que hay en la cama, pero solo estábamos disfrutando de un buen ciego. Nada de romance, solo amistad.

Jennifer no lo vio de ese modo precisamente. Kim y yo nos despertamos con los golpes de Jennifer en la ventana de la habitación. Por supuesto, ella no iba a entrar con un buen bate de béisbol a la antigua usanza: hizo su entrada enarbolando un bastón típico de las tierras mayas, con tallas minuciosas y la cabeza de un pájaro pintada. Después de colarse por la ventana, procedió a tratar de matarme con el bastón.

Cuando llegaba el momento de salir de gira, me pasaba días evitando a Jennifer porque sabía que me iba a caer encima algún tipo de hachuela. En una ocasión, llegué temprano al sitio desde el que salíamos, el aparcamiento de EMI en Sunset Boulevard. Estaba en la parte de delante de un coche con Kim, los dos colocadísimos de heroína.

Imagino que, en mi ciego de ensueño semiconsciente, le desabroché de algún modo la blusa a Kim con ganas de verle el pecho blanco como la leche. Quizá incluso le estuviese chupando el pezón o cogiéndole la teta. Y entonces, PAM, PAM, PAM, se oyó el sonido fuerte de alguien que golpeaba la ventanilla. Levanté la vista y era Jennifer.

—Hijo de puta, te has pasado días desaparecido. Sabía que esto estaba pasando —gritó.

—Jennifer, créeme, vale que le haya desabrochado la blusa, pero nunca he practicado el sexo con esta chavala, solo es mi amiga —protesté.

—Me dijiste que ibas a venir a casa hace tres días, y ahora te largas tres semanas. Y, por cierto, que sepas que estoy preñada.

Entretanto, la pelea había pasado a la acera, y Jennifer estaba intentando matarme o al menos arrancarme los ojos.

—Jennifer, mira, por esto es por lo que estoy tres días sin pasar por casa antes de irme, porque no quiero que me pegues y eres una persona demasiado complicada de tratar, y sé que no estás preñada, porque acabas de tener la regla y no hemos hecho nada desde que tuviste la última regla, así que no intentes colarme que estás preñada, joder.

Traté de razonar con ella, pero estaba como un toro, y tampoco es que pueda culparla.

Como no había manera de pararla, y Kim estaba atrapada en el fuego cruzado, me metí en el edificio de EMI. Jennifer me siguió y procedió a tirarme del pelo y a arañarme la cara. Yo seguía ciego, con la cabeza ida, tratando de no perder un globo ocular ni un mechón de pelo, así que empecé a correr por los pasillos. Jennifer me persiguió. Por algún motivo, yo llevaba encima una bolsa de galletas, y empecé a tirárselas para mantenerla lo más lejos posible y que no pudiera acertar con ninguno de sus golpes. Agarró un objeto romo, así que levanté el pie para evitar que me diese con él y a ella se le fue todavía más la olla, si es que eso era posible.

—No intentes darme patadas en la barriga solo porque estoy preñada. Sé que quieres deshacerte de este niño —gritó.

Por suerte, Lindy vino a mi rescate.

—Jennifer, solo vamos a estar fuera un par de semanas. Sé cuánto te quiere este tío. No hace más que hablar de ti.

De algún modo, logramos salir de gira de una pieza.

Pese a esa gira, EMI nunca respaldó el álbum ni consintió darnos dinero para hacer un vídeo, aunque eso no nos detuvo. Lindy tenía una de las primeras cámaras de vídeo caseras que existieron, así que estuvo grabando metraje en las giras, lo cogió y lo montó con un documental de la BBC en el que salíamos en el Club Lingerie de Hollywood cantando *Jungle Man*. Añadió dos vídeos grabados en algún cuarto trasero de EMI, lo editó todo y conseguimos un vídeo por cien dólares. Después, nuestro buen amigo Dick Rude grabó un vídeo para *Catholic School Girls Rule*; en una secuencia, se me veía cantando con una cruz como micro, entre otras blasfemias, así que ese vídeo solo se puso en clubes.

Cuando no estábamos de gira, yo me dedicaba básicamente a permanecer colocado. Era como el Día de la Marmota, todos los días, exactamente lo mismo. Kim y yo nos levantábamos y teníamos que asomarnos a la ventana para ver en qué dirección iba el tráfico de la carretera y determinar así si estaba amaneciendo o anocheciendo. Luego nos agenciábamos algo de dinero, conseguíamos drogas, nos chutábamos y nos íbamos a dar un paseo por el lago Echo Park, cogidos de la mano, abotargados por completo. Si se suponía que tenía que ir a ensayar, probablemente faltase, y cuando aparecía, estaba demasiado ciego como para hacer nada, así que me quedaba cabeceando en un rincón de la sala o inconsciente en el muelle de carga.

Todos los días, Kim y yo nos colocábamos y, justo en mitad de la euforia, prometíamos que al día siguiente nos íbamos a quitar de esa historia. El día siguiente llegaba y empezábamos otra vez todo el proceso. Para entonces, muchos de nuestros amigos estaban enganchados a alguna droga, y era frecuente que solo nos viésemos mientras estábamos en los coches esperando para pillar. Le comprábamos al mismo tipo francés: le dábamos un toque, él nos devolvía la llamada y nos decía: «Nos vemos en el cruce de Beverly con Sweetzer dentro de diez minutos». Salíamos hacia allí y al llegar veíamos en una esquina a Hillel con Maggie en su coche y en la otra a Bob Forrest con su novia. El camello pasaba de coche en coche, y a Kim y a mí siempre nos servía los últimos, porque teníamos todas las papeletas de acudir sin el dinero suficiente o debiéndole pasta; de todos modos, éramos pacientes y estábamos deseosos por pillar lo que pudiéramos. Luego volvíamos y yo me encargaba de dividir la bolsa y cargar las jeringas. Como sabía que tenía mucha más tolerancia a la heroína que Kim, y sin que ella fuese consciente, me quedaba siempre con el 75 por ciento de la bolsa y a Kim le ponía el resto. Irónicamente, esa práctica casi la mata.

Ocurrió en casa de Hillel una noche. Hillel se había mudado a una infame guarida de Hollywood llamada Milagro Castle, junto a Gower Street. Marilyn Monroe había vivido allí un tiempo, pero por entonces el lugar estaba habitado por camellos y punk-roqueros. Una noche, después de pillar algo de China White, Kim, Hillel y yo fuimos a casa de Hillel a meternos la droga. Hillel tenía su papelina y Kim tenía la nuestra y, por algún motivo, Hillel se ofreció a compartir la suya con Kim, para que yo me quedase con una papelina entera. Sentía tal furor por meterme mi parte que no se me ocurrió que Hillel fuese a dividir su papela por la mitad con Kim.

El subidón fue alucinante. Recuerdo que Hillel y yo fuimos a la cocina y compartimos unos cereales Lucky Charms mientras bailábamos y charlábamos, eufóricos en general por lo potentes que eran las drogas. Entonces me di cuenta de que llevábamos un rato sin oír ni pío de Kim y me vino a la cabeza que había consumido mucho más de lo que nunca se había metido.

Corrí al salón y vi a Kim sentada muy recta en la silla, básicamente muerta. Estaba fría y blanca, tenía los labios morados y no respiraba. De repente, recordé todas las técnicas que Blackie me había enseñado cuando tenía trece años para recuperar a alguien de una sobredosis de heroína. La levanté, la arrastré hasta la ducha, abrí el agua fría y empecé a hacerle el boca a boca para resucitarla. Me puse a abofetearle la cara como un loco y a gritarle: «Kim, joder, no te me mueras. No quiero tener que llamar a tu madre y decirle que su hija se ha ido. No quiero desayunar solo mañana».

Kim empezó a recuperar la conciencia a ratos. La estuve zarandeando como a una muñeca de trapo, gritándole: «¡No te duermas!». Hillel había llamado al 911; cuando aparecieron los paramédicos, salté por la ventana y eché a correr, porque tenía órdenes judiciales de arresto pendientes por infracciones de tráfico. Hillel la acompañó al hospital y allí la pusieron de nuevo en marcha. Unas doce horas después, la llamé a la habitación del hospital.

«Ven y sácame de aquí. Estos gilipollas me han jodido el subidón. Tengo el mono. Tenemos que ir a pillar». Sorprendentemente, nunca se me ocurrió que eso pudiera ser indicativo de algún problema.

De cuando en cuando, yo hacía intentos poco entusiastas de desengancharme. Uno de ellos fue a instancias de Flea, que me sugirió que lo mismo me sentaba bien alejarme un tiempo del tema y volver a conectar con lo que estábamos haciendo como compañeros de grupo. Flea vivía en un apartamento muy apañado de Carmen Street y me propuso que me quedara allí, en su futón. Aparecí con un par de botes de jarabe NyQuil y le dije: «Flea, esto no va a ser agradable. No voy a poder dormir y me va a doler mucho. ¿Estás seguro de que me quieres en tu casa?».

Flea estaba dispuesto a ello, así que nos pusimos música y me desenganché. Pasado un tiempo, Flea me planteó que me pillase un apartamento en el mismo edificio, y eso hice. Por supuesto, Jennifer se mudó de inmediato conmigo. Por desgracia, a solo una manzana de allí vivía Dominique, un nuevo camello que les había usurpado el lugar a todos los demás camellos franceses.

Llegó el momento entonces de hacer otra etapa de la gira. La noche antes, Jennifer y yo habíamos tenido una de esas sesiones maratonianas de sexo y heroína. Pasábamos un par de horas follando, luego nos peleábamos durante una hora porque yo me iba al día siguiente, y ella gritaba igual de alto durante el sexo que cuando me abroncaba por irme de gira. Resultaba complicado distinguir cuándo nos estábamos peleando y cuándo follando, así que un vecino que me odiaba llamó a la policía por lo que él pensaba que era un caso de violencia doméstica.

Yo estaba en la casa, rodeado de toneladas de jeringas, cucharillas y heroína, cuando la poli apareció en la puerta.

—Nos han llamado por un caso de violencia doméstica —anunció uno de los polis.

—¿De qué está hablando? ¿Violencia doméstica? Aquí estamos mi novia y yo pasando el rato, ya está.

—¿Podemos pasar y echar un vistazo?

Mientras le respondía que no, Jennifer apareció en la puerta. Obviamente, nadie la había maltratado, pero estaba calentona y seguía gritándome. Un poli trató de asomar la cabeza por la puerta y alumbrar a Jennifer con la linterna. Entretanto, el otro poli había estado comprobando mi ficha y había encontrado las órdenes de arresto pendientes, así que me detuvieron allí mismo y me sacaron a rastras esposado, medio desnudo. Todos los vecinos estaban mirando, convencidos de que me llevaban detenido por golpear a una tía. Jennifer y yo nos gritábamos el uno al otro mientras me llevaban. Fue como un episodio malo de COPS. Por suerte, Lindy pagó la fianza y salimos de gira al día siguiente, pero durante ese periodo de mi vida había que tener previsto que algo así ocurriese antes de una gira.

O después. Al regresar de una etapa de la gira del *Freaky Styley*, me encontré con Bob Forrest, que nos estaba esperando en el aparcamiento de EMI. Bob era el clásico remuevemierdas de la ciudad. Si podía tensar alguna cuerda, o lanzar algún dardo, si podía crear algún drama o conflicto, lo hacía. Y le encantaba porque, Dios lo sabe, se estaba viniendo abajo con todo el equipo y seguro que de esa manera lograba apartar un poco el foco de atención de sí mismo.

Bob sabía lo de mis indiscreciones en la carretera, pero me sorprendió cuando se me acercó y me dijo:

—Bueno, vale, tú estás por ahí haciendo tus locuras, pero ¿nunca te has preocupado por Jennifer?

Era lo último de lo que me habría preocupado. En mi cabeza, Jennifer nunca habría hecho nada para traicionarme, aunque yo la estuviese engañando por todas partes.

Bob esbozó una sonrisa de superioridad y siguió:

—Tengo malas noticias para ti, tío. —El corazón se me iba a salir del pecho—. Amigo, ha llegado la mala hora en la que voy a compartir contigo una información que no te va a entusiasmar. Quizá alguien no te haya sido muy leal mientras estabas fuera.

—Estás loco. —Tartamudeé—. Jennifer se cortaría las venas antes que interesarse por otro tío. Me quiere con cada célula de su cuerpo. Es fisiológica y emocionalmente incapaz de entregarse a otro hombre.

—No, es muy capaz. Y tengo pruebas.

Lo amenacé con abrirle la cabeza contra la acera si no me contaba todo lo que sabía. Por fin hizo saltar la liebre. Mientras yo estaba fuera, de gira, Jennifer se había acostado con Chris Fish, el teclista de Fishbone, uno de nuestros grupos hermanos de Los Ángeles. Pero aquello no me cuadraba. Podría haberme creído que se hubiese acostado con Angelo Moore, que era el cantante guapo y líder del grupo. ¿Qué tía no iba a querer follar con Angelo? Pero ¿Chris Fish? ¿Un tipo con rastas mal hechas y un sentido horrible de la moda?

Me quedé mortificado. Daba igual que yo me hubiese acostado con cien tías en la carretera durante el año anterior. Aquello me mató. La realidad de enterarme de que mi amigo y mi novia hicieron aquello mientras yo estaba fuera me resultó incomprensiblemente desmoralizante, hasta unos niveles extremos. Me sentí paralizado. Probablemente me autoprovoqué un cáncer en ese momento. Pero ¿qué podía hacer?

Por alguna razón, fui a casa de mi padre e ideé un plan. Primero cogí el teléfono y llamé a Chris.

—Chris, ¿te has follado a mi novia?

Hubo una pausa gigante, y luego una voz lenta y aturdida dijo:

—Joder, tío, Bob se ha ido de la lengua.

Respiré profundamente.

—No vas a venir a por mí, ¿verdad? —continuó.

—No, no voy a ir a por ti, pero ya no eres mi amigo, y mantente bien lejos de mí —le advertí.

Fin de la conversación. Él no era mi problema. Mi problema era Jennifer.

La llamé.

—Jennifer, sé lo que ha pasado.

—No ha pasado nada —protestó.

—No, no, sé exactamente lo que ha pasado. He hablado con Chris, y tú y yo hemos terminado.

Empezó a protestar, a decir que Chris mentía, pero me mantuve inflexible.

—Hemos terminado. No vengas a buscarme, te odio a muerte. Adiós para siempre.

Colgué, y no iba en broma. Había llegado la hora de avanzar. Me sobrevino tal sensación de excitación que llamé a Flea, y él, Pete Weiss y yo salimos con el coche. Me puse de pie mientras avanzábamos por las calles de Hollywood, al grito de: «¡Soy un hombre libre! ¡Soy un hombre libre!».

Estuvimos haciendo distintas etapas de la gira hasta la primavera de 1986, y entonces llegó el momento de empezar a pensar en nuestro siguiente álbum. Uno de los productores que teníamos en mente era Keith Levene, que había estado en Public Image Ltd. Conocía a Keith y me parecía un tipo genial, aunque también sabía que era adicto a la heroína, así que nos veíamos al borde de vivir una experiencia complicada. De todos modos, como yo mismo era un auténtico caos, todo eso a mí me sonaba genial: cuanto más complicado fuese el paisaje, menos obvio resultaría que yo era un mierda.

EMI nos había dado un presupuesto de cinco mil dólares para la maqueta, una cantidad que me parecía bastante elevada. No había manera de que una maqueta costase tanto. Cuando lo comenté con Hillel y Keith, me enteré de que habían reservado dos mil dólares para gastarlos en drogas durante la grabación de la cinta. No creo que Flea estuviese de acuerdo, y sé que Cliff no tenía ni idea, solo que estaba atrapado en esa vorágine de locura.

Llegué tarde a la sesión y, cuando detuve el coche junto al estudio, empecé a preguntarme si me habrían dicho en serio lo de apartar dinero para colocarnos. Lo primero que vi al entrar en aquella sala fue una montaña de cocaína y un montoncito de heroína. Hillel estaba ciego de cojones. Me dijeron que los primeros mil quinientos dólares en drogas se habían esfumado ya, así que empecé a pillar de allí a cucharadas, con las manos, a montones y al mogollón, y me coloqué tanto que terminé por no estar en posición de formar parte del proceso creativo.

El pobre Cliff se quedó apartado en un rincón del estudio, jugueteando con lo que entonces era un dispositivo novísimo, una caja de ritmos. Tocando los *pads* podías crear un sonido de batería preprogramado, y grabar ruidos propios para tocar la batería a partir del sonido que quisieras. El favorito de Cliff era el llanto de un bebé. Se trataba de un dispositivo de baja tecnología, pero Cliff lo estaba toqueteando con la misma obsesión que nosotros le dedicábamos a las drogas, riéndose de un modo extraño y nervioso. Me miró y me dijo: «Podría pasarme diez años tocando con esta cosa. Es como si tuviera dentro un grupo entero». Recuerdo haber pensado: «Eso es lo que quiere hacer. Está harto de este circo y al mirar esa máquina ve su futuro».

Era obvio que el corazón de Cliff ya no estaba en el grupo. No lo dejó, pero sentimos que no quería continuar, así que Flea le hizo una visita y le dio la mala noticia. No se lo tomó nada bien y conservó un sentimiento amargo durante un par de años. En cualquier caso, Jack Irons, nuestro batería original, decidió regresar entonces al grupo, hecho que me pareció aún más acojonante que cuando volvió Hillel. Debió de pasar algo con What Is This que alteró la lealtad de Jack, porque no era del tipo de personas que abandona un proyecto por una oportunidad profesional mejor. Es igual: nos echaba de menos y nos tenía cariño y quería tocar con nosotros. Así que volvió y empezamos a componer música otra vez como el cuarteto original.

A continuación, alguien más volvió a mi vida. Había pasado como un mes desde que había roto con Jennifer. Todavía me estaba chutando un montón de heroína y cocaína; no había aprendido nada, ni tampoco estaba creciendo como persona. No me estaba fijando objetivos ni trabajando en los defectos de mi personalidad. Simplemente era un drogadicto hecho mierda.

Una noche, sobre las tres de la madrugada, alguien llamó a mi puerta de Carmen Street. Era Jennifer. Estaba trabajando de *go-go* en un club y, obviamente, había venido directa del trabajo, porque iba vestida con mil colores diferentes, con plumas, botas y cadenas, y un maquillaje estrafalario que le habría llevado varias horas ponerse.

—Por favor, déjame entrar. Te echo de menos. Te echo de menos —suplicó.

—Imposible. Lárgate. No me metas en problemas, no empieces a gritar. No necesito que venga la poli a mi casa.

Cerré la puerta y me volví a la cama. Cuando me desperté, vi a Jennifer acurrucada sobre el felpudo, a la puerta de mi casa, dormida profundamente. La cosa siguió igual durante unas semanas más: aparecía todas las noches y llamaba a la puerta o se acurrucaba y se quedaba a dormir delante de mi casa. Incluso empecé a salir por la ventana de la cocina y a bajar por un limonero enorme que estaba justo fuera (y que me venía de perlas cuando pillaba heroína persa, que tenía una base de aceite y había que cocinarla en zumo de limón).

Una noche sucumbí. No logro recordar si cedí al amor de Jennifer, si estaba tan en la ruina que necesitaba veinte dólares o si vino ofreciéndome drogas o si fue por cualquier otra circunstancia triste, enfermiza y estrambótica, pero la dejé entrar y lo retomamos donde lo habíamos dejado: ciegos como piojos los dos, de vuelta a esa mezcla de relación totalmente disfuncional pero apasionada; tan apasionada que quedaría documentada en un vídeo que se convirtió en un clásico de culto en el mundillo de los clubes *underground* de Los Ángeles.

Ocurrió una noche en el Roxy. Alguna gente había organizado una gala benéfica para Sea Shepherd, la versión radical de Greenpeace, y nos pidieron a los Chili Peppers tocar. La temática de la noche era que todos los grupos hiciéramos una versión de una canción de Jimi Hendrix. Había un plantel importante que incluía a Mike Watt, nuestro amigo Tree y Fishbone, así que estábamos flipados por actuar.

Cuando aparecí en el concierto, Fishbone estaba a punto de salir. Previamente había tenido una discusión porque Jennifer pretendía hacer de corista con Fishbone, pero le puse punto final al tema: «No vas a salir al escenario con ese tipo». Fishbone subió al escenario y yo me acerqué hasta la galería de arriba. Miré hacia abajo, y ahí estaba Jennifer con ellos. Muy mal. Ahora iba a tener que hacerle pagar haberme faltado el respeto así delante de mis amigos. Al mismo tiempo, seguí concentrado en lo mío, porque lo que me importaba de verdad era cantar bien *Foxy Lady*. Justo antes de la hora que teníamos programada para actuar, se acercó al *backstage* una *hippie* joven. Tenía el pelo castaño y era guapísima, con unas tetas enormes que le sobresalían del top y no podían evitar estar en la cara de todo el mundo.

Se me encendió una bombilla. Me acerqué a ella y le susurré al oído: «Vamos a cantar *Foxy Lady*, y cuando lleguemos al final de la canción, cuando estemos reventando el escenario, quiero que salgas y bailes desnuda conmigo». A ese juego podíamos jugar dos. La diosa *hippie* aceptó. Salimos y lo petamos con *Foxy Lady*. Fue como si el grupo levitase. La batería funcionaba perfecta. Flea estaba enchufado. Hillel orbitaba. Y yo estaba dando todo lo que tenía.

Casi me olvidé de que había prevista una invitada sorpresa. Llegamos al final de la canción y aquella jovencita *hippie* sinuosa subió al escenario. No estaba desnuda del todo, pero iba sin camiseta y esas tetas enormes se movían arriba y abajo por todo el escenario. Se me acercó y empezó a hacer su meneo *hippie* a mi lado. Norwood, el bajista de Fishbone, se nos unió y formamos un sándwich con esa tía semidesnuda.

De repente, apareció una figura volando hacia el escenario como disparada desde un cañón. Era Jennifer. Agarró a Norwood, que es un tío grande, y lo tiró a un lado como a un muñeco de trapo. Luego cogió a la chavala y la lanzó, literalmente, del escenario. Entretanto, el grupo siguió tocando. Me di cuenta de que estaba a punto de recibir en mis carnes un dolor considerable. Para entonces, había acabado en el suelo tumbado de espaldas, cantando el *outro*. Y ahí estaba Jennifer, viniendo hacia mí con puños y pies, dándome golpes y acertando de lleno, y buscándome la entrepierna con las botas. Mientras intentaba bloquear los puñetazos, no perdí una nota en ningún momento. Jennifer me estuvo pateando el culo hasta que terminé la canción y de algún modo logré escapar y salir corriendo en mitad de la noche.

Entre mi novia disfuncional, mi amiga platónica disfuncional y mi yo disfuncional, mi vida siguió en una espiral de decadencia. Habíamos elegido ya a un productor para nuestro tercer álbum: Michael Beinhorn. Era un tipo muy inteligente de Nueva York, interesado por toda la música que nos interesaba a nosotros y que había producido un éxito de Herbie Hancock llamado *Rockit*. De todos modos, yo estaba sumido en mi Año de la Marmota, despertándome todas las mañanas en la misma realidad gris de ir a pillar para sentirme bien. Me metí en otra juerga heroinómana con Kim y dejé de ser productivo. Me estaba marchitando, mentalmente, espiritualmente, físicamente, creativamente: todo se desvanecía. A veces, meterse heroína generaba una sensación buena, soñadora, eufórica, despreocupada, casi romántica. En realidad, me estaba muriendo y no era capaz de verlo desde lo más profundo de mi propio bosque.

Las pocas veces que aparecía en los ensayos, no ponía nada sobre la mesa. No sentía el mismo ímpetu ni deseo de aportar ideas ni letras. Las tenía todas dentro, pero el proceso había quedado frustrado, adormecido. Habíamos compuesto algo de música para el tercer álbum, quizá cuatro o cinco canciones, pero necesitábamos mucho más. El grupo entero estaba sufriendo por el enganche a las drogas que teníamos Hillel y yo, pero yo era de lejos el candidato más obvio sobre el que cargar la responsabilidad, porque me dormía en los ensayos, literalmente.

Un día, llegué a ensayar y Jack, Hillel y Flea, que probablemente eran los tres tíos que más me querían en el mundo, me dijeron: «Anthony, te vamos a echar del grupo. Queremos tocar música y tú obviamente, no, así que tienes que irte. Vamos a buscar a otro cantante y a seguir, así que estás fuera».

En un breve momento de claridad, vi que tenían todo el derecho del mundo a echarme. Era un paso obvio, como cortarse un pie gangrenado para que el resto del cuerpo no muera. Yo solo quería que me recordasen y me reconociesen por esos dos o tres años que había estado en los Red Hot Chili Peppers como miembro fundador, como un tío que había iniciado algo, un tío que había hecho dos discos; cualquier cosa que viniera después, les pertenecía a ellos. Una parte de mí actuó con sinceridad al dejar ir al grupo. Pero lo que me llevó a aceptarlo con tanta facilidad fue darme cuenta de que a partir de entonces tendría cero responsabilidades y podría largarme con Kim a colocarme.

Para su gran sorpresa, me encogí de hombros y les respondí: «Tíos, tenéis razón. Os pido perdón por no haber contribuido como debía durante todo este tiempo. Es una pena, enorme, pero lo entiendo completamente, y os deseo la mejor de las suertes».

Y me marché.

Una vez que no tenía nada ante lo que rendir cuentas, fui de peor en peor. Kim y yo nos lanzamos a por todas. Cada vez estábamos más desesperados, y les debíamos tanto dinero a los camellos de todo Hollywood que empezamos a ir andando desde casa de Kim, que no estaba lejos del centro de Los Ángeles, hasta conocidos barrios de drogas, sobre todo en el cruce de Sixth Street con Union Drive. Bajamos allí y nos pusimos a presentarnos a los diferentes personajes de la calle. Conocí nada más llegar a un estafador muy talentoso. Era el típico granuja callejero, un blanco chungo y drogadicto fuera de control que se movía con destreza por el mundo latino de las drogas del centro. Se convirtió en nuestro enlace con el resto de contactos. Seguía viviendo con sus padres en una casita de madera. El chaval estaba lleno de marcas de pinchazos y abscesos, enfermo de la cabeza a los pies, pero era el maestro de las esquinas del centro. Kim y yo éramos compradores de bajo presupuesto, ruines y porculeros, y él siempre nos trataba bien. Confiábamos en ese tío. Comprábamos papelas de cocaína y de heroína y caminábamos un par de manzanas hasta los barrios residenciales para chutarnos allí mismo en la calle. Seguíamos teniendo aires de invencibilidad e invisibilidad, así que pensábamos que nadie podía tocarnos.

Más o menos una semana después de haber terminado en el grupo, tuve un momento decisivo de tristeza. Estaba hablando con Bob Forrest y me contó que a mi antiguo grupo lo habían nominado para grupo del año de Los Ángeles en los primeros premios anuales de la música del *L.A. Weekly*. En nuestro ambiente, eso era similar a que te nominasen para un Oscar, así que fue bastante emocionante. Bob me preguntó si iba a ir a la ceremonia. Le dije que no tenía contacto con los demás, así que no me imaginaba apareciendo por allí.

Sin embargo, la gala de los premios resultó ser en el Variety Arts Theatre, una sala antigua y clásica en pleno centro de la ciudad. De casualidad, aquella noche me encontraba por el barrio, trapicheando para sacar más droga de la que nadie quería darme a cambio del dinero que tenía. Me había quedado con solo diez dólares, cosa que no me hacía sentir nada bien, porque en una noche como esa lo que quieres es estar colocado, y en vez de eso yo apenas iba ciego. Recuerdo que mientras me metía un revuelto con los camellos de una banda me di cuenta de que la gala del *L.A. Weekly* tenía que haber empezado ya.

Llegué tambaleándome al vestíbulo del teatro, algo abotargado. El interior parecía estar inusualmente oscuro y apenas había nadie por allí, porque la gala había comenzado. Las puertas que daban a los pasillos del teatro estaban abiertas, así que me apoyé en una de ellas y me puse a buscar entre el público a mis antiguos compañeros de grupo. Como era normal, estaban en las primeras filas. No llevaba más de un minuto allí cuando me topé con un conocido que me dijo: «Tío, no deberías estar aquí. Esto te va a resultar muy triste».

Justo entonces anunciaron el ganador a grupo del año de Los Ángeles: «Los Red Hot Chili Peppers». «¡Hemos ganado! ¡Hemos ganado el puto premio!», aclamé para mí. Miré a mis antiguos compañeros: todos iban con una sonrisa enorme y un caminar vigoroso mientras subían al escenario con sus trajes y sombreros tan sofisticados. Cada uno recibió su premio y cada uno hizo un discursito en plan: «Gracias, *L.A. Weekly*. Gracias, Los Ángeles. Somos de puta madre. Nos vemos el año que viene». Ninguno de ellos mencionó a nuestro hermano Anthony que ha hecho esto con nosotros y se merecía una parte de este premio. Era como si yo nunca hubiese estado ahí esos últimos tres años. Ni un comentario de mierda sobre el tipo al que le habían dado la patada dos semanas antes. Ni un «descanse en paz», ni un «que Dios lo tenga en su gloria», ni un nada.

Fue un momento poéticamente trágico, extraño y surrealista para mí. Entendía que me largaran, pero no podía comprender por qué cojones no habían tenido corazón para pegarme un grito desde el podio. Estaba demasiado adormecido para sentir pena por mí mismo; solo trataba desesperadamente de no pensar en cómo lo había jodido todo y de eludir cualquier responsabilidad o juicio. Así que me dije: «Bah, que les den por culo», e intenté que alguien del vestíbulo me prestase cinco dólares para salir de allí y seguir colocándome.

Aunque el dinero para drogas era un problema real para nosotros, un día Kim cogió un buen cheque y salimos, pillamos una tonelada de caballo y regresamos a su casa para metérnosla. Me dio tal subidón y me sentía tan bien que le dije a Kim: «Voy a dejar esta mierda». A veces, cuando te pones ciego, crees que te vas a sentir así de bien para el resto de tu vida, y de verdad te convences de que puedes salir de la droga; no logras concebir que esa euforia vaya a desaparecer alguna vez.

«Voy a llamar a mi madre para volver a Michigan y meterme en un programa de metadona», le dije a Kim. Por lo que yo sabía, esa era la cura para la adicción.

Estábamos babeando y demasiado ciegos para el nivel de cualquiera, pero Kim pensó que era una idea genial, así que cogí el teléfono y marqué el número de mi madre. «No te vas a creer lo que voy a decirte, pero tengo un problema de heroína algo grave y me gustaría volver a Michigan para seguir un programa de metadona, lo que pasa es que no tengo un céntimo».

Estoy seguro de que mi madre se quedó en *shock*, pero de inmediato intentó organizarse y ser racional. Debió de notar que mi vida pendía de un hilo y que si se ponía como una loca y empezaba con la moralina, yo nunca iba a ir a casa. Por supuesto, si hubiese podido ver cómo vivíamos, la hubiesen tenido que internar en un psiquiátrico.

Mi madre lo dispuso todo y al día siguiente me llegaron los billetes de avión, pero ni Kim ni yo podíamos parar de colocarnos. Cuando llegó el día del vuelo y el momento de ir al aeropuerto, como habíamos estado toda la noche poniéndonos ciegos, fuimos incapaces de reunir las fuerzas necesarias. Llamé a mi madre y me inventé una mentira estúpida para justificar que no podría irme ese día, pero que cambiaría el billete para el día siguiente. Seguí con eso una y otra vez, siempre con el mismo «voy mañana, voy mañana», mientras Kim y yo estábamos en su casa poniéndonos hasta arriba.

Por fin, me hice a la idea de irme, aunque antes tenía que pegarme una última juerga, sentirme bien de verdad y colocarme justo antes del vuelo para poder estar ciego todo el camino a casa. La mañana del último vuelo terminó llegando, así que fuimos al centro a comprar un puñado de globos de jaco y algo de coca.

Kim conducía un viejo Falcon que había cogido prestado y yo me iba bajando del coche en busca de buenos trapicheos, llenándome los bolsillos de la gabardina con heroína, cocaína, cucharillas, algodón, jeringas, lo que fuera. Estaba en una de las calles del centro cuando vi a alguien que podía serme útil al otro lado. Crucé en mitad de la manzana y, antes de darme cuenta, un poli vociferó:

—Eh, chaval, el de la gabardina. ¿Por qué no te acercas un momento?

Por el rabillo del ojo, vi a Kim detrás del volante del Falcon. Se desplomó y empezó a lamentarse.

Yo pesaba cincuenta y cuatro kilos, con suerte, y tenía el pelo apelmazado como un casco enorme, parecido a una oreja de elefante. Llevaba esa gabardina que me colgaba del cuerpo y la piel la tenía de un extraño color amarillo verdoso. Además, iba con unas zapatillas de loneta por el tobillo, negras y rojas, llenas de dibujos que les había hecho con el rotulador. En la parte de arriba de una de ellas había dibujado una estrella de David bastante chula del tamaño de una moneda de dólar. Ah, y llevaba unas gafas de sol puestas.

Estaba reventadísimo.

A esas alturas, el poli ya tenía refuerzos.

—Te hemos visto cruzar mal la calle, y pareces un pelín sospechoso —dijo el primer poli—. ¿Por qué no avanzas más y nos enseñas tu identificación?

—Bueno, no tengo identificación, pero me llamo Anthony Kiedis, y en realidad llego tarde al aeropuerto a coger un avión para ir a ver a mi madre… —Tartamudeé.

Mientras se desarrollaba el interrogatorio, el otro poli se puso a registrarme sistemáticamente centímetro a centímetro, empezando por las zapatillas y los calcetines.

Entretanto, yo le fui diciendo mi fecha y lugar de nacimiento y mi dirección al primer poli, que lo apuntaba todo para distraerme mientras su compañero me cacheaba. El compañero estaba subiendo por los pantalones, mirando en los bolsillos, sacando todo trozo de papel y basura que llevaba encima. Incluso buscó en el bolsillito pequeño del pantalón, y yo me ponía cada vez más nervioso porque se acercaba a los bolsillos laterales, donde estaban guardadas las malas noticias.

—¿Tiene el abrigo algún bolsillo interior? —preguntó el segundo poli.

Empecé a perder tiempo y les enseñé el billete de avión y todo lo demás que llevaba en los bolsillos interiores.

Cuando el poli terminó con todos los demás bolsillos y estaba a punto de ponerse con los que iban cargados, su compañero me miró las zapatillas y dijo:

—¿Eres judío? ¿Por qué llevas la estrella de David en la zapatilla?

Levanté la mirada y le vi la identificación. Ponía COHEN.

—No, pero mi mejor amigo en el mundo es judío, y tenemos un rollo especial entre nosotros con la estrella de David.

Cohen miró a su compañero, que estaba a punto de encontrar mi alijo, y le interpeló:

—Kowalski, deja que se vaya.

—¿Cómo? —respondió Kowalski.

—Déjame hablar con él un momento —siguió Cohen. Me apartó a un lado y me susurró—: Mira, no deberías estar por aquí. Sea lo que sea lo que estás haciendo, no te está yendo bien, así que ¿por qué no te subes a ese avión y sales de aquí? No quiero volver a verte por este barrio.

Asentí y, en cuanto cambió el semáforo, corrí al otro lado de la calle. Esa fue la mañana que emprendí el camino al aeropuerto. Para cuando el vuelo llegó a Michigan, yo seguía endrogado. Vi a mi madre en la zona de llegadas y me acerqué a ella, pero no detuvo los ojos en mí porque parecía recién salido de una tumba.

«Hola, mamá —le dije dócil. La mirada de *shock* y horror, de miedo, tristeza e incredulidad que tenía en la cara me resultó insoportable—. Vamos a la clínica».

Llegamos al edificio y le preguntamos a un trabajador dónde estaba la clínica de metadona. Nos dijo que el estado de Michigan había suspendido el uso de metadona seis meses antes de mi llegada. Era una mala noticia, muy mala para mí, porque en condiciones normales me habría apañado otra cosa en otro sitio, pero no me quedaban ánimos. No tenía ni un céntimo en el bolsillo y apenas podía caminar.

El asesor me propuso ingresarme en un centro de tratamiento a largo plazo, pero eso suponía un compromiso de un año. Habría preferido dejarme morir en el bordillo de la carretera que pasar un año ingresado.

«La única alternativa es el Ejército de Salvación —nos dijo el tipo—. Pero allí no usan tratamientos de desintoxicación con fármacos».

Fuimos hasta una zona sórdida de Grand Rapids y me registré en el Ejército de Salvación. «Gracias, le devolveremos a su hijo dentro de veinte días», dijeron, y mi madre se marchó. Me sentía perdido. Me llevaron a una sala grande y me dieron un catre. Miré a mi alrededor y vi a chavales blancos, chavales negros, chavales hispanos, chavales alcohólicos, chavales adictos al caballo, chavales adictos al *crack* y a unos cuantos tipos mayores. Yo encajaba ahí a la perfección.

Me enfrentaba entonces a la abstinencia. Sabía lo que quedaba por venir, porque ya había pasado por ahí. Sabía que iba a estar malísimo, que todos y cada uno de los huesos del cuerpo me iban a doler. Cuando te estás desenganchando, te duelen las pestañas, te duelen las cejas, te duelen los codos, te duelen las rodillas, te duelen los tobillos, te duele el cuello, te duele la cabeza, te duele la espalda, te duele todo. Partes de tu cuerpo que ni siquiera sabes que pueden experimentar dolor, lo experimentan. Tienes mal sabor en la boca. Durante una semana, la nariz te gotea de manera incontrolable. No vomité demasiado, pero la peor agonía era no conseguir dormir. No pude ni guiñar durante esos veinte días. Me pasaba la noche despierto, paseando por los pasillos, yendo al salón a sentarme y viendo la televisión de madrugada. Durante los primeros días no pude comer, pero recobré el apetito y mis huesos empezaron a recuperar algo de carne.

Pasados unos días, un miembro del personal se me acercó y me dijo: «Mientras estés aquí, tienes que asistir a una reunión todos los días». Fuera hacía frío y estaba nevando, y me sentía bastante abatido, así que acepté mi destino y fui con todos aquellos otros chavales hasta esa salita. No me encontraba en muy buen estado de asimilación, porque físicamente sentía dolores y emocionalmente agonizaba, pero me senté en la reunión y vi los doce pasos en la pared. Traté de leerlos, pero no lograba aguzar la vista. Traté de escuchar a aquellas personas, pero no lograba aguzar el oído.

Me había pasado la vida burlándome de todo lo relacionado con la sobriedad o la recuperación. Cuando veía pegatinas de CADA DÍA ES UN LOGRO, reaccionaba en plan: «Menuda mierda». Era un estafador, un timador y un defraudador, un demonio, un mentiroso, un falso y un ladrón, todo en uno, así que naturalmente, empecé a buscarle el truco al asunto. ¿Hacían aquello por dinero? ¿Por un rollo de Dios? ¿Un rollo religioso? ¿Qué mierda estaba pasando allí?

Sin embargo, estando en aquella reunión sentí algo en la sala que cobró sentido para mí: en aquel sitio no había nada más que un puñado de tíos como yo, ayudándose unos a otros a salir de las drogas y a encontrar un nuevo camino en la vida. Me moría de ganas por descubrir la trampa, pero no la había. Pensé: «Dios mío, esta gente viene del mismo pasado que yo, pero ya no se colocan, y no parecen desesperados, y están bromeando sobre movidas cuya sola mención es motivo de cárcel para mucha gente». Una chavala se puso en pie y empezó a contar que no era capaz de dejar de fumar *crack* pese a tener un niño pequeño. Se había visto obligada a dejarle el niño a su madre. Y yo pensaba: «Sí, yo haría lo mismo. Dejaría al niño con la madre y desaparecería. Hice eso mismo con mi grupo».

Aquello no era ningún culto, ni un timo, ni una moda, ni un truco, ni una excusa para sacar dinero: allí no había más que drogadictos ayudando a otros drogadictos. Algunos estaban limpios y otros en proceso de estarlo gracias a que hablaban con quienes ya habían pasado por eso, y eran sinceros en todo momento, sin miedo a decir lo jodidos que se sentían. Me vino la iluminación: si hacía lo mismo, podría limpiarme.

Permanecí allí los veinte días, sin dormir, pero acudiendo a diario a las reuniones, escuchando, leyendo los libros y recolectando para mí algunos de los principios básicos.

A los veinte días, volví a casa de mi madre en Lowell. Mis sensaciones entonces no tenían nada que ver, ni de coña, con mi estado cuando llegué. Tenía veinticuatro años y era la primera vez que estaba completamente limpio desde los once. Fui capaz de dormir toda la noche, y al día siguiente mi madre y yo lo celebramos. Mi padrastro Steve me apoyó en todo momento, igual que mis hermanas. Me encontraba bastante bien, curiosamente, en vista del daño que había creado a mi alrededor. En las reuniones se respira mucho optimismo; la gente se ve liberada de prisiones autoimpuestas, así que todo tiene aspecto de fresco y nuevo.

Por la casa había unas pesas viejas de Steve que arreglé para hacer algo de ejercicio. Daba largos paseos y jugaba con el perro. Había pasado muchísimo tiempo sin sentirme normal; ya no iba persiguiendo nada, ni me ponía a llamar a nadie ni a buscar a gente en mitad de la noche para sacarle una papelina de algo. Sorprendentemente, en mi cabeza no había ni rastro de nada de eso.

Durante mi estancia en el Ejército de Salvación, me di cuenta de que si no quería seguir haciendo lo que había estado haciendo, tenía que dejar ir a Jennifer. Quería estar sobrio, de verdad, y no pretendía culparla de mi problema, pero sabía que si estaba con ella, mis probabilidades de seguir limpio desaparecerían.

Continué yendo a reuniones mientras seguía en casa de mi madre, y aprendí que el alcoholismo y la adicción a las drogas son una enfermedad en toda regla. Cuando reconoces que hay un nombre y una descripción para esa afección que pensabas que era simple locura, identificas el problema y puedes hacer algo al respecto.

Descubrir lo que te ocurre y por qué has estado intentando narcotizarte hasta el culo desde que eras lo bastante mayor como para encontrar narcóticos supone un alivio psicológico real. Al principio, confundía un poco los conceptos y quería cortar camino y hacer las cosas a mi manera, coger algunos atajos, sin cumplir con todo el trabajo que se me pedía, pero me gustaba cómo me sentía y me identificaba con todo aquello enormemente. Sentí además oleadas de compasión hacia el resto de pobres diablos que estaban destrozándose la vida. Observaba a la gente durante las reuniones y veía a jóvenes preciosas convertidas en esqueletos por ser incapaces de dejar de consumir, y veía a personas que querían a sus familias, pero no podían parar. Eso fue lo que me atrajo. Tomé la determinación de que quería formar parte de algo que les diese a esas personas una oportunidad de ponerse bien, de recuperar sus vidas.

Tras pasar un mes en Michigan, decidí darle un toque a Flea, para ver qué tal. Intercambiamos saludos y luego le hablé de la abstinencia y de las reuniones, y le conté que ya no me drogaba.

—¿Qué dices? ¿No te estás drogando? ¿No te estás metiendo nada? ¿Ni siquiera maría?

—Nada de nada. Ni siquiera me apetece. Se llama sobriedad y me encanta.

—Qué puta locura... Me alegro mucho por ti.

Le pregunté cómo iban las cosas con el grupo y me contó que habían contratado a un cantante nuevo que tenía un puñado de tatuajes, pero le noté en la voz que no estaban contentos con él. En realidad, no me importaba. No iba a intentar volver al grupo, de ninguna manera ni forma.

Flea debió de percibir algo en mi voz en esa primera llamada, algo que llevaba sin escuchar desde que estábamos en el instituto. Me resulta sorprendente, porque no fue propio de mí que no encauzase mi regreso al grupo nada más sentirme bien, pero, con toda sinceridad, en ese momento no me importaba si ocurría o no. Tenía esa sensación de «si pasa bien y si no, también», algo que no va nada conmigo, porque soy un obseso del control y quiero lo que quiero y lo quiero ya. No obstante, en aquel momento me sentía liberado de esa conducta egoísta obsesivo-compulsiva.

Unos días después, Flea me llamó.

—¿Crees que te apetecería volver y quizá tocar un par de canciones, para ver cómo te sienta estar de nuevo en el grupo? Esa fue la primera vez que me lo planteé siquiera como posibilidad.

—Vaya, hum. Sí, sí que me apetece. En realidad, es lo que único que quiero hacer.

—Vale, pues vuelve y nos ponemos a la tarea.

Me subí en el avión de vuelta a casa, montado en una ola totalmente nueva de entusiasmo ante mi nueva vida. Decidí escribir una canción sobre la experiencia de ese mes centrado en asistir a reuniones, limpiarme y ganarle la batalla a la adicción. Ahora leo de nuevo la canción y me parece ingenua, pero ese era exactamente el punto en el que me encontraba entonces. Saqué un cuaderno, miré las nubes a través de la ventanilla y empecé a canalizar ese río de palabras que venía en cascada hacia mí.

If you're sick-a-sick 'n' tired of being sick and tired
If you're sick of all the bullshit and you're sick of all the lies
It's better late than never to set-a-set it straight
You know the lie is dead so give yourself a break
Get it through your head, get if off your chest
Get it out your arm because it's time to start fresh
You want to stop dying, the life you could be livin'
I'm here to tell a story but I'm also here to listen

No I'm not your preacher and I'm not your physician
I'm just trying to reach you, I'm a rebel with a mission
Fight like a brave—don't be a slave
No one can tell you you've got to be afraid[19]
(de *Fight Like a Brave*)

---

[19] «Si estás harto y cansado de estar harto y cansado / Si estás harto de mierdas y estás harto de mentiras, harto / Mejor tarde que nunca para enmendar el camino / Sabes que la mentira está muerta, así que date un respiro / Métetelo en la cabeza, sácatelo del pecho / Sácatelo del brazo porque es hora de empezar de nuevo / Quieres dejar de morir, de matar la vida que podrías vivir / Aquí estoy para contarte algo, pero también te quiero oír a ti // No, no soy tu predicador ni soy tu doctor / Solo intento llegar a ti porque soy un rebelde y tengo una misión / Lucha como un valiente, un esclavo no seas / Que nadie te insista: miedo no sientas», de *Lucha como un valiente*.

A los dos meses de regresar a Los Ángeles, ya me estaba chutando heroína y cocaína otra vez. Mi sobriedad no aguantó mucho tiempo, pero entonces ya era consciente de que había una salida a la locura para cuando quisiera recurrir a ella y estuviese dispuesto a hacer todo el trabajo que conllevaba. Me habían dado las herramientas, solo que no quería usarlas aún.

08

El grupo antibeatbox orgánico

Reunir al grupo de nuevo no fue la única cosa de la que hablé con Flea cuando me llamó a Michigan. Mientras estuve fuera, Flea había participado en una película de ciencia ficción titulada *Los extraños visitantes* y había conocido a Ione Skye, una actriz joven y guapa que, según él, era mi tipo. Planeamos que me la presentase cuando volviese a casa.

Al regresar a Los Ángeles, me fui a vivir con Lindy, que se portó genial al permitirme ocupar el dormitorio que le sobraba en su apartamento de dos habitaciones de Studio City. Por supuesto, eso supuso que Lindy tuvo que eludir todas las llamadas de Jennifer. No me apetecía hablar con ella, sobre todo una vez que hube conocido a Ione. Desde el momento en el que puse los ojos en Ione, supe que esa diosa iba a ser mi novia. Ocurrió unos días antes de su decimosexto cumpleaños, y parecía salida de un cuento de hadas. Mientras que Jennifer era una superestrella del punk rock hecha escultura, cuidadísima, moderna y de creación propia, Ione era más bien una ninfa del bosque al natural, suave y conmovedora. Tenía el pelo largo y moreno con rizos sueltos, unas tetas grandes, bonitas e insinuantes, y sobremordida. Siempre he sentido debilidad por la sobremordida.

Ione pertenecía a una familia de Hollywood que llevaba un estilo de vida alternativo. Al padre, el cantante de folk Donovan, se le veía poco. La madre, Enid, era una *hippie* preciosa de pelo rubio con tirabuzones. Ione tenía un hermano llamado como su padre. Vivían todos en una casa genial y antigua de estilo *craftsman* en North Wilton Place, bañada en una atmósfera familiar cálida, rústica y encantadora. Ione se vestía como una niña *hippie* y tenía un sexto sentido etéreo, un don adicional. Era además increíblemente curiosa en todos los aspectos sexuales, una energía que no verbalizaba, pero a esa edad me venía muy bien. Con toda probabilidad, era la niña más guapa, inteligente, sexi, cariñosa y enriquecedora de todo Hollywood, y nuestra atracción era mutua, gracias a Dios. Unos pocos días después de conocernos, me presentó en su fiesta de cumpleaños como su novio. Fue alucinante lo rápido que me enamoré por completo y perdidamente de ella.

A esas alturas, estaba listo para volver al trabajo. Me senté con nuestro productor, Michael Beinhorn, y repasamos el estado de las canciones. Se suponía que debíamos entrar en el estudio diez días después para grabar las pistas básicas, así que tenía previsto componer durante el proceso de grabación. No se trataba de una cantidad apabullante de trabajo; por entonces, solo hacían falta doce canciones para un disco. Trabajamos en *Fight Like a Brave*, y Beinhorn le puso un estribillo en plan cántico de fútbol. *Me and My Friends*, un tema que había escrito de camino a casa desde San Francisco junto a mi viejo amigo Joe Walters, funcionaba bien. *Funky Crime* era básicamente una descripción lírica de una conversación que habíamos tenido con George Clinton, en la que George aseguraba que la música en sí era daltónica, pero los medios de comunicación y las emisoras de radio la segregaban según la percepción que tenían de los artistas. *Backwoods* trataba sobre las raíces del rock and roll, y *Skinny Sweaty Man* era mi oda a Hillel. Escribí otro tema, *No Chump Love Sucker*, también en honor de Hillel. Una novia lo acababa de dejar tirado y hundido para irse con un tío con más dinero y más drogas, así que compuse una canción-venganza contra ese tipo de mujeres malvadas y materialistas.

Behind the Sun supuso la expansión definitiva para nosotros. Hillel hacía un *riff* poco usual, melódico, y Beinhorn vio que ese tema podía ser un éxito. Trabajó mucho conmigo en la melodía, a sabiendas de que no era mi fuerte sumergirme en una canción bonita. Supongo que mi reputación en esa época recaía en temas como *Party on Your Pussy*, que EMI se negó a meter en el disco hasta que le cambiamos el título por *Special Secret Song Inside*.[20]

---

[20] La suavización no fue baladí: de *Una fiesta en tu conejo* a *Canción secreta especial en el interior*.

Pero no era completamente cierto pensar que todas nuestras canciones fuesen obscenas. *Love Trilogy* se convirtió en uno de nuestros temas favoritos de siempre. La música empezaba con un rollo reggae, luego pasaba a un funk más duro y terminaba en un metal rápido. Durante años, siempre que alguien cuestionaba nuestras letras, Flea decía: «Lee *Love Trilogy* y te enterarás de qué van las letras de verdad». Y la canción iba de amar aquellas cosas que no son necesariamente perfectas o no siempre susceptibles de ser amadas.

> *My love is death to apartheid rule*
> *My love is deepest death, the ocean blues*
> *My love is the Zulu groove*
> *My love is coop-a-loop move*
> *My love is lightning's blues*
> *My love is the pussy juice*
> *My love can't be refused*[21]
>
> (de *Love Trilogy*)

Después de cincuenta días sobrio, pensé: «Qué número tan bonito... Creo que debería conmemorarlo», y decidí que era un buen momento para drogarme. Mi plan era pasarme un día o dos poniéndome ciego y luego volver al trabajo. Lo que descubrí entonces fue que, una vez empezada la cosa, no podía parar, y eso convirtió el principio del proceso de grabación en un auténtico caos. Las canciones eran increíbles, Hillel estaba a tope, a todos nos encantaba grabar en el sótano de los estudios Capitol —otro monumento increíblemente histórico de la grabación en Hollywood—, Beinhorn se partía los cuernos trabajando, y a mí se me ocurrió colocarme y no podía parar. Al final, decidí meterme un puñado de heroína, dormir algo y enfrentarme a otra de mis cagadas.

---

[21] «Mi amor es muerte al odio racial / Mi amor es la muerte más profunda, el azul del mar / Mi amor es el ritmo zulú / Mi amor es un *alley oop* / Mi amor es del rayo el azul / Mi amor es el jugo vaginal / Mi amor no se puede rechazar», de *Trilogía de amor*.

Fui al centro y me encontré con un salvadoreño que logró engancharme, y volví a entrar en la neblina opiácea. De todos modos, no podía pensar más que en el hecho de que, supuestamente, debía estar en el estudio. Empecé a oír los ritmos de la guitarra de Jackie Irons en mi cabeza, de una canción en la que estábamos trabajando titulada *The Organic Anti-Beat Box Band*. Me senté en un parque del centro, rodeado por una extraña mezcla de habituales de los parques, y escribí la letra. Sentía un dolor intenso, y culpa y vergüenza por no estar allí para el comienzo del disco, pero pensé que si aparecía con algo bueno que ofrecer, los ánimos se rebajarían. Y así fue. Me largué a dormir a casa de Lindy, luego me levanté, me disculpé y trabajé con todos los demás el resto de la sesión.

Parte del motivo de mi recaída fue que no tenía ningún sistema de apoyo. No conocía a nadie que estuviese sobrio. Me había atrevido a ir a un par de reuniones solo, pero a lo largo de mi vida me había forjado el esquema mental de «puedo ocuparme de lo que me pase yo solito, y no necesito que ningún paleto como vosotros me guíe, porque en este momento de mi vida no quiero lo que vosotros tenéis». Volví a una abstinencia autoimpuesta, que equivale a lo que se llama ser un «borracho seco». Eres como una desgracia que sabes que va a terminar pasando. No te estás metiendo en el cuerpo nada que te vuelva majara, pero tampoco te estás enfrentando a toda esa mierda que ha estado contigo toda la vida y te ha hecho querer colocarte en primera instancia.

Nos lo pasamos genial haciendo el disco. Fue inspirador ver a Jack Irons de vuelta en el equipo. Añadía un elemento importantísimo y muy distinto a nuestra química. Hillel, Flea y yo éramos unos maníacos bastante obsesionados con nosotros mismos. Jack representaba al único compañero sano; resultó ser un puñetero desastre, pero de otro modo. Era un elemento fenomenal, de lo más trabajador, alegre y comprensivo.

Cuando llegó el momento de grabar las voces, usé a Hillel como compañero de grupo y productor vocal. Cada vez que hacía unas voces, los dos sentíamos que estaba llegando a un nuevo punto y que eran las mejores expresiones vocales que había grabado nunca en una cinta. Hillel estaba eufórico, corriendo entre grabación y grabación, en plan: «Te lo estoy diciendo, esto es lo más bonito que hemos hecho nunca. Estoy impaciente por que salga este disco».

Por supuesto, el último día, cuando la última nota estaba tocada y grabada y nuestro trabajo había concluido, Hillel y yo buscamos a un camello francés y nos pusimos ciegos con algo de China White, regodeándonos en nuestros logros. Con eso se abrieron las compuertas. Estando todavía en casa de Lindy, orquesté un escenario de lo más cruento para chutarme revueltos. No tenía mucho dinero, ni tampoco coche, así que me levantaba en mitad de la noche, cogía unas cucharillas de la cocina y vaciaba el bote de dinero suelto de Lindy. Luego sacaba una caña de pescar del armario, abría una rendija en la puerta de su habitación y pescaba las llaves del coche de la cómoda; me resultaba lamentable ser tan anormal como para hacerle eso al pobre cabrón que estaba intentando ayudarme.

Una vez que ves una solución a la enfermedad que te está destrozando, recaer no es divertido. Sabes que existe una alternativa a tu modo de vida y que estás yendo en contra de algo que el universo te ha dado gratis: las llaves del reino. La adicción a las drogas es una enfermedad progresiva, así que cada vez que caes en ella, la cosa se pone más fea que antes; no es como volver a los primeros días de consumo, cuando pagabas un precio bajo. Ya no resulta divertido, pero sigue siendo desesperadamente excitante. Una vez que te metes la primera droga o priva en el cuerpo, no tienes que preocuparte por la novia, ni el trabajo, ni la familia ni las facturas. Todos esos aspectos mundanos de la vida desaparecen y encuentras una ocupación: seguir echando más leña al fuego para que el tren no se pare, porque si se para, vas a tener que sentir todas las otras mierdas.

La caza es siempre emocionante. Hay polis y tíos malos y monstruos y putas. Te empiezas a sumergir en un gran videojuego traicionero, pero a su vez la idea de que estás haciendo algo chulo es engañosa, porque el precio va a ser siempre superior a la recompensa. De inmediato, abandonas tu amor, tu luz y tu belleza, y te conviertes en un oscuro agujero negro en el universo que se dedica a chupar mala energía, en vez de ir por ahí despertando sonrisas o ayudando a alguien o enseñándole a la gente cosas útiles para su vida. No estás creando una onda de amor: estás creando un vacío de mierda. Mi intención es describir mis sensaciones por las dos caras, pero es importante saber que, al final, toda la glorificación romántica del vicio de las drogas termina en un agujero de mierda, y punto. Ha de parecer seductor, porque por eso Dios o el universo, la inteligencia creativa o como se quiera llamarlo, ha puesto esa energía ahí. Se trata de una herramienta de aprendizaje, y puedes o bien matarte con ella o bien convertirte en una persona libre con ella. No creo que la adicción a las drogas sea inherentemente inútil, pero sí un duro escollo que vencer.

En mi mente crédula, pensaba que si cogía un pico de caballo de vez en cuando no iba a caer en esos atracones insanos de revueltos y mi vida no entraría en una espiral descontrolada. Me mudé a casa de Ione y, un par de veces a la semana, salía a comprar cuarenta dólares de China White, me la fumaba, me pasaba toda la noche ciego, y luego me iba a dormir y me sentía de puta madre. Al mes o así de estar viviendo con ella, Ione me convenció de que no debía irme de la casa para drogarme, así que llegamos al compromiso de que compraría el caballo, lo llevaría a casa y fumaría en la cama a su lado. Solíamos pasar noches enteras en las que yo fumaba caballo y luego nos acurrucábamos en la cama y nos leíamos el uno al otro libros como *Entrevista con el vampiro* o *El guardián entre el centeno* hasta que salía el sol.

Pese a las fumadas ocasionales de heroína, mantuve relativamente la compostura mientras estuve en casa de Ione. Pasamos muchos días gloriosos juntos. Me despertaba junto a ella en la cama y pensaba: «Dios mío, es un ángel, estoy tan enamorado de ella...». Luego nos quedábamos tumbados en la cama y cantábamos canciones del disco *Kaya* de Bob Marley todas las mañanas, muy abrazados. Paseábamos en su pequeño Toyota, almorzábamos, fumábamos hierba juntos y hacíamos el amor por toda la ciudad. Yo aún iba cargado con la energía propia de estar con un pie en la tumba, pero trataba de ser respetuoso con ese nuevo espacio de mi vida. Uno de esos días, acabábamos de fumarnos algo de maría y yo estaba dándoles las gracias a las estrellas por cómo era mi vida entonces, cuando sonó en la radio la canción *I Believe*

(*When I Fall in Love It Will Be Forever*) de Stevie Wonder. Detuvimos el coche, subimos el volumen y nos pusimos a llorar profusamente porque estábamos enamoradísimos y esa canción describía nuestros sentimientos.

Una semana después, empecé a desaparecer en el laberinto del centro: el infierno de las drogas del gueto. Le cogía prestado el coche a Ione en mitad de la noche y, aunque siempre salía con la intención de devolverlo de inmediato, a veces me pasaba días fuera. Ahí inicié mi sociedad con Mario, un camello de la mafia mexicana. Conocía a Mario de mis escapadas por el centro con Kim Jones. Mario siempre me hacía buenas ofertas y me cobraba lo menos posible por la mayor cantidad de drogas. Podría haberme quedado en Hollywood, que estaba lleno de putas que te llevaban la heroína a casa, pero no quería meter en mi vida a un montón de camellos, y me había autoconvencido de que si iba al centro sería cosa de una sola vez, de que en realidad no estaba volviendo a esa vida desolada.

Cuando no nos chutábamos en el apartamento infestado de drogas de Mario, íbamos a una zona de seguridad situada bajo un puente de la carretera que conocía Mario, un escondite extraño por el que la policía no patrullaba nunca. Me explicó que allí no estaba permitido el acceso de nadie que no perteneciese a una banda mexicana, así que tuvimos que mentirles y contarles que yo era el prometido de la hermana de Mario para que me dejasen entrar. Nos acercamos a los tipos enormes que custodiaban la entrada, les dijimos que Mario era mi futuro cuñado y nos dejaron pasar. Refugiado bajo ese paso elevado en mitad de la ciudad, pasé innumerables días tirado en un puñado de colchones sucios, chutándome con un puñado de asesinos.

Casi lo único que podía apartarme de ese círculo vicioso de consumo era salir de gira. Cuando llegó el momento de empezar la gira del *Uplift*, vino a recogerme una puta limusina para llevarme al aeropuerto. Supuse que si íbamos a salir en limusina, algo debía de estar funcionando, y así era. En esa gira, dimos algunos de los mejores conciertos de nuestra vida, sobre todo porque Hillel y yo no estábamos obsesionados con colocarnos. Bebimos mucho y nos metimos coca siempre que pudimos, fumamos mucha maría y quizá cayese algún cargamento de caballo. En cualquier caso, atravesamos el país de una punta a la otra cargando de energía unos escenarios pequeños ante cientos de personas, gente guapa y deseosa. Venían chavales recién salidos de sus madrigueras para bailar hasta reventar con aquel grupo de Hollywood tan distinto. Nosotros no formábamos parte del movimiento punk rock, ni del movimiento postpunk, éramos un animal diferente. Yo no tenía ni idea de cómo esos chavales nos conocían siquiera, pero eran el mejor público que uno podía pedir, con todo ese corazón, todo ese espíritu, todo ese entusiasmo: simplemente aparecían y daban todo lo que tenían.

Hicimos un montón de locuras para matar el tiempo mientras estuvimos de gira. Cuando fuimos a Texas, decidí afeitarme el vello púbico entero. Lo recogí, lo metí en una bolsa con cierre hermético y se lo di a nuestro *roadie*, Nickie Beat, para usarlo como el *merchandising* de esa noche. Nickie fue hasta el tenderete, colgó la bolsa con una chincheta en la pared, junto a las camisetas, y empezó a vocear: «Vello púbico de Anthony, solo veinticinco dólares». Al final de la noche nos informó de que no había podido sacarle dinero, pero sí las bragas de tres tías distintas, bajo la promesa de que llevaran a sus familias enteras al siguiente concierto.

En esa gira, nos inventamos un pasatiempo nuevo para cuando salíamos de conciertos: el «lengua puerca». En el pasado, muchos de nuestros juegos y desafíos giraban en torno a la comida. En la gira del *Freaky Styley* teníamos una cosa llamada el Club del Vómito en Áreas de Descanso. Normalmente comíamos cosas horribles, grasientas y desagradables, y sabíamos que no eran buenas para nosotros, así que íbamos a un área de descanso y vomitábamos recurriendo a todos los medios necesarios, ya fuese metiéndonos los dedos hasta la garganta o pensando en algo asqueroso. En cualquier caso, tu hombría se definía por tu habilidad para provocarte el vómito. Flea siempre tuvo el gatillo fácil en esas actividades: le bastaba con mirar un huevo y se ponía a llenarlo todo de vómito.

Hillel se inventó después algo llamado los Grizzlers. Todos los días, cuando llegábamos a un bar cutre, y para animar el ambiente de nuestra experiencia allí, convertíamos el pedido en una rima. Así, si estábamos por ejemplo en Utah, mientras teníamos a la camarera encima esperando que pidiésemos, decíamos algo como: «Chinos no conozco, pero bueno, he trabajado con negros, así que ponme revueltos los huevos, y unas tortitas para luego». Y terminábamos con un: «Porque somos los Grizzlers». Hacíamos la ronda por la mesa y todo el mundo disponía de uno o dos minutos para componer una estrofa Grizzler.

El lengua puerca evolucionó a partir de unos retos que Flea y yo nos poníamos entre nosotros en el instituto. Recuerdo que, cuando teníamos unos quince años, íbamos una vez juntos en un autobús urbano y yo estaba un poco cogido, así que al toser me eché una pasta espantosa de flema coagulada en la mano. Nos quedamos mirando aquellas mucosidades de mierda cuando reté a Flea: «Si tienes cojones de verdad, te vas a comer esto ahora de mi mano, porque eres el único cabronazo lo bastante zumbado como para hacerlo». ¡Y lo hizo! No éramos conscientes, pero ahí había nacido el lengua puerca.

El perfeccionamiento más reciente que le habíamos aplicado al reto consistía en coger y formar un círculo irregular con unos cuantos *roadies* y algunas de las tías que viajaban con nosotros o habían venido de visita. Si íbamos a tirarnos una pelota de fútbol, nos alineábamos separados por diez metros. Si se trataba de algún trozo de metal extraño que hubiésemos encontrado en la carretera, nos juntábamos más. El objetivo del juego era coger el objeto lanzado en cuestión sin dejarlo caer. El grupo tenía que decidir si era posible coger o no un lanzamiento. Si era que no, el lanzador perdía, pero si alguien dejaba caer un lanzamiento que sí podía cogerse, entonces esa persona perdía. El perdedor, como el propio nombre del juego indicaba, tenía que ponerse bocabajo apoyado de pies y manos y pegar la lengua a algo de porquería, levantarse y enseñárselo al resto de jugadores.

Conforme el juego avanzaba, cuanta más porquería cogías, mayor era tu honor. Los perdedores empezaban a comerse bichos de las rejillas de los coches o a chupar la circunferencia entera de un cubo de basura, cualquier cosa que pudiera entretener a los colegas con una muestra audaz de bravuconería absurda. Era tremendo, porque podíamos jugar con un disco de *hockey* o con una pelota de fútbol, y todo consistía en poner nerviosos a tus oponentes y hacer un lanzamiento inesperado con efecto. Era una forma genial de pasar el tiempo con los amigos y desestresarse. El lengua puerca se mantuvo mucho tiempo presente en nuestro campamento.

Fue durante la gira del *Uplift* cuando percibí los primeros indicios de que nos estábamos haciendo un pelín famosos. Las tías aparecían en el *backstage* y se nos ofrecían. De repente, perdí el interés. Incluso bajo la influencia de las drogas, nadie podía convencerme de que me acostase con esas tías, porque se me acercaban en plan: «Eres Anthony Kiedis. Quiero follar contigo. Vamos». Y yo reaccionaba con un: «Hum. No. Me voy a otro sitio, y creo que tus amigos te están esperando». Me pasaba como a Groucho cuando decía que nunca pertenecería a un club que lo aceptase como socio. Ese era yo. Quería lo que no podía tener. Prefería enfrentarme a un reto o incluso a un fracaso que conseguir algo que me diesen tan libremente. La mayoría de las veces.

Cuanto más tiempo pasamos en esa gira, más aumentaba nuestra popularidad. En el sur nos habían contratado para actuar en auditorios en vez de en clubes. Para cuando llegamos a Denver, Lindy estaba eufórico, porque tuvimos que trasladar el concierto a un auditorio enorme por la demanda de entradas. Esa noche, después de la actuación, Hillel y yo estábamos sentados en el *backstage*, felicitándonos por nuestro éxito recién descubierto, cuando una tía entró arrolladora.

—Anthony, tengo que enseñarte algo —me gritó—. Estoy enamoradísima de ti. ¡Mira lo que he hecho!

Se bajó los pantalones y ahí estaba mi nombre tatuado justo encima del monte de Venus. Había un tío unos pasos por detrás de ella.

—Ese es mi novio, pero a él no le importa. Soy toda tuya si me quieres.

—Sí, de puta madre, tío. Píllatela, ella te quiere —intervino el tipo.

No le acepté la oferta, pero Hillel y yo nos miramos y nos dimos cuenta de que quizá todas esas giras de los últimos tres discos habían servido para algo, por fin. Seguíamos sin conseguir cobertura en la radio, pero definitivamente estábamos infiltrándonos en la psique de la juventud estadounidense.

Por lo general, las giras no eran una empresa lucrativa para nosotros. Después del *Freaky Styley*, cogimos tres mil dólares cada uno. Sin embargo, al acabar la gira del *Uplift*, Lindy nos anunció que, descontando los gastos y contando con las ventas de camisetas, íbamos a pillar veintidós mil.

—¿Entre todos? —pregunté.

—No, son veintidós mil para cada uno —respondió Lindy.

Eso suponía un salto cuantitativo en nuestras finanzas, así que mi primer asunto en el orden del día pasó a ser conseguirnos a mi novia angelical y a mí un buen lugar donde vivir. Sin embargo, cada vez que iba a ver un sitio, me daban un formulario larguísimo para rellenarlo. Pensaba que para conseguir casa bastaría con soltar algo de pasta, pero todos los caseros me pedían una lista de mis últimas cinco residencias, además de los últimos cinco puestos de trabajo. Perfecto: el último sitio en el que viví fue en casa de la madre de mi novia, antes en el sofá de mi *manager*, antes okupa en Pasadena, antes era un sin techo, antes en casa de la madre de otra novia, antes en la cama de la hermana de Flea y antes de eso en una casa que no tenía puerta. Mis referencias no parecían demasiado buenas. Me pedían números de cuentas bancarias y tarjetas de crédito, pero yo ni siquiera tenía por entonces un talonario de cheques. Solo disponía de veintidós mil dólares en efectivo.

Al final, fui a ver una casa de dos habitaciones en Orange Drive: un tríplex de los años treinta, muy *art déco*, con suelos de madera y un baño antiguo alicatado. Era el paraíso. Y valía mil dólares al mes. Después de inspeccionar el lugar, el casero ruso me dio un formulario, pero se lo devolví directamente.

—No puedo rellenar esto. Conmigo esto no vale.

—Entonces no puedes quedarte la casa. —Se encogió de hombros—. Sal de aquí.

Saqué una caja de zapatos con cinco mil dólares en efectivo.

—Este es el alquiler de los primeros cinco meses. Si no te gusto después de cinco meses, me echas a patadas y punto —le ofrecí.

Miró los cinco mil dólares.

—La casa es tuya.

Así pues, tenía la casa de nuestros sueños y aún me quedaba un montón de dinero. Decidí celebrar mi nueva adquisición con el yin y el yang del consumo de drogas: una buena pila de heroína y cocaína. Una vez más, empecé a meterme revueltos como un maníaco. La casa no estaba amueblada y yo ni siquiera sabía cómo poner la luz a mi nombre, así que salí y compré cinco sandías y docenas de velas. Corté las sandías a lo largo por la mitad, las dispuse por todo el suelo de la casa y metí las velas en el corazón de las sandías. La casa entera se convirtió en un mar de mitades de sandía y luces de velas. Inauguré el baño chutándome una tonelada de coca y caballo.

Recogí a Ione y la traje a la casa de nuestros sueños. Parecía algo escéptica, sobre todo porque yo tenía en los dos brazos unas manchas terribles de sangre y los ojos se me salían de las cuencas.

—Estoy contigo, estamos juntos en esto, todo va a ir bien, pero mi madre no lo acepta. De hecho, viene hacia aquí ahora mismo.

—Cariño, no te preocupes por nada. Yo hablaré con tu madre. Es mi fuerte. Siempre me dicen que debería haber sido abogado. Mira cómo trabajo.

Enid aparcó delante de la casa y salí a la calle, con la camiseta cubierta de sangre, ojos de loco y el pelo apelmazado. Se bajó del coche y se plantó bajo la farola con los brazos cruzados, fuera de sí.

—Enid, todo va a ir bien. —La tranquilicé—. Quiero a tu hija con todo mi corazón. Moriría por tu hija. Ione es mi niña y voy a cuidarla tan bien como lo has hecho tú.

Miró la sangre y luego a mí.

—Pero tienes un problema. No estás bien.

—Enid, confía en mí. Es una fase pasajera.

Enid fijó la mirada más allá de mí, en la casa, y se puso a observar las sandías y las velas, convencida probablemente de que aquello era alguna especie de sacrificio ritual satánico de una virgen. Pero de algún modo, en mitad de aquella debacle depravada, fui capaz de alcanzar un estado de claridad y convencer a Enid de que las cosas iban a ir bien. La mandé a casa y me quedé con su hija, y empezamos nuestra vida juntos en ese hogar.

Las sospechas del grupo de que estábamos moviéndonos hacia otro nivel de popularidad se confirmaron cuando KROQ nos pidió que diésemos un concierto diurno promocional en el Palomino, en el Valle de San Fernando, un local clásico de vaqueros de la vieja escuela, de cervezas y peleas, donde gente como Linda Ronstadt y los Eagles habían tocado en su camino hacia la fama. El día del concierto fuimos en coche hasta allí y, a menos de un kilómetro del sitio, nos quedamos atrapados en un atasco de tráfico enorme. Parecía el día del Desfile del Torneo de las Rosas. El tráfico estaba parado y había polis a caballo, y nosotros estábamos indignados porque teníamos que llegar al concierto. Entonces, nos dimos cuenta de que todo el tráfico era de gente que iba al Palomino a nuestro concierto, a vernos a nosotros. Entre el poder de KROQ y los celebrados hijos pródigos del momento que regresaban de su gira, habíamos detenido el tráfico.

Por aquella época debí de andar en una buena farra de heroína, porque en imágenes mías de ese concierto aparezco alarmantemente delgado. Mario había entrado de nuevo en mi vida, y yo había vuelto a coger prestado el coche de Ione para hacer mis escapadas. Un día, en mitad de una de esas salidas, nos estábamos quedando sin dinero, así que Mario sugirió que nos adentrásemos más en la jungla del centro, donde las drogas eran más fuertes y menos caras. Nos apretujamos en el Toyota de Ione y fuimos hasta la zona de chabolas, donde el 90 por ciento de la gente de la calle eran como extras de *La noche de los muertos vivientes*. Aunque estábamos a plena luz del día, Mario y yo parecíamos una extraña pareja paseando por esas calles. Había cogido toda mi droga, las jeringas y las cucharillas y las había escondido en la visera del asiento del conductor, en el coche. Mario iba en el asiento del copiloto, examinando las calles como un ordenador en busca del tío correcto. Yo conducía con cuidado, pero de repente, vi un coche de policía por el espejo retrovisor. Avisé a Mario y me dijo que girase a la izquierda, así que puse el intermitente como debía, me coloqué en el carril correcto e hice el giro. La policía continuó siguiéndonos.

—Hazte a un lado junto a ese callejón —dijo Mario.

En cuanto me acerqué al bordillo, Mario abrió la puerta y salió echando leches del coche. En esas, los policías se bajaron de su coche en dirección a donde yo estaba.

—¿Quién es tu amigo? —preguntó el primer poli.

Traté de mantener la calma.

—Ah, ese es Flaco. Un tío que conozco, ya está.

—Bueno, ¿y sabes que tu amigo Flaco es un convicto huido y está en la lista de los más buscados? —dijo el otro poli.

De repente, me vi arrestado por acompañar a un criminal huido. Por suerte, no registraron el vehículo, pero sí me metieron en la parte de atrás del coche patrulla y empezamos a sondear el barrio en busca de «Flaco». Como era de esperar, se metieron por un callejón y allí estaba. Mario me miró como si lo hubiese delatado, pero cuando entró en el coche conmigo, le dejé claro que no le había dicho nada a nadie. Nos llevaron a la cárcel y nos separaron. Me interrogaron, pero no les conté nada, así que me devolvieron a la celda acristalada en la que me habían metido, que tenía el tamaño de un sofá grande y estaba repleta con más presos. Mientras me lamentaba de mi mala suerte, recibí una visita del FBI.

—¿El FBI? Ni siquiera conozco a ese tipo. Solo lo estaba llevando a un sitio en el coche y…

—No hables tanto —me interrumpió el federal—. Estamos aquí para sacarte fotos de los dientes.

Aparentemente, yo encajaba en la descripción de Ponytail Bandit, un chaval blanco que había asaltado con éxito docenas de sucursales del banco Southern California. Al final, un dentista forense llegó y me metió los putos dedos en la boca, se volvió al agente y le dijo: «Este no es».

Me trasladaron a Glass House, la cárcel del condado de Los Ángeles en el centro. Era un antro. Para entonces, el efecto de las drogas se me estaba pasando y, como llevaba días sin dormir, empecé a sentirme descarnado, vacío y nervioso. Al llegar, me dijeron que tenía que pasar por el viejo ritual de desnudarme e inclinarme, para separarme las nalgas, levantarme la huevera, retirarme el prepucio y mirarme todo el cuerpo, porque no sabían cuánto tiempo iba a estar allí y no querían que metiese nada culero. El único problema era que acababan de aprobar una nueva ley según la cual, si tenías marcas de pinchazos en el cuerpo, debías cumplir una sentencia obligatoria de noventa días. Y yo tenía alguna que otra marca. Así que de camino al cacheo con desnudo integral, empecé a hablar con el poli que iba a cachearme. Comencé a empatizar con él, a decirle que entendía lo duro que era ser poli, y me habló de su familia, y durante un minuto nos relacionamos como dos seres humanos. Me preguntó qué era lo que hacía rondando por el centro, y le respondí que estaba intentando volver a entrar en la universidad y recomponer mi vida, mintiéndole como un bellaco, tratando de hacerme amigo de él. En cuanto me quité la camiseta, se quedó pasmado.

«¡Madre del amor hermoso, mira qué brazos! Sabes que eso es una sentencia obligatoria de noventa días», me dijo. Me puse entonces a soltarle un montón de chorradas, que me habían despedido del trabajo y no podía volver a la universidad y que tenía que ayudar a mi madre, que estaba discapacitada.

—Ponte la camiseta y mantente los brazos tapados todo el tiempo que estés aquí.

Tras pasar las siguientes horas desgarradoras en una enorme habitación común con otros cincuenta reclusos, un guarda vino a la celda y me dijo que podía marcharme. En el pasillo me estaba esperando Lindy.

—Hijo de puta, te he llamado a las nueve de la mañana. ¡Son las nueve de la noche! ¿Por qué has tardado tanto en sacarme de aquí?

—Bueno, Swanster, los demás me han dado unos consejos, y todos parecían coincidir en que quizá era buena idea que te quedases aquí relajándote un rato, averiguando lo que estabas haciendo con tu vida. No ha sido idea mía, en serio. Yo pensaba que, de haber estado ahí dentro, habría querido salir, pero me dijeron: «Lo mismo sirve de algo que lo dejemos un rato metido allí».

—Mira, cabronazo, será mejor que me des cuarenta pavos, porque los hermanos no se hacen esto, dejarme ahí dentro así.

—¿Cómo? ¿Cuarenta pavos? Swanster, no sé si debería hacerlo.

—Es lo menos que podrías hacer. Si no me das cuarenta, me va a entrar el mono —le advertí.

Me dio el dinero y me llevó a un sitio donde pude pillar.

Mientras que mi consumo de drogas seguía siendo bastante obvio como para mandarme a Glass House, Hillel luchaba contra sus propios demonios en privado. Con anterioridad, habíamos estado juntos, o había habido tías de por medio, pero siempre en un ambiente de fiesta total; sin embargo, para entonces la cosa era más solitaria y aislada, envuelta en una sensación oscura. Hillel se iba desviando hacia un consumo más constante y necesario de heroína y cocaína, mientras que yo me decantaba más por atracones periódicos. En mi caso, perdía los estribos durante una semana, y la gente no dejaba de murmurar, rumorear, cotillear y hablar a mis espaldas, asegurando que iba a ser la primera persona que conociesen en morir por las drogas. De vez en cuando, incluso Hillel se me acercaba y me decía: «Tío, no te mates. Mírate, estás al borde de la muerte». Ione, me insistía: «Por favor, no te mueras. No puedo soportarlo».

Ese invierno nos embarcamos en nuestra primera gira europea de verdad. Londres fue nuestra primera parada. Al llegar la noche del concierto, Hillel estaba demasiado mal como para salir de su habitación. Flea y yo fuimos a verlo, y nos dio una pena terrible comprobar cómo estaba perdiendo la batalla contra esa oscuridad. No tenía la típica mirada en los ojos que decía: «Sí, estoy perdiendo, pero voy a luchar para salir de aquí». En vez de eso, se lamentaba: «No puedo hacerlo, me estoy muriendo».

Lo convencimos de que viniese al club, ocupamos el escenario e hicimos nuestro comienzo chispeante marca de la casa, pero Hillel no era partícipe de lo que estaba ocurriendo. Tratamos de tocar otra canción, y Hillel se paró y me murmuró: «No soy capaz», y se marchó del escenario. Miré a Flea y a Jack y les dije: «Haced algo», y entonces salí corriendo al *backstage*, donde vi a Hillel tirado, llorando con el rostro entre las manos.

—Hillel, puedes hacerlo. Coge la guitarra y vuelve ahí, joder.

—No, no puedo. Cancélalo. Se ha acabado.

Corrí de vuelta al escenario y nos pusimos a tocar un repertorio entero de música muy rítmica con bajo, batería y voces. Empezamos a soltar las típicas bromas, charlas y comentarios ingeniosos, y nadie se largó ni nos abucheó, la gente simplemente volvió a bailar y a saltar por todas partes, pero obviamente fue el concierto más raro que hemos dado jamás, porque no hubo guitarra. Un par de días después de eso, Hillel estaba ya bien, y volví a bromear con él diciendo que debíamos vigilar a los personajes sospechosos que pudieran liarnos para una cita con la dama blanca.

Estando en algún lugar de Europa, apareció un coche lleno de bichos raros holandeses. Venían a documentar la gira. Tuvieron oportunidad de grabar tras las bambalinas una gran cantidad de tumulto del bueno, sobre todo cuando Jack entró en una fase de su vida totalmente maníaca. Siempre había sido un extremista cuando se trataba del amor, quizá porque había llegado bastante tarde a ese terreno. Una vez que se aferraba a una tía, ella lo significaba todo para él. Había mantenido una unión así de estrecha con una mujer y, mientras estábamos en Europa, ella lo dejó por un tío al que conocíamos. Jack recibió la terrible noticia en Berlín. Después del concierto, pillé un puñado de coca, fui a un club y terminé liándome en una cabina del baño con una alemana preciosa que no hablaba ni una palabra de inglés. Al rato, Flea y Lindy se habían marchado, y yo estaba solo con aquella tía, con la cabeza ida del pedo que llevaba. Estaba dispuesto a hacerlo allí mismo en el baño, pero la alemana me quería llevar a su casa, y yo quería pillar algo de coca, así que nos topamos con un camello que me adelantó un puñado de drogas.

A la mañana siguiente, todo el mundo se estaba montando en el autobús para ir al local del siguiente concierto cuando aparecí en una limusina Mercedes grande y negra, acompañado del traficante, un tipo grande y corpulento. Me agarró, me cogió como a un bebé mayor y me llevó hasta Lindy, y le dijo que tenía mi pasaporte y que no lo iba a devolver hasta que Lindy pagase la mercancía que me había metido la noche antes. A nadie le hizo mucha gracia que Lindy tuviera que gastar dinero del grupo en sacarme de aquello.

Durante todo ese jaleo, el pobre Jack estaba allí en mitad del césped que había alrededor del hotel, dándose cabezazos literalmente contra un árbol, una y otra vez.

—¿Qué le pasa a Jack? —le pregunté a Flea.

—Su novia lo ha dejado y no sabe qué hacer.

Estábamos aún en un nivel en el que conectábamos íntimamente con el público. La gente venía al *backstage* a conocernos después de los conciertos, y pasábamos el rato con ellos e incluso nos íbamos a su casa y mirábamos sus colecciones de discos. Nos querían y nos apreciaban, y estaban dispuestos a darnos hasta el hígado, aunque nosotros seguíamos siendo como uno más. La cosa cambia mucho cuando llegas en el autocar de la gira, entras por la puerta trasera de un edificio gigante, vas al *backstage*, subes al escenario, te bajas y te vuelves al autobús. No hay conexión con la calle ni con la cultura local. Nosotros solíamos invitar a todo el público a que viniese al hotel. Era una de nuestras bromas típicas. Yo decía: «Hay una fiesta en la habitación 206 del Finkelstein Hotel, en Rotterwheel Avenue», la habitación de Flea, por ejemplo. Y entonces él cogía el micro y seguía: «No, no, la fiesta es en la 409. 409», que era la mía.

Pese al colapso de Hillel y a que el pobre Jack entró en una larga y ardua fase de su vida, aquella gira tuvo muchos muchos momentos felices y mágicos. Siempre ocurre que al final de las giras te conviertes en un recipiente orgánico. Se crea una piña y todo fluye y pasas a ser un solo corazón palpitando al unísono. En cualquier caso, aquella vez volamos después a Nueva York y dimos un concierto enorme en la Universidad de Nueva York. Hice un trato con Hillel para no colocarnos antes del concierto, porque Nueva York era la ciudad de las drogas, pero lo perdí de vista antes de la actuación y cuando fui al *backstage* Hillel estaba puesto de jaco. Flea y yo nos cabreamos.

«Tío, esto no. Si quieres hacerlo, hazlo después. —Tratamos de llevarlo a nuestro terreno—. Primero tocamos y luego nos vamos de fiesta. Pero así no puedes hacer las cosas». Y no podía. Hillel estaba metiéndose en la misma rutina en la que había estado yo antes de que me echaran del grupo. Y cuando regresamos a Los Ángeles, lo despedimos. Hillel empezó a perderse ensayos y Flea reaccionó en plan: «A tomar por culo. Hillel, estás fuera del grupo». Nos pusimos a ensayar con un antiguo guitarrista de Funkadelic llamado Blackbird McNight, que Cliff le había presentado a Flea. Hillel estaba hundido y taciturno, pero aceptaba su destino.

Y aunque lo intentamos con Blackbird unos días, decidimos darle a Hillel otra oportunidad.

Después de eso, regresamos a Europa a tocar en unos cuantos festivales. Dimos un concierto enorme al aire libre en Finlandia, en el que compartíamos cartel con los Ramones. Fue una actuación genial, una orgía masiva con ochenta mil finlandeses medio desnudos y borrachos. Hicimos bailar a muerte a aquella gran cantidad de gente, aunque no habían ido a vernos a nosotros, sino a los Ramones. Después de nuestro concierto, nos reunimos todos para escuchar a los Ramones, unos tipos que, si no te conocían, no eran los más encantadores del mundo. En el *backstage* no se relacionaron con nadie. Antes de salir, repasaron el bolo entero en el camerino, con instrumentos sin amplificar.

Cuando subieron a tocar, nos apiñamos en el lateral del escenario y a alguien se le ocurrió la idea de que nos quitáramos la ropa y subiéramos corriendo al escenario para hacer un pequeño baile en homenaje a los Ramones. Hillel se opuso radicalmente, pero Flea, Jack y yo nos desnudamos y bailamos en plan *skank* por el escenario, en bolas, mientras sonaba *Blitzkrieg Bop*. Esa noche, más tarde, me crucé con Johnny Ramone y con su *manager* en el vestíbulo del hotel.

Johnny me puteó:

—¿Quién cojones os creéis que sois para meteros en nuestro escenario durante nuestro concierto y sin una puta prenda de ropa? No ha estado nada guapo eso.

—Lo siento. Lo hemos hecho porque os queremos. No pretendíamos interferir en vuestra estética —me disculpé.

Johnny se largó cabreado, pero Joey Ramone, que había estado merodeando en la sombra, se me acercó y me susurró:

—Personalmente, creo que sí ha estado guapo. —Y se alejó.

Nuestra siguiente parada fue Noruega y, de camino a Oslo, tuvimos que hacer un trayecto largo en tren. Hillel y yo terminamos compartiendo litera. Entre nosotros había habido siempre una conexión profunda. Hillel tenía la capacidad de facilitar que la gente traspasara las barreras que ponía a su zona de confort en relación con lo que quería revelar a los demás. Mis barreras estaban constantemente colocadas con mis amigos más cercanos; me reservaba siempre un 25 por ciento en una zona de misterio. Sin embargo, con Hillel me sentía cómodo mostrando ese 25 por ciento. Fue el hombre con el que mantuve una relación más estrecha. En parte, quizá eso se debiera a que compartíamos la enfermedad de la drogadicción. La experiencia de la adicción es incomprensible para quien no es adicto. Hillel y yo teníamos eso en común, aunque además él mostraba una capacidad de perdonar superior a la del resto de los mortales. No importaba lo que hicieras o cuáles fueran tus faltas o fracasos o debilidades, Hillel nunca te los iba a echar en cara. Al contrario que Flea, que mantenía conmigo una auténtica relación de dos hermanos que se pelean, Hillel no era competitivo. En cierto modo, era paternal. No era un fanfarrón, ni un macho. Se enorgullecía de ser un hombre, pero no como lo hacen los machitos.

Hillel y yo estábamos en la litera de aquel tren, viendo el paisaje pasar volando y hablando de todo. Gran parte del tema de conversación fueron las drogas y la heroína, y el punto en el que estábamos con nuestra adicción, y lo que queríamos hacer al respecto. Todavía andábamos muy despistados con la naturaleza de la enfermedad. Yo tenía algo más de experiencia con las reuniones que Hillel. Aquella primavera, Kim Jones se había desintoxicado y empecé a ir a reuniones con ella. Había visto un montón de transformaciones, a gente que había perdido el deseo de vivir y había regresado de su estado de zombi para radiar una fuerza vital nueva en la mirada. Una vez, llevé a Hillel a una reunión, pero él odiaba admitir que tenía un problema, odiaba admitir que alguien pudiera ayudarlo y, en general, se avergonzaba estando delante de la gente. Después de eso, nunca logré que asistiera a ninguna otra reunión.

En el tren, coincidimos en que el grupo estaba yendo realmente bien y prometimos hacer un esfuerzo conjunto para dejar de drogarnos. Al momento, bromeamos con que Oslo era la capital de la heroína en Escandinavia. Era típico de nosotros: cualquier ciudad en la que estábamos se convertía en la capital de la heroína del mundo.

Vi claro que ninguno de los dos se estaba comprometiendo a nada positivo. Era más un rollo: «Primero deja que me coloque y luego veremos». Creo que estábamos atrapados en un espíritu de oscuridad, y debíamos alejar la fuerza de esa oscuridad y seguir adelante como amigos y compañeros de grupo. Los dos nos percatamos de que, en aquel momento de nuestras vidas, no nos quedaba más que actuar o morir.

Tocamos en Oslo y luego volamos de vuelta a Los Ángeles. Aterrizamos en el aeropuerto, intercambiamos abrazos y fue en plan: «La gira ha estado genial, y ha sido genial estar juntos». «Llámame pronto». «Me cuidaré. ¿Tú te vas a cuidar». «Claro, yo también me cuidaré». Nos despedimos. Y luego tanto Hillel como yo nos fuimos directos a buscar a nuestros camellos. Seguramente hubiese hecho falta un cronómetro para ver quién pilló primero. Yo me marché a casa, saludé a Ione y me largué sin más a darme un atracón terrible y doloroso de revueltos.

Estando en el centro me percaté de cuánto tiempo se me había escapado entre las manos, mucho más de lo que había previsto. Así pues, decidí volver a casa y al menos estar con Ione, porque, al contrario que Jennifer, ella prefería que consumiera a su lado a que lo hiciese lejos. Era como una Madre Teresa en miniatura. Cuando regresaba de esos atracones largos y terribles, en vez de estar esperándome para matarme o hacerme sentir peor, Ione me decía: «Tienes que comer. Ven y túmbate en el sofá. No vas a ir a ninguna parte. Dame las llaves». Me cocinaba algo saludable, y yo lloraba y me disculpaba. No estoy diciendo que fuera una relación sana, pero sí diferente. Dios la bendiga por tener ese amor y esa compasión tan incondicionales hacia su novio, un yonkarra y un cabrón egoísta.

Cuando iba de camino a casa me paré unas manzanas antes de llegar para llamarla desde una cabina. No podía presentarme sin más y ponerme delante de ella, tenía que disculparme primero por teléfono. En realidad, ni siquiera sabía si iba a ir a casa, porque mi escapada no había terminado. Ione cogió el teléfono y le dije:

—Ione, siento muchísimo estar haciendo esta mierda, lo juro.

Ione estaba lamentándose y sollozando. «Qué raro. No suele tener reacciones tan fuertes por teléfono», pensé. Entonces Ione empezó a gritar:

—Ven a casa ahora mismo. Ha pasado una cosa horrible.

No creo que me diese detalles, pero salió el nombre de Hillel, momento en el que una parte de mí supo que podía estar muerto. Pero entré rápidamente en un estado de negación, duro como una piedra: «Ione está confundida. Seguramente a Hillel le haya dado una sobredosis y piensa que eso significa que está muerto». Aquello bastó para captar mi atención. Seguí hasta casa, salí del coche en mitad de mi neblina química, y entonces Ione salió corriendo a la calle, a medio vestir, con la cara hinchada y roja, manchada y húmeda. Gritaba: «Tu amigo Hillel está muerto». Y se le fue la pinza. Cualquiera habría pensado que Hillel era su mejor amigo, pero Ione sintió todo el dolor de inmediato, mientras que yo me negué a aceptarlo. «Tiene que haber un error». Muy dentro de mí, sabía que Hillel se había ido, pero no me permití a mí mismo aceptarlo.

El resto es todo pura confusión, porque creo que desconecté el cerebro. Sé que esa noche seguí drogándome. Me desperté al día siguiente en estado de *shock* y negación. Todo el mundo estaba enfrentándose a ese golpe enorme, a la muerte y a lo que viene después, al funeral y a la gente repartiendo culpas, y yo sabía que cuando alguien está metido en la droga, nunca hay nadie a quien culpar. Todo el mundo es responsable de su propio comportamiento, y no es cuestión del traficante, ni del amigo, ni de la mala influencia ni de la infancia. Por algún motivo triste y repugnante, la gente me hizo responsable del fallecimiento de Hillel con veinticinco años por lo joven que había comenzado con mi adicción. Su familia trató de decir que yo fui la mala influencia. Resultaba un poco irónico, porque yo nunca había culpado a nadie de mi drogadicción. Y además, había intentado introducir en Hillel la idea de la recuperación.

Entretanto, seguí colocándome. Es un mito que un suceso así te asuste y te haga entrar en el buen camino. Aunque un amigo cercano muera, conservas una falsa sensación de invencibilidad. No quieres lidiar con tu propio naufragio, solo quieres seguir estando ciego. Me enteré por Ione de que estaban organizando el funeral, pero yo no me encontraba en situación de asistir. No podía dejar de drogarme, en primer lugar. Estaba en un punto muerto. No podía dejarlo, pero tampoco seguir drogándome; no me funcionaba nada, y mi amigo estaba muerto, y yo no quería asumirlo. La madre de Ione había mencionado una vez que un amigo suyo tenía una casa en un pueblecito pesquero de México, y que podíamos usarla cuando quisiéramos. Y eso fue lo que hicimos.

La gente consideró de muy mal gusto por mi parte no ir al funeral. Hillel era mi colega, mi mejor amigo, pero yo me estaba muriendo de lo mismo que lo había matado a él. Y eso no era cuestión de buen o mal gusto. Era cuestión de locura y de incapacidad de control. Ione y yo nos fuimos a Puerto Vallarta y desde allí cogimos una pequeña lancha fueraborda hasta un lugar llamado Yelapa, un pueblecito pesquero de unos cien habitantes. Nos alojamos en una casa excelente con una cama y una mosquitera, aunque apenas había electricidad en el pueblo. Me tumbé allí y pasé por otro mono de heroína jodido, desagradable, sin fármacos, mientras estaba a años luz de lo que ocurría en Hollywood. Apagué esa emisora de mi cerebro. Ione fue increíblemente comprensiva y después de unos días empecé a sentirme mejor. Comencé a hacer ejercicio, y volvimos a practicar sexo y a compartir nuestro amor. Pescamos en el mar y cocinamos en la playa, y desarrollé una sensación falsa de bienestar. A los diez días, tenía que poner fin a mi escondite, así que regresamos a Los Ángeles.

En el instante en el que volví, me resultó imposible colocarme lo bastante rápido. No sabía qué otra mierda hacer. Para entonces, me quedaban unos diez mil dólares y me sentía fuera de juego. Salí y compré un montón de heroína y de coca. Mientras Ione dormía en la cama, me pasé la noche en el suelo chutándome y haciendo un proyecto artístico estúpido. No obstante, en la química de mi organismo se había jodido algo, porque no paraba de meterme drogas sin colocarme, no lograba desaparecer, no lograba escapar, no me sentía eufórico, ni podía bloquear el dolor ni tampoco la realidad. Me seguí drogando, cada vez más y más, pero continuaba allí. No conseguía escapar de mí mismo.

Justo por entonces, Jack Irons convocó una reunión del grupo. Nunca antes había hecho nada como eso. Nos reunimos en el modesto velero de Lindy y Jack, nos sentó y nos dijo: «No es aquí donde quiero estar. No quiero formar parte de una mierda en la que mis amigos se mueren». Dejó el grupo. Y lo entendimos.

Probablemente Lindy pensara: «¿Qué va a pasar aquí? El guitarrista está muerto, el batería se larga, el cantante pende de un puto hilo. ¿Y ahora qué?». Pero Flea y yo no teníamos previsto dejar de tocar juntos. No era por falta de respeto, era por respeto. Hillel había ayudado a construir aquello y nosotros íbamos a continuar el trabajo, cosa un poco extraña, porque yo no estaba en mi mejor momento de salud mental. En cualquier caso, sabía que era eso lo que quería hacer, y Flea sabía que era eso lo que quería hacer. Y Jack sabía que era eso lo que no quería hacer.

Pese a mi estado de caos, Flea y yo nos mantuvimos en nuestras trece. Contratamos a D. H. Peligro para tocar la batería y a Blackbird McKnight para tocar la guitarra. Conocíamos a D. H. desde hacía años, y en una época Flea, él y yo habíamos tenido un grupo de coña llamado los Three Little Butt Hairs.[22] Con Blackbird habíamos tocado cuando despedimos temporalmente a Hillel, así que nos sentíamos cómodos con él. De todos modos, antes de pensar siquiera en tocar, yo tenía que hacer algo con mi problema de drogas.

Esa primavera, en las reuniones, conocí a Chris, un tipo joven y alocado, un tío mujeriego y pillo, sensato y divertido. Me había presentado a un tal Bob Timmons y me había dicho: «Este tío podría ser vuestro patrocinador». Timmons era un tipo con barba y tatuajes que tenía un pasado bastante bruto, pero de inmediato confié en él. Era callado y nada avasallador, y no parecía querer sacarme nada.

Después de una de esas escapadas para drogarme en la que no logré colocarme, llamé a Bob Timmons.

—No sé qué hacer. Mi amigo está muerto. No puedo parar de meterme, y ni siquiera consigo ponerme ciego. Me estoy volviendo loco, joder.

—¿Por qué no te metes en un programa de rehabilitación?

—Eso suena fatal. ¿Qué es?

—Lo primero es que son diez mil dólares.

—¿Diez mil? Si solo tengo eso.

---

[22] Literalmente, los «Tres Pelillos del Culo».

—Creo que sería una buena inversión. Creo que es tu vida lo que está en riesgo, y quizá algún día seas capaz de ganar otros diez mil si te gastas esos diez mil ahora. Y si no, puede que sean los últimos diez mil que veas en tu vida.

No sabía qué otra cosa hacer, así que acepté. La rehabilitación la hacían en un lugar de Van Nuys llamado ASAP. Me metí en el coche con Ione para ir hasta allí, y me sentía tan furioso que intenté estampar el coche contra el asfalto. Recorrí en zigzag todo el camino hasta Van Nuys, invadiendo el carril contrario, con Ione cubriéndose en el asiento del copiloto. Estaba cabreado por tener que meterme en rehabilitación, estaba cabreado por no poder colocarme más, estaba cabreado porque mi amigo había muerto. Llegamos allí, me registré y me sacaron una foto Polaroid. No tenía muy buena pinta: la piel se me veía de un color verde y amarillo anaranjado, los ojos parecían muertos y el pelo tenía vida propia.

Me asignaron una habitación. Y un compañero de habitación. Compartía una puta habitación con otro cabrón zumbado. Resultó ser un tío de Palm Springs que se convirtió en mi primer colega sobrio de rehabilitación. Cuando te metes en rehabilitación, acabas conociendo a gente con docenas de caminos diferentes en la vida, de todas las razas, con distintas realidades económicas y diferentes procedencias religiosas, pero terminas queriéndolos a todos y viéndote a ti mismo en todos. Había una jugadora de baloncesto que no podía parar de fumar *crack*, un empresario brasileño, un médico y un poli negro de los cuerpos especiales que arrestaba a gente para quitarles la droga.

Me instalé allí y no me pareció muy mal. Dejé de odiar y empecé a ser, simplemente. Me había pasado la vida siendo la persona más a la defensiva sobre la faz de la Tierra, incapaz de tolerar ninguna crítica. Entonces empecé a escuchar y a ser. Ione venía a visitarme, y rompimos las normas y tuvimos visitas conyugales en el baño, cosa que significaba todo un mundo para mí. Estaba muy necesitado de algo de amor y afecto.

De cuando en cuando, Bob Timmons mandaba a personas sobrias a verme, al azar. Yo no las conocía de nada, pero me sentaba allí a hablar con ellas; ahí reside la magia de la recuperación.

Nadie va a entender nunca de verdad tu dilema mejor que otro adicto. Esa gente desconocida llegaba y hablaba conmigo, y de repente me di cuenta de que el proceso de recuperación estaba avanzando, me gustase o no.

Cuando llevaba unas dos semanas allí, Bob Timmons vino a visitarme. Se había percatado de que había evitado pasar por el dolor de la muerte de Hillel, así que me dijo que iba a sacarme en día de permiso. Fuimos hasta la sección judía del cementerio de Forest Lawn y estuvimos paseando hasta que nos encontramos con la tumba de Hillel. Había una humilde placa en la hierba, ni siquiera era una lápida. La inscripción decía algo sencillo como «Hillel Slovak. Hijo devoto, hermano, amigo, músico».

Me quedé allí con Bob, diciendo:

—Sí, vale, ahí está Hillel. Supongo que fue cosa nuestra. ¿Nos podemos ir ya?

—No, no creo que debamos irnos todavía —respondió Bob—. Voy a darme un paseo. ¿Por qué no me haces un favor y hablas con Hillel y le dices cuánto sientes que se haya muerto? ¿Y por qué no le prometes además ahora mismo que no vas a pincharte más agujas en el brazo y que no vas a beber ni a consumir drogas?

—¿Hablar con quién? Eso es un trozo de hierba con una piedra encima.

—Tú haz como si Hillel te estuviese escuchando y ten esa conversación —insistió, y se alejó.

Me quedé allí con una sensación bastante extraña por tener que hablar con nadie. Pero entonces dije: «Qué pasa, Slim», que era la frase con la que siempre saludaba a Hillel, y fue como si aquel muro se derribase en un segundo. Empecé a llorar como nunca antes había llorado. Desde ese instante, me convertí en una cascada de palabras espurreadas, llantos, gritos y tos. Tuve esa charla con Hillel y le dije cuánto lo quería y cuánto lo echaba de menos. Y entonces le hice la promesa. «Estoy limpio. Estoy en rehabilitación. Te prometo que no voy a pincharme una aguja en el brazo nunca más. Voy a permanecer limpio». Y seguí llorando hasta que salí de aquel cementerio.

Al principio de mi estancia en rehabilitación, tuvimos una reunión grupal conducida por un asesor, un tipo grande con medio pinta de motero. Llevaba cinco años limpio. Tenía treinta pacientes en la sala: los alumnos del centro de ese mes. Todo el mundo estaba escuchando atentamente, porque todos estábamos dando lo mejor de nosotros. El asesor nos dijo: «Tengo una noticia muy desagradable para vosotros ahora mismo. Estadísticamente hablando, solo una persona de esta sala va a permanecer limpia durante algún tiempo después de que salgáis de aquí. Por lo general, en eso queda la cosa». Miré a mi alrededor y vi a la jugadora de baloncesto, al policía, al empresario, al médico, al delincuente, a todas aquellas personas, y me dije: «Se pueden largar todos a casa ahora mismo, porque ese puesto es mío. Lo mejor es que os ahorréis vuestro tiempo y vuestro dinero, porque yo soy el que va a estar sobrio a partir de ahora».

Nada de celebraciones a los cincuenta días, nada de margen, simplemente prometí dejarlo todo. No fue un momento único de revelación deslumbrante, sino más bien un proceso educativo. Cuanto más aprendía sobre la naturaleza de la adicción, más ganas tenía de analizar mi comportamiento y mi historial. Y cuanto más capaz era de ayudar a la gente con la que estaba, más sentido cobraba todo. Gran parte del proceso pasó por ser testigo de la enfermedad de esa gente con la que estaba en rehabilitación, ver de primera mano a esas personas y preocuparme por ellas, y saber las escasas probabilidades que tenían de modificar la posesión demoniaca con la que habían estado viviendo. Me di cuenta de que esa no era la cárcel en la que quería vivir mi vida.

Cuando tomé la decisión de que daba igual qué ocurriese en mi vida porque no iba a beber ni a consumir más, aquel gorila que había estado moliéndome a palos durante años se evaporó. Para cuando salí de rehabilitación, ni siquiera quería colocarme. Apagué esa voz de mi cabeza, que era preciosa, solo que casi demasiado preciosa. Ya no me sentía obligado por ese dolor a seguir trabajando para recuperarme y ocupar una posición en la que pudiera ayudar a otra persona a recuperarse. Me sentía tan aliviado del dolor de querer colocarme que me veía capaz de vaguear y patinar un poco. Seguí asistiendo a reuniones, y aparecía en charlas y acudía a hospitales y hablaba con otros alcohólicos, pero no me sumergí de lleno en esa increíble oportunidad de provocar un verdadero cambio psíquico. Recorrí la mitad del camino y entonces empecé a retroceder.

Cuando me metí en ASAP quise morirme. Treinta días después, estaba en plan: «Vamos a petarlo. Vamos a componer canciones. Vamos a ser un grupo». Y lo hicimos. Flea estaba emocionado cuando salí de rehabilitación y me apoyó mucho. Nos metimos directamente en los ensayos con D. H. y Blackbird. D. H. parecía encajar bien: le gustaba la diversión y vivía por completo para tocar música. A Blackbird le costó más. Era un guitarrista con un talento único, pero nunca había estado en un grupo en el que todo el mundo se juntase para tocar a saco. Estaba acostumbrado a George Clinton, que le daba algo grabado y luego se iba él solo a un estudio para trabajar durante días en sus partes de las canciones.

Llevábamos años siendo amigos de D. H., pero con Blackbird fue más complicado estrechar la relación. Era un poco mayor y un poco más excéntrico. Cuanto más tocábamos juntos, más obvio se hacía que la cosa no era coser y cantar. Nuestra idea de trabajar con material nuevo siempre había sido la improvisación, y no estaba funcionando.

Más o menos por entonces, D. H. le presentó a Flea a un joven fenómeno de la guitarra llamado John Frusciante. John era un fanático de los Chili Peppers que llevaba viniendo a nuestros conciertos desde que tenía dieciséis años. De hecho, yo había conocido a John antes que Flea. Sobre la época de publicación del *Uplift*, dimos un gran concierto en Perkins Palace, en Pasadena. Como aún seguía luchando contra mi adicción, tuve que meterme algo de jaco antes del concierto para enderezar la cosa. Fui hasta el bolo en coche, aparqué a unas manzanas del local y caminé hasta el parque de al lado para buscar un sitio donde chutarme. Justo en ese momento, se me acercaron dos chavales jovenzuelos y soltaron efusivos: «Dios mío. Anthony. Solo queríamos decirte hola. Somos superfans del grupo».

Charlé con ellos un rato y luego crucé el parque, me senté en las primeras escaleras que encontré y me cociné algo de caballo. Entonces levanté la vista y vi que me estaba chutando en los escalones del departamento de policía de Pasadena.

John impresionó muchísimo a Flea, y después de eso empecé a quedar con él. Al mismo tiempo, Bob Forrest estaba encima de John para que tocase la guitarra en su grupo, Thelonious Monster. John me dijo que iba a llegarse al garaje de Bob a una audición, así que lo llevé. En mi cabeza, estaba haciendo la audición para los Red Hot Chili Peppers. Había tocado solo un tema y supe que era nuestro hombre.

Me tocaba a mí ocuparme del despido. Blackbird vivía en la zona sur del centro de Los Ángeles, así que decidí hacerlo por teléfono.

—Blackbird, soy Anthony. Tengo una mala noticia. Lo siento muchísimo, pero esto no está funcionando y no podemos estar en el grupo contigo. Nosotros vamos en una dirección distinta. Muchas gracias por todo.

—Hijo de puta.

—¿Cómo?

—Hijo de puta.

—Venga ya, Blackbird, no soy yo. Es la situación. Solo soy el mensajero.

—Hijo de puta. Voy a ir a quemarte la casa.

—Blackbird, no me quemes la casa. Es una decisión del grupo. La cosa no ha funcionado. No es por nosotros ni por ti. Es la situación.

—Vale, vale. Lo acepto. Siempre que tú puedas aceptar que te voy a quemar la casa.

Ese fue el final de nuestra conversación. Yo era un hijo de puta y él me iba a quemar la casa.

No todo funcionó como un reloj en el momento en el que John se incorporó al grupo, pero lo que sí cambió de inmediato fue la química. El cariño por pertenecer a los Red Hot Chili Peppers había adquirido una pátina de plenitud que llevábamos mucho tiempo sin notar. Allí estaba ese chaval que había dedicado todos los momentos conscientes de su joven vida a la música, y eso se notaba. Por muy inexperto que fuese John, todo lo que tenía para ofrecernos nos servía. Simplemente, había mejor química. D. H. y John eran amigos. Teníamos un grupo en el que todos veníamos del mismo sitio y queríamos ir al mismo sitio. Fue bastante emocionante, aunque aún tardaríamos mucho en cuajar.

En vez de intentar grabar un disco de inmediato, decidimos pasar un tiempo tocando sin más, componiendo algunas canciones y ensayando temas antiguos, dándonos margen para convertirnos en un grupo de verdad. De todos modos, nos topamos con algunos obstáculos. D. H. era un mustang salvaje desenfrenado de entusiasmo, pero Flea era un perfeccionista de la precisión y la diligencia cuando se trataba de aprender canciones. La fuerza de D. H. no iba necesariamente en ese sentido. Flea dirigía a D. H. apretando mucho las riendas, comportándose casi como un dictador en ese aspecto, algo que no le era ajeno, porque ya había sido un dictador en otros aspectos estructurales del grupo. Se ponía en plan: «Venga, vamos a asegurarnos de terminar esto. No seas vago, y no te olvides de hacer tu trabajo en casa, y asegúrate de aprenderte tus partes».

D. H. también vivió momentos de tensión conmigo. En cuanto estuve sobrio, tuve la audacia de pensar que todos los demás debían seguir mi estela. «Perfecto, mundo, la fiesta se ha acabado. No sé si os habéis dado cuenta, pero ahora estoy sobrio, así que cerrad Bolivia y que todo el mundo deponga sus drogas y su alcohol». Mi naturaleza controladora y mis inseguridades seguían existiendo, así que mi capacidad para hacer que otras personas se sintieran mal para yo lidiar con no sentirme bien permaneció ahí. En cierto nivel, D. H. debió de darse cuenta de que su consumo de alcohol y de drogas podía convertirse en un problema. Empezó a llegar tarde, y no siempre en el estado mental más óptimo. Mi nivel de tolerancia, paciencia y aceptación con respecto a las dificultades de otro hombre no era por entonces un elemento floreciente de mi personalidad, por desgracia. No es que me pelease directamente con D. H., pero me inquietaba tener en mi grupo a alguien con un comportamiento incontrolable, aparte de mí.

Mientras estábamos ensayando, empecé a componer una canción admonitoria titulada *Knock Me Down*. Describía cómo era ser un adicto a las drogas, tener ese ego y pensar que eres impenetrable e impermeable a las fuerzas de la naturaleza y de la vida. Pero también se trataba de una canción de amor para Hillel. Tenía páginas y páginas de estrofas, pero ni una sola melodía ni organización. John se me acercó nada más unirse al grupo para decirme que podía enseñarle lo que quisiera y que podíamos componer juntos. Una de las primeras cosas que le enseñé a John fue el *Knock Me Down*. Le advertí de que era muy prolija.

«Ah, no pasa nada. Yo he estado trabajando en una melodía muy prolija también. Voy a ver cómo acoplarla exactamente a tus palabras». Se sentó allí, estudió la letra y empezó a integrarla en su melodía. Fue sorprendente. A los pocos minutos, tenía una melodía completa con estrofas. Fue una auténtica epifanía: «Vale, existe otro modo de componer canciones». Incluso cuando estaba Hillel, todo lo que componíamos era en un contexto grupal. Flea y yo habíamos compuesto canciones juntos, pero con el bajo era distinto. Sentí entonces que podía escribir cualquier cosa, una melodía, un ritmo, una letra, dársela a mi nuevo amigo y sentarme, y al término de la sesión tendríamos una canción. Me pareció que cualquier cosa era posible con aquel chaval. Pude mostrarle mis escritos más sentimentales y no se detuvo a juzgarlos ni una sola vez. No había ningún momento en el que leyera la letra para ver si le gustaba o si era algo que quisiese hacer o no. Todo lo que yo hubiese escrito tenía que convertirse en canción. Ya no necesitaba pensarme las cosas dos veces o tener miedo a enseñar algo o a probar algo nuevo, y eso abrió la veda para componer canciones y hacer música guapa.

John y yo nos fuimos convirtiendo con paso lento pero seguro en el tipo de amigos que pueden estar juntos todo el día y luego volver a casa y llamarse para darse las buenas noches antes de acostarse. Cuando nos despertábamos, era en plan: «Buenos días, ¿qué hacemos hoy?». Pasado un tiempo, no íbamos a ninguna parte ni hacíamos nada sin estar juntos; se trata de una experiencia poco frecuente y valiosa, aunque a veces es demasiado intensa. John había pasado por un periodo de abuso de cocaína y alcohol, pero claramente estaba dispuesto a sacrificar sus ciegos para centrarse en estar en el grupo.

John vivía cerca del Canter's con su novia, aunque cuando salíamos a fiestas y clubes, ella empezó a molestarse porque aquel tío del grupo nuevo estaba apartando a su novio de la rutina de su relación. Ione no tenía problema con nada de eso; le iba genial y estaba trabajando mucho. Sin embargo, John terminó rompiendo con su novia al poco de entrar en el grupo.

Decidimos que sería buena idea irrumpir con el nuevo grupo en locales oscuros apartados de lo típico, así que Lindy organizó una gira a la que llamamos Turd Town Tour[23]. Fue un desastre. Tocamos en tugurios de ciudades ganaderas de Wyoming, del norte de Colorado y de Utah. A nadie de aquellas ciudades truño le importábamos mucho como para ir a vernos, y cuando lo hacían, se reunía el típico público de un rodeo. Por desgracia, D. H., criatura de Dios —y el tipo más dulce del universo—, estaba bebiendo más de la cuenta y no anduvo en la mejor de las formas para esos conciertos.

Una noche durante esa gira, D. H. empezó a perder el ritmo, se olvidaba de partes y no tocaba con claridad. Después del concierto, tuvimos un fuerte enfrentamiento los dos.

«Mira, si quieres estar en este grupo, tienes que hacer algo con tu enfermedad. Eso o te retiras», le dije. Flea y John se echaron atrás, en plan: «No estamos seguros de qué hacer con esto. Anthony está siendo un poco capullo, pero el hecho es que D. H. anda muy jodido y no está asumiendo su responsabilidad en el grupo». No querían ponerse de mi lado porque mi actitud era la de un aguafiestas abstemio, pero sabían que las cosas con D. H. tampoco funcionaban.

Cuando volvimos a casa, la historia fue de mal en peor. D. H. empezó a perderse ensayos y su adicción comenzó a consumirlo. Todas las otras veces que habíamos echado a alguien, a excepción de aquella historia extraña con Hillel, había sido siempre algo obvio y necesario y, sin duda, buscando lo mejor para el grupo. Sin embargo, D. H. era nuestro amigo, alguien a quien amábamos y que nos importaba, y no queríamos que le pasara nada malo. Aun así, la situación era insalvable. Por desgracia para Flea, era su turno encargarse del despido. Fue peor de lo que hubiésemos podido imaginar. Flea tuvo que quedarse unos días en la cama después de despedir a D. H. Lo único bonito de aquello fue que, años después, representé una parte importante en la sobriedad de D. H. y en su renacimiento al universo como humano, porque desde el momento en el que lo echamos, entró en un ritmo frenético

---

[23] La «Gira de las Ciudades Truño».

de desaceleración hacia otro nivel totalmente distinto de abuso inconcebible.

Para entonces, nos habíamos trasladado a un espacio de ensayos en Glendale. Fue allí donde empezamos el proceso de audición para buscar a un batería. Dimos por hecho que vendrían los mejores baterías del mundo desde todas partes para aprovechar la oportunidad. En retrospectiva, no parece una oportunidad tan brillante como nosotros la veíamos. En efecto, por aquella puerta aparecieron el ciento y la madre con su batería, pero no demasiados eran buenos. Durante el proceso, una amiga nuestra, Denise Zoom, llamó a Flea y le dijo que tenía un batería para nosotros. Según ella, ese tío, Chad Smith, era el mejor batería que había oído en la vida, y hasta comía baterías para desayunar. En cuanto alguien te llama de la nada hablándote de un espabilado del Medio Oeste que come baterías para desayunar, te quedas en plan: «Por favor, ahórrame el disgusto».

De todos modos, dejamos que el tipo viniera a la audición. Estuvimos esperando y esperando a que apareciese, y llegaba tarde. Salí a ver si había alguien, y entonces divisé a un tarugo enorme que venía caminando con un peinado horrible a lo Guns N' Roses y una vestimenta que no decía precisamente: «Tengo estilazo». Por las pintas, ya había decidido que no me gustaba ese tipo, pero entró y nos pusimos formales. «Ahí está la batería. Prepárate para tocar. Tienes diez minutos. Vamos a improvisar cinco minutos, y luego a tratar de tocar una o dos canciones durante otros cinco». Chad no se vio intimidado en lo más mínimo por la actitud que le estábamos mostrando. Todos los demás pobres diablos que se habían sentado a la batería se quedaban mirando a Flea, que se lanzaba a tocar una línea de bajo funk-rock agresiva y cruda con *slaps*, y el batería se las veía y se las deseaba para seguirlo. Flea los arrasaba con su intensidad.

Flea empezó a tocar algo duro, complicado, rápido y difícil para ver si el tipo aquel podía seguirlo. Chad no solo lo cogió de inmediato, sino que empezó a guiar él el ritmo y a llevar a Flea de paseo. Superó a Flea en agresividad, y lo hizo con finura, y subió y subió y subió. No nos podíamos creer lo que estaba pasando. Di tal vuelco con respecto a mi impresión inicial sobre aquel tío que empecé a reírme histérico. Flea lo miraba en plan: «Joder, ¿qué hago? ¿Dónde voy? ¿Qué coño está pasando aquí?». Chad no paró ni un segundo para dejar que Flea le cogiese el ritmo y averiguase por dónde ir. Gritaba como Art Blakey detrás de la batería, dejándose llevar por el entusiasmo del momento, porque en ese instante se estaba liberando un montón de energía entre Flea y él.

Fue una erupción enorme de sonido y energía, y no me quedó otra que reírme histérico y jalear a aquel cabrón, con su pañuelo en la cabeza y su pelo inflado por la laca y unos pantalones cortos de culturista horribles, a lo Venice Beach, mientras pensaba en lo mortal que era que el tío más ridículo jamás visto nos estuviese dejando flipados a todos allí, en nuestro local de ensayo. Fue genial y a todo el mundo le encantó.

Sabíamos que Chad era nuestro hombre, pero queríamos comprobar su nivel de compromiso. Y también queríamos que cambiase de *look*. Así que le dijimos:

—Vale, eres bueno. Puedes entrar en el grupo si te afeitas la cabeza hoy. Ven luego al Canter's con la cabeza rapada y el trabajo es tuyo.

—Bueno, bueno, la cabeza rapada. No sé...

—Tú eliges. Aféitate la cabeza y estás en el grupo. No te afeites la cabeza y no estás en el grupo.

Y nos fuimos al Canter's a esperarlo. Apareció con el mismo pañuelo y el mismo pelo estúpido.

—Tío, ¿quieres este trabajo o no?

—Sí, voy a tocar en el grupo, pero voy a quedarme con mi pelo —insistió, y cedimos.

Nos dimos cuenta de que cualquiera que fuese lo bastante valiente como para mantenerse en su sitio frente a toda esa presión no iba a ser un mierda. Más adelante, descubrimos que la auténtica razón de que no se afeitase la cabeza era que se estaba quedando sin pelo y lo ocultaba con el pañuelo. En cualquier caso, aquel fue otro día importante en nuestra historia, porque conseguimos a un batería en quien podíamos confiar y a una persona increíble con la que improvisar. Por fin podíamos ponernos a trabajar.

09

La cuadratura

Como John era tan joven e inexperto, fue objeto de un montón de vaciladas sin mala intención. De joven había pasado la mayor parte del tiempo aislado en su habitación, practicando con la guitarra, así que todo lo relacionado con estar en un grupo de rock era nuevo para él. Flea y yo solíamos tomarle el pelo constantemente, llamándolo «Verdi» o «el Hombre Verde» o «el Avispón Verde». Años después, John me confesó que todas esas vaciladas le hicieron sentirse increíblemente cohibido, pero en aquel momento no teníamos ni idea del efecto que estábamos causando en él.

Conscientemente, Flea y yo nunca quisimos hundirlo ni hacerle sentir inseguro; no era más que el campo de juego para nuestro sentido del humor. Esa letanía de nombres verdes apuntaba a otra cosa: era una señal enorme de afecto. Cuando a una persona le ponemos más de un apodo, significa que la honramos y la llevamos en nuestro corazón. Toda la historia esa de lo verde se justificaba en que queríamos a ese chaval y estábamos muy contentos de tener su energía creativa en nuestras vidas. Si lo hacíamos con una sonrisa de superioridad o un tonillo de burla, quizá fuese solo para no mostrar cuánto nos importaba. Analizándolo en términos de «a quién llamas más por teléfono y a qué casa vas más y con quién compartes la mayoría de las experiencias», estaba claro que yo sentía una admiración absoluta por ese joven.

John y yo habíamos hablado hacía poco sobre el hecho de que cuando las cosas no iban como yo quería, pasaba de él. «Bueno, este tío está actuando de un modo que no aprecio y, sin saberlo, está afectando a mi sentido del bienestar, así que voy a dejar de hacerle caso hasta que ese sentimiento desaparezca». No se trataba de una forma sana ni comunicativa de abordar las cosas, pero hay que recordar que John pasó de ser un chaval de diecisiete años irreconocible a estar en los Red Hot Chili Peppers. Se comportaba de un modo igual de abusivo, si no más, con la gente que le rodeaba. Fue un tío bastante grosero durante un año o así. Constantemente había quien venía y me decía cosas como: «Tu guitarrista es un cretino de mierda. Se ha follado a una tía y luego la ha dejado tirada en la calle en mitad de la noche y le ha dicho que no quiere volver a verla». Yo nunca lo vi actuar de ese modo, así que lo defendía. Por mi parte, estaba dispuesto a aceptar los aspectos jodidos de su personalidad, porque John era joven y estaba atravesando una transición complicada.

A Chad no le cambiábamos el nombre todos los días porque no teníamos una relación tan estrecha con él. Siguió siendo en gran medida un tío muy suyo dentro del grupo. Tenía una manera totalmente distinta de lidiar con ser el nuevo, y era la de «yo no los necesito, no los quiero, tengo mi propia vida». Nunca mostró ninguna señal de necesitar entrar en nuestro círculo íntimo. Prefería salir con los de su ambiente, que era una estirpe bien distinta a la de Flea o a la mía. Chad nos mostraba muy poco de su persona y de su pasado y de sus pensamientos. Por poner un ejemplo: lleva en el grupo desde 1988 y hasta finales de 2003 no me enteré de que cuando Chad se marchó de Michigan para venir a Los Ángeles, su intención era ir a Hollywood a convertirse en un atractivo actor principal. Nunca nos sentamos a tener una charla sincera sobre sus esperanzas, sueños o fantasías. Chad aparece para hacer su trabajo, es agradable y simpático. Lo consideraba uno de los extraños pilares que mantenía en pie nuestra fortaleza cuando llegaban tiempos difíciles.

En lo que a ropa se refiere, Chad tenía unas sensibilidades muy distintas a las nuestras, y yo solía burlarme de él todo el rato. Aparecía con unos trajes morados ochenteros cruzados y yo le decía: «¿Has asaltado el armario de Arsenio Hall para pillar eso?». Por suerte, dejó de arreglarse el pelo cuando se metió en el grupo, pero en vez de salir por ahí a un garito de punk rock como el Small's con Flea y conmigo, se iba al bar Mötley Crüe y llevaba vaqueros raros con cinturones y botas de vaquero, y jugaba al billar y perseguía a tías roqueras. La gente lo veía y me contaba que iba con el pelo repeinado más alto que el de una tía, pero al día siguiente venía al ensayo con una gorra de béisbol. No es que fuese un camaleón por naturaleza, simplemente no dejaba ver todos sus matices cuando estaba con nosotros.

Encontramos un espacio común en la música. Incluso ahí, la sensibilidad musical de Chad era diferente, pero su energía y su pasión y su poder para crear ritmos no tenían parangón. Casi todas las veces que teníamos ensayo o concierto y él estaba practicando solo, yo pillaba el micro y me ponía a cantar a su ritmo, y siempre era una sensación excitante y fresca, aunque tocara ritmos sencillos y básicos de los que uno ha escuchado siempre. No se trataba de un tío experimental ni vanguardista, y no escuchaba una variedad superdistinta de música, anclado como estaba en el rock y el pop, pero lo que hacía resultaba gratificante de todos modos. Nunca habíamos escuchado a un batería que tuviese las pilas de la ansiedad tan cargadas que nunca pareciesen acabarse. Me estremecía de pensar en que alguna vez le hiciéramos sentirse rechazado o despreciado por introducirlo en el grupo con ese cariño rudo y esas novatadas que guardábamos para John, pero eso era porque nos importaba y queríamos tenerlo cerca.

Estábamos con nuestros nuevos compañeros y empezamos a trabajar. Crear canciones resultó raro y complicado al principio, más que nunca antes. Mientras Flea iba apareciendo con distintas partes, John y Chad trataban de encontrarse a sí mismos. Michael Beinhorn no dejaba de poner trabas. Había un montón de días en los que teníamos muchas ideas buenas, pero no sabíamos crear una canción a partir de toda esa música que salía. Era mucho esperar retomar el asunto donde el *Uplift Mofo Party Plan* se había quedado. Creo que John sentía una responsabilidad enorme por seguir los pasos de Hillel, aunque no estaba tratando de imitar el sonido de Hillel. Tenía un sonido más limpio, más moderno. Solo necesitábamos canciones nuevas. Cuando Cliff y Jack Sherman llegaron al grupo, ya teníamos un corpus de trabajo escrito. Ahora necesitábamos componer canciones nuevas para hacer un álbum entero.

Con paso lento pero seguro, empezaron a salir algunos ritmos con un sonido bastante distinto. La batería tenía una nueva sobre-intensidad. Cliff era artístico, creativo e intrincado, Jack Irons era en gran medida el metrónomo, pero Chad movía más aire de lo que yo había visto a hacer a ningún otro batería, así que nos daba una atmósfera distinta. Escuchaba las improvisaciones, me iba a casa y me sentaba en la cocina con pilas y pilas de papeles. Nunca se me ocurrió que se podía escribir una canción con una letra de cinco frases y un estribillo. Pensaba que como Flea no dejaba de tocar y la batería no dejaba de tocar y esas texturas eran com-plicadas, yo debía hacer lo mismo. Cuando me sentaba a escribir, no buscaba una o dos ideas interesantes, quería un poema de cin-co páginas para rapearlo. Me quedaba allí ocho horas seguidas escribiendo temas como *Good Time Boys*, *Subway to Venus* y *Johnny, Kick a Hole in the Sky*, en los que las letras no paraban. Incluso mi tributo a Magic Johnson era una palabrería constan-te. Cualquier cosa que fuese complicada decir, a mí me encantaba escribirla.

Cuando llegó el momento de grabar, empezamos a chocar con Michael Beinhorn. Su orden del día, al contrario que el de Andy Gill, estaba más relacionado con el sonido. Michael tenía un mon-tón de destrezas y tablas musicales en el estudio, pero también era dominante. Quería que John tuviese un tono de guitarra podero-so, aplastante, casi de sonido metal, mientras que antes siempre habíamos tenido unos tonos de guitarra interesantes de acid rock, además de un montón de tonos elegantes, sexis y funkis. A John no le apetecía nada de eso en aquel momento, así que se peleaban bastante sobre el tono y las capas de la guitarra. No fue una buena época para John; estaba luchando con un montón de conductas distintas que lo ponían tenso, y Beinhorn era una persona avasa-lladora y manipuladora. Si no hubiera sido por las cintas porno de Traci Lords que estaban constantemente puestas en la sala, no sé si John habría podido acabar todas las sesiones.

Trabajamos mucho en todas las canciones, pero Beinhorn cen-tró el foco mucho más en nuestra versión de *Higher Ground* de Stevie Wonder. Flea llevaba años tocando esa línea de bajo, y John y Chad sacaron unas partes monstruosas para la canción. Beinhorn luchó contra viento y marea para conseguir que John tocase el sonido a capas de esa pista. Para mí, hacer la voz era algo completamente abrumador, frustrante y exigente. Las canciones como esa no eran mi fuerte, pero Beinhorn estaba seguro de que podía cantarla, así que no dejó de presionarme, cada vez más. Sé que suena a una queja estúpida, pero cuando estás delante de ese micro vocal de los cojones y tienes una mala racha, las entrañas empiezan a dolerte. Tardé la vida en sacar esa canción. Pero mereció la pena. Cuando llegamos al estribillo, llamamos a nuestros amigos para que viniesen y llenamos una habitación con veinticinco personas cantando juntas. La mitad eran cantantes competentes y la otra mitad, no, pero no importó, sonó sorprendentemente bien.

Me lo pasé muy bien hasta las últimas semanas de la grabación. Me sentía enamorado de la vida, y de lo más feliz por estar sobrio, por estar grabando un disco y por tener esas canciones. Pero Beinhorn y yo llegamos a un momento de tensión terminante para nuestra relación hacia el final del proceso de grabación, cuando quiso que metiera unas improvisaciones en la última parte de *Higher Ground*. No podía seguir tolerando su manera de dirigir. Estaba intentando sacarme algo que yo no sentía, y acabamos peleándonos y supe que mi historia con él había acabado.

No terminamos el *Mother's Milk* en plan: «Este es el mejor disco de nuestra vida», aunque tampoco me sentí mal con él, como sí me ocurrió con su portada. A Flea se le había ocurrido el título del álbum como un homenaje a los fluidos corporales de Loesha, que estaban dándole el sustento a su hija pequeña, Clara (Podemos poner punto final a los rumores de que *mother's milk* era una referencia coloquial a la heroína). Volvimos a contar con nuestro buen amigo Nels Israelson, que había hecho las fotos para las portadas de nuestro segundo y tercer álbum. Yo tenía un póster antiguo de los sesenta de Sly and the Family Stone en el que Sly estaba con la mano extendida y tenía al grupo en la palma de la mano, y me pareció genial ser una personita pequeña a quien sujetara un gigante. En mi cabeza, el gigante era una mujer desnuda que nos sostendría cerca del pecho. Le planteé la idea al grupo y no se mostraron entusiasmados al cien por cien, pero yo sí, así que aceptaron complacerme. Nels empezó a hacer una audición de modelos para la cubierta, y como tenían que quitarse las camisetas, debía ser en un espacio cerrado. Por desgracia, llegué tarde y Nels ya había elegido a la chica. EMI tenía previsto cubrirle los pezones con algunas letras y una flor, pero formaban sin duda parte del paquete completo. Nos enteramos entonces de que a la modelo le incomodaba toda aquella historia. No entendía por qué no habíamos podido encontrar a una modelo a la que le pareciese bien enseñar las tetas en una portada.

Empecé a elegir las fotos nuestras que la modelo sostendría en las manos, y John descartaba todas y cada una de las imágenes que había de él. Al final, me dejó utilizar una, y creo que la portada quedó genial: éramos como cuatro Tom Sawyers sujetos por una dama gigante desnuda.

La portada del álbum fue a imprenta y los pezones salieron cubiertos, como se había acordado por contrato, aunque EMI imprimió un par de cientos de pósteres con los pezones de la modelo expuestos. Estaban destinados a tiendas de discos y amigos, cosas así, y entonces la maquinaria de firma de pósteres entró en acción. En aquel periodo de la vida del grupo, éramos todos todavía unos cerdos y unos bárbaros, descarados y ofensivamente sexuales. Creo que fueron Chad y Flea quienes escribieron algunas cosas estúpidas, inmaduras y pervertidas en uno de los pósteres y, tachán, la modelo oyó rumores sobre el póster y nos puso una demanda de cojones. Ganó cincuenta mil dólares, que por entonces era una liquidación enorme.

Pese a la tempestad de la portada, EMI debió de haber oído algo especial en los ritmos del disco, porque nos dieron presupuesto para hacer dos vídeos antes de que saliera el álbum. No veníamos de haber logrado ningún éxito con nuestro álbum anterior, así que resultó extraño. El *Uplift* había vendido unas setenta mil copias, cantidad que quizá diera para recuperar lo que había costado. En cualquier caso, estábamos contentos con el nivel de interés y compromiso, así que grabamos los vídeos uno detrás del otro para acompañar los *singles* del álbum. El primero fue el de *Knock Me Down*, donde Alex Winter hacía de un vagabundo estilo Chaplin que está paranoico y deambula por una casa de los horrores, impactado por unas imágenes psicodélicas y mórbidas de estrellas del rock muertas en las paredes. Entra en una habitación blanca entera en la que Flea, John, Chad y yo estamos bailando como locos y rebotando contra las paredes, tocando la canción.

El vídeo de *Higher Ground* lo grabamos en uno de los famosos viejos estudios SIR donde los Tres Chiflados rodaban sus películas. Teníamos un departamento entero de maquillaje y escenografía y gente especializada en vestuario, además de un escenario enorme, gigante, cosa que ya era todo un salto. Cuando rodamos el vídeo de *Catholic School Girls Rule*, la madre de Dick Rude se encargó de la comida para el rodaje. En esta ocasión, teníamos que ponernos a bailar y a superarnos unos a otros saltando de cosas, así que fue un vídeo divertido de rodar.

> *I'm tired of being untouchable*
> *I'm not above the love*
> *I'm part of you and you're part of me*
> *Why did you go away?*
> *Too late to tell you how I feel*
> *I want you back but I get real*
> *Can you hear my falling tears*
> *Making rain where you lay*
> *Finding what you're looking for*
> *Can end up being such a bore*
> *I pray for you most every day*
> *My love's with you now fly away*
> *If you see me getting mighty*
> *If you see me getting high*
> *Knock me down*
> *I'm not bigger than life*
> *It's so lonely when you don't even know yourself*[24]
>
> (de *Knock Me Down*)

---

[24] «Estoy cansado de ser intocable / No estoy por encima del amor / Soy parte de ti y tú lo eres de mí / ¿Por qué te tienes que ir? / Demasiado tarde para decirte cómo me siento / Quiero que vuelvas, pero tengo los ojos abiertos / ¿Oyes cómo me caen lágrimas? / Crean una lluvia por donde pasas / Encontrar lo que buscas / Puede terminar siendo un rollo / Rezo por ti a diario / Mi amor está contigo y ahora vuela /

Ese final es solitario y triste, pero cierto. Así es como te sientes cuando estás ahí fuera y una energía lo bastante oscura se apodera de ti y piensas: «¿Quién cojones soy? ¿Qué me ha pasado?». Estoy seguro de que ahí fue donde acabó Hillel. Hillel sabía muy claramente quién era y lo que quería al principio de su vida: se trataba de una persona decidida y trabajadora, creativa, amante de la vida. Al final, terminó olvidándose, cosa que he visto ocurrirle a mucha gente.

«Knock Me Down» fue el primer *single* del *Mother's Milk*, y sí que salió en la radio. Cada dos por tres, Lindy nos decía que una emisora había incorporado la canción, pero eso en realidad no computaba. Unos meses después, durante una gira de fin de semana en Washington D. C., Flea, John y yo paramos un taxi en mitad de la capital del país. Nos montamos, el conductor nos miró y dijo: «Eh, ¿sois vosotros? ¿Cómo es el tema ese? ¿"Pégame", "Hóstiame", "Patéame"? Me encanta esa canción. Sois esos tíos, ¿verdad?». Aquella fue la primera vez que alguien de fuera del ambiente musical *underground* tomaba conciencia de nosotros arbitrariamente.

En septiembre de 1989, empezamos un ciclo de un año de gira con el *Mother's Milk*. Otro indicio de nuestra escalada de éxito fue cuando pasamos a usar un autobús de gira en toda regla. De cualquier forma, necesitábamos el espacio, porque íbamos con mucha gente por la carretera. Contratamos a Tree para tocar la trompa, pero se sacó la idea absurda de tocar un sintetizador híbrido eléctrico en el que soplabas y producía varios sonidos de trompa. Luego contratamos a Kristin Vygard y a Vicky Calhoun como coristas. Kristin, una cantante plena que había triunfado como actriz infantil, era una loca de metro y medio, pelirroja y con pecas en la cara, y había sido cantante de jazz en el mundillo de Hollywood. Vicky, una tipa negra grande, había cantado los coros de *Knock Me Down* y había salido en el vídeo. Además del grupo, teníamos a Chris Grayson, nuestro hombre de sonido; a Mark Johnson, nuestro *manager* de la gira; y a un nuevo rostro en la organización, un *roadie* llamado Robbie Allen. Cuando llegamos

---

Si me ves coger poder / Si me ves coger vuelo / Bájame de nuevo / No soy más que la vida / Qué soledad cuando no te conoces siquiera», de *Bájame*.

a Inglaterra al final de la gira, Robbie desarrolló un *alter ego*, Robbie Rule, que presentaba los conciertos. Con la ayuda de Flea y John, Robbie creó un número cómico musical en el que salía a escena y fingía cortarse la polla. Era un truco de magia de «ahora lo ves, ahora no lo ves». Salía con un cuchillo de carnicero real que estaba afilado por un lado y totalmente romo por el otro. Entonces se sacaba la polla, ponía el cuchillo encima y sutilmente giraba el cuchillo para que el lado romo no le hiciera ningún daño en sus partes blandas. Al igual que Bob Forrest, Robbie era un músico frustrado que trabajaba como *roadie*, así que le dimos su momento de gloria en el escenario. Era un espectáculo loco dentro de otro espectáculo, y Flea hacía unos redobles cómicos de tambor durante la actuación. Todos los chavales de la campiña inglesa tuvieron que soportar el corte de polla antes de que saliéramos a escena.

Como ya no me iba en busca de cocaína ni de alcohol, hubo que crear otros entretenimientos. Algo que llamamos «el encargo» dio vida al tedio de estar en la carretera. Dado que tocábamos en muchas universidades, normalmente nos daban la comida en el mismo sitio del concierto, comida que consistía en platos recalentados de la cafetería, rociados con un aliño de ensalada de solidez industrial. Resultaba complicado distinguir si ese líquido misterioso servía para aderezar la comida o para limpiar el suelo.

El primer encargo que ideamos fue en Canadá, donde nos encontramos con un cuenco de trozos de beicon de tamaño gigante en nuestra mesa de comedor. Se nos ocurrió la idea de recaudar algo de dinero y retar a Mark Johnson con el encargo de comerse el cuenco entero. Resultó que Johnson era capaz de comer un poco de mierda, así que cumplió con su encargo perfectamente.

Mi primer encargo consistió en comerme lo que parecían ser doscientos gramos de mantequilla que nos pusieron a la mesa en un concierto. Tenía tres minutos para terminármela y ciento veinte dólares que ganar, pero solo me había comido la mitad cuando tuve que dejarlo. Pensé que podía controlar el encargo con la cabeza, pero el cuerpo rechazó tanta mantequilla. Al final,

Flea, John, Chad y yo nos dimos cuenta de que era estúpido torturarnos entre nosotros con esos encargos, cuando podíamos torturar a quienes nos rodeaban. Además, no estábamos tan necesitados de dinero como el tío de sonido, o una de las coristas o el *roadie*. Una noche, estábamos en el *backstage* de una universidad en mitad de Pennsylvania, y nuestros anfitriones nos pusieron algo incomestible. Las chicas nos habían estado pinchando con los encargos, así que cogimos una garrafa de vino vacía y empezamos a mezclar varias salsas y condimentos y terminamos con una botella llena de una cosa verde que no habría estado fuera de lugar en *El bicho de quince metros que se comió St. Louis*. Luego elegimos a la pequeña Kristin, que necesitaba la pasta, y pusimos entre todos ciento ochenta dólares para que se bebiese la garrafa entera y aguantase cinco minutos sin echar nada. Kristin era pura dinamita multiplicada por diez en todo lo que hacía, así que no solo aceptó el encargo, sino que se ofreció a comer varias movidas más si añadíamos otros cincuenta pavos. Reto aceptado.

Como no queríamos dejar a Vicky fuera de aquello, pusimos más dinero y le asignamos el encargo de comerse todo el contenido de un enorme recipiente de metal, lleno de bolas de sebo. Aceptó, se sentó y se comió todo el cubo como si fuese crema batida. A continuación, todos nos quedamos observando a Kristin. Yo me habría puesto a lanzar vómitos con solo oler aquel lodo, pero Kristin desconectó el chip, cogió el litro de pringue, se lo bebió y luego se comió las porquerías extras. Cuando terminó, saqué el reloj y me senté con ella, que empezó a sudar, a gritar y a ponerse de quince colores distintos. Pero aguantó los cinco minutos y, cuando el tiempo había pasado, se levantó con calma, se dio la vuelta, fue al baño y le salió todo volando del cuerpo. Al oír la primera arcada de Kristin, Vicky perdió el control y salió corriendo al baño: parecían dos coches trucados en una carrera, alentándose la una a la otra. Cuando regresaron, todo había degenerado en una pelea de lanzamiento de comida, hasta que apareció una señora de la limpieza muy severa y corpulenta, nos reprendió y nos mandó limpiarlo todo, cosa que hicimos muy diligentes.

La comida en la carretera era execrable, pero a los pocos meses de gira, el sexo se había incorporado al menú. Eso ocurrió solo porque había roto con Ione en diciembre. Había logrado permanecer sobrio sin ingerir drogas, así que en buena medida el cuerpo se me había curado de toda esa actividad tortuosa, aunque no tuviese la cabeza aún lo bastante sana como para solucionar los problemas que surgían en una relación. Ninguno de los dos nos adaptamos a la situación tras mi llegada a la sobriedad. Yo había sido siempre el tío desastre necesitado y rastrero, y ella la cuidadora que, por el motivo que fuese, me quería y se ocupaba de mí hasta que volvía a estar bien. Cuando eso cambió, en vez de encontrar entre los dos una dinámica que funcionase, más sana y sostenible, no lo hicimos. Yo no tenía a nadie en mi vida de quien quisiera escuchar: «Tío, ahora estás sobrio, pero estás actuando como un gilipollas de cojones. Trabaja en todos los pasos y haz inventario, y mira a ver quién eres y mejórate». Seguía siendo el niño celoso, rabioso, controlador, egoísta y malcriado que había sido siempre, solo que sin drogas.

Nos convertimos en una típica pareja más, con peleas constantes, y sabía que nuestra relación estaba condenada. Entre nosotros no estaba pasando nada terrible, pero no nos hacíamos felices el uno al otro, ni nos entregábamos plenamente el uno al otro. Nos diluíamos y discutíamos, y creo que los dos estábamos ya fuera de aquella historia, pero teníamos miedo de dejar al otro, porque a ratos me sentía más unido a ella de lo que me había sentido nunca antes con nadie.

Al final, ocurrió en mi casa. Muy al estilo clásico, le dije:

—Por favor, coge tus cosas y vete de aquí.

—No, no quiero irme. Quiero quedarme aquí contigo.

Eso se repitió una y otra vez, y a la décima fue la vencida.

—Coge tus cosas y vete de aquí de una puta vez —le solté.

Me miró y dijo:

—Pues creo que sí, que voy a irme.

—Bueno, pues hazlo. Coge tus cosas y andando, señorita.

Se marchó de casa y nunca regresó.

Ione se fue a vivir de nuevo con su madre, y yo me quedé esperando a que el patrón se cumpliese solo, a que tarde o temprano volviese, pero no fue así. Estaba desesperado, me sentía solo y confundido, y me preguntaba por qué había tenido que decirle que se fuera cuando en realidad quería que se quedara. Unos tres días después, la llamé y le dije:

—¿No es ahora cuando vuelves a casa como todas las demás veces?

—No, no, no, de verdad, no. En realidad, no voy a volver nunca más. Por fin estoy de acuerdo contigo. Se ha acabado.

Al poco, llegaron las Navidades. Antes de ir a casa, a Michigan, le compré a Ione una estatuilla *art déco* y se la llevé a su casa. Abrió la puerta la madre.

—Tengo este regalo para Ione.

—Vas a tener que dejarlo en el porche.

«Guau», pensé. Dejé el regalo y me fui hundido camino del avión. Escribí una canción triste y solitaria, de corazón roto, sobre el tema, que nunca se convirtió en una canción en sí, solo en algo que me cantaba a mí mismo. Solía escribir canciones a modo de mantras para cantármelas y lidiar con lo que me estuviese pasando en cada momento.

En casa de mi madre, estuve solo por primera vez en años para Navidad. Me di cuenta de que la historia con Ione se había acabado y de que ella ya tenía a otra persona en su vida, así que lo mejor era aceptar que eso pertenecía ya a la belleza y al flujo de la vida, y que era momento de avanzar hacia un nuevo capítulo de vida, amor y aventura. Aun así, quedaban un montón de capítulos sin cerrar en nuestra relación. Pasarían años y años y años antes de que me sintiera capaz de entender y afrontar todas mis mentiras, mi locura y mi terrorismo emocional. Me alegro de haber podido expresárselo todo a ella al final, y de haber intentado compensarla.

Cuando regresé de Michigan, el grupo dio un gran concierto en el Long Beach Arena, actuación que grabaron para hacer un documental. En mitad de una entrevista en el *backstage*, el periodista empezó a preguntarme por Ione y le conté que habíamos tenido una ruptura complicada. Justo en ese momento, John se asomó al encuadre de la cámara y dijo: «Eso es, damas y caballeros. Anthony es un hombre libre, y ya sabéis qué significa eso:

hora de follar». Fue la manera de John de sacarme de la bajona y una táctica que usamos los dos durante el resto de la gira del *Mother's Milk*. Quizá yo tuviese mis reservas ante la disponibilidad tan fácil de las tías en la carretera, pero esas reservas se quedaban en la teoría. El sexo estaba de nuevo en el menú.

Y lo estaba además de nuevo con total libertad. En Houston, mientras salíamos del escenario camino del autobús, me topé con otra doble de Marilyn Monroe. Al contrario que su homóloga de Nueva Orleans, esta pequeña Marilyn nunca abandonó su personaje. Se convirtió en mi novia de Houston, y siempre que tocábamos allí, terminaba volviendo a su apartamento y follando con ella, que se mantenía en su película personal de Marilyn.

No todos mis rollos de carretera se consumaron. En una ocasión, fuimos a tocar a una universidad de Kentucky. Estaba en el *backstage* preparándome para salir cuando Robbie, nuestro *roadie*, vino de visita sorpresa al camerino.

—Swan, he pensado que esta tía te iba a gustar. Por lo que he podido ver, es de tu rollo.

Levanté la mirada y vi a una auténtica princesa universitaria, de piel blanca y pelo negro. Una princesa a la que habían esposado con las manos a la espalda, con cinta americana.

—Gracias, Robbie, ahora vete —le dije, y procedí a darle a esa joven deliciosa indicaciones explícitas para llegar al motel, muy cercano, y tener un encuentro después del concierto.

—Ah, no, pero si era de coña. Solo quería decirte hola —me replicó, con su adorable acento duro de Kentucky—. Estoy ahí con mi novia, y tengo a mi novio en casa.

—Bueno, vamos a pasar el rato al menos. No digo que tenga que pasar nada.

—No sé si eso va a ser posible. Me gustaría que fuésemos amigos, pero no sé si a mi novio le haría gracia, y le soy fiel.

Mientras la miraba, pensaba que me iba a morir si no conseguía estar con ella. No tenía forma de continuar la gira si no lograba conocerla. Me contó que vivía con su madre y con su padre, y de algún modo me las arreglé para sacarle la dirección.

Llegó el momento de subir al escenario, dimos el concierto y en cuanto volví al *backstage*, busqué a Robbie.

—¿Dónde está la chavala? —le imploré.

—Llevo media hora buscándola, tío. Ha desaparecido. De ninguna manera iba a dejar que esa tía desapareciese en la noche de Kentucky. Cogí un boli y un trozo de papel y me senté a escribirle una carta poética, y luego busqué a un chaval universitario para que me llevase a su casa. Era sobre medianoche. Encontré la casa, fui a la parte de atrás y empecé a decir su nombre, sin obtener respuesta. Le dejé la nota en el buzón, junto a los números de contacto de los siguientes hoteles en los que iba a alojarme.

Unos días después, estábamos en Chicago y conocí a una tía que parecía una actriz joven de los setenta, con la cabeza cubierta por un pelo castaño muy rizado. Era muy libre y fácil de tratar, dulce y, obviamente, una entusiasta del sexo, así que me la llevé al hotel. La habitación la compartía con John. Con solo besar y tocar a esa tía, me di cuenta de que era del tipo de seres con un nervio hipersensible que se intensifica al máximo cuando los tocas en cualquier parte. Le dije a John que necesitaba estar a solas con esa tía; me respondió que Chad tenía una cama supletoria en su habitación y que se había ido por ahí a beber. Resultaba que John tenía además la llave supletoria, así que la cogí y me cambié a la habitación de Chad.

Nos tumbamos en la cama supletoria, nos quitamos las camisetas y nos pusimos a besarnos y a tocarnos. Notaba a aquella tía inusualmente receptiva y, cuando todo estaba a punto de caramelo, oí algo similar a un tropel de caballos trotando por el pasillo. Antes de poder reaccionar, la puerta se abrió de golpe y ahí estaba Chad, salvo que no se parecía a Chad: algo se había apoderado de él. Llevaba a remolque a una heavy-metal menuda y loca. Al verme, Chad me gritó:

—¿Qué cojones estás haciendo aquí, cabrón? ¡Te voy a arrancar la puta cabeza!

—Eh, eh, Chad, venga, eh, eh —le dije, pero estaba fuera de control.

Se me echó encima, salté de la cama y me siguió, golpeando las lámparas, dándose con las paredes, lanzándome unos golpes tremendos. Le dije a la tía que cogiera su camiseta, pero Chad seguía tirándose a por mí y yo seguía esquivándolo.

—¿Qué es lo que te pasa? Relájate —le dije.

—¿Quién te ha dejado entrar en mi habitación? Voy a matarte —farfulló.

Siguió lanzándome golpes directos con odio y venganza en los ojos, como si le hubiese hecho algo terrible, aunque conociendo el historial de nuestro comportamiento en la carretera, siempre había ese toma y daca con las habitaciones cuando alguno terminaba la noche con una tía. Al final, la tipa y yo nos precipitamos hacia la puerta. Resultó que Chad se había bebido una botella entera de tequila y estaba en pleno ataque de ira, con lagunas mentales. Aún hoy guarda solo vagos recuerdos de haberme visto en su habitación.

La tía fue muy comprensiva con toda la historia. «Tu batería ha bebido un poco de más, supongo. Vamos a otro sitio para estar juntos». Nos alojábamos en un hotel antiguo de ladrillo, levemente transitado y tranquilo, con montones de pasillos, así que nos acurrucamos junto a un radiador en el rellano de una escalera y tuvimos relaciones justo allí. Lo que yo no sabía era que aquella tía no solo era hipersensible, sino además una chillona de primera clase. Al principio pensé que estaba de coña, porque le toqué el coño y empezó a bramar a pleno pulmón. Todas y cada una de las personas del hotel la pudieron oír claramente, pero llegados a ese punto no había vuelta atrás.

La cosa continuó durante un rato. Cuando volví a mi habitación, John estaba despierto con los ojos como platos.

—Por Dios, ¿te das cuenta de que todas las personas que hay en este hotel han escuchado todo lo que acaba de pasar?

Procedí a promocionar las virtudes de una tía que no podía controlarse a ningún nivel, y entonces John me interrumpió:

—Si alguna vez se da el caso de que creas que todas las partes implicadas lo verían aceptable, tengo que experimentar algo así.

—Calma, vaquero. Ya veremos. Nunca se sabe.

La tía acabó acompañándome por unas cuantas ciudades. Disolvimos la compañía en Milwaukee, su ciudad natal.

La siguiente parada en la gira fue Cincinnati. Contra todo posible pronóstico, tanto la Tía Gritona como la Tía de Mis Sueños de Kentucky aparecieron en el concierto. En ese momento, tuve que tomar una decisión, y no es algo de lo que me sienta terriblemente orgulloso, pero llamé a John y le dije: «John, por favor, aprovecha y experimenta el portento del grito, que yo tengo que perseguir a Kentucky». No tenía elección. No podía imaginarme una compañera sexual mejor que la gritona, pero por muy bueno que fuera el sexo, tenía que conseguir a Kentucky.

El pobre portento del grito vio lo que estaba pasando y me miró en plan: «Hijo de puta», pero al mismo tiempo se mostró dispuesta a aceptar el afecto de John, y se largaron juntos. Después del concierto, le rogué a la tía de Kentucky que me acompañase a la habitación para estar conmigo. Por suerte, tenía una habitación grande para mí solo, así que nos sentamos allí y estuvimos hablando un par de horas. Yo solo quería estar cerca de ella y olerla, mirarla y tocarle la mano. Me contó que estaba a punto de cursar un doctorado en Massachusetts, y yo empecé a hacer notas mentales, porque estaba preparado para seguir a esa tía a cualquier parte. Con paso lento pero seguro, me fui acercando a ella, y me dejó abrazarla y besarla. Al final, consintió que nos metiésemos juntos en la cama, pero trazó una línea divisoria con respecto a las relaciones sexuales.

«Mira, a mí me va a valer con estar aquí tumbado desnudo contigo, créeme, es maravilloso, soy feliz estando contigo», le solté entusiasmado. Pensé que querría que durmiésemos acurrucados, y sentí la mano de Dios rozándome otra vez. Nos tumbamos en aquella cama, en aquella habitación antigua de techo alto, y nos besamos y nos tocamos, y el motor espiritual vibrante, revolucionado y ondulante de esa mujer empezó a bullir, y me dejó que la introdujese en un intercambio muy largo y maravilloso de sexo oral. Yo estaba sobrio de cabo a rabo, tumbado bocarriba mientras me la chupaba, y había tal intercambio de amor, y ella estaba poniendo tanto corazón en esa expresión física, que empecé a abandonar mi cuerpo y fui capaz de mirar hacia abajo y verme tumbado en la cama junto a esa tía, con los mechones de pelo castaño que le caían y su preciosa piel blanca, hablándome de amor. Me quedé observando un rato y luego volví a bajar y todo siguió su curso, y me di cuenta de que aquel era el momento sexual más precioso de mi vida hasta entonces.

Después de eso, Kentucky desapareció, y la siguiente vez que salimos de gira, al llegar a la zona de Massachusetts, miré en la guía telefónica y llamé a todas las universidades, en vano. Siempre que pasábamos cerca de Boston, salía a la calle en plan: «¿Conoces a una tía llamada bla, bla, bla? Es…». Nada. Llamé a Kentucky y encontré a varias personas con su apellido. «¿Tiene usted una hija que bla, bla, bla…?». Años más tarde, di con alguien que se acordaba de ella y me contó que me había mencionado en una ocasión. Nunca pude volver a encontrarla y esa mujer lo significó todo para mí. Seguro que ahora está casada, con diez hijos, pero quién sabe... Quizá lea este libro.

Si estás leyendo esto, Kentucky de mis sueños, por favor, sáltate la historia que viene ahora. Más adelante, en esa gira, tocamos en un restaurante-discoteca de Baltimore. Un par de horas antes del concierto, yo estaba pasando el rato en mi habitación con John, en otro hotel clásico y antiguo, extrañísimo, cuando sonó el teléfono. Era Flea, que compartía habitación con Chad.

«¡Tíos! ¡Tíos! Tenéis que venir a mi habitación pero ya. Estamos con unas tías y esto es una locura. Venid ya. Adiós». John y yo subimos corriendo las escaleras, nos dirigimos a la habitación de Chad y Flea, y nos topamos de golpe con una de las cosas más estrafalarias que hubiese visto yo nunca.

Chad Smith estaba sentado en un sofá, vestido de pies a cabeza, en calma y relajado. En una mano tenía una espátula de cocina y en la otra, un cucharón de madera. Había tres tías en la habitación, dos de ellas en *topless*, con unos pechos abundantes, bailando encima de la mesa. De hecho, una de ellas llevaba uno de los zapatos de Chad metido debajo las tetas, sosteniéndolo con el considerable peso de sus mamas. La otra tía en *topless* tenía un montón de monedas en equilibrio encima de sus grandiosos globos. Chad estaba allí sentado como una especie de empresario raro, azotando a las tías alternativamente con la espátula y lanzándoles monedas sobre los pechos.

«Queremos bailar, ponednos una canción», suplicaban las tías. En la habitación no había radiocasete, así que empezamos a interpretar a capela algunos temas nuestros y versiones de los Led Zeppelin. Íbamos correteando por la habitación, cantándoles canciones a dos tías que tenían los culos enrojecidos por las marcas de una espátula. Una cosa llevó a la otra, y John y yo terminamos en el baño con las dos tías que iban en *topless*, y que a esas alturas ya iban desnudas. John estaba de pie dentro de la bañera y yo, sentado en el lavabo, y montamos una fiestecita sexual calenturienta. Lo increíble fue que las tías se lo tomasen con tanto desenfado, charlando tranquilamente mientras nos hacían mamadas a los dos. John y yo nos mirábamos y nos encogíamos de hombros. «Joder con Baltimore. ¿Quién lo iba a decir?».

Para cuando llegamos a Japón en enero, no solo nos llevábamos todos bien, sino que estábamos empezando a sentirnos como un grupo de verdad. Dimos un concierto de calentamiento en Nagoya, y luego cogimos el ritmo fuerte en Osaka. Después de la actuación, el promotor nos llevó a todos a un banquete de *sushi* japonés, en el que Mark Johnson superó un encargo al tragarse la bola más grande de *wasabi* que quedaba. Para entonces, yo había observado que las japonesas eran mucho más reservadas y no tan abiertamente sexuales como sus homólogas estadounidenses o europeas. Por lo general, salíamos todos de juerga con tías, o al menos intentábamos pasar el rato con algunas, pero la quietud y la timidez de las japonesas resultaban poco atractivas. Aunque no hay que dejarse engañar del todo por las apariencias, porque al final, somos todos criaturas movidas por la biología, y si logras meter cabeza, la biología puede tomar el mando y la cultura, perder su poder.

Mientras salíamos del restaurante, convencí a una japonesa magnífica y a su amiga bastante normalucha de que nos acompañasen a John y a mí al hotel. Después de cinco horas de chantaje amoroso y sutil ininterrumpido, al romper el alba, la tía magnífica estaba tan cachonda y era tan incapaz de repetir que de ninguna manera podía practicar sexo que se dio por vencida y me entregó todo el amor que tenía. Fue una experiencia increíble verla pasar del «no, no, no soy ese tipo de tía» al «sigue follándome, por favor». Todo terminó yendo bien, se quedó a dormir y pasamos la mañana siguiente juntos.

Llegó el momento de coger el tren a Tokio y la tía se puso un poco penosa. Insistió en ir a la estación de trenes a decirnos adiós.

Cuando me registré en el hotel de Tokio, había un mensaje en tono exigente esperándome. «Tienes que mandar a alguien a buscarme ahora mismo», escribió con dureza. ¿Mandar a alguien a buscarla ahora mismo? Quizá alguna etiqueta del protocolo japonés exigiera que después de practicar el sexo con una tía hay que mandarla a buscar. Yo no lo sabía, pero en cualquier caso no mandé a nadie. Aquella noche, tocamos ante otro público educado y contenido. Después del concierto, estaba sentado en el *backstage* cuando levanté la vista para encontrarme con la tía más bonita que había visto en toda mi vida entrando en el camerino. Era una diosa nórdica de metro ochenta y diecinueve años, rubia, con unos grandes ojos azules, un masculino peinado a tazón, y una sonrisa increíble. Además, llevaba una camiseta con una cara enorme de Woody Allen y las tetas le abultaban a la altura de las gafas de Woody, de tal manera que los ojos del director parecían mirar en direcciones distintas. No podría haberle encargado a Dios que me hiciese un espécimen físico más perfecto.

En aquel preciso momento, vi claro mi destino: era mi nueva novia. Mientras entraba en la sala, le susurré a todos los tíos que tenía cerca: «Atrás. Esa tía es mía». Luego me acerqué directo a ella.

«Hola, soy Carmen. He venido de visita desde San Diego», dijo ella.

Me presenté y le conté que íbamos a estar por ahí durante un año más o menos, y pareció dispuesta a todo.

La agarré de un tirón y se vino a cenar con nosotros. Luego me acompañó a la habitación del hotel. Al contrario que la tía de Osaka, no tuvimos que esperar hasta el amanecer para meternos en la cama. Era tan preciosa, y me sentía tan atraído por ella, que me puse nervioso ante la idea de tener ese momento sexual. Carmen se dio cuenta de mi inquietud y, con una gracia relajada y encantadora, afirmó: «Este momento es perfecto. Da igual lo que pase, no hay otro sitio en el mundo en el que quisiera estar ahora más que tumbada aquí contigo».

Mi oleada de inseguridad quedó barrida por el tsunami de su amor. Aquella noche se convirtió en uno de los momentos de unión más potentes y mágicos que he experimentado nunca. Me sentía como si hubiese terminado en el regazo del amor verdadero, con esa tía tan distinta de todas las demás que hubiese conocido antes. Tenía cierta extravagancia, era inteligente y sabía de buena música. Parecía relajada y cariñosa, y juntos éramos magia pura, y yo estaba completa y absolutamente preparado para ser su hombre desde aquel momento en adelante.

Carmen era modelo de Elite y estaba trabajando en Japón. A la noche siguiente fui y me quedé con ella en su apartamentito de modelo en Tokio. Empezamos a compartir historias esa noche, y la suya estaba repleta de disfunciones. Su padre la había abandonado cuando ella era todavía un bebé y nunca fue capaz de conectar con él. Me contó que tenía familiares en Missouri, gente de lo más chunga que vivía en cobertizos improvisados junto al río y comía ardillas para cenar. Era todo muy interesante. Sin darme cuenta, había invertido los roles de mis anteriores relaciones y empecé a convertirme en el cuidador de Carmen.

Sería delito no mencionar que, sexualmente hablando, Carmen venía de otro planeta. Desde un punto de vista sexual, era la persona más magnificada con la que había estado y, en retrospectiva, creo que se trataba de una obsesión. Carmen vivía a través del sexo, y fuese cual fuese su dolor, no había nada que el sexo no pudiese arreglar. Yo estaba totalmente a favor de eso, porque sentía mi propio dolor y tenía mis propios problemas, así que, conforme avanzaba nuestra relación, cada vez que surgía algún problema, sencillamente nos poníamos a follar. Me decía cosas como: «Puedo correrme veinte veces seguidas sin problema. Podría pasarme una hora entera corriéndome», ¡y era verdad! No hay nada que te prepare para encontrarte con una tía que está hecha así, psicológica y fisiológicamente.

Dios bendiga a Carmen Jeanette Hawk por ser la primera novia de una nueva etapa de mi vida en la que era vulnerable y necesitaba hallar confianza. Por supuesto, estábamos en un país lejano, y por mucha pasión que sintiese hacia ella, yo me iba a marchar a Inglaterra y no era seguro que nos volviésemos a ver. Tenía unas ganas tremendas de que así fuese, pero el tiempo y la distancia saben cómo jugar con tus mejores intenciones.

Después de Tokio, estaba firmemente decidido a no seguir siendo una persona soltera. No me fui de cacería por Inglaterra, pero cuando paramos en Nueva York a la vuelta, conocí a una modelo llamada Karen que era una diosa de Sudáfrica, grande, fuerte y bien musculada. Me resultaba confuso, porque me había enamorado perdidamente de Carmen, pero ella seguía en Japón, y Karen era una persona cariñosa y amable y estaba interesada en pasar el rato sin más. Era la viva imagen de la salud, generosa de nalgas, generosa de pecho y generosa de corazón.

Hicimos un descanso en la gira, así que regresé a Los Ángeles y me fui de nuevo a mi apartamento de Orange Drive, en el que ya no quedaban cosas de Ione. Unos días después, recibí un paquete grande de Karen, lleno de fotos suyas preciosas, desnudos profesionales. Para entonces, Carmen había vuelto de Japón y se había ido a vivir con su madre a San Diego. Planeamos que viniese a pasar un fin de semana conmigo y fue una experiencia portentosa. Estuvimos unos primeros días maravillosos juntos en la cama, estrechando nuestra relación. Luego tuve que salir a hacer unos recados y dejé a mi gatita sexual ronroneando satisfecha bajo las sábanas. Cuando volví al dormitorio, había confeti por todas partes. No tenía ni idea de lo que había ocurrido hasta que cogí uno de los trocitos.

«Mierda. Esto es un pezón. Debe de haber encontrado las fotos», pensé.

Y no me equivocaba. Y Carmen no estaba dispuesta a aceptar nada de aquello.

«Si te estás viendo conmigo, ¿por qué esta tía te manda fotos suyas? —reclamó furiosa—. Esa zorra fresca de mierda ya puede estar borrando tu dirección». Aquel fue solo un exabrupto suave en comparación con lo que estaba por venir.

De todos modos, adoraba a Carmen, era divertidísima y tenía la risa más magnífica del mundo y estaba siempre sonriendo. No quiero ponerme muy pesado con el tema del sexo, pero es que era la persona más sexual de todas de las que me hubiese enamorado. Estaba empezando a abrirse camino de verdad como modelo, así que decidió mudarse a Los Ángeles. Como yo había salido recientemente de mi larga relación con Ione, me acobardaba que Carmen se viniese a mi casa directamente, así que fuimos a buscar apartamentos y encontró uno bonito a unos dos kilómetros del mío. Después de una semana allí, terminó viviendo conmigo, y así comenzó una relación caótica de armas tomar, que fue divertida a veces y emocionante siempre.

No voy a decir que Carmen fuese maniaco-depresiva, pero sí maniaco-algo. Pasaba de estar feliz, por las nubes, y con unas ganas desesperadas de sexo excitado a querer arrearme directamente en la cara porque estaba convencida de que había mirado hacia la calle, y había seguido con la vista e intentado memorizar el número de la vivienda en la que acababa de entrar una tía buena. La mitad del tiempo yo no tenía ni idea de lo que me estaba hablando; su imaginación volaba libre. Pero esas ocasiones quedaban compensadas por otras en las que Carmen me dejaba atarla y taparle los ojos en la cama y sacarle fotos con la Polaroid.

En abril de 1990, Lindy organizó una reunión del grupo para contarnos que a finales de esa semana íbamos a recibir nuestro primer disco de oro. El *Mother's Milk* estaba a punto de vender más de quinientas mil copias. No fue gracias a los de EMI, desde luego, que se mantuvieron más reacios que nadie, salvo Kim White, que siempre creyó en nosotros y luchó por que nuestro disco sonase en la radio universitaria, además de contribuir a que pasara a los canales alternativos y después a la radio general.

EMI nos llevó a Nueva York para la fiesta de celebración de nuestro primer disco de oro, pero aquello no significaba nada para nosotros. Parecía complicado y poco sincero creer que EMI estuviese intentando crear un ambiente de celebración por nuestro éxito de ventas. Aun así, en mitad de aquel huracán con la típica energía rara de las discográficas, miré a Flea, nos cogimos y nos abrazamos y sentimos que habíamos conseguido de verdad algo que no habíamos hecho antes, aunque nos hubiese costado cuatro discos e innumerables idas y venidas.

De repente, otras compañías discográficas empezaron a prestarnos atención, en especial después de que nuestro abogado, Eric Greenspan, mirara con lupa nuestro contrato con EMI. Pese a estar obligados a hacer un disco más con ellos, Eric se dio cuenta de que había una cláusula de servicios personales que invalidaba el contrato pasados siete años. Y nos acercábamos rápidamente a ese aniversario. Así pues, casi todos los peces gordos de la industria empezaron a montarnos su circo particular. Chris Blackwell, el fundador de Island Records, nos invitó a su casa en Hollywood Hills y nos habló de Bob Marley y de la historia de la implicación de su sello en el reggae. Fue divertido, pero incluso él admitió no tener dinero para igualar lo que otros grandes sellos podían ofrecernos.

David Geffen sí. Hizo una apuesta seria por nosotros, que incluyó llevarnos a casa a la vuelta de nuestro concierto de Oakland en el *jet* privado de su compañía. Lo gracioso fue que a ese mismo concierto habíamos ido en el *jet* corporativo de Warner Bros. Mo Ostin, de la Warner, era el más guay de todos los ejecutivos de discográficas que conocimos durante ese proceso. Había fundado la Warner, y cuando Flea y yo entramos en su oficina, nos sentamos a escuchar las historias de Mo sobre Frank Sinatra, Jimi Hendrix y Neil Young, que estaban todos en su sello. Más adelante, durante las negociaciones, Mo nos invitó a su casa de Brentwood. Si le pones techo a la mejor parte de Disneyland, te haces una idea de lo grande que era esa casa. Después de hacernos una visita guiada por su hogar, nos llevó fuera. El complejo estaba sobre una montaña desde la que se veían el mar e incluso el centro de Los Ángeles. Tenía una piscina del tamaño de un laguito, y cuando nos invitó a darnos un chapuzón, Flea y yo nos quedamos en ropa interior y nos tiramos al agua. Al salir de la piscina, había un mayordomo con toallas calientes esperándonos. Pese a toda la opulencia, Mo era un ser humano real con un espíritu enorme, un palpable amor por la música y un claro vínculo con ella.

Mientras se desarrollaba este cortejo, decidimos avanzar y ponernos a trabajar en nuestro siguiente disco. No íbamos a volver a colaborar con Michael Beinhorn, así que empezamos a hablar con otros productores, Rick Rubin entre ellos, famoso por su trabajo con los Beastie Boys. Habíamos pensado en Rick como productor por la época del *Freaky Styley*, y vino a visitarnos con los Beasties a nuestro espacio de ensayo en EMI. Más adelante, me dijo que durante el rato que pasó allí percibió la más oscura y opresiva de las energías, y que no veía el momento de salir de aquella sala. Pero estábamos ya en otro espacio distinto, así que hablamos con Rick y realmente nos gustó. Rick se había transformado a sí mismo de un neoyorquino impulsivo, carnívoro, agresivo y repulsivo, petado de cafeína, en un californiano vegetariano más suave, más amable, más gentil, de mentalidad espiritual e increíblemente generoso.

Así pues, Rick subió a bordo y empezamos la preproducción en un espacio de ensayo llamado Alleyway y situado en una zona tranquila del Valle de San Fernando, en Lankershim. La instalación era un espacio enorme de techos altos, con sofás, una sala diáfana y un escenario genial, a solo quince minutos de donde vivíamos todos. En cuanto llegamos a aquel lugar, nos convertimos en los músicos más prolíficos que hubiéramos sido nunca. Simplemente no podíamos parar de componer música. Improvisábamos todo el día, teníamos unas superideas, y luego Rick venía y se tumbaba en el sofá durante horas, tomando notas, echando siestas y empapándose de toda la música por ósmosis. No estaba encima de nosotros, era un tío relajado de verdad, pero pronto nos dimos cuenta de que no se le escapaba ni una. Nos dio unas ideas magníficas para los arreglos, y luego trabajó con Chad en los patrones y ritmos de la batería.

El día de Halloween, nos dimos un descanso en el trabajo para asistir a la fiesta de disfraces que un ricachón enigmático daba en su mansión de Bel Air. Había construido un escenario enorme al aire libre y había contratado a Jane's Addiction para tocar en su fiesta. Todos estuvimos de acuerdo en asistir a la fiesta con el mismo disfraz, que consistía en ponernos un consolador enorme de goma con correa y nada más. Yo me coloqué el mío como habíamos acordado y acudí a la fiesta con Carmen, que iba disfrazada apropiadamente. Llegamos y, tachán, ahí estaba mi buen colega Flea, totalmente desnudo salvo por el consolador. Luego vi a John con su erección falsa. Chad tampoco se rajó, y eso que estábamos a finales de octubre y hacía bastante frío. Así que allí nos plantamos cuatro tíos desnudos con nuestras erecciones intentando actuar como si no pasara nada.

Jane's Addiction empezó a tocar y todo el mundo se puso a corear las canciones. En un momento dado, Stephen Perkins de Jane's Addiction nos preguntó si queríamos tocar, así que decidimos hacer *Search and Destroy* de los Stooges, un tema que habíamos estado ensayando en Alleyway. En aquella fiesta había, sin exagerar, cientos de personas, y nosotros subimos a ese escenario enorme desnudos como capullos, pero con unas erecciones gigantes. Fue como andar por la luna: nos sentíamos ultramplificados por la desnudez y el frío y el gesto de camaradería de Jane's Addiction, que a lo largo de los años siempre había sido un poco nuestra competencia.

Las negociaciones con las discográficas al final se redujeron a dos opciones: Warner y Sony. Fuimos a ver a Tommy Mottola de Sony/Epic a Nueva York; en esos momentos, se encontraba en plena ola de éxito con Mariah Carey y Michael Jackson. Tommy estaba haciendo todo por conseguir nuestro contrato, y lo dejó claro cuando nos contó que sabía que estábamos hablando con los demás sellos, pero que al final íbamos a firmar con Epic.

Según nuestra opinión, en EMI nos habían tratado mal. Habíamos tenido a siete tíos distintos de A&R en siete años, sin ninguna estabilidad. Estábamos buscando un nuevo hogar. Cuando Eric convocó una reunión para almorzar y decirnos que Epic había subido la oferta en un millón, los cuatro nos levantamos y empezamos a hacer la conga por el restaurante, cantando: «¡Epic! ¡Epic! ¡Epic!». Habíamos pasado del más sincero «queremos algo familiar» a decir: «¿Un millón más? Vámonos con los monstruos corporativos de Nueva York».

Eric nos lanzó un bombazo en esa reunión. Se sentó y nos dijo: «Tengo una noticia para vosotros. Vais a pillar cada uno un cheque de un millón de dólares». Nuestro montante se limitaba a unos pocos miles de dólares cada uno, y de repente éramos millonarios. Parecía que hubiésemos ganado la lotería: nos pusimos a gritar y a abrazarnos entre nosotros cuando nos dimos cuenta de que, por primera vez, no íbamos a tener que rascar y rebuscar y vivir de semana en semana. Allí mismo, todos decidimos comprarnos una casa. En cuestión de dos semanas, todos teníamos un nuevo hogar.

Mi casa era una construcción reciente en la cima de Beachwood Canyon, en Hollyridge, una paleta en blanco que terminé rehaciendo muy al modo de los nuevos ricos. Saqué toda la moqueta y puse madera de teca clásica de Tailandia. En mi dormitorio pinté cada pared de un color. En la escalera instalé un mosaico demencial simulando un río que bajaba por los escalones. Pero la pieza estrella era la chimenea del salón. Quité la que había, una chimenea normal, y mandé a una cantería que me trajera rocas de río de Ojai. Luego hice una chimenea con la forma de una mujer desnuda gigante. Los troncos se echaban en la vagina y tenía unos pezones de cristal púrpura de treinta y cinco centímetros. De todos modos, lo mejor de la casa era el patio de atrás, que daba a la cresta oeste del Griffith Park, una reserva natural enorme. Si estabas relajándote en la piscina, solo tenías que levantar la vista para ver el famoso letrero de Hollywood encima de tu cabeza.

Decidimos irnos con Sony, a condición de que le comprasen a EMI el último álbum que le debíamos. La plana mayor de Epic/ Sony Records acudió al Four Seasons en Los Ángeles a un almuerzo generoso para celebrar la decisión y sacar algunas fotos. Nosotros estábamos preparados para ponernos a trabajar en cuanto nos liberasen del contrato con EMI. Sin embargo, aunque nos dijeron que aquello sería solo cuestión de días, los días fueron pasando y se convirtieron en meses.

Entretanto, mi relación con Carmen era tumultuosa. Estaba fatal de la cabeza. La convencí de llevarla a terapia para que no se suicidara. Una vez, estábamos en el coche y empezó a gritar y a golpearse la cara, hasta que se puso un ojo morado. Luego intentó saltar del coche mientras yo iba conduciendo a toda velocidad. No pretendía forzarla a ir a terapia; solo me ofrecí a pagársela por ayudar, porque claramente estaba sufriendo. Si me ponía a mirar una revista, venía, me la arrancaba de las manos, retrocedía unas páginas y decía: «¿Por qué llevas tanto rato mirando esta página? ¿Quién es esta tía?». Íbamos al cine, y salíamos en mitad del mogollón de gente, como sardinas en lata, yo con la cabeza gacha, avanzando poco a poco, y entonces ella me pegaba y soltaba: «¿Por qué estás mirando a esa tía?».

Para entonces nos habíamos convertido en luchadores verbales, así que cuando se autolesionaba y luego se presentaba delante de mis amigos con un ojo morado, todo el mundo me miraba en plan: «Tío, ¿le has pegado?». ¿Quién se iba a creer que era ella la que se ponía los ojos morados? Estuve intentando sin éxito ponerle fin a la relación, pero después de comprarme la casa, simplemente no consentía marcharse. Se encerró en el baño con un cuchillo. Se había metido allí para cortarse las venas y tuve que echar la puerta abajo para llegar a ella: me la encontré de pie, con el cuchillo en la mano, pero no se había cortado, gracias a Dios.

El factor de los celos, el factor de la inseguridad y el factor del sexo como medicina fueron de mal en peor. Creo que en cuanto se dio cuenta de que estaba perdiendo el control sobre mí, sintió que se moría. Siempre que le sugería que quizá sería mejor no estar juntos, sufría un colapso y cogía un berrinche como el de un niño autista. El grupo había dispuesto una fecha para empezar a trabajar en el siguiente álbum, y yo tenía que liberarme de esa locura de relación para poder centrarme en el trabajo, porque el disco significaba para mí más que nada. Me ofrecí a conseguirle un apartamento, porque Carmen no tenía dinero suficiente, pero no lo aceptó. Le dije cientos de veces que se había acabado y que tenía que marcharse y que no podíamos estar juntos, y no dejaba de venir a la casa y gritarme, chillarme y aporrear la puerta, y yo bajaba a la entrada y le decía: «Carmen, no vives aquí. No puedes estar aquí. No estamos juntos, esto se ha acabado». Se quedaba allí fuera gritando y chillando y tratando de forzar la entrada para meterse en la casa.

Al final, le compré un billete de avión para que pudiese desfilar en Italia y ahí se terminó nuestra relación, cosa que agradecí a la buena estrella. Quizá Carmen no tuviese idea de cuánto drama infernal estaba creando, porque al final de la mayoría de esos episodios terminábamos follando; quizá en su mente eso quería decir que todo iba bien.

Poco después de aquello recibí una llamada de teléfono de Mo Ostin, de la Warner. «Me he enterado del trato que habéis hecho con Sony. Felicidades, parece un contrato fantástico y Sony no es una mala discográfica, así que salid ahí y haced el mejor disco que podáis. A por ellos». Colgué el teléfono, conmovido de verdad. La persona más guay y más auténtica que habíamos conocido durante todas esas negociaciones me había llamado personalmente para animarme a grabar un disco genial con una compañía rival. Esa era la clase de tío para la que yo quería trabajar. Telefoneé a Flea y él había recibido la misma llamada. Y se sentía igual que yo.

Llamamos a Lindy y le dijimos que nos contase cómo iba la situación entre Sony y EMI. Aparentemente, Sony se estaba dando contra un muro con EMI. Era todo lo que necesitábamos oír. Le rogamos que nos sacase del contrato con Sony para irnos con la Warner. Dejamos que Mo se pusiera al timón y, tras una llamada de teléfono a su viejo amigo que llevaba EMI, logramos salir de aquel sello y firmar con Mo. Estábamos listos entonces para grabar el mejor disco que pudiéramos hacer.

10

Los monjes del funk

Todos estábamos animados con nuestra relación con la Warner. Mo Ostin y sus socios, Lenny Warnoker y Steve Baker,
eran unos tíos llenos de sentimiento y de música. Pese a ser el
oficial ejecutivo corporativo de Warner Bros., Mo revolucionó
nuestro mundo día a día mientras estuvimos haciendo el primer álbum para él. Venía y pasaba el rato con nosotros en el
estudio de grabación, feliz de escuchar todo lo que tocásemos.
Nunca habíamos tenido una relación como esa con una compañía discográfica.

Aunque John y yo nos habíamos distanciado, el grupo estaba
en el mejor momento desde hacía años. Chad y John ya no se
sentían como los nuevos colegas, eran colegas colegas. Flea y John
se habían acercado tanto musicalmente como en calidad de amigos, y Chad estaba tocando mejor que nunca. Todos confiábamos
los unos en los otros, y eso se dejaba ver cuando pasábamos horas
y horas juntos improvisando canciones. Estábamos enchufados.
Cuando trabajamos en *Mother's Milk*, lograr hacer una canción
era como pedirle peras al olmo, pero con este disco había todos
los días una música nueva para que yo le pusiera letra.

Entretanto, empecé a estrechar lazos con Rick Rubin. A Rick
le iba la marcha de una forma muy distinta al resto de gente que
había conocido. Le encantaba hablar de tías y le encantaba conducir por ahí y escuchar música *ad infinitum*. Empezó a venir a
mi casa. Hablábamos de mis letras y repasábamos todas las cosas
sobre las que pensaba cantar con esa música tan genial que estábamos produciendo, ya fuese *Mellowship Slinky*, *Apache Rose Pea-
cock* o *Funky Monks*. Le enseñé la letra de *Power of Equality* y,

aunque pensaba que la música sí se prestaba a ese tratamiento, me dejó claro que no le iban las letras sociopolíticas.

—Me gustan las canciones sobre tías y coches y cosas así.

—¿Tías y coches? No puedo escribir sobre tías y coches. Eso ya está hecho. Quiero escribir sobre alguna historia rara que nadie haya tratado antes —protesté.

—Entiendo. Pero si quieres escribir una canción sobre tías y coches, me encantará escucharla.

Y, de hecho, intenté escribir una canción siguiendo la directriz de Rick: *The Greeting Song*. Todavía hoy sigo odiando ese tema. Odio la letra y odio las voces. Era como un tema de rock animado en la línea de Led Zep, pero nunca me logré identificar con él. Irónicamente, años después, General Motors nos llamó porque querían hacer una campaña publicitaria para el Chevrolet con la letra de *The Greeting Song* en una página en blanco. No podía dejar que lo hicieran; no creía en esa letra.

Pese a que las cosas iban bien creativamente hablando, empecé a sentirme el marginado del grupo, porque parte del nuevo vínculo entre Flea y John era su aprecio mutuo por la maría. Quizá Flea sintiera que era su oportunidad de enseñarme lo que se sentía al no verse incluido en un triángulo de amistad con John. Estoy seguro de que John probablemente estuviese resentido por el hecho de que yo siempre quería que a mi alrededor todo el mundo se mantuviese limpio, y nunca había llegado a irse de fiesta ni a experimentar con las drogas por su cuenta. Además, le parecía que su creatividad y su capacidad para componer canciones mejoraban cuando fumaba maría. Resulta irónico, porque para entonces yo había abandonado mis sentimientos militantes con respecto a la abstinencia y estaba avanzando en cuanto a la aceptación de que la gente a mi alrededor consumiera drogas, pero cuando entraba en algún escenario de fumetas seguía notándose esa atmósfera de «ahí llega el madero».

Un día aparecí en el ensayo y Flea y John estaban bien puestos de maría, y en un plan de «vamos a pasar de Anthony», y yo experimenté una sensación melancólica de pérdida porque John ya no estaba en mi mundo. Por la forma en la que me miraba, pude distinguir que ya no éramos amigos de verdad, más allá del hecho de estar juntos en aquel grupo y respetarnos entre nosotros a ese nivel. Ese día, me marché a casa después del ensayo por la carretera 101, y el sentido de pérdida por John y la sensación de soledad desencadenaron recuerdos de mi época con Ione, y de cómo esa preciosidad de ángel había estado conmigo, dispuesta a darme todo su amor, y en vez de abrazarme a eso, yo me había dedicado a irme al centro con unos putos gánsteres para chutarme revueltos debajo de un puente. Sentí que había tirado por la borda muchísimas cosas de mi vida, pero también percibí la existencia de un vínculo tácito entre la ciudad y yo. Había pasado tanto tiempo deambulando por las calles de Los Ángeles y caminando por Hollywood Hills que sentí que había una entidad no humana, quizá el espíritu de las montañas y el de la ciudad, que no me perdía de vista y me cuidaba siempre. Incluso aunque estuviese solo dentro de mi propio grupo, al menos notaba la presencia de la ciudad en la que vivía.

Empecé a improvisar por mi cuenta un poema en el coche y a ponerle melodía a las palabras y a cantar por la carretera. Cuando llegué a casa, cogí el cuaderno y lo escribí todo en estructura de canción, aunque pretendía ser un poema para lidiar con mi propia angustia.

Sometimes I feel like I don't have a partner
Sometimes I feel like my only friend
Is the city I live in, the city of angels
Lonely as I am, together we cry.

I drive on her streets 'cause she's my companion
I walk through her hills 'cause she knows who I am
She sees my good deeds and she kisses me windy
I never worry, now that is a lie.

I don't ever want to feel like I did that day
Take me to the place I love, take me all the way
It's hard to believe that there's nobody out there
It's hard to believe that I'm all alone
At least I have her love, the city she loves me
Lonely as I am, together we cry.

I don't ever want to feel like I did that day
Take me to the place I love, take me all the way

Under the bridge downtown
Is were I drew some blood
Under the bridge downtown
I could not get enough
Under the bridge downtown
Forgot about my love
Under the bridge downtown
I gave my life away[25]

(*Under the Bridge*)

Un mes después, Rick estaba por mi casa un día ojeando mi cuaderno, lo que muestra lo cómodo que me sentía con él por allí entonces.

—¿Qué es esto? —me dijo, y me pasó el cuaderno.

Había dado con *Under the Bridge*.

—Bueno, es solo un poema.

—Es un pelotazo. Deberías hacer algo con él.

—No es muy de nuestro estilo. Es lento y melódico y dramático.

—Pero es bueno. Deberías enseñárselo a los demás y ver si quieren hacer algo con él.

Me conmovió que le gustase el poema, pero seguía teniendo dudas sobre si era una canción apropiada para nosotros. Unos

---

[25] «Siento a veces que no tengo a nadie / Siento a veces que mi única amiga / Es la ciudad donde vivo, la ciudad de los ángeles / Solitaria como yo, llora conmigo. // Conduzco por sus calles porque es mi compañera / Camino por sus montes porque sabe quién soy / Ve mis buenas obras y me besa con el viento / Nunca me preocupo, mentira, pero ahí voy. // No quiero volver a sentirme como el día aquel / Llévame donde quiero estar, llévame / Cuesta creer que no haya nadie ahí fuera / Cuesta creer que esté solo del todo / Al menos tengo su amor, la ciudad me quiere / Solitaria como yo, llora conmigo. // No quiero volver a sentirme como el día aquel / Llévame donde quiero estar, llévame // Bajo el puente del centro / Allí derramé sangre / Bajo el puente del centro / Nunca era bastante / Bajo el puente del centro / Olvidé a mi amante / Bajo el puente del centro / Regalé mi vida», *Bajo el puente*.

días después, estaba en el ensayo con algo de tiempo libre, porque Flea no había llegado todavía.

—¿Por qué no les enseñas a John y a Chad eso que vi la otra noche en tu casa? —sugirió Rick.

—No, no, si ni siquiera está Flea.

Pero John y Chad estaban prestando demasiada atención al tema. Se sentaron y me dijeron:

—Oye, vamos a ver qué numerito tienes ahí preparado.

Les canté el poema en unas tres claves distintas de principio a fin, sin saber hacia dónde conducirlo, pero cuando terminé, se levantaron, fueron hacia sus instrumentos y empezaron a buscar el ritmo de batería y los acordes de guitarra adecuados.

Al día siguiente John vino a casa para pulir la canción. Trajo un amplificador Fender en miniatura y lo enchufó. «Venga, cántala otra vez. ¿Cómo quieres que suene? ¿Qué sensación quieres darle? ¿Hacia dónde quieres conducir el tema?».

Se lo canté y me sacó tres o cuatro acordes diferentes. Fuimos eligiendo uno a uno hasta que dimos con la progresión de acordes perfecta y más ingeniosa para la melodía. Y así nació una de las canciones del álbum.

John fue fundamental para la materialización de otro tema que terminaría estando en el álbum: una canción inspirada en mi relación breve y curiosa con Sinéad O'Connor. Conocí a Sinéad en un festival en el que tocamos en Europa, en agosto de 1989. Flea y yo éramos unos fans enormes de su *The Lion and the Cobra* y, de entrada, a mí me gustaban las calvas, porque sabía que si una tía se afeitaba la cabeza debía ser dura y auténtica y pasar de todo como de la mierda. Allí estaba esa irlandesa superabsurdamente buenorra y calva, con una voz mágica, unas letras geniales y una presencia tremenda. Nosotros tocamos primero, y durante nuestra actuación fui lo bastante imbécil como para dedicarle *Party on Your Pussy* a esa luchadora por los derechos de los indefensos, moralmente ética y políticamente correcta.

Al terminar nuestro concierto, Flea y yo nos pusimos junto al lateral del escenario y vimos a Sinéad. Eso fue antes de hacerse famosa, así que no se cohibía en absoluto; era de lo más atrevida. Subió al escenario con un vestido y unas botas militares y tocó su primera nota. Como una princesita guerrera irlandesa y extravagante, empezó a cantar a voz en grito aquellas canciones increíbles. Viéndola actuar, sentí un deseo mil veces mortal, y entonces soltó un comentario positivo sobre la mención que yo le había hecho. Vale, sabía de mi existencia y eso molaba.

Después del concierto la buscamos y le dijimos cuánto apreciábamos su música. En vez de responder un somero gracias, Sinéad nos invitó a echar el rato. Era tímida y modesta, y estuvimos hablando hasta que su *road manager* irrumpió y se la llevó para salir camino de su siguiente concierto. Por miedo a no volver a verla nunca más, regresé corriendo al camerino y le escribí una carta bastante significativa, haciéndole saber que sentía algo por ella. Me di prisa, la alcancé justo cuando estaba a punto de subirse al autobús y le di la carta. La aceptó, sonrió y me dijo adiós con la mano.

Y nunca pasó nada. Ni una palabra de respuesta. Desapareció en la nube gigante de un mundo distinto y nosotros seguimos nuestro camino, y ahí acabó todo, adiós. La vida siguió, hicimos una gira por Japón, yo conocí a Carmen y tuve una relación con ella de un año. Para entonces, Sinéad había sacado otro álbum y de la noche a la mañana se convirtió en la vocalista más popular del mundo. Un día, Bob Forrest me contó que Sinéad se había mudado a Los Ángeles y que la habían visto en el Victor's Deli, uno de nuestros sitios favoritos para desayunar.

Unas semanas después, estaba haciendo recados y me topé con Sinéad. Fue verla y derretirme. Me habría casado con ella en el momento. Entablamos una conversación, y le recordé que ya nos habíamos conocido en el festival y que le había dado una nota.

—Ah, sí, me diste una nota. La tengo. En el cajón de la cocina, en casa.

—¿Tienes la nota que te di en el cajón de la cocina?

No me lo podía creer.

—¿Qué te pensabas? ¿Que me ibas a escribir una nota como esa y la iba a tirar?

Y de repente me estaba invitando a cenar. Al poco, empecé a quedar a menudo con ella y con su hijo, Jake. No puedo decir que fuese el escenario típico para una cita, porque Sinéad estaba pasando por una época extraña —se había acobardado con todo lo que le había ocurrido—, pero empezamos a ir al cine y a museos, y le di clases de conducir en mi Camaro descapotable negro mate del 67. Salíamos a conducir y a escuchar música y nos besábamos y todo eso, pero no es que Sinéad me dejase exactamente entrar hasta la cocina, por así decirlo. Y no hablo solo vaginalmente. Aquello continuó durante semanas y se convirtió en la relación no sexual más maravillosa que yo había tenido. La adoraba, y todos los días al despertar le escribía un poemita y se lo enviaba por fax.

Nuestra relación progresaba, Sinéad me estaba mostrando un poco más de amor y de afecto, emocional y físicamente, y entonces, de pronto, todo llegó a un *impasse* inexplicable. Me puse un poco capullo cuando me contó que iba a ir a los premios de la Academia. Le sugerí que fuésemos juntos y al principio aceptó, pero luego me llamó para decirme que iba con su amigo, Daniel Day-Lewis. Me sentí menospreciado, no tanto porque saliera por ahí con otra persona, como por el hecho de que no fuese yo, porque en ese momento quería estar con ella a toda costa.

Ni siquiera después de ese incidente Sinéad me mostró nunca ningún indicio de que el tiempo que pasábamos juntos le pareciese otra cosa que encantador. Siempre que llegaba a su fin uno de nuestros encuentros, la miraba a los ojos y la veía feliz como un capullo en flor. Me sentía emocionado, y aunque quizá mostrase una actitud algo torpe y controladora, Sinéad tenía una forma reconfortante y sutil de bajarme a un estado mental más razonable. Era calmada y tranquila, y no consentía la pesadez de mi actitud. La cosa iba bien y estábamos encontrando un equilibrio.

Un día la llamé y le dejé un mensaje en el contestador, y luego salí. Al volver, tenía una respuesta grabada.

«Oye, Anthony, soy Sinéad. Me marcho mañana de Los Ángeles y no quiero que me llames ni vengas antes de que me vaya. Adiós».

Me quedé destrozado. De la noche a la mañana, habíamos pasado de «estoy ansiosa por volver a verte» a «no me llames ni vengas». No sabía a quién acudir, así que llamé a John. Le enfureció que Sinéad me tratase así y me sugirió que escribiera sobre ello y quedáramos más tarde, esa noche, para hacer una canción. Llevaba dos días seguidos lloviendo cuando me senté a la mesa del comedor, puse la versión de Jimi Hendrix de *All Along the Watchtower* en bucle para inspirarme y empecé a escribir una letra sobre lo que acababa de pasarme.

> *I could have lied, I'm such a fool*
> *My eyes could never never never keep their cool*
> *Showed her and I told her how*
> *She struck me but I'm fucked up now*
> *But now she's gone, yes she's gone away*
> *A soulful song that would not stay*
> *You see she hides 'cause she is scared*
> *But I don't care, I won't be spared*[26]
>
> (de *I Could Have Lied*)

Fui a casa de John sobre medianoche. John estaba como un científico loco. Había empatizado conmigo, pero le había poseído por completo la idea de acabar esa canción. Así pues, nos pusimos a trabajar y trabajar y nos quedamos despiertos toda la noche, escuchando aquella lluvia torrencial. Al final, terminamos la canción a las cinco de la mañana y, casete en mano, corrimos en el coche por esa tormenta de tormentas directos a casa de Sinéad. Era su última noche allí, y no llamé a la puerta, simplemente envolví la cinta y se la colé en el buzón. Sinéad se marchó de la ciudad al día siguiente. Los años pasaron, nuestro disco salió y la vida siguió. Hubo tragedias y triunfos, éxitos y fracasos, y gente que murió y gente que tuvo hijos, y yo siempre me pregunté cómo sería volver a encontrarme con esa chavala.

Años y años después, estaba en el Universal Amphitheatre en alguna gala estúpida de los premios MTV, porque Flea y yo

---

[26] «Soy estúpido por no andar con mentiras / Nunca, nunca, nunca pude ocultar lo que mis ojos decían / Enseñé mis cartas y le dije cómo hacerlo / Ella atacó y me ha dejado muerto / Pero ahora se ha ido, ya no volverá / Una canción conmovedora que desaparecerá / Se esconde porque está asustada / Pero no me voy a librar, no pasa nada», de *Podría haber mentido*.

presentábamos un premio con Tony Bennett, ni más ni menos. Después de la gala, mientras pasaba el rato codeándome con la gente en el aparcamiento de atrás, una limusina se detuvo allí mismo. Miré al interior y vi a Sinéad y a Peter Gabriel. Me acerqué, ella asomó la cabeza por la ventanilla y los dos nos dijimos: «Hola»; a mí no me salió nada más y ella me dedicó una sonrisa totalmente falsa. No había nada que decir. Ni siquiera logro recordar si le pregunté si había recibido la cinta. En general, el encuentro fue el intercambio más terrible, incómodo y tóxico del mundo, cero comunicativo. Quizá al final Sinéad me hiciera un favor. ¿Quién necesita ese tipo de problemas?

Con ese último álbum ampliamos realmente nuestra paleta musical. Un día John se me acercó con una música interesante, muy melódica y con un compás único. Tarareó una estrofa y un estribillo, y la emoción de los acordes que estaba tocando parecía corresponderse con mi ruptura con Carmen. Ni siquiera en el fragor de nuestras batallas turbulentas la consideré nunca una persona malvada ni la odié. Solo la veía como una muchacha que nunca tuvo la oportunidad de madurar ni lidiar con todo su dolor. No me sentí dolido por nuestra ruptura, sino aliviado; quería que ella se sintiera igual y encontrase su camino en la vida.

Al mismo tiempo, empecé a cuestionarme y a preguntarme si me habría quedado atascado en una repetición de los patrones de mi padre, saltando de flor en flor, buscando a la tía del día. Sin duda, no quería acabar como Blackie, porque por muy excitante y temporalmente satisfactorio que pudiera ser ese flujo constante de tías interesantes y preciosas, al final del día esa mierda es muy solitaria y sientes que no te queda nada. La letra refleja ambos puntos de vista.

Raised by my dad, girl of the day
He was my man, that was the way
She was the girl, left alone
Feeling the need to make me her home
I don't know what, when or why
The twilight of love had arrived

Twisting and turning, your feelings are burning
You're breaking the girl
She meant you no harm
Think you're so clever but now you must sever
You're breaking the girl
He loves no one else[27]

(de *Breaking the Girl*)

Grabar la canción fue increíblemente divertido, porque había un puente industrial enorme, así que salimos y cogimos un montón de trozos de metal, nos pusimos los cuatro unas gafas protectoras y reventamos el metal con martillos y palos, y de ahí surgió una orquestación preciosa de percusión con trozos metálicos.

Cuando empezamos a pensar en qué canciones pasarían en última instancia a la fase de grabación, resultó que el retraso con Epic y la salida a la palestra de última hora de Mo nos habían permitido componer material nuevo para casi dos discos. Trabajar con Rick había cambiado el modo en el que concebíamos la composición de las canciones. En el pasado, partíamos de un espacio de ritmos, no de un espacio de canciones, que era en lo que Rick ponía el corazón. Ese álbum se convertiría en lo mejor de ambos mundos. Nunca caímos en la noción convencional de composición de canciones, algo que habría ido en contra de nuestro ánimo agitador. Pero para eso hace falta improvisar, así que seguir el consejo de Rick y centrarnos en la creación de canciones era crucial. Aun así, nunca le dimos la espalda a ser un grupo de funk, basado en ritmos y sesiones improvisadas.

Una de esas improvisaciones daría lugar al tema de más éxito del álbum. Mientras el grupo improvisaba en trío, yo estaba apartado a un lado en el local de ensayo, trabajando en las letras.

---

[27] «Criado por mi padre, la tía del día / Él era mi hombre, las cosas así se hacían / Ella era la tía, abandonada a la soledad / Necesitada de hacer de mí su hogar / No sé qué, cuándo ni por qué / Llegó el ocaso y el amor se fue // Te revuelves, queman los sentimientos / Vas a destrozarla / Ella no quería hacerte daño / Te crees muy listo, pero ahora tienes que romper / Vas a destrozarla / Él solo se quiere a él», de *Destrozarla*.

Mis compañeros a veces eran unos auténticos artesanos intelectuales, y trataban de entrelazar sus mentes e idear partes específicas de una canción, pero otras veces simplemente se ponían a darlo todo y a disfrutar. En una de estas últimas ocasiones, Flea empezó a tocar una línea de bajo demente, y Chad lo flipó a muerte y se puso a tocar con él. Me impactó tanto la parte del bajo de Flea, que cubría todo lo largo del mástil del instrumento, que terminé levantándome de un salto y me acerqué al micro, cuaderno en mano. Siempre tenía fragmentos de ideas para canciones, o incluso frases aisladas en mente. Agarré el micro y canté a voz en grito: «Give it away, give it away, give it away, give it away now».[28]

Este verso había salido de una serie de conversaciones que mantuve años atrás con Nina Hagen. Nina era un alma sabia y se dio cuenta de lo joven e inexperto que era yo entonces, así que siempre me iba dejando perlas de sabiduría, no a modo de sermones, sino simplemente aprovechando oportunidades. Un día estaba echándole un ojo a su armario, mirando toda la ropa estrafalaria que tenía, cuando di con una chaqueta exótica de mucho valor.

—Qué guapo esto —le dije.

—Llévatela. Es tuya.

—Bah, no puedo. Es la mejor chaqueta que tienes.

—Por esto te la doy. Es importante dejar ir las cosas, eso crea buena energía. Si tienes un armario lleno de ropa y tratas de conservarla toda, tu vida empequeñece. Pero si tienes el armario lleno y alguien ve algo que le gusta y se lo das, el mundo se convierte en un lugar mejor.

Yo me había criado en una escuela de golpes muy duros, con una filosofía de no dejar escapar nada, de coger lo que quisieras, así que fue una auténtica epifanía ver a esa persona dispuesta a darme su objeto favorito. Se me quedó grabado para siempre. Cada vez que pensaba: «Tengo que conservar esto», recordaba: «No, tienes que dejarlo ir». Cuando empecé a acudir con frecuencia a las reuniones, uno de los principios que aprendí fue que, para

---

[28] «Déjalo, déjalo, déjalo, déjalo ya».

mantener tu propia sobriedad, debes dejársela a otro alcohólico que esté sufriendo. Siempre que vacías tu copa de esa energía, fluye una energía nueva y fresca para llenarla.

Yo había estallado y estaba al micro repitiendo: «Give it away, give it away», y Flea volaba por toda la longitud del bajo, y Chad se reía histérico, y John buscaba un hueco en el lienzo donde meter su parte de guitarra, y simplemente no paramos. Salimos todos de aquella improvisación convencidos de que teníamos las bases de una gran canción.

La insistencia de Rick en la mecánica de la composición de canciones dio lugar a una tradición que aún mantenemos hoy: el «enfrentamiento». Pongamos que estamos trabajando en un tema y que tenemos la estrofa y el estribillo, pero necesitamos un puente y ninguna de las piezas musicales que tenemos funciona. John y Flea desenchufan entonces las guitarras, se ponen frente a frente en el espacio de ensayo y se encaran. Luego uno se va al aparcamiento y el otro sale al pasillo, y los dos tienen cinco minutos para inventar algo. Cuando vuelven, los escuchamos con actitud justa y objetiva y decidimos qué parte le va mejor a la canción. Nunca ha surgido un desacuerdo importante porque alguno se haya empecinado en su idea. Los enfrentamientos son una herramienta fantástica para desarrollar partes, por su carácter espontáneo y creativo. En la superficie parece una idea competitiva, pero es una cosa muy lúdica y muy en el espíritu de servir a la canción más que al individuo. Para cuando esa pieza termina de pasar por todo el proceso en el que Chad añade lo que le corresponde, y o John o Flea aportan su parte, somos todos dueños en igualdad de condiciones de ese pequeño fragmento musical.

Después de aquel periodo largo, muy largo, de ensayos, composición de canciones e incubación de ideas, estábamos listos para grabar el álbum. Rick sugirió que nos pensáramos grabar en un lugar poco ortodoxo. Dio con una mansión encantada de estilo mediterráneo, un monumento histórico alucinante, enorme y vacía, a un tiro de piedra de donde todos vivíamos. Luego contrató a unos tíos de Canadá para que bajaran y montasen un estudio en el caserón. Había una biblioteca preciosa con paneles de madera que se conectaba mediante un ventanal con un salón mediterráneo gigante; nos vino genial, porque construyeron la sala de control en la biblioteca, instalaron la batería y las guitarras en ese salón enorme, y los amplificadores del bajo y la guitarra estaban en estancias separadas para sacar todos los sonidos limpios. Al recorrer la casa decidimos espontáneamente que nos quedaríamos a vivir allí durante la grabación del disco, así que todos elegimos nuestra habitación en alas distintas.

John tenía su propia escalera que subía a una habitación individual, bastante modesta. Allí se regodearía durante meses enteros en su propia sopa de rareza, pintando y grabando, leyendo y escuchando música. La hija pequeña de Flea, Clara, le había hecho unos dibujos muy bonitos en la pared de su habitación. Yo estaba en el lado opuesto de la casa, el más alejado, con mucho más espacio, y terminé grabando todas las voces allí: instalamos un micrófono con un cable que atravesaba la casa entera hasta llegar abajo, al estudio de control, y yo me ponía a cantar delante de la ventana, con vistas a una montaña y a la luna. Flea se fue arriba del todo, a la tercera planta, y ocupó una habitación que estaba alicatada como una sauna. Chad se retiró del plan. Habíamos oído que la propiedad la rondaba el fantasma de una mujer asesinada allí en los años treinta, y eso no le hacía mucha gracia, así que optó por regresar todas las noches a casa en su moto.

Contratamos a Brendan O'Brian como técnico de sonido del disco en lo que fue un golpe maestro, porque era el mejor en su terreno. Produciría luego muchos muchos álbumes importantes que llegarían a conseguir varios discos de platino. Brendan era un lince a la hora de pillar los sonidos de batería correctos, aparte de ser un gran músico por derecho propio. Terminó tocando en el álbum y constituyó una parte considerable tanto del sonido del disco como de la creación de un ambiente divertido y agradable a diario.

Decidimos documentar el proceso de grabación, así que contratamos a Gavin Bowden, a quien habíamos conocido en Inglaterra cuando Flea y yo hicimos nuestro viaje a Europa antes del primer disco. Gavin había emigrado a Estados Unidos e, irónicamente, terminó casándose con la hermana de Flea. Una de las exigencias que teníamos para el cámara de la grabación era que se hiciese por completo invisible durante el proceso; para eso, Gavin era el tío perfecto, por su condición de inglés apacible y educado. Supo integrarse bien y era alguien ante quien te sentías cómodo tocando. Se convirtió en hombre orquesta; gateaba por el suelo, se doblaba hacia atrás y trabajaba como un mulo para documentarlo todo, desde las pistas básicas hasta la sala de control o a mí cantando en mi habitación. Además, nos entrevistó a todos y creó un montaje que se publicó con el título de *Funky Monks*.[29]

Pronto nos dimos cuenta de que necesitábamos a alguien que respondiese al teléfono, porque estábamos tratando de grabar y el teléfono no paraba de sonar, echando humo. Además, nos hacía falta alguien que nos llevase donde necesitáramos ir, cuando lo necesitáramos, así que terminamos contratando a un chaval llamado Louis Mathieu, que solía trabajar para nuestros amigos Bob y Pete de Thelonious Monster. Louie se presentó en cuanto lo llamamos y asumió sus tareas, y así comenzaría un largo camino a su lado. Pasó de secretario a técnico de batería y luego a asistente de *road manager*, para después ser cuidador-asistente personal de John y al final convertirse en el *manager* de gira.

Así pues, nos mudamos a esa casa e hicimos el disco. Flea, John y yo permanecimos en la casa más de treinta días sin ni siquiera salir a un restaurante. Mientras estuvimos enclaustrados, surgieron rumores de que John tuvo una experiencia con un súcubo en su habitación, pero en realidad recibíamos visitas nocturnas de una entidad más tangible. Conocíamos a una chavala que trabajaba en Melrose Avenue y era seguidora del grupo, y durante nuestra estancia en la casa nos hizo algunas visitas. De noche estábamos solo nosotros tres, no había seguridad ninguna en la casa. Y como en una escena de miedo sacada de una película rodada en un castillo de la campiña inglesa, esa muchacha tan joven y tan segura de sí misma venía y pasaba un rato con cada uno de nosotros, uno por uno. Practicaba el sexo en todas las

---

[29] Es decir, «Los monjes del funk».

habitaciones que visitaba, pero no era un asunto puramente sexual; pasaba el rato, hablaba y estaba con nosotros.

Me visitaba a mí primero, luego a Flea y al final a John, porque ellos eran más amigos. Estaba bien dar carpetazo a todo un día de trabajo y que luego viniese esa chavala, tan encantadora y tan impasible a la experiencia de estar con tres hombres diferentes en una noche. No parecía que se hubiese metido en esa actividad por falta de autoestima o puras ganas de follar. En aquel momento, John se había convertido en una persona muy distinta sexualmente hablando, nada interesado en absoluto en abusar de los recursos que tenía a su disposición gracias a su estatus, así que no creo que hubiese hecho aquello si hubiera pensado que le causaba algún dolor o incomodidad a ella. Aquello funcionaba bien para todos. Era algo bonito, acogedor y cariñoso, e incluso les poníamos nombre a sus visitas, según el día de la semana. Si era miércoles y estábamos cachondos, alguien soltaba: «Eh, ¿no es hoy miércoles de polleo?», o: «Pero bueno, si es viernes zumbón. Llámala por teléfono».

Estar confinado en la casa me vino bien, porque tenía un montón de letras que terminar durante la grabación de las pistas básicas y allí había pocas distracciones. Pero entonces llegó mi momento de salir a la palestra y hacer las voces. Todavía no me sentía cómodo cantando. Sí que estaba cómodo haciendo ruidos con la boca y componiendo canciones, y sabiendo en mi cabeza cómo se suponía que debían cantarse, pero la ejecución en sí me parecía un animal desbocado al que a veces podía dominar y encontrar el modo de domar, y otras veces no. Uno de los motivos por el que instalé mi habitación tan lejos de todo el mundo fue no tener que sentir miradas encima de mí, poder ser yo mismo mientras grababa.

Mi nivel de incomodidad dependía de la canción. Recuerdo ponerme a cantar *Under the Bridge* y sentirme en plan: «Dios mío, no me creo que tenga que cantar esto». De todos modos, Brendan hacía las cosas tan cómodas como humanamente era posible. Yo me ponía de lo más serio, tenso e inseguro, intentando dejar que los espíritus fluyesen en mi interior, y Brendan estaba al otro lado de los auriculares soltando bromas, riéndose de mí, riéndose de él, riéndose con la canción. Era alguien excepcional, la mejor voz que podías tener al oído, recordándote que no debías tomarte tan en serio a ti mismo y consciente además de que te saldría bien cuando te saliera bien. Decía cosas como: «Te he oído cantar, sé que lo tienes ahí, lo encontraremos. No te preocupes por eso, tómate tu tiempo».

Incluso así, tres días antes de que me tocase ser el centro de la grabación, la zona lumbar se me fue al carajo. Tuvo que ser algo emocional, seguro, pero la cuestión fue que la espalda se me reventó, la espalda que en su momento me rompí, y Flea me llevó a un viejo acupuntor chino llamado Zion. El acupuntor no solo me arregló la espalda, sino que además me dio un nuevo régimen de ejercicios —natación— que he seguido hasta la actualidad.

No quiero dar la impresión de que todo el tiempo que pasamos grabando lo viviésemos como unos monjes. Invitábamos con frecuencia a amigos a la casa y montábamos cenas muy elaboradas. Una de esas personas de nuestro entorno por aquel tiempo era el actor River Phoenix. Conocí a River por Ione, que había rodado una película con él. John y River habían tocado algo improvisado en una fiesta a la que asistimos todos y se hicieron bastante amigos. No quiero irme por las ramas con la historia de River, porque su familia es extremadamente sensible con el tema, pero desde que lo conocí lo vi beber muchísimo y consumir muchísima cocaína, y no era ningún secreto para mí ni para nadie que lo conociese que había perdido bastante el control sobre toda esa mierda, y que solo era cuestión de tiempo antes de que se le empezaran a acumular malas experiencias. River vino muy a menudo durante el proceso de composición y grabación de nuestro álbum. Era un gran seguidor del grupo, e incluso escribí una estrofa entera sobre él en *Give It Away*: «There's a river, born to be a giver, keep you warm, won't let you shiver / His heart is never going to wither, come on everybody, time to deliver».[30]

Pasados dos meses habíamos terminado la grabación. Flea y John lograron mantenerse enclaustrados todo el tiempo, pero

---

[30] «Es un río, ahí está, nacido para dar, te procurará calor, no te dejará temblar / El corazón nunca le vacilará, vamos, es hora de repartir más», de *Déjalo*.

después de seis semanas, Rick y yo empezamos a hacer incursiones en el mundo exterior. Era una sensación extraña reintroducirse en la atmósfera de Hollywood después de estar tan completamente enfocado y centrado durante tanto tiempo. En cualquier caso, mientras permanecimos en esa casa éramos todos conscientes de que estábamos haciendo el mejor trabajo hasta la fecha y de que habíamos creado algo auténtico, poderoso y precioso, algo que me moría de ganas por compartir con quienes me rodeaban. Ese álbum era un auténtico paso hacia delante para todos nosotros. John definió por primera vez su manera de tocar y creó un enfoque nuevo por completo para la guitarra que se convertiría en su marca personal. Desde entonces, guitarristas de todo el mundo lo considerarían un músico de primer nivel.

Flea también siguió una dirección completamente nueva. Todo lo había basado siempre en tocar a base de *slaps*, *plucks* y *popping*, un estilo que entonces abandonó. Solo había un par de canciones en el álbum basadas en el formato de *popping*; todo lo demás eran punteos con los dedos, lo que suponía un gran cambio de rumbo para un tío que se había hecho famoso como el bajista loco del *popping*. Chad dio un paso adelante y creó su marca como uno de los principales baterías de rock. Incluso para Rick fue algo nuevo: nunca había hecho un disco como el nuestro. Había grabado álbumes de hip hop, de metal hardcore, pero nunca un disco con tantos estilos variados. Brendan y él lograron, por primera vez en ciertos sentidos, captar de verdad la esencia de los Red Hot Chili Peppers. Parte de nuestra energía vital y de nuestras personalidades individuales quedaron capturadas ahí y pudieron respirar y existir en el álbum, algo que habíamos luchado por conseguir ya en el pasado. Rick encontró el modo de que eso ocurriera en un entorno poco convencional.

Una vez terminada la grabación, llegaba el momento de inventarse el nombre. Un día estaba en el coche de Rick y empezamos a soltar títulos, aunque siempre que haces eso terminas sugiriendo mierdas. A la inversa, cada vez que un título te llega sin más, resulta ser una genialidad. Al final, Rick dijo: «No sé por qué estamos teniendo esta conversación. Claramente, el mejor título que tenemos es *Blood Sugar Sex Magik*» (una canción que, en parte, era un homenaje a mis increíbles encuentros sexuales con Carmen). No pude llevarle la contraria, y en ese momento nos dimos cuenta de que, aunque no fuese necesariamente la canción estrella ni el *single* del álbum ni el tema en el que queríamos que la gente se fijase más, sí englobaba la atmósfera del disco en su conjunto.

Con el álbum listo y preparado, había llegado la hora de grabar un vídeo para el primer *single*: *Give It Away*. Sabía que teníamos el apoyo de la compañía discográfica, así que empecé a ver cintas y cintas y más cintas de directores de vídeos, pero nada me parecía bien. Todo era lo mismo, aburrido, homogéneo, una mierda forzada. Al final, di con un vídeo de un grupo francés dirigido por Stephane Sednaoui. Me quedé flipado con el vídeo: no se parecía a nada que hubiese visto antes. Era más lento y poético, rodado en blanco y negro, algo parecido al arte auténtico, no a un producto para la MTV. Sin embargo, cuando la Warner estudió el tema, me dijeron que me olvidase, que ese tío tenía la agenda completa. Me negaba a aceptarlo, así que lo llamé y lo camelé para que nos reuniésemos.

Aceptó, nos vimos en casa de Flea y hablamos durante horas sobre nuestros fotógrafos favoritos y nuestros colores favoritos, y todos acordamos que nos gustaban los tonos plateados. Montamos una sesión de vídeo en el desierto, donde se hacen todos los vídeos buenos. Stephane trajo a todo un equipo de franceses: diseñadores, estilistas, gente de maquillaje, de peluquería y de *catering*, asistentes de dirección, todos franceses. Pasamos dos días enteros en el desierto, envueltos en un ambiente creativo, y todo el mundo se mantuvo en su puesto y se sentía genial con la canción. A Chad le encantó disfrazarse con sus cuernos rojos de diablo. Me preocupé cuando Stephane le dijo a John que tenía que hacer unas cabriolas con una cinta de gimnasia rítmica y él le respondió: «Tío, que te den por culo. La cintita la coges y te la metes por tu culo de francés»; pero al final John salió de buena gana y le hizo el amor al aire con su cinta. Habría estado bailando horas con esa cosa.

El *Blood Sugar Sex Magik*[31] salió el 24 de septiembre de 1991. *Give It Away* fue el primer *single*, pero la emisora de radio número

---

[31] El título es «Sangre Azúcar Sexo Magia», casi literalmente (en inglés, debería ser *Magic*).

uno en la que la Warner quería presentar la canción, una emisora de Texas, les dijo que volviesen a llamarlos «cuando la canción tuviera una melodía». Fue una mala noticia, ya que según la sabiduría popular esa emisora dictaba lo que escuchaba todo el país. Por supuesto, *Give It Away* nunca tuvo nada que ver con melodías: era una canción de fiesta.

Cuando estaba a punto de salir el álbum, John y yo hicimos un viaje a Europa para promocionarlo. Flea declinó participar en ese viaje. Me sorprendió que John estuviese dispuesto a sacrificarse por el equipo y hacer ese viaje tortuoso en el que tienes que ir de ciudad en ciudad y hablar durante horas con toda publicación absurda imaginable, algo suficiente para volver loco a cualquiera. Al menos a John.

De todos nosotros, creo que a John fue a quien más trabajo le costó reajustarse a la vida fuera de la casa del *Blood Sugar*. Experimentó tal profusión de creatividad mientras hacíamos ese álbum que creo que realmente no sabía cómo vivir la vida en tándem con esa creatividad. Llegó un punto en el que no quería ni ver un cartel de, por ejemplo, *The Arsenio Hall Show* ni un anuncio de pintalabios. John quería estar en un mundo que fuese una manifestación hermosa de lo que él crease, y eso es imposible encontrarlo en una gira promocional. Todas las preguntas de los periodistas parecían enfocadas desde el ángulo equivocado según John, así que se convirtió en un tipo oscuro, enfadado, resentido, en plan: «Molo demasiado para este rollo». Lo único que imagino que podría haberle hecho sentirse cómodo era estar de vuelta en Los Ángeles con su nueva novia, Toni.

John se puso a coquetear con el consumo de heroína. Cuando empiezas a meterte heroína y luego te alejas de ella y no te estás sintiendo muy bien, el tema te pesa mucho y la cabeza te da vueltas en plan: «Joder, hay una tía y un puto camello esperándome en casa. Podría vivir sin el clima y la comida alemanas». A lo mejor John estaba comportándose como un gilipollas, pero no cuesta imaginar por qué alguien termina adoptando esa actitud en mitad de doce entrevistas; algunas veces los periodistas son decentes, corteses, considerados y están interesados en la música, pero otras veces son abominables, te dan ganas de abofetearlos y decirles que se larguen porque son unos mezquinos desconsiderados y solo quieren hablar de cuestiones groseras.

Recuerdo estar en Bélgica con John en un hotel antiguo estilo *boutique* muy chulo. Por la mañana, cuando íbamos a marcharnos, John no tenía muy buen aspecto. Entonces el tío de recepción le dijo: «Y son dos mil dólares por la factura del teléfono». Se había pasado seis horas hablando con Toni, que estaba en Los Ángeles. Para cuando llegamos a Londres, se me acercó y se disculpó: «Siento hacer esto, pero de verdad que estoy desesperado por irme. ¿Puedes acabar esta historia tú solo?», y corrió como un loco para coger el siguiente avión de vuelta a casa.

En Francia nos reunimos con la gente de la discográfica, y Lindy y yo pudimos ver por primera vez el vídeo de *Give It Away*. Me sentía más eufórico e histérico por esa pieza de metraje visual que por ninguna otra que hubiésemos hecho. Sin embargo, los ejecutivos de la compañía tenían sus reservas y les preocupaba que fuese demasiado raro como para ponerlo en televisión. Las dos primeras salvas de *Give It Away* se habían topado con unas reacciones que no sugerían que nos fuesen a dar mucha cobertura en radio ni en televisión. No obstante, la tendencia cambió cuando la emisora K-Rock, de Los Ángeles, empezó a radiar el tema constantemente: fue el principio de la inyección de esas canciones en la conciencia de masas.

La gira del *Blood Sugar Sex Magik* parecía augurar un cambio de guardia en lo musical. Definitivamente, por entonces existía la sensación de que la mentalidad musical de los ochenta estaba muriendo. Grupos cursis de pop-metal como Warrant, Poison y Skid Row estaban acabados; series familiares cursis como *El show de Bill Cosby* iban camino del fin. Se respiraba algo nuevo en el aire. Recuerdo pillar una cinta del álbum nuevo de un grupo llamado Nirvana y estar conduciendo por el Valle en mi Camaro con la capota bajada, maravillado con el universo del que habían salido esos tíos, con esas canciones tan ajenas a este mundo. Mientras nos preparábamos para la gira, una noche vi un vídeo en la MTV de otro grupo, los Smashing Pumpkins. La canción era *Gish*, un tema realmente precioso, con una textura y una energía distintas a las de la basura usual de la

MTV. Así pues, llamé a Lindy y le dije que nos lleváramos a los Pumpkins a la gira.

En esas, Jack Irons nos llamó salido de la nada mientras estábamos en la oficina de Lindy, poniendo cintas de grupos para decidir quién más nos acompañaría en la gira. Jack nos pidió que, como un favor, escuchásemos una cinta de un grupo nuevo, porque el cantante, Eddie Vedder, era amigo suyo. Jack lo había conocido cuando Eddie estaba en un grupo que hacía versiones de los Chili Peppers, imitándome, básicamente. Parecía que Eddie había trabajado además para nosotros como técnico cuando tocamos en la zona de San Diego. El nuevo grupo de Eddie se llamaba Pearl Jam. Escuchamos la cinta y no era muy de nuestro rollo; por entonces, éramos unos esnobs de la música. De todos modos, los chavales sonaban auténticos y verdaderos, y nos alegraba poder echarle un cable a Jack, así que contratamos a Pearl Jam de teloneros.

Empezamos la gira en el Oscar Mayer Theatre de Madison, en Wisconsin. Pearl Jam abrió el concierto, y cuando al final de la actuación tocaron su primer *single*, *Alive*, me di cuenta de que Vedder tenía una voz increíble y de que en las manos de ese grupo había un auténtico exitazo del pop. En el *backstage* nos hicimos amigos de los Smashing Pumpkins, y resultó que eran mucho más raros de lo que pudiéramos haber imaginado. Conocí a D'Arcy, la bajista del grupo, y me pareció mona en su rollo gótico raro. James, el guitarrista, era supertímido y delicado, y Billy Corgan, el líder del grupo, era jovial y accesible. Pero después de tocar, D'Arcy se puso tibia de vodka y gas de la risa. Estaba ciega como un piojo. Si aquella era la manera que tenía de empezar una gira, bastaba imaginar cómo estaría al terminarla. Por fin nos llegó el turno de salir y tocamos un montón de canciones del *Blood Sugar*. Probamos a tocar *Breaking the Girl* y se nos vino abajo, pero el resto del concierto fue bien.

Conforme avanzaba la gira, estrechamos lazos con los dos grupos teloneros. La mayoría de la gente dirá que Billy Corgan es el ser humano más complicado e infeliz del mundo, pero mi experiencia con él fue por completo distinta. Me pareció muy inteligente y sensible, con un marcado sentido de la ironía. Su dirección de correo electrónico solía ser algo tipo «nube_negra@bla, bla, bla». Tenía además un talento notable como jugador de baloncesto. Estábamos tocando en el *backstage* durante una prueba de sonido para el bolo del Shriner's Club, en Milwaukee, y mi lectura inmediata mirando a Billy fue «alto, desgarbado, musical, intelectual friki», nada de «jugador». Pero cuando nos pusimos a tirar, Billy aceleró y empezó a colar tiros exteriores.

Durante esa gira hicimos varias salidas multigrupales, para ir al cine por ejemplo, y Billy me pareció siempre una persona muy comprensiva, nada competitiva ni extrañamente celosa. No obstante, no había duda de que era el jefe de los Smashing Pumpkins, y el resto del grupo estaba bastante en la palma de su mano. D'Arcy era muy dulce, aunque parecía estar siempre al borde del desastre. James no tenía tanta pinta de cable suelto como D'Arcy, pero el batería, Jimmy Chamberlain, era un monstruo. Gracias a Dios, durante aquella gira yo estaba sobrio, porque de no haber sido así, habría tenido a Chamberlain como compañero de correrías y habríamos acabado muertos. Bebía y consumía y se enjuergaba como un puto gorila con un corazón enorme. Recuerdo salir por clubes después de los conciertos, sobre todo en Nueva York, y ver a Chamberlain en la barra con una gabardina, disfrutando de la felicidad de su éxito en el grupo, girando por el mundo por primera vez y bebiendo con los bolsillos llenos de esto y de aquello y algunas tías cerca. Era un auténtico polaco de Chicago, con mucho talento musical y ninguna norma. Ahora le va muy bien, aunque tuvo sus escapadas al lado oscuro.

Con Eddie, Jeff Ament y Stone Gossard de Pearl Jam también pasábamos algunos ratos. Stone era guay, un tío distante y tímido. Eddie y yo nos hicimos amigos en igualdad de condiciones, nunca hubo ningún tipo de idolatría empalagosa en plan: «Oh, llevo tanto tiempo siguiéndoos...». Estuvimos en el mismo terreno de juego desde el día uno y el ego no interfirió en nuestra amistad.

Para cuando llegamos a Boston, Pearl Jam venía provocando un jaleo, un entusiasmo y una atención fantásticos. Por lo general, un concierto en un estadio pequeño está vacío cuando sale el primer grupo, pero nuestro público llenaba para ver a Pearl Jam, y eso era emocionante. En aquel momento de su vida a Eddie le hacía muy feliz tocar, y era una persona humilde y encantadora que se esforzaba por hacerse amigo de todo el mundo. A mi madre se le acercó y le dijo lo genial que era su hijo, y estrechó lazos con Blackie.

Entretanto, nuestro disco empezó a despegar. Por primera vez estábamos consiguiendo salir mucho en la radio y tener una rotación regular en la MTV. Así pues, tanto Pearl Jam como nosotros íbamos al mismo tiempo camino al estrellato de una nueva estratosfera. Todo eso estaba acabando con John. Empezó a perder todas las facetas divertidas, despreocupadas y maníacas de su personalidad. Incluso en el escenario estaba rodeado por una energía mucho más seria. Resultaba desconcertante ver de qué manera tan taciturna estaba empezando a afrontar eso de ser artista. Lo que yo no supe hasta más tarde fue que, por entonces, John no tenía muy claro si seguir en el grupo.

En su diálogo interior, John se imaginaba que dejar el grupo justo después de acabar un álbum de éxito lo dejaría en un lugar misterioso en el que tendría la oportunidad de hacer otros proyectos y no formar parte de la maquinaria de fabricación de estrellas. John sentía que esa gira iba a minar la increíble creatividad que estaba experimentando. Por supuesto, nosotros no sabíamos nada al respecto, porque John se estaba apartando rápidamente del resto del grupo. Se trajo a Toni con él a la gira y se pasaban el tiempo arropándose el uno al otro.

La Warner estaba entusiasmada con la reacción inicial al álbum, y de inmediato empezaron a debatir sobre el lanzamiento de un segundo *single* y vídeo. Nos encontrábamos casi en la mitad de la gira por Estados Unidos, tocando en el Medio Oeste, cuando una gente de la compañía discográfica apareció en el concierto para comentar la posibilidad de lanzar *Under the Bridge* como siguiente *single*. Para mí, como vocalista, era una canción impredecible; algunas veces lograba sacarla adelante y otras no podía interpretarla como canción. Aquella noche había muchísima gente en el público, y cuando llegó el momento de *Under the Bridge*, John empezó con los acordes iniciales, pero perdí el pie para entrar. De repente, todo el público empezó a cantar la canción en el punto en el que se suponía que tenía que haber entrado yo. Al principio, me mortifiqué por haberla jodido delante de la gente de la Warner, que estaban allí para oírme cantar ese tema, pero resultó que se quedaron más impresionados con el público cantándola de lo que lo habrían estado si hubiese cantado yo. Me disculpé por haberla cagado, y me respondieron: «¿Cagado? ¿Estás de coña? Si todo el mundo canta una canción en un concierto, ese tiene que ser el siguiente *single*».

En nuestro recién estrenado éxito vi una bendición monumental. No pensaba que fuésemos mejores que antes, se trataba más bien de que, siendo los mismos tíos, estábamos cantando para muchos más oídos y muchos más ojos y muchos más corazones. Consideraba que debíamos respetar ese don, ese increíble golpe de buena fortuna. No nos vendimos, no cambiamos aquello en lo que creíamos para llegar a más gente, simplemente salió así. John, sin embargo, veía nuestra reciente popularidad como algo malo y solíamos tener discusiones intensas al respecto en el *backstage*.

—Somos demasiado conocidos. No necesito estar en este nivel de éxito. Me sentiría orgulloso de tocar esta música en clubes como lo hacíais vosotros hace dos años —decía John.

—Que estos chavales vengan a vernos no es malo. Joder, vamos a salir ahí por ellos. No tenemos que odiarnos y cabrearnos con esa gente porque las cosas hayan ocurrido así —le rebatía.

Se le cruzaban los cables del todo, se largaba a esconderse y se ponía de morros, sin hacer lo que yo quería que hiciera, aunque por mi parte era un gran error pretender que todo el mundo reaccionase a aquella nueva situación de la misma manera que yo. John se había hecho su idea de lo que era creíble y lo que estaba guay, y tocar para un estadio lleno de chavales dejó de ser guay para él. Habría preferido estar escuchando a Captain Beefheart y pintando. Por entonces, John leía mucho a William Burroughs, y en su opinión, sacada de Burroughs, todo verdadero artista está en guerra con el mundo.

Irónicamente, cuanto más desprecio desarrolló hacia nuestro éxito, más populares nos fuimos haciendo. Cuantos más berrinches se cogía, más discos vendíamos; cuanto más desencantado estaba con el número de gente que cruzaba la puerta, más gente cruzaba la puerta. Para mí, haber creado algo especial, y haberlo expuesto al mundo, era la cosa más hermosa, y el mundo estaba reaccionando en consecuencia.

Mis problemas con John empezaron a crear unas tensiones enormes en el grupo y a provocar una mayor angustia en Flea. Flea estaba en proceso de romper con su esposa, así que todo ese estrés lo llevó a tener que tomar cosas para dormir, cosas para despertar y cosas para pasar el día. El funcionamiento químico de su cerebro se estaba apolillando con los fármacos recetados por los médicos. Lo que podía haber sido el momento más emocionante de nuestra carrera terminó convirtiéndose en algo muy extraño. John era una presencia oscura e introvertida, Flea estaba bajo la influencia de todo tipo de medicamentos y yo era el bicho raro nervioso, pero todavía limpio. Y Chad era Chad.

Mis tensiones con John llegaron a su punto álgido en un concierto que dimos en Nueva Orleans. Habíamos agotado las entradas y John estaba en una esquina, tocando la guitarra a duras penas. Salimos del escenario y John y yo nos enfrascamos.

—John, no me importa lo que pienses ni dónde tengas la cabeza ni dónde preferirías estar, pero cuando llegamos a un concierto y hay tanta gente que ha pagado dinero por vernos, y es gente a la que le importamos y que quiere experimentar estas canciones con nosotros, lo menos que puedes hacer es estar presente y tocar para ellos, joder —le grité.

—Yo no veo las cosas así. Preferiría estar tocando para diez personas y bla, bla, bla.

La pelea siguió y siguió. Flea nos observaba, pensando: «Oh, no, si es que esto se veía venir: Anthony el Controlador versus John el Odiador, sacando toda la mierda por fin». John y yo pasamos de pelearnos a irnos a un baño y tratar de llegar al fondo de la cuestión para poder entendernos el uno al otro. Al final, aunque no veíamos la situación con los mismos ojos, sí llegamos a un entendimiento y acordamos estar en descuerdo y aceptar la distinta percepción de la realidad que tenía el otro.

Cuanto más avanzaba la gira, más público teníamos. Para cuando llegaron las fechas de tocar en la costa oeste, habíamos dado el salto de los teatros a los estadios en toda regla, así que los promotores se dieron cuenta de que necesitábamos a otro grupo más importante que Pearl Jam. El segundo álbum de Nirvana, el *Nevermind*, acababa de dar el petardazo, y a mí me volvía loco, por lo que sugerí que contratáramos a Nirvana para sustituir a Pearl Jam. Eddie y los demás entendieron la situación, así que Lindy llamó a Nirvana, pero sus *managers* le dijeron que no estaban disponibles. Cogí entonces el teléfono y llamé en persona al batería de Nirvana, Dave Grohl.

«¡Anthony Kiedis! Guau, nos encanta vuestro grupo. Crecimos escuchándoos en Seattle», me dijo Dave. Me contó que acababan de volver de una gira enorme y que Kurt Cobain estaba bastante reventado, pero que intentaría hablar con él para tocar en los conciertos de la costa oeste. Y lo hizo. Nirvana se incorporó al cartel, pero entonces Billy Corgan sacó a los Smashing Pumpkins. Aparentemente, había estado saliendo con Courtney Love, la entonces novia de Kurt, por lo que no aceptaba compartir cartel con Nirvana, y mucho menos hacerles de teloneros. Y así fue como Pearl Jam volvió a bordo.

Nuestro primer concierto fue en el L.A. Sports Arena y yo intenté desesperadamente conseguir que John se emocionase, diciéndole que iba a ser toda una experiencia tocar con Nirvana, pero él seguía en plan: «Nirvana, Shirvana, ¿qué cojones importa?». Al final, terminaría descubriendo a Nirvana por sí mismo y convirtiéndose en un devoto del grupo, de los de conciertos y caras B, pero en aquella ocasión le dio exactamente igual; aunque sí se le aguzaron los oídos cuando Nirvana abrió su actuación haciendo una versión de un tema de los Who. Para nosotros, estar de vuelta en casa para dar nuestro mayor concierto eran palabras mayores. Perry Farrell de Jane's Addiction apareció vestido como un apuesto príncipe, un signo para mí de nuestro recién estrenado estatus.

Aquella noche conocí a Kurt Cobain. Antes del concierto, me llegué al camerino de Kurt a saludarle y estaba allí con Courtney. Parecía hecho polvo, como si acabara de salir de una borrachera importante. Llevaba un vestido roto y tenía la piel de mal color y aspecto de llevar unos días sin dormir, pero era una criatura hermosa de una manera diferente. Me quedé flipado con su presencia y su aura. Parecía muy amable. Mantuvimos una buena charla y le agradecí que tocase en esos conciertos, aunque volver a salir de gira no estuviese en absoluto entre sus planes.

Me pasé el rato mirando a Courtney, convencido de conocerla de algo, hasta que se puso a gritarme: «Anthony, ¿no te acuerdas de mí? Te recogía muchas veces cuando hacías autostop por Melrose en mitad de la noche, cuando Kim Jones y tú estabais enganchados. Yo entonces era bailarina, y te dejé veinte pavos y nunca me los devolviste». Llegó la hora de la actuación de Nirvana, y Kurt se arrastró para ponerse de pie y salir del camerino, pero ese tío con pintas de estar tocado por la muerte salió al escenario y reventó al público entero, con el mejor espectáculo que cualquiera hubiese querido ver. Su energía cruda, su musicalidad, su selección de canciones: aquel grupo era como una motosierra atravesando la noche.

Por nuestra parte, nos habíamos guardado un par de trucos para el público de nuestra ciudad natal. El concierto lo abrimos con el bajo estruendoso de Flea, pero él no estaba en el escenario, sino enganchado a un arnés especial que lo bajó desde el techo del estadio, bocabajo, mientras tocaba. John andaba en su onda. No sé si en secreto le aterrorizaba la idea de salir ahí y tener esa responsabilidad, o si simplemente había un flujo de energía demasiado grande para que le resultara cómodo enfrentarse a él, pero se le notaba muy malhumorado y distante. Tocó bien, aunque no hubo mucha interconexión entre nosotros. Hacia el final, nos colocamos los calcetines, cosa que veníamos haciendo cada vez con menos frecuencia.

El siguiente concierto fue en Del Mar, una ciudad al norte de San Diego. Tocamos en un espacio gigante tipo hangar, y de nuevo Nirvana salió y destrozó a la gente con su repertorio y los chavales se volvieron locos. El sitio estaba tan lleno para cuando salimos al escenario que el vapor emanado del público formaba una nube discernible. Esa noche tocamos mejor. Había menos presión, por un lado, y John se sentía algo más dispuesto a darlo todo. Quizá Nirvana lo estuviese motivando. Aquella noche fue el principio de mi batalla actual con el zumbido de oídos. Chad y yo salimos del escenario, nos abrazamos en el *backstage* y nos dimos cuenta de que nos pitaban los oídos perceptiblemente. Terminé la gira con un daño de oídos permanente, algo que, por desgracia, es una de las cosas más complicadas de curar.

Nuestro siguiente bolo fue en San Francisco, en el Cow Palace, para una fiesta gorda por Nochevieja. Nos alojamos en el Phoenix Hotel, un motel con pretensiones en un barrio ruin. Después del concierto, celebré el Año Nuevo sentándome junto a la piscina con Kurt y Courtney. Estuvimos allí sobre una hora, bajo las estrellas, hablando y teniendo un rato de intimidad, sin más. Nunca antes había visto a Kurt más relajado, ni más sobrio probablemente.

Para cuando llegamos a Salem, en Oregón, me había dañado las cuerdas vocales. Las tenía como dos salchichas gordas aplastadas la una contra la otra y no era capaz de emitir ni un sonido, así que tuvimos que cambiar las últimas fechas de la gira por la costa oeste. Después de un breve descanso, llegó el momento de hacer gira por Europa. John no solo seguía distanciándose de la alegría de estar en el grupo, sino que había empezado a perder la batalla del bienestar psíquico. Atravesó un periodo en el que estuvo convencido de que alguien —el conductor, el botones del hotel, quien fuera— trataba de matarlo todos los días. Estoy bastante seguro de que lo creía de verdad, así que debíamos batallar constantemente para convencerlo de que nadie estaba intentando matarlo. «Bueno, no sé. He visto al conductor hablando con alguien en la calle, y creo que esa persona está vinculada con la gente que me quiere muerto». Diría que John estaba experimentando la vieja paranoia marihuanera llevada al extremo. Fumaba montones de hierba y bebía litros de vino, por no querer estar en esa gira, pero verse allí metido.

Viajar dejó de ser entretenido. Ya no subíamos al autobús y cantábamos y escuchábamos música juntos, ni hablábamos sobre lo que había pasado ese día ni teníamos pequeñas competiciones. El autobús se convirtió en un lugar oscuro y nada acogedor, porque nos habíamos dividido en secciones. John había roto nuestra norma no escrita de no llevar a mujeres ni a novias cuando salíamos a la carretera. No nos entusiasmaba tener a Toni en la gira, porque eso le permitía a John aislarse más en sí mismo. Mucha gente comparaba su relación con la de John y Yoko, pero las cosas no eran exactamente así. A Toni nunca se le ocurría hablar en nombre de John; estaba allí para consentirlo y apoyarlo en sus decisiones. Incluso ante los momentos de tensión, Toni sonreía plácidamente, así que nunca pensé que se interpusiera entre John y el grupo. Eso era claramente una cosa de John, y ella estaba pegada como una lapa.

La situación se deterioró hasta un punto en el que John y yo no hablábamos en el autobús y si nos encontrábamos al pasar, ni siquiera nos saludábamos. Estábamos en una posición bastante insoportable, y yo no disponía de una gama de principios espirituales entre los que elegir para ayudarme a lidiar con toda esa locura. Pasé a sentirme triste y enfadado, resentido y envenenado por toda esa experiencia. Yo me estaba comportando como un capullo, John se estaba comportando como un capullo y el pobre Flea se escondía bajo las sábanas, incapaz de manejar todo aquello. Incluso Lindy, que siempre había sido el mediador, se sentía perdido por completo. Lindy había estado recibiendo llamadas histéricas de la madre y del padre de John, rogándole que lo ayudase, porque parecía estar metido en un gran problema. Pero Lindy estaba tan estupefacto y paralizado por la situación como los demás. Nadie adoptó una actitud proactiva. No nos detuvimos a analizar la situación en su conjunto, sencillamente intentamos superarla semana a semana, cosa que no creó un buen ambiente de cicatrización. Teniendo en cuenta la gravedad de la disfunción expuesta, me resulta raro mirar atrás y pensar que no nos diésemos cuenta de que las cosas no podían continuar así.

Todo fue a peor antes de empezar a mejorar. Interrumpimos la gira por Europa para viajar a la ciudad de Nueva York hacia finales de febrero y acudir al *Saturday Night Live*. El programa fue un desastre de principio a fin. No habían pasado ni cinco minutos cuando John empezó a pelearse con el personal. El supervisor musical, un tío que llevaba años trabajando allí, se acercó y le hizo un comentario inocuo a John, y John le dio la espalda y le dijo a Louie: «Como este tío vuelva a dirigirme la palabra no hago el puto programa». Yo ya me sentía inquieto, porque teníamos previsto tocar *Under the Bridge* como segundo tema, y esa canción me suponía siempre un reto de interpretación. Dependía por completo de que John me diese el pie musical para entrar, y cuando hicimos el ensayo general se puso a tocar algo en una clave distinta, sin seguir la melodía, con un tempo diferente, reinventándose la canción para sí mismo y para nadie más, básicamente. Me desconcertó del todo. Nos retiramos a nuestro camerino y tratamos de discutirlo, pero no hubo manera de hablar con él. Buscó a Toni y se fue a otra sala.

No obstante, John sí permaneció en el camerino el tiempo suficiente para sentirse despreciado cuando Madonna nos hizo una visita. Madonna iba a participar esa noche en uno de los *sketches*, así que se pasó a saludar. Yo la conocía de hacía años, desde su vídeo *Holiday*, cuando quiso contratarme para actuar si aceptaba cambiarme el pelo (cosa que no hice). Mientras estuvo en el camerino, y sin darse cuenta, obvió a John, que se puso hecho una furia, encolerizado porque Madonna no le hubiese prodigado cariño ni felicitaciones.

El programa empezó e hicimos nuestra primera intervención con *Stone Cold Bush*, un tema roquero de ritmo rápido. Salió bien. Luego volvimos para tocar *Under the Bridge*. Posteriormente, he oído que John estaba puesto de heroína en ese programa, pero bien podría haber estado en otro planeta, porque empezó a tocar una mierda que yo no había oído nunca antes. No tenía ni idea de qué canción estaba tocando ni en qué clave. Parecía andar en otro mundo. Todavía hoy, John niega haber tocado fuera de clave. Según él, estaba experimentando, igual que lo hubiera hecho de haber sido un ensayo de la canción. Bueno, pues no lo era, estábamos en directo en la televisión delante de millones de personas, y fue una tortura. Empecé a cantar en lo que creí que era la clave correcta, aunque no coincidiese con lo que estaba tocando John. Me sentía como si me estuviesen apuñalando por la espalda y dejándome arrumbado delante de todo Estados Unidos mientras ese tío estaba apartado en un rincón en la sombra, tocando un experimento disonante y desentonado. Pensé que lo estaba haciendo a propósito, solo por joderme.

Logramos terminar la canción, que sonó como si cuatro personas diferentes hubiesen tocado cuatro canciones diferentes. En esa época estaba saliendo con Sofia Coppola, otro de mis intentos insatisfechos de mantener una relación durante ese periodo de mi vida. Sofia era de lejos la tía más guay con la que había salido, sobre todo en la época posterior a Carmen, y le dije que se asegurara de ver el programa, y al final me estaban dando ganas de morirme. Cuando ocurre algo así, es como cuando un pateador falla un gol de campo en los últimos minutos: lo único que puede aliviar el dolor es jugar otro partido y tener otra oportunidad de lanzar el gol de campo.

El dolor permaneció ahí durante mucho tiempo, porque regresamos a Europa y el comportamiento de John se hizo incluso más errático. Cuando le llegaba el momento de hacer su solo, le quitaba el cable a la guitarra, provocando chirridos, para después volverla a enchufar y, si estaba de humor, tocar el estribillo. La parte irónica de lo que pasó en el *Saturday Night Live* fue que, durante la semana después de nuestra actuación, las ventas del disco se dispararon. Quizá fuese una coincidencia, aunque a lo mejor la gente escuchó algo en esa actuación caótica que le impactó.

Al acabar la etapa europea de la gira, volvimos a casa y tuvimos un par de semanas libres antes de ir a Hawái, Japón y Australia. Cuando regresábamos a casa entre etapa y etapa de una gira, veía menos a Flea y nunca veía mucho a Chad. John desaparecía y se dedicaba a consumir drogas. Así que yo pasaba el rato con la chica a la que estuviese viendo en ese momento; de todos modos, lo que hacía principalmente era tener citas aleatorias, porque nada cuajaba. Desde mi separación de John, tenía sitio en mi vida para un nuevo compañero de correrías, y encontré uno en Jimmy Boyle. Jimmy era amigo de Rick Rubin y la viva imagen de Rasputín, con barba larga y bigote y pelo largo como Jesucristo, además de unos ojos azules de psicótico y la vestimenta de un trapero elegante. Cuanto más nos veíamos, más nos dábamos cuenta de la cantidad de cosas que teníamos en común. Jimmy era un drogadicto en proceso de recuperación que acababa de divorciarse de una adicta joven, preciosa y trágica con la que yo también había salido. Era vegetariano como yo (una práctica que adquirí de Ione), le encantaba la música y le encantaba ir detrás de las tías. Siempre que me encontraba en la ciudad, nos reuníamos todos los días para hacer un desayuno ritual de panqueques de arándano en el À Vôtre Santé, en La Brea.

Invité a Jimmy a venir a Hawái con nosotros. Le encantó la idea, porque le encantaba rodearse de la emoción de la música, por no hablar de las tías. Además, íbamos a Hawái, por el amor de Dios. John siguió estando distante durante nuestra estancia en Hawái. El disco iba bien, mejor que todos los que habíamos sacado antes, aunque todavía iba solamente bien, sin entrar apenas en el Top 40. Una vez en Hawái, recibimos una llamada de Lindy. «Tíos, no sé qué deciros, pero este disco va que se las pela. La semana que viene llega al puesto número ocho». Para mí, eso era motivo de celebración. Flea se sentía igual que yo, pero John seguía ausente de todo el tema.

El viaje entero estuvo repleto de jóvenes hawaianas buenorras y fue una época de diversión para todos, porque nos sentíamos llenos de vida entre el sol y el mar. Boyle y yo compartíamos habitación; una noche, a las cuatro de la mañana, estando dormidos, llamaron a la puerta. Fui a responder y allí me encontré a una señorita hawaiana.

—¿Puedo pasar? —preguntó.

—Bueno, mi amigo está durmiendo. No es una muy buena idea, son las cuatro de la mañana —le recordé.

—¿En serio no puedo entrar? —insistió.

—Eeeh, esta situación es un poco incómoda.

Y allí mismo, en el pasillo de ese hotel, se puso de rodillas y me hizo una mamada. Jimmy estaba superceloso. «No me lo puedo creer. Oyes una puta llamada a la puerta en mitad de la noche, vas a abrir y la tía más guapa de la isla se pone de rodillas y te hace una mamada. ¿Qué es esto? ¿Qué he hecho mal en la vida para no merecer este tipo de trato?».

A mí no me alegraba en exceso toda esa nueva ola de adulación que estaba recibiendo. No tuve la misma reacción que John, pero en un nivel personal tampoco dejaba que se me subiera a la cabeza. Diría que no me creía con derecho por estar haciéndome famoso, y mantuve una cierta humildad. Esa era mi percepción, y estoy seguro de que otra gente tendría una percepción distinta. Reconozco cuando me creo con derecho a algo —y te acostumbras a que las cosas salgan a tu modo—, pero también reconozco lo absurdo que puede ser, y estoy dispuesto a reírme de mí mismo y a admitir cuándo me comporto como un niño mimado y cuándo no. Me parecía una situación fascinante y peculiar, y no es que de repente pensara que era «mejor que» o «más santo que».

Resulta irónico, porque por lo general Flea es el mayor niño mimado del grupo, pero en Santa Mónica tuvimos una charla los dos y me dijo:

—Anthony, este disco está saliendo tan bien que creo que te estás volviendo un poco egocéntrico.

—¿Yo? ¿Yo? Tú eres el egocéntrico. Échale un ojo a tu propio ego —le propuse.

Seguro que había algún elemento de ego henchido que no era capaz de reconocer en mí, pero no tenía la sensación de que fuese a durar mucho. Lo extraño es que mucho antes de que tuviéramos ningún éxito a escala comercial yo ya había desarrollado ese sentido de creerme con derecho. Tenía esa sensación de creerme con derecho desde la infancia, una sensación innecesaria, injustificada, infundada y egocéntrica. En la escuela básica, siempre sentí que debía ser el director de la escuela y que de algún modo estaba por encima de la ley de la escuela y podía romper las normas. Cuando me mudé con mi padre, él era arrogante y estaba muy pagado de sí mismo, y eso pasó a mí, así que siempre tuve ese sentido de creerme con derecho y un concepto de identidad propia semifalso. Robaba porque tenía esa sensación, ya fuesen casas o coches o muebles o cactus, lo que fuera. Entiendo que haya quien pueda convertirse en un delincuente frío y despiadado, porque recuerdo que en ese momento de mi vida no pensaba en las consecuencias que afectaran a las partes implicadas, más allá de mí mismo. Y las consecuencias para mí eran que conseguía lo que quería.

Cuanto más rico y más famoso me hacía, menos me comportaba de esa forma. Sin duda el ego se infla, se convierte en algo retrasado y grotesco en ciertos sentidos, pero existe la opción de aprender, la opción de adoptar una actitud de «vale, ¿qué tengo que hacer para lidiar con esta historia rara, y cómo disminuyo el ego hasta un punto en el que no interfiera en mi relación con el resto del universo?». Todo esto me estaba ayudando, si es que lo estaba haciendo, a ser menos egoísta y menos egocéntrico, y a interesarme más por salir de mí mismo y situarme en un lugar que pudiese compartir. Muchas veces la gente te juzga según su percepción de cómo estás actuando. Si te encuentras en una habitación y te sientes tímido y no quieres recibir cierta cantidad de atención, no vas a salir ahí a hacerte amigo de todo el mundo. Entonces saldrá alguien que dirá: «Menudo gilipollas arrogante, ni siquiera ha intentado hablar conmigo». Cuando intentas pasar desapercibido y no darte mucho bombo, hay quien te ve como el tipo que es todo eso y mucho más.

No creo que estuviese cambiando la concepción que tenía de mí mismo mientras eso ocurría. En todo caso, mi concepción se encontraba bajo un prisma peor, porque con John había perdido una conexión importante en mi vida. Empecé a darme cuenta de que me había dejado llevar por mi yo friki controlador, obsesionado con que todo saliese según mis planes, lo que resultó ser la mayor de las jodiendas. Solía pensar que si Flea se comportaba de tal modo y John hacía lo que yo quería que hiciera, todo iba a ir genial, y quizá ese fuese el mayor de los errores que cometí en esa época: pensar que sabía más que el resto o que tenía un plan, y que si todo el mundo lo seguía, las cosas saldrían estupendamente. Era una receta para la desgracia y la ruina. Una vez que lo reconocí todo, la hermandad de nuestro grupo había vuelto a quedar comprometida más allá de todo arreglo.

Llegamos a Japón a principios de mayo de 1992. Resulta extraño, porque John pensaba que habíamos arreglado nuestras diferencias para entonces, pero yo seguía sintiendo que estábamos alejados. Él continuaba en su capullo con Toni y estaba mostrando de nuevo un comportamiento raro. La noche antes de nuestro concierto en Tokio, John estaba en el vestíbulo del hotel con Louie y se convenció de que se había expuesto a unas cazadoras de autógrafos, por lo que estaba en peligro inminente de que lo arrestaran y deportaran.

Había una atmósfera evidentemente errática e impredecible en torno a John. Tenía la cabeza perdida por los porros, y también le estaba dando al vino de tal manera que las suyas no me parecían las borracheras típicas. A lo mejor se debía a la combinación de vino y maría, pero era como si estuviese bebiendo zumo psicótico en vez de solo vino. Tenía el comportamiento típico de un borracho, aturdido, pasmado, mareado y fangoso, pero se le notaba también esa especie de borrachera como de PCP, como si estuviese en un espacio distinto.

A la mañana siguiente, John fue hasta el sitio del concierto con el resto del equipo. Lindy, Flea, Chad y yo cogimos un tren más tarde, y cuando llegamos al estadio, Mark Johnson nos dijo que John había dejado el grupo y quería irse a casa de inmediato. Hay que tener en cuenta que el plan era ir a Australia después de Japón, y esa iba a ser nuestra primera gira australiana. Era algo increíblemente importante para nosotros, porque Australia nos encantaba: el lugar de nacimiento de Flea, la nueva tierra prometida de sol y mujeres, un lugar mágico. Había pánico en los ojos de Lindy y en los de Flea y en mi corazón. Necesitábamos hablar con John de inmediato, aunque las últimas cartas ya estuviesen echadas.

Volvimos a la sala en la que John se había refugiado.

«Tengo que dejar el grupo, tengo que dejarlo. Tengo que volver a casa ahora mismo, no puedo seguir con esto. Voy a morirme si no salgo de este grupo ya», me dijo.

Le vi la mirada en los ojos y supe que no había elección. No tenía sentido ni siquiera intentar hablar con él para que se quedase. Me sobrevino una sensación enorme de alivio. Lo último que quería que pasara en el mundo estaba pasando, pero gracias a Dios John iba a marcharse, porque por mucho daño que fuese a causar aquello, el alivio de no tener que lidiar con el drama día tras día sería mayor que ese dolor y sufrimiento autoimpuestos.

A Lindy le preocupaba el lleno absoluto del estadio. Al final, conseguimos que John aceptase tocar en ese concierto antes de coger un avión y marcharse a casa. Fue la más horrible de las actuaciones. Todas y cada una de las notas, todas y cada una de las palabras, dolían, conscientes todos de que ya no éramos un grupo. No dejé de echar miradas a John y ver a aquella estatua muerta de desprecio. En cierto modo, ojalá hubiésemos cancelado el concierto y devuelto el dinero de las entradas, antes que convertir a toda esa gente en testigos de aquella muestra de energía viciada. Esa noche, John desapareció del mundo caótico de los Red Hot Chili Peppers.

11

Retorcido

Mientras todavía estábamos en Japón, ideamos un plan. Iríamos a Australia y quedaríamos allí con nuestro amigo Zander Schloss, que iba a ocupar el lugar de John. Zander era un guitarrista con talento que sabía leer y componer música, un tipo que aprendía rápido y tenía una sensibilidad alocada, enternecedora y cómica. Teníamos siete días para enseñarle suficientes canciones como para reventar Australia.

Nos reunimos con Zander en Sídney e iniciamos un plan intensivo de dos ensayos al día. Sin embargo, pasados cuatro días, Flea y yo vimos claro que aquello no funcionaba. Zander tocaba las canciones, pero no parecían los Red Hot Chili Peppers. En aquel momento, decidimos que era mejor cancelar las fechas que presentar una versión cutre de nosotros mismos.

Cuando se lo dijimos a Zander se quedó devastado. Parecía que había estado cuatro años en el grupo en vez de cuatro días. «Dios mío de mi vida, he pasado de tener el futuro más rico y más increíble del mundo a estar donde empecé, pero a trece mil kilómetros de casa. ¿Me vais a dar un billete para volver?».

Le aseguramos que no íbamos a dejarlo tirado, y nos quedamos todos unos días más en Australia a disfrutar de un tiempo magnífico y de unas tías preciosas.

Greer Gavorko era un neozelandés miembro de nuestro equipo con quien me llevaba muy bien. Me enseñó unas fotos de un viaje que acababa de hacer a Tailandia y pensé: «Estoy en Australia, que no está nada cerca de Hollywood. No tengo ni idea de lo que va a pasar con mi futuro, porque ahora mismo la vida de nuestro grupo está renqueando. Mi huevo izquierdo, en la persona de John Frusciante, acaba de largarse de la bolsa escrotal. Así que ¿por qué no me voy yo solo a Tailandia y punto?».

Greer me recomendó algunas islas en el golfo de Siam. Así pues, volé a Bangkok, me alojé una noche en un hotel del aeropuerto, y luego volé al sur y cogí una embarcación a Ko Samui. Era una isla preciosa con un clima increíble, pero estaba repleta de turistas cutres europeos con ansias de fiesta. Todo era coca, música mala y tías guapas medio desnudas puestísimas de éxtasis. No había ido a Tailandia para sumergirme en un mundo de tecnofantasía, así que me marché a la siguiente isla, Ko Pha Ngan. Aquel era un sitio algo más relajado y bonito, pero seguía sin sentirme satisfecho, y unos nativos tailandeses me recomendaron ir a Ko Tao, una islita sin hoteles.

Ko Tao era exactamente aquello con lo que yo había soñado. Le alquilé una casita a una familia tailandesa y me quedé una semana, haciendo buceo con tubo todos los días. Me marché de la isla con sensación de haber recargado las pilas y haberme depurado, más preparado para afrontar la marcha de John. En cuanto regresé, Flea y yo volvimos al punto de partida. Estábamos familiarizados con un grupo de Los Ángeles llamado Marshall Law, formado por dos hermanos, Lonnie Marshall al bajo y Arik Marshall a la guitarra. Los dos eran unos bichos raros funkis y frikis y unos prodigios con sus instrumentos. Venían del centro-sur de la ciudad, y eran mitad negros y mitad judíos, la típica mezcla. Los había visto varias veces y la manera de tocar la guitarra de Arik me había deslumbrado especialmente. Era funky, pero a la vez rock duro y original.

Les hicimos audiciones a otras personas, incluido un tío llamado Buckethead, que tocaba todo su repertorio con un cubo del Kentucky Fried Chicken en la cabeza y encerrado en un gallinero. Cuando Arik improvisó con nosotros, fue una experiencia divertida e inspiradora, así que terminamos contratándolo y se vio atrapado en la locura de nuestro mundo. Aunque habíamos perdido a John, que había sido un elemento tan fundamental de nuestro enorme éxito con el *Blood Sugar*, ni los promotores ni la MTV ni la industria musical en su conjunto percibieron que hubiésemos terminado nuestra carrera, porque no se había detenido nada. Nos ofrecieron ser cabeza de cartel en el Lollapalooza, la mayor gira que había en Estados Unidos ese verano. Lindy nos había cerrado además algunos festivales grandes por Europa en junio.

Por suerte para nosotros, Arik aprendía increíblemente rápido. Era capaz de escuchar una canción en la radio y, en cuestión de sesenta segundos, tocarla con la misma vibración y el mismo espíritu que la original. En cualquier caso, ir a Bélgica unas semanas después de haber asumido su cargo en los Chili Peppers a actuar ante setenta mil personas era un auténtico bautismo de fuego. Se sentía petrificado. Arik apenas había salido del condado de Los Ángeles, y de repente estaba en un país exótico del norte de Europa donde hablaban tres idiomas.

Arik era extremadamente introvertido, así que hacía frente a toda la presión durmiendo. El cabrón podía pasarse todo el día y toda la noche dormido, y luego entrar en la furgoneta para ir camino del bolo y dormir un poco más. Pero nunca nos defraudó en un concierto. Se ponía allí y se dejaba la piel tocando.

Ser cabezas de cartel en el Lollapalooza era un auténtico pelotazo para nosotros. Se trataba de la segunda edición del festival, y la idea de viajar por el país con un puñado de maníacos parecidos a nosotros nos atraía. Cuando formas parte de un festival, la presión se rebaja a la mitad. Aunque vayas de cabeza de cartel, no tienes que llevar el peso del espectáculo entero. Dado que nuestro grupo estaba pasando por una época dura, gracias a Dios los conciertos no se basaban solo en nosotros. Además, terminas conociendo a artistas interesantes a los que quizá no te habrías encontrado de no haber sido por algo así. Nunca fui fan de Ministry, pero resultó que me fliparon todas las noches. No sabía cómo podían estar tan jodidos por el alcohol, la heroína, la cocaína y el gas de la risa y salir ahí a destrozarlo todo.

Tras unos cuantos conciertos de la gira, todo el mundo empezó a improvisar con todo el mundo. Ice Cube reventaba el escenario siempre, y Flea y yo solíamos subirnos con él a tocar una canción. Bailábamos, felices por formar parte de su séquito patriota. Luego él se unía a nosotros en *Higher Ground*. Eddie Vedder, que estaba con Pearl Jam, le hacía coros a Soundgarden, pero siguiendo su línea de humilde servidor de la música, se quedaba lejos, al fondo del escenario. Chad tocaba la batería en una de las canciones de Ministry. Todo el espectáculo era un festival de amor, excepto por el grupo británico Jesus and Mary Chain, que estaban realmente amargados. Se ventilaban una botella gigante de alcohol entre los dos por la tarde y se ponían a maldecir y a hablar fatal de todo el mundo. Una vez, llegaron demasiado lejos con los tíos del grupo de Ice Cube y se llevaron una paliza.

Yo estreché lazos con unos gánsteres samoanos gigantes llamados Boo-Yaa Tribe, que tocaban en el segundo escenario. Me fascinaba escuchar sus historias sobre la guerra entre bandas en el este de Los Ángeles. Me contaron que a sus amigos les disparaban y ni siquiera se daban cuenta porque eran muy grandes, así que se pasaban un par de días por ahí con las balas dentro. Hacia el final de la gira, subí al escenario a uno de los tíos de Boo-Yaa durante *Higher Ground*, extendió el brazo, me agarró y me colocó encima de su antebrazo. Canté toda la canción a tope sentado en su brazo, como una marioneta.

En nuestros conciertos del Lollapalooza añadimos algunos elementos especiales. Construimos una rueda en espiral gigante, psicodélica, en plan *En los límites de la realidad*, y la colocamos en el centro del escenario con fines hipnóticos. Pero el toque final fueron los cascos de fuego que llevábamos para los bises. Siempre que pienso en actuar, se me viene el fuego a la cabeza; se trata de un elemento muy visual y va muy bien con la música. Mi concepto no era el de un gran escenario pirotécnico de grupos como Kiss o los Who. Solo pensaba que sería genial llevar unos cascos que escupieran fuego. Así que nos dirigimos a un diseñador profesional a quien Lindy conocía, que diseñó un casco de obra plateado con un pitorro en la parte de arriba y un tubo para conectar el pitorro con una lata de propano metida en un cinturón. Todos teníamos una válvula a mano para controlar la intensidad de la llama.

De cualquier modo, cuando estás manejando fuego y un expendedor automático, algunas cagadas va a terminar habiendo, sí o sí. Éramos capaces de escupir una buena llama de fuego de noventa centímetros, pero algunas noches, alguien no le daba bien a la válvula, o la lata de propano estaba casi vacía, y veías a tres tíos con cabezas como volcanes enfurecidos y a un tío con un mechero Bic de tres pulgadas saliéndole de la cabeza, sin tener ni idea de que su llama fuese tan pequeña. Era una cosa muy castrante. La envidia de la llama.

En algunos estadios, los bomberos intentaron detener el concierto. Lindy solía llevar dinero extra, y cuando un bombero le decía que nos podían multar si encendíamos los cascos, Lindy sacaba el fajo y decía: «¿Cuánto?». En otra ciudad, los bomberos le exigieron a nuestros *roadies* que llevaran trajes de bombero, cascos incluidos, para prendernos la llama. Mark Johnson, nuestro *manager* de gira, era, en ciertos sentidos, el Homer Simpson original, así que no hay más que imaginar a Homer con un traje ignífugo intentando aclararse para girar los botones correctos y encender el fuego. Es increíble que saliéramos vivos de aquella gira.

En septiembre de 1992, tocamos en la gala de los premios MTV y recibimos dos premios por el vídeo de *Give It Away*, aparte del premio de los espectadores por *Under the Bridge*. Debió de ser raro para Arik estar encima del escenario aceptando unos premios por un trabajo que había hecho John. Esa noche nos mostramos muy pagados de nosotros mismos, en un plan repulsivo y follonero. Cuando nos levantamos para recoger el premio al vídeo revelación por *Give It Away*, Flea simuló una masturbación. Yo tenía una lista de treinta personas a las que quería dar las gracias: artistas, músicos, realizadores, eruditos… y Satán. Mi abuela, una devota cristiana que estaba en su casa de Florida, no se dio cuenta de que era broma y me repudió. Un poco más adelante, le pregunté a mi madre por qué había dejado de recibir cartas de la abuela Kiedis, y me respondió: «Cree que tienes un pacto con Satán». Tuve que escribirle una postal a mi abu por su ochenta cumpleaños para explicarle que no era ningún satanista.

Aquel otoño viajamos a Australia y a Nueva Zelanda para cumplir con las fechas que habíamos cancelado. Como era la primera vez que actuábamos allí, no dábamos aún para tocar en estadios, aunque el público respondió de un modo alucinante. En cuanto pusimos el pie en Nueva Zelanda, me enamoré de aquel lugar. Me pareció una segunda casa. Había más vida vegetal de la que hubiera visto nunca, unas montañas majestuosas y enormes, y muy poca gente. Al terminar los conciertos, todo el mundo se marchó corriendo a casa, pero yo decidí quedarme y explorar el país.

Cogí una habitación en un hotel *art déco* muy chulo en el centro de Auckland y estuve pasando el rato con Greer, que era nativo kiwi. Una noche estábamos jugando al billar cuando entró en el local una diosa morena de pelo largo, como salida de un cuento de hadas kiwi. Se puso en la barra y me miró, y yo reuní el coraje para acercarme a ella.

—¿Qué haces aquí? —le dije, porque no encajaba en aquel bar sórdido.

—He venido a buscarte. Me he enterado de que estabas en la ciudad y he venido a por ti.

Julie logró lo que buscaba, claro que sí. Pasamos el resto de mi estancia juntos. Hicimos una excursión a Rotorua y visitamos los lagos gigantes de aguas termales y los pozos de lodo. Nos metimos en un parque nacional e hicimos el amor al borde de un pozo de lodo, un caldero grande y bullente de vapor y fango. El 1 de noviembre, celebramos mi treinta cumpleaños en la casa junto al mar del señor y la señora Murdoch, propietarios de la discográfica Warner Bros. en Nueva Zelanda. Organizaron un pícnic precioso en la playa para mí. Fue un momento muy señalado, y agridulce. Me encontraba lejos de casa, rodeado de gente extraña pero cercana. Al grupo le iban genial las cosas, aunque tampoco eso estaba bien. Desde la marcha de John, habíamos seguido adelante sin pararnos a analizar la falta de perfección, simplemente avanzando para tratar de mantener aquello con vida.

Además, estaba solo, sin un amor verdadero en mi vida. Muchas de mis amistades más estrechas se habían ido despegando. John estaba fuera de juego. Flea y yo nos habíamos distanciado. Bob Forrest estaba sumido por completo en la exploración de su propio mundo de las drogas. Me sentía solo.

Sin nada que me apremiase a volver a casa, decidí irme de aventura a Borneo. Ya de niño, estaba siempre leyendo sobre las ubicaciones de las selvas tropicales más remotas del mundo, y de entre todos los sitios sobre los que había leído, desde Mongolia hasta Papúa Nueva Guinea o Tuvá, Borneo siempre me pareció el más remoto, el menos occidentalizado: un lugar en el que podías retroceder en el tiempo y ver cómo era la vida antes de que existieran la industria y las comodidades.

Durante nuestras visitas a Ámsterdam me había hecho amigo de Hank Schiffmacher, un increíble artista de los tatuajes. Hank, también conocido como Henky Penky, era un icono de su país: filósofo alternativo, artista, miembro de los Ángeles del Infierno, amante de la priva, amante de las drogas, amante de las tías, un auténtico bribón de proporciones holandesas. A lo largo de los años, Hank me había inyectado muchísima tinta en la piel, y en ese proceso nos habíamos ido acercando. Así pues, cuando Hank sugirió que fuésemos de viaje a Borneo a buscar técnicas primitivas de tatuaje y repetir el cruce del bosque lluvioso de Borneo hecho por un explorador holandés del siglo XIX, yo me mostré más que dispuesto. Me veía a mí mismo como Mowgli, el de *El libro de la selva*, paseando por ahí con orangutanes, balanceándome en lianas sobre ríos, comiendo bayas, conociendo a mujeres nativas desnudas y comportándome como un tipo duro de la naturaleza. La historia no terminó pareciéndose mucho a eso.

Reservamos un mes para el viaje. Al principio, pensé que la cosa consistiría en que Hank y yo viajaríamos a la tierra de la tribu punandaya, que había practicado el canibalismo hasta los años sesenta, según algunos informes. Sin embargo, Hank trajo con él a un fotoperiodista que creía que hacer sus fotos era más importante que la humanidad o la dignidad de la cultura extranjera; y también vino con un tipo en plan Caspar Milquetoast[32] que había pasado por su tienda de tatuajes, un empleado de banca que nunca había estado fuera de Holanda.

Por tanto, nos reunimos un grupito bastante heterogéneo en Yakarta, Indonesia, para planificar el viaje. Yakarta no me gustó: una megalópolis tercermundista saturada de basura y contaminación y repleta de una energía fundamentalista que no nos hacía los tipos más bienvenidos en aquella ciudad. Aunque vivíamos

---

[32] Personaje de cómic creado por H. T. Webster en los años veinte y caracterizado por su nulo espíritu aventurero y su personalidad pusilánime y débil. El apellido ha quedado en la lengua inglesa como identificativo de este tipo de personas.

a años luz de allí, cada vez que entraba en un bazar o en un mercado, en cualquier barrio de chabolas, me veía rodeado por chicas indonesias que se reían nerviosas: vendían camisetas falsas de los Red Hot Chili Peppers en todos los puestos. Era surrealista.

Desde Yakarta cogimos varias avionetas hasta Pontianak, una ciudad en la costa oeste de Borneo. Allí era donde iba a empezar nuestra aventura. Teníamos previsto cruzar el centro de Borneo desde Pontianak hasta Samarinda, haciendo la ruta a través de Kalimantan. El etnógrafo holandés Nieuwenhuis había tardado quince meses en hacer su viaje en 1894. Nosotros nos dimos cuatro semanas.

Nos alojamos en Pontianak un día y nos abastecimos de suministros y tabaco. Luego cogimos una barcaza y remontamos el río hacia el centro de la isla. El río empezaba siendo enorme, como el Mississippi, y luego se iba haciendo cada vez más pequeño conforme nos adentrábamos en la selva, hasta que se convertía en una serie de ríos rápidos embravecidos, capaces de cuadruplicarse en tamaño en cuestión de diez minutos en caso de riadas.

Todo el mundo estaba de un ánimo fantástico viendo aquella preciosa confluencia de dos ríos, hasta que divisamos kilómetros y kilómetros de selva diezmada. Las industrias madereras se habían infiltrado en aquella antigua civilización y habían expoliado el bosque. Era como si una zona del tamaño de Rhode Island hubiese quedado barrida del mapa. Tras cambiar a una embarcación más pequeña, llegamos al pueblo pesquero de Putussibau, el último puesto de avanzada antes de enfrentarnos con la naturaleza de verdad. Putussibau estaba formado por dos calles principales, un travesti y un sacerdote holandés misionero que nos advirtió casi regodeándose de los peligros que nos esperaban, cosas como la malaria y serpientes venenosas. Según él, todas las pastillas contra la malaria que habíamos estado tomando eran totalmente inútiles, y si terminábamos cogiendo la enfermedad, podíamos darnos por muertos. Perfecto.

Al día siguiente salimos en nuestra propia embarcación. Paramos después de unas horas para explorar un hogar comunal auténtico, que era una versión selvática de un complejo de apartamentos, salvo porque aquella era una comuna donde todo el mundo vivía junto y compartía un porche común. Luego seguimos y seguimos, adentrándonos en la selva. Cuanto más avanzábamos, más rápido se movía el agua, menos pueblos había y más difícil se hacía el paso en general. Entonces llegaron las lluvias. Después de varios cambios a embarcaciones cada vez más pequeñas, alcanzamos Tong Jang Lokam, la última aldea antes de que el terreno se hiciera demasiado montañoso y peligroso para viajar en embarcación. Se trataba de una ubicación serena previa al laberinto de la selva, donde no había río ni un solo sendero que seguir, solo una superposición de montañas, bosques y arroyos.

Fue allí donde contratamos a nuestros guías punans, una tribu nómada considerada como los maestros del bosque. Los punans de la zona probablemente pudiesen cruzar las montañas en cinco días, pero no había manera de saber cuánto tardarían al verse lastrados por cuatro tíos blancos lentos. No me sentía tranquilo con los guías que nos habían elegido, porque uno era el abuelo de la aldea, un tío de unos setenta años, y los demás apenas llegaban a adolescentes. No lograba hacerme una idea de si nos estaban dando guías decentes o unos nómadas cualesquiera que estaban allí por casualidad.

Disfrutamos de un día o dos de descanso en la aldea y luego emprendimos el camino a pie. Se trataba de un paisaje salvaje, diferente a todos los parajes que yo había recorrido hasta entonces. La densidad, el calor, la humedad, los ruidos, todo evocaba una sensación prehistórica, en especial cuando divisábamos los enormes bucerótidos que sobrevolaban nuestras cabezas. Era una realidad diferente. Después de un día de caminata, tuvimos que asumir el hecho de que no había senderos que seguir. No era más que un terreno húmedo y embarrado.

Al llegar el anochecer, hubo que buscar un lugar seco y nivelado, protegido de las inevitables lluvias. Dimos con una choza vieja y decrépita, así que en vez de construir un cobertizo con enormes hojas de árboles, nuestros guías nos dijeron que nos quedáramos en la choza. No parecía acogedora: la estructura estaba llena de insectos y cubierta por telas de araña, pero nos tumbamos allí como sardinas en lata, acurrucados en los sacos de dormir, y procuramos dormir. Cuando estaba empezando a caer en el sueño, medio consciente de las arañas que colgaban encima de mí, de repente el cráneo entero me empezó a vibrar. Sentí como si tuviese un pájaro carpintero agujereándome. Me aterrorizó la idea de que me hubiese picado algo venenoso y el veneno tóxico me estuviese haciendo efecto en el sistema nervioso, así que me enderecé y le grité a Hank que me ayudase.

Aquel horrible ruido vibrante del cráneo era cada vez más intenso, y no podía soportar ni un minuto más de esa agonía, así que le rogué a Hank que sacara la linterna y me mirase dentro de la oreja.

—No, no veo nada. Todo está… AARRGGGH —gritó, y dejó caer la linterna.

Me sobrevino una tremenda sensación de alivio y la cabeza dejó de vibrarme.

—Dios mío de mi vida. Te acaba de salir de la cabeza un bichillo escabulléndose, tío.

Resultó que, de algún modo, una cucaracha se me había colado en el canal auditivo y se había alojado allí. Fue la luz lo que la hizo abandonar mi cabeza. Me alegró haberme desprendido de la cucaracha, pero entonces empecé a preocuparme de que ese monstruo me hubiese dejado huevos dentro de la cabeza y mi cerebro se fuese a convertir en la cena de una familia de insectos. En cualquier caso, pasado un rato, esa obsesión me abandonó, probablemente porque estaba demasiado ocupado lidiando con las sanguijuelas que habían empezado a hurgar en mi cuerpo. Como la selva era tan densa, tratamos de seguir los ríos, cuyo caudal nos llegaba por la rodilla o por la cintura. Mientras estabas en el agua, las sanguijuelas venían nadando y se te pegaban en la piel. Te chupaban la sangre y se hacían enormes, y todos los días teníamos que quemarlas con un Marlboro encendido. Se nos quedaban unas heridas gigantes abiertas, susceptibles de infectarse. Si no cogías sanguijuelas en el río, también las había en los árboles, esperando a que pasaras por debajo, así que nos atacaban desde todos los frentes.

Después de unos cinco días de caminata, tuvimos nuestra primera gran crisis. Los guías se dieron cuenta de que estábamos perdidos por completo y se pusieron a celebrar asambleas para averiguar qué hacer. Nadie tenía ni idea de en qué dirección ir. Nos estábamos quedando sin comida, y yo tenía la clara impresión de que los guías nos miraban en plan: «Vamos a dejarlos tirados o a matarlos o a comérnoslos». Pero creo que el abuelo echó por tierra esos ánimos, y nos pusimos todos juntos a intentar orientarnos.

Luego apareció la enfermedad. Empecé a tener náuseas, diarreas y vómitos graves, aunque no me quedaba otra que caminar decenas de kilómetros al día, subiendo montañas y riscos, cargado con una mochila pesada. No podía dormir; me pasaba las noches con diarrea y vómitos a la vez. Empecé a tener alucinaciones por la deshidratación y la falta de comida y sueño, pero me aferré a la supervivencia y empujé a mi cuerpo a seguir.

Comenzamos a dividirnos para enviar grupos de avanzadilla que subieran a las cimas de las montañas y descifrasen dónde nacía el potente río Mahakam. Una vez que lo encontrásemos, estaríamos sanos y salvos. Un día, salí con un guía y subí hasta la cima de la montaña que teníamos cerca. La única forma de bajar era por una escarpada caída en vertical, que estaba, gracias a Dios, cubierta de lianas. Seguí al guía paso a paso por el precipicio, agarrándome a las lianas. Llegamos a un punto en el que no había apoyos para los pies, así que dependíamos únicamente de la fuerza de las lianas para bajar. El guía hizo la bajada en oblicuo de tres metros agarrándose a las lianas, pero cuando llegó mi turno, dudé de si esas plantas soportarían mi peso. El guía me aseguró que no había ningún problema; yo seguía dudando. En el momento en el que me separé del precipicio y volqué el peso en las lianas, la planta se soltó del precipicio y empecé a caer hacia atrás. No había nada ya para salvarme de una caída en picado hacia una muerte segura sobre las rocas recortadas, cientos de metros más abajo, salvo el hecho de que al caer el pie se me había enganchado en otra serie de lianas. Me quedé colgado de aquel precipicio bocabajo. Mi guía estaba por encima de mí, a salvo, riéndose histérico. Tuve que agarrarme para enderezarme y desengancharme antes de poder llegar a un lugar seguro.

Días después, dimos con el Mahakam, un caudaloso río de montaña con un agua profunda, azul, rápida y traicionera. Aunque nos encontrábamos aún a unos cientos de kilómetros del océano, lo que quedaba por delante era un camino factible en embarcación, que podríamos alquilar en la primera aldea, a unos treinta kilómetros río abajo. Estábamos celebrándolo en la orilla, besando el suelo, cuando divisamos a unos lugareños en un bote. Tenían un ciervo entero y nuestros guías se los camelaron para que nos diesen una pata del ciervo y una tortuga. Yo llevaba años siendo vegetariano, pero no tuve reparo ninguno en desgarrar aquel venado mal cocinado. Antes de que los nativos se marcharan, nuestros guías les encargaron que mandasen una embarcación a buscarnos al día siguiente.

Y entonces llegaron las temibles lluvias. Estábamos en un cañón y no se veía la línea de costa, solo rocas desnudas, y el río se infló hasta inundar nuestro campamento. Nos vimos obligados a subir por una pendiente pronunciada que tenía algo de vegetación y algunos árboles, y tuvimos que pasar la noche apoyados contra la montaña, descansando los pies en algunos tocones. Al día siguiente apareció la embarcación, negociamos el traslado hasta el mar y les dijimos adiós a los guías, que dieron media vuelta y se escurrieron camino de su aldea en las montañas. Aquella noche paramos en una aldea y logramos alquilar una habitación, pero me reapareció la fiebre con ánimos de venganza. Volví a pasar toda la noche soltando chorros por ambos extremos, más debilitado de lo que me había sentido nunca antes en mi vida. La enfermedad no me ayudó en nada cuando recibimos la noticia de que unos días antes un equipo de australianos que hacían el mismo camino que nosotros habían fallecido en una riada.

Al día siguiente me sentía tan mal y tan desesperado por volver a la civilización que fui hasta la base de comunicaciones local, sintonicé la onda corta y pedí que un helicóptero viniese a buscarnos. A Hank y a mí nos llevaron hasta Balik, donde encontré a un médico que me recetó unos antibióticos que parecieron mitigar la agudeza de la enfermedad, aunque sin curarla. Luego abracé a Hank para despedirme. Nuestro vínculo se había visto fortalecido por nuestra victoria sobre la muerte al conseguir atravesar esa puta selva.

En el camino de vuelta a Los Ángeles, paré en Nueva Zelanda, pero todavía no me sentía recuperado. Unos días después, cuando me subí en el vuelo a Los Ángeles, me senté y casi me desvanecí. Empecé a sudar a chorros, me subió la fiebre muchísimo y comencé a alucinar otra vez. Cuando aterrizamos, apenas podía bajar del avión. Después de pasar un día en el sofá, ingresé en el centro médico de la UCLA, donde se quedaron desconcertados con mi afección. Me dieron algunos analgésicos, que acepté tomar pese a estar sobrio. Volví a casa, pero entonces empecé con los febriles baños de sudor por los calmantes. Ingresé en el Cedars Sinai, donde, después de días y días de pruebas, determinaron que tenía una enfermedad tropical rara llamada fiebre del dengue. Al menos sabía por fin qué era, y el tratamiento consistía en los mismos antibióticos potentes que ya tomaba. Me recuperé, pero tuvimos que cancelar nuestro concierto de Nochevieja en San Francisco.

Cuando en enero volamos a Brasil para dar varios conciertos de envergadura, ya me encontraba bien. Se trataba de un festival de cuatro noches que alternábamos con Nirvana. Los dos grupos actuábamos en Río y en São Paulo. Volamos todos juntos en un 747 enorme, en un ambiente absolutamente festivo, aunque nada podría haberme preparado para la recepción que tuvimos en Brasil. Pese a que Nina Hagen me había dicho que después de que el resto del mundo se hubiese olvidado de ella, aún podía ir a Brasil y disfrutar de un recibimiento propio de un miembro de los Beatles, me resultó increíble el fervor de los fans brasileños. Hizo falta que miembros de las fuerzas armadas nos ayudasen a salir del hotel. Los fans mostraban una euforia tal que rayaba en lo peligroso.

El día antes de nuestra fecha en Río, vino una escolta policial y nos adentraron en una favela (un barrio pobre en el que incluso la policía tiene miedo de entrar) para ver en acción a una auténtica banda de samba de carnaval. Nos quedamos tan atónitos con esa pompa y esa sentida música sudamericana de la Madre Tierra que invitamos a toda la banda a subir al escenario e improvisar con nosotros a la noche siguiente. Y lo hicieron. Se presentaron al menos el doble de miembros de los que había habido en el ensayo, todos ataviados con sus mejores trajes.

Chad no sabía qué hacer, así que empezó a tocar ritmos con la batería, y todos se pusieron a tocar al unísono, agitando sus palos de percusión y bailando y cantando. Flea le encontró también el rollo y se incorporó, y Arik empezó a tocar algo funky que funcionaba. A mí me costó encontrar hueco en aquel conjunto, hasta que dos bailarinas de samba se me acercaron y empezaron a bailar conmigo, y entonces todos nos pusimos a bailar y tocar y hacer una improvisación psicodélica de campeonato.

Nirvana iba de cabeza de cartel la noche siguiente, y todos estábamos emocionados por ver su concierto. Entretanto, Courtney Love daba un espectáculo increíble cada vez que se le presentaba la ocasión. Nunca había visto a nadie tan hecho para llamar la atención y estar en primer plano y en el centro del drama. Courtney estaba descontrolada. Siempre que un fotógrafo dirigía la cámara hacia un grupo de personas, se metía corriendo en el encuadre, agarrando a todo el mundo como si fuesen sus mejores amigos.

A Kurt no lo veíamos mucho, se recluía. Pasé algún tiempo con él en el *backstage* antes de su segundo concierto. Estaba puesto de pastillas, cosa que de algún modo nunca afectaba a sus actuaciones, y se mostró callado y retraído. En cualquier caso, tenía un estilazo demencial, y se vestía siempre con la mejor combinación de colores posible y jerséis y cosas desparejadas.

Nirvana destrozó el escenario las dos noches. Tocaron un montón de canciones nuevas que terminaron estando en el *In Utero*, y luego todos enchufaron los instrumentos y se pusieron con algunos temas pop de los setenta como *Seasons in the Sun*. Durante uno de los dos conciertos, Kurt se marcó un solo de guitarra descabellado que duró diez minutos. Soltó la guitarra en el suelo y se puso a tocarla ahí, y luego la reventó contra el amplificador. Terminó tocando entre el público con la guitarra destrozada. Cuando volvió al escenario y la multitud empezó a pelearse por coger el instrumento, Courtney apareció volando de entre bastidores, se sumergió entre el público y le pegó a unos chavales brasileños para hacerse con la guitarra.

Volvió a subirse al escenario y levantó la guitarra rota con orgullo, pavoneándose y exprimiendo cada minuto. Se marchó por fin del escenario, y de algún modo Louie, el miembro de nuestro equipo, terminó consiguiendo el mástil de la guitarra, que conserva todavía hoy.

Regresamos a casa, contentos por haber compartido esas experiencias con Nirvana. A todo el mundo le encantaba ese grupo. Entretanto, el álbum *Blood Sugar* seguía sobre ruedas. Aún no me había acostumbrado al mayor reconocimiento público. Recuerdo ir por aquella época a una fiesta en honor de Lisa Marie Presley en un hangar de Santa Mónica. Entré en el baño a mear y un ejecutivo con pinta normal, vestido de traje, se puso en el urinal de al lado, me miró y me reconoció.

«Dios mío, eres ese tío», dijo, y empezó a aullar una versión de *Under the Bridge*.

En otra ocasión, iba con la bici de montaña por la zona de mi casa, y un coche cualquiera se me acercó y oí *Under the Bridge* resonando a través de la ventanilla. Me di cuenta de que nuestra música era ya de dominio público y no un fenómeno *underground*, cosa que me hacía sentirme algo más tímido y retraído. Irónicamente, Flea y yo habíamos pasado la mayoría de nuestras vidas ansiando llamar la atención y tratando de crear espectáculo, haciendo cosas estrafalarias para dejarnos ver, oír y sentir. Una vez, estando en Fairfax High, nos enteramos de que la esquina de Westwood Boulevard con Wilshire Boulevard era el cruce más transitado del mundo. Así que bebimos un poco, nos repartimos un Quaalude, fuimos a aquella esquina, trepamos por un poste y nos subimos a una valla publicitaria enorme que daba a ese cruce concurrido. Nos desnudamos y bailamos por allí, balanceando las pollas a todo paseante que veíamos. Parecía que todo el mundo nos miraba, y nos gustaba: fue un momento memorable en el que pudimos ser exhibicionistas, artistas, temerarios y jóvenes infractores de la ley, todo en uno. De estar bailando desnudos delante de esas vallas publicitarias, habíamos acabado apareciendo en ellas. Por tanto, ya no sentía el impulso de luchar por llamar la atención o alardear de lo increíble que era nuestra música.

Y había llegado el momento de crear más de esa música. Flea y yo empezamos a componer y estábamos deseosos de estrechar lazos con Arik y explorar su mente y sus talentos musicales. Después de terminar la gira, Arik alquiló un bonito apartamento cerca de mi casa. Pero ninguna de las veces que intenté juntarme con él para trabajar estaba disponible. Terminé presentándome en su casa y dejando algunas letras y una cinta en crudo allí, porque no parecía que a Arik le resultara cómodo sacar la guitarra en ese momento, y nuevamente me quedé sin respuesta. Ni una llamada, ni un «tengo algunas ideas». No mucho después de eso, decidimos que quizá Arik no fuese el compañero compositor que estábamos buscando.

Tuvimos entonces la más terrible de las ideas: poner un anuncio y hacer audiciones de guitarristas. Pensábamos que podíamos hacerle una audición a todos los guitarristas del mundo y encontrar al músico más perfecto, talentoso, pleno de sentimiento y divertido, pero así no funcionan las cosas. Es como buscar esposa: debes tener la esperanza de que se cruce en tu camino. Pusimos un anuncio en el *L.A. Weekly* y organizamos las audiciones. Aquello era un circo que no nos llevaba a ninguna parte. Alguna gente sabía tocar, pero otros chavales venían solo con la esperanza de conocer al grupo. Por aquel entonces, yo había visto a un grupo llamado Mother Tongue en el Club Lingerie, y me gustó su guitarrista, un chaval llamado Jesse Tobias. Le hablé a Flea de él y decidimos traerlo para probar. Improvisamos, y salió algo muy crudo y enérgico. Definitivamente, de entre todos los que habían tocado con nosotros, era el que desprendía la química más excitante, pero Flea estaba ligeramente preocupado por si carecía del nivel técnico necesario para tocar nuestra música. Al final lo contratamos, dejó su grupo y empezamos a tocar y a componer música.

Transcurridas un par de semanas, algo no iba bien. Improvisábamos una y otra vez con Jesse, pero nadie quedaba satisfecho, en especial Flea. Yo aún tenía la esperanza de que la cosa funcionase cuando Chad se me acercó y me dijo: «Me da la sensación de que Dave Navarro está preparado para tocar con nosotros». Dave siempre había sido nuestra primera opción al marcharse John. Nos habíamos puesto en contacto con él muy al principio, pero estaba demasiado ocupado con su proyecto secundario tras la ruptura de Jane's Addiction. Chad había estado viéndose con él recientemente y estaba seguro de que a Dave le iba a encantar venir con nosotros. Era la situación ideal, porque en la época en que Dave estuvo en Jane's Addiction el grupo casi había inventado un sonido nuevo y había compartido un espíritu musical único y enormemente emocional: fueron la voz de Los Ángeles durante mucho tiempo. Aquello era arte de verdad, apasionado y original, procedente de los puntos correctos, con la dosis correcta de locura y amor.

Así pues, despedimos a Jesse y contratamos a Dave. Navarro soltó la mejor de las frases: «He oído rumores en la calle de que el motivo por el que echasteis a Jesse fue que era demasiado mono y os estaba robando parte de la atención de las féminas. Y entonces vais y me contratáis a mí. ¿Dónde me deja eso?». Tenía el sentido del humor más sarcástico del mundo. Cuando entró en el grupo, creó unas púas de guitarra donde aparecían todos los guitarristas que habíamos tenido. Después de su nombre había un signo de interrogación.

Con Dave en el grupo era inevitable que nuestro sonido cambiase. Tenía un estilo distinto del resto de personas que habían estado antes con nosotros, pero era muy competente y rápido aprendiendo canciones. A pesar de no llevar en su interior la misteriosa esencia del funk, no nos agobiamos; estábamos preparados para explorar otros territorios. Me fue imposible predecir la increíble bondad de Dave. Era una persona muy sensible, tierna, que estaba ahí para ayudar a los demás desde el primer momento, algo maravilloso en combinación con su toque sarcástico.

Pese a ello, tuvimos unos inicios extraños, porque no todo el mundo se ajustaba de entrada a nuestra dinámica. John había sido una auténtica anomalía en lo que a eso se refería. En ciertos sentidos, había facilitado aún más que Hillel el proceso de creación musical, aunque yo conociese a Hillel desde hacía años. Para mí, se daba por sentado que todos los guitarristas eran así: les enseñabas las letras y les cantabas un poco y de pronto, como de la nada, salía una canción. Con Dave no ocurrió eso de inmediato. Recuerdo llegarme por su casa, que los dos quisiéramos aprendernos juntos un tema de los Beatles, y que fuese un proceso mucho más lento y complicado que en el pasado.

A todos nos caía bien Dave, aunque sin yo saberlo, él se sentía excluido. No creo que supiera lo abiertos que estábamos a convertirlo

en uno más. Había librado un montón de batallas con Perry Farrell en Jane's Addiction, y los estilos que usaban ellos para componer eran muy distintos, así que no estaba acostumbrado a nuestro estilo de cooperación. No fue hasta años después cuando me
contó que entonces le preocupaba que lo echásemos en cualquier
momento.

A finales de octubre de 1993, decidí hacer una escapada a
Nueva York para celebrar mi cumpleaños y acompañar a mi
buen amigo Guy Oseary, de Maverick Records, a todas las fiestas
que había en torno a la Fashion Week. Guy iba como loco detrás
de Kate Moss, y yo no le hacía ascos a pasar el rato con él asistiendo a desfiles. Nos alojábamos en el Royalton y una noche
llegamos tarde de una fiesta de Halloween. Llevaba unas horas dormido cuando empezó a sonar el teléfono sin parar. Lo
cogí y era mi padre. Estaba enajenado, balbuceando: «¿Te has
enterado de lo que ha pasado? River ha muerto». En ese momento seguía medio dormido, así que tardé unos segundos en pro-
cesar la información. Cuando lo hice, volví a llamarlo rápidamente y me contó que River Phoenix había muerto la noche
antes a las puertas de un club de Los Ángeles, por sobredosis.
Una vez más, noté una increíble sensación de pérdida. Llamé a
Flea, que había acompañado a River en la ambulancia desde el
Viper Room hasta el hospital, y estuvimos llorando juntos un
buen rato. River no era mi mejor amigo, pero sí un ser humano
con un espíritu completamente hechizado, que vivía todos los
días con absoluta libertad.

Era mi cumpleaños, pero no me sentía con ganas de celebraciones. Pasé parte del día con mi amiga Acacia, que había sido
novia de Flea y de Joaquin, el hermano de River. Fui a su apartamento de Chinatown y nos tumbamos juntos en su litera, llorando. Me sentía destrozado y vacío por dentro. Regresé al Royalton,
y Guy O. me obligó a dejarle que me sacara a cenar por mi cumpleaños. Como es costumbre en Guy O., fuimos a la mamarrachez
de restaurante de moda del momento. Comimos y jugamos un
poco al billar, y luego Guy me llevó a rastras a un lugar llamado
Soul Kitchen. Había un DJ genial aquella noche, y en un momento
dado me levanté y traté de olvidar mi tristeza bailando.

Cuando regresé a la mesa, Guy estaba rodeado por un cúmulo de seres humanos, entre ellos, dos tías buenas con pinta de modelos que estaban haciendo las cosas típicas que hacen las modelos jóvenes, es decir, beber alcohol y fumar Marlboro. No podía apartar los ojos de una de ellas, un hada reluciente con peinado de bollera, sobre todo cuando empezó a liarse con su novia. Vi claro que no eran novias «novias», que solo se estaban besando por puro entretenimiento. Aquella noche no pasamos de intercambiar unas palabras, aunque sí me dijo que al día siguiente estaría en el desfile de Calvin Klein.

Mi punto de mira estaba ya fijo en esa tía. Tenía algo que me había tocado la fibra sensible: no fue una reacción biológica aleatoria sin más ante una chavala magnífica con la que quería acostarme. Notaba una sensación más metafísica al pensar en ella y en nuestras posibilidades. Le hablé de mi atracción a Guy O, que me la echó por tierra y me aconsejó no cerrarme puertas. Fuimos al desfile de Klein al día siguiente, y en la foto de portada de la W, la publicación diaria de la pasarela, aparecía esa rubia buenorra. De pronto, Guy O. mostró más interés por ella. La vimos desfilar y me sentí atravesado por la flecha de Cupido. Tengo una tendencia abrumadora a ir por delante de mí mismo en estos asuntos, así que cuando veo a una tía que me gusta, aunque nunca haya hablado con ella, me planto, la miro y me pongo en plan: «Podría casarme con esa tía. Tiene pinta de ser una buena madre y una buena compañera sexual». Estaba convencido de que la joven Jaime Rishar pensaría lo mismo y sería mía.

Aquella noche nos vimos todos en el Indochine, un restaurante de moda del centro, pero la interacción no fue como yo me había imaginado. Jaime estaba allí en una mesa llena de cotorras, charlando sin parar, todas modelos, todas bebiendo demasiado, fumando demasiado y tomándose demasiado en serio lo que hacían. Me presenté con Guy O., con la esperanza de que Jaime se pusiera a mi disposición sin problemas, pero le vi una actitud esquiva e intencionadamente distante, y estaba intencionadamente borracha como una cuba. Fui paciente y tolerante. Christy Turlington se puso a hablar con Jaime y a llenarle la cabeza de información negativa sobre mí: «Aléjate de ese tío, es un mujeriego, es un putón, te dice que te quiere y al día siguiente te deja, bla, bla, bla».

Empecé entonces a perder un poco el interés por Jamie; pensé que era demasiado joven y estaba demasiado inmersa en el sinsentido de su microcomunidad. De todos modos, una parte de mí no estaba dispuesta a rendirse del todo, y en cierto momento me percaté de que necesitaba irse a casa y meterse en la cama. Así que la subí a un taxi y me pidió que la acompañase a casa, cosa que hice; esa noche, dormimos juntos, pero no pasó nada porque Jaime estaba demasiado alcoholizada como para iniciar nuestro romance. La noche siguiente tuvimos un encuentro sexual descontrolado y desmesurado. Me dio una caña de la que yo no creía capaz a ninguna persona de su edad: diecisiete. Tenía un comportamiento muy adulto en ciertos aspectos, y recuerdo pensar algo como: «¡Joder! ¿Qué clase de porno ha estado viendo esta tía?».

Cuando regresé a Los Ángeles hablábamos por teléfono todas las noches. La primera noche de conversación me dijo: «Tengo un pequeño problema. Estoy viéndome con otro tío, y ahora me toca explicarle que las cosas se han acabado entre nosotros». Resultó que el colega en cuestión vivía de un fideicomiso y su padre era un muchimillonario de Wall Street. Jaime me contó además otro problema: sus padres se habían enterado por ahí de nuestra relación y no la aceptaban bajo ningún concepto.

El padre empezó a dejarme mensajes amenazantes en el contestador, sobre todo después de que el novio plantado le dijese que yo tenía sida. Pero Jaime permaneció imperiérrita. Nos pusimos a tramar y a maquinar un viaje para que viniera a visitarme a Los Ángeles. Llamé a su padre y lo convencí de que: 1) no tenía sida y 2) no era ningún ogro. También me camelé a la madre, y dejaron que Jaime viniera a visitarme.

No recuerdo demasiadas cosas de su primer viaje, más allá de ir a recogerla y verla salir de la habitación del hotel, con unas botas de *go-go*. Pensé: «Guau, definitivamente esto es lo que quiero». Nos lo pasamos muy bien y estuvimos muy a gusto el uno con el otro de inmediato. Esas Navidades hicimos el viaje de rigor a Michigan, y entabló una estrecha relación con mi madre desde el primer momento. Todavía hoy hablan a diario. Luego volamos a

Pennsylvania y conocí a sus padres. Aunque estaba nervioso, fue todo bastante apacible en realidad. Encajé bien con la madre desde el primer momento; era una mujer dulce y encantadora, la clásica madre. No tuve ningún problema real con el padre, que resultó ser el verdadero amante de la música de aquella casa. Tenía estanterías y estanterías llenas de movidas doo-wop y *singles* de R&B, y empezó a poner música mientras Jaime y él cantaban a coro y bailaban en la cocina.

En enero de 1994 llevaba cinco años y medio sobrio, sin intención ninguna ni deseo de volver a tomar drogas. Entonces fui a un dentista de Beverly Hills a que me sacase una muela del juicio. Había visitado a muchos médicos y a muchos dentistas durante esos cinco años y medio, y les tenía el discurso preparado: «Soy alérgico a los narcóticos. Sea lo que sea lo que tenga que hacerme, deberá hacerlo con anestesia local o con alguna sustancia no narcótica».

El dentista pensó que podría hacer la intervención con anestesia local, así que me senté en el sillón y me puse fino con la novocaína. El dentista empezó a extraerme la muela, pero en mitad del proceso me dijo que estaba tan afectada que iba a tener que abrir para sacármela de la boca. Para hacer eso, necesitaba dormirme. Yo llevaba ya una hora en aquel sillón, así que acepté. El dentista me metió una vía intravenosa en el brazo y me chutó Valium líquido. Aquella cosa me subió por el brazo, por la garganta, hasta la cabeza, y me sobrevino una nube dorada de euforia. Era la primera vez que me sentía así de colocado en cinco años y medio. Fue tan agradable y me hizo tanto efecto que yo ya no era yo: era el tío que estaba ciego bajo los efectos de.

El dentista me sacó la muela y yo notaba una sensación cálida, acogedora y perfecta. Estaba flotando en una nube y haciéndome consciente al mismo tiempo de una nueva voz en mi cabeza que me decía: «Tenemos que mantener esto bien arriba, pero ya. No vamos a dejar que esta sensación desaparezca». Y yo le respondía: «No te preocupes. Estamos en el mismo equipo, hermano». En cuanto el dentista terminó, me preguntó si notaba dolor y le dije que me estaba doliendo muchísimo y que necesitaba algo de Percodan. Parecía confundido, pero le insistí en que todo lo que le había dicho antes sobre la alergia eran tonterías, que necesitaba el Percodan de inmediato.

Me tomé un puñado de veinticinco pastillas antes de haber siquiera salido del edificio, y al poco de llegar a casa solo me quedaban dos en el bote. A esas alturas había alcanzado un auténtico ciego opiáceo. Justo en ese momento, decidí que sería una buena idea ir al centro de Los Ángeles y comprar algo de heroína y cocaína. No me lo pensé dos veces, no pensé en la sobriedad ni en mi pasado: era el momento de estar de subidón y de querer seguir subiendo, sin ninguna percepción de posibles consecuencias, nada, cero. Así pues, cogí el coche hasta mi antigua esquina, la de Bonnie Brae Street con Sixth Street, y descubrí que los fardos de preciada cocaína habían quedado suplantados por otro trapicheo, también de coca: el *crack*. Lo único que pude conseguir fueron piedras. Pero mi viejo alquitrán negro sí seguía siendo el mismo, y yo sabía bien qué hacer con él. Entré en una farmacia para comprar unas jeringas y puse en práctica mi timo clásico de la diabetes, aunque me olvidé de que por entonces ya era alguien reconocible. El farmacéutico me miró y me dijo:

—Vaya, señor Kiedis, no sabía que era usted diabético.

—Sí, sí, diabético. Así soy yo.

De vuelta a casa, me paré en una tienda de pipas de Sunset Boulevard y compré una de esas pipas para inhalar con un globo en la punta. Allí también me reconocieron, pero fingí que era un regalo de coña para una fiesta.

Me marché a casa, y como no tenía mechero, intenté prender el *crack* con cerillas, una idea terrible, porque la cerilla no aguanta encendida el tiempo suficiente para que la roca prenda. La cosa siguió así durante un par de días, hasta que hice otra excursión al centro y encontré algo de cocaína en polvo. Me metí la heroína, me quedé totalmente anestesiado y me desmayé en la cama, la cama en la que siempre había estado sobrio hasta ese momento.

La casa había pasado a llenarse de una energía oscura, sobre todo el baño, que era un basurero. Cuando me desperté, lo primero que pensé fue: «Dios mío, por favor, dime que ha sido una pesadilla». Imaginé que había un 2 por ciento de posibilidades de que no hubiese ocurrido. Me aferré a ello mientras me decía:

«Venga, 2 por ciento, dime que ha sido un sueño, dime que no ha pasado nada». Al levantarme me notaba tembloroso, me asomé al baño y el impacto me dio de lleno. ¿Cómo había ocurrido? Aquello no estaba en mi guion. Resultaba que el tipo que iba a vivir y a morir sobrio había jodido su historial. No sabía qué hacer, estaba desconcertado.

La bestia que llevaba dentro se había despertado y no había concluido su trabajo. Parte de mí quería seguir, pero parte de mí estaba tan avergonzada de haberme hecho eso a mí mismo que limpié todo aquel desastre y fingí que no había ocurrido. Sin embargo, me sentía vacío y hueco, como hecho de poliestireno. Me había desaparecido toda la fuerza y notaba el cerebro vacío. Al verlo en retrospectiva, habría sido una buena oportunidad para acudir directamente a alguien y decirle: «Ha pasado esto. Ponme en el Día Uno para que empiece de nuevo ahora mismo». Debería haber desvelado el secreto y haber pedido ayuda, pero no pude.

De hecho, no le conté nada a nadie del grupo. Todavía estábamos buscando nuestro camino, ensayando y tratando de componer material nuevo. Una de las formas que tuvimos de estrechar nuestro vínculo fue comprarnos una Harley-Davidson nueva cada uno. Incluso montamos una panda falsa de moteros a la que llamamos The Sensitives.

El hecho de venir de un éxito enorme y tener una compañía discográfica que nos apoyaba y estaba dispuesta a gastar dinero nos llevó a decidir que un cambio de escenario contribuiría al proceso creativo. Chad y yo fuimos en misión de reconocimiento a Hawái y encontramos una hacienda preciosa en la zona sur de Isla Grande. Estaba en una parcela con hectáreas y hectáreas de terreno, que incluía caballos blancos en un corral. La casa principal tenía una buena cocina y un salón grande en el que ensayar. Había dos o tres casas de invitados repartidas por la propiedad, además de una piscina y una pista de tenis, todo con vistas al magnífico océano Pacífico y a unos tres minutos en coche del mejor sitio para hacer buceo con tubo de todo Hawái. La alquilamos durante un mes y mandamos allí nuestras motos. Buen nivel de extravagancia para unos tíos que hacía solo un par de años habían estado viviendo en pequeños edificios de apartamentos.

El problema fue que el lugar era tan precioso que resultaba complicado ponerse a tocar, porque solo queríamos nadar en el mar, montar almuerzos lujosos y buscar acantilados desde los que saltar. Nos pusimos por fin a improvisar. La cosa fluía de manera más lenta y distinta con respecto a las veces anteriores. Creábamos sonidos buenos, pero no existía esa transmisión telepática espontánea por la que todos nos metíamos instantáneamente en un mismo río yendo en una misma dirección. Creo que yo me había perdido en mi propio espacio mental, porque no acudí con una sensación de confianza incondicional. No estaba seguro de qué hacer con el nuevo sonido que estábamos creando; no sabía exactamente cómo encajar ahí. En cualquier caso, estaba dispuesto a seguir poniendo un pie delante del otro para continuar avanzando con mi raro y peculiar estilo de componer, que a mí me resultaba interesante, aunque no estuviese recibiendo muchas opiniones de nadie.

Durante esos ensayos sí sembramos algunas semillas muy decentes, semillas que después se convertirían en canciones. Flea quería reafirmarse como un elemento de fuerza en la creación de nuestro sonido y en la dirección de nuestras canciones, cosa que estaba bien, porque su contribución había sido siempre esencial, pero creo que sentía que había llegado su turno de predominar en ese sentido, y eso suponía un cambio. Me di cuenta de que a Dave le desconcertaban nuestros métodos; se ponía a mirar a todas partes, en plan: «¿Es así como se supone que vamos a avanzar? ¿Anthony se va por ahí a escribir en un rincón todo el día mientras nosotros improvisamos? ¿Estamos yendo hacia alguna parte?». Y Chad y yo reaccionábamos con un «sí, así es como lo hacemos».

Viéndolo en retrospectiva, había presión por darle continuación a un álbum con un éxito tremendo. No creo que fuese una presión consciente que nos llevase a hablar del tema: «Vale, es hora de hacer algo mejor que lo último…». Se trataba más bien de una presión subconsciente, de baja intensidad, una sensación de que nos miraban con microscopio, de que había una cantidad fija de gente observando lo que estábamos haciendo. Habíamos salido de la zona peninsular de Estados Unidos, y eso le daba un toque aún más estrafalario a todo.

Mientras estuvimos allí, me pasaba horas escribiendo letras todos los días, pero a veces había periodos en los que se acumulaba música nueva y no tenía ideas para todo. Para cambiar de aires, me montaba en la moto, iba hasta un rincón de la isla, buscaba un hostal y me refugiaba allí con mis cintas a escribir letras. Recuerdo volver una de esas veces y que Chad me soltara sin venir a cuento: «¿Qué pasa, tío? ¿Estás teniendo un bloqueo de escritor?». Tuve que explicarle que el bloqueo de escritor no existía, que los escritores escriben cuando escriben, y cuando no, pues no. De cualquier modo, él estaba convencido de que me pasaba algo así, y de hecho dio una entrevista en la *Rolling Stone* en la que le dijo al tipo que las sesiones fueron bien, salvo porque yo atravesé un bloqueo de escritor. Aquello fue motivo de discordia durante un tiempo, y provocado por él, aunque pareciese mentira.

Estando en el rancho, trabajábamos por la mañana, y luego nos íbamos a bucear y almorzábamos. Seguíamos trabajando unas horas más y solíamos pasar las noches jugando al póker y al cuco. Era muy divertido estar sentados al aire libre, bebiendo después de un largo día dedicado a tocar y componer, y bromeando y hablando de chorradas y jugando a las cartas. Cuando nos poníamos ambiciosos, nos dábamos un día libre y salíamos a explorar sitios que yo había descubierto en mis escapadas. Íbamos a bucear y a pasear por volcanes, a todas partes, los cuatro en nuestras motocicletas.

Durante todo aquel tiempo en Hawái, pasaba horas todas las noches hablando por teléfono con Jaime. Tras un mes de trabajo, se nos terminó el alquiler y todo el mundo se marchó a casa una semana, pero yo me quedé en Hawái y Jaime vino de visita. La recogí y la llevé de vuelta a la hacienda, donde pasamos una primera noche excelente juntos. Teníamos un acuerdo: yo no eyaculaba de ninguna manera en su ausencia, ni masturbaciones, ni sueños húmedos, ni otras tías; tenía que guardar hasta el último gramo de mi energía vital. Jaime era una joven bastante sexual y necesitaba repetir las jugadas, así que no me quería falto de jugo. Después de eso, alquilamos una casa en un árbol en el magnífico valle de Waipio, un Jardín del Edén enorme. Luego pasamos unos cuantos días en Maui, antes de que llegase el momento de reunir al grupo y volver al trabajo.

Cuando regresamos, alquilamos una mansión tropical antigua en la zona norte de Isla Grande, en un entorno completamente distinto. Se trataba de un hostal amplio que alquilamos entero durante un mes. Para entonces, teníamos más o menos la mitad del álbum compuesto. Trabajamos, pero también lo pasamos bien; hacíamos dos excursiones de buceo al día, y en una de ellas vimos un increíble grupo de delfines cabeza de melón pasar a nuestro lado.

Un día, mientras trabajábamos, recibimos una llamada de Lindy para contarnos que Kurt Cobain se había suicidado. La noticia succionó todo el aire de la casa. No me sentí como cuando Hillel murió; fue más un rollo: «Dios mío, el mundo acaba de sufrir una pérdida enorme». La muerte de Kurt me resultó inesperada, porque incluso cuando veo a una persona empecinada en hacerse daño a sí misma, siempre albergo la esperanza de que pueda recuperarse. Algunos de los peores yonquis que he conocido en mi vida han alcanzado la sobriedad.

Fue un golpe emocional que todos sentimos. No sé por qué el mundo entero se veía tan cercano a ese tío; era un ser muy querido, adorable e inofensivo, con un punto extraño. Pese a todos sus gritos y a toda su oscuridad, resultaba sencillamente encantador. Así que su muerte supuso un duro impacto para nosotros y cambió toda la experiencia que estábamos viviendo. Despertó una parte de mí que quería expresar el cariño que le tenía, pero de una manera concreta, sin necesitar recurrir a una «oda a» obvia. Aquel día, me retiré a otra casa de la finca y empecé a escribir la letra de *Tearjerker*.

> *My mouth fell open hoping that the truth would not be true,*
> *[refuse the news*
> *I'm feeling sick now, what the fuck am I supposed to do, just*
> *[lose and lose*
> *First time I saw you, you were sitting backstage in a dress,*
> *[a perfect mess*
> *You never knew this but I wanted badly for you to requite*
> *[my love*
>
> *Left on the floor leaving your body*
> *When highs are the lows and lows are the way*
> *So hard to stay, guess now you know*

I love you so
I liked your whiskers and I liked the dimple in your chin, your
[pale blue eyes
You painted pictures 'cause the one who hurts can give so
[much, you gave me such[33]
(*Tearjerker*)

Terminamos el borrador de quizá diez canciones en Hawái, y llegó el momento de regresar, acabar las letras y empezar a trabajar con Rick Rubin en el estudio. Y entonces descarrilé de nuevo. Alguien me había regalado un libro ilustrado de gran formato sobre el consumo de drogas en las viviendas protegidas de Nueva York. El libro estaba plagado de historias increíbles sobre la vida callejera de la droga, y resplandecía con unas fotos alucinantes que ilustraban ese mundo. Una noche, estaba solo en casa y tenía el libro en la mesita del salón, mirándome. Lo cogí y empecé a leerlo, y se me encendió una bombilla y me salieron los cuernos. Me miré en los bolsillos para ver cuánto dinero tenía y comprobé en la agenda si estaba libre los días siguientes. Me di cuenta de que habían pasado unos meses desde mi última recaída, y que iba a poder hacerlo sin lamentar nada. Mi intención fue en todo momento salir esa noche nada más, luego dormir la mona y después volver a ser un tío normal.

El camino al centro es una experiencia en sí mismo. Vas controlado por esa energía oscura que está a punto de llevarte a un lugar al que sabes que no perteneces en esa etapa de tu vida. Entras en la carretera 101, es de noche y fuera hace frío. Es un recorrido bonito y el corazón te va a mil, la sangre te corre por las venas, y resulta un poco peligroso, porque la gente que trafica es despiadada, y hay polis por todas partes. Ese ya no es tu territorio,

---

[33] «Me quedé boquiabierto esperando que la verdad fuese mentira, negando la noticia / Ahora me siento fatal, qué cojones se supone que tengo que hacer, perder, solo perder / La primera vez que te vi estabas tras el escenario, con un vestido, todo un cuadro / Nunca lo supiste, pero me moría por verte responder a mi amor / Quedó en el suelo, abandonando tu cuerpo / Cuando la subida es la bajada y la bajada es el camino / Qué complicado es quedarse, pero ya lo sabes, creo / Cuánto te quiero / Me encantaban los pelos y el hoyuelo de tu barba, y ese celeste en tu mirada / Pintabas porque quien sufre tiene mucho que dar, y tú me diste sin más», *Relato dramático*.

ahora vienes de una casa bonita en las montañas y conduces un Camaro descapotable.

Así que te sales a la altura de Alvarado y giras a la derecha. El radar de tus sentidos entra entonces en estado de híperalerta. Tu misión es comprar drogas y no quieres que nada se interponga, es como estar en una batalla en la que tu vida depende de que observes todo lo que te rodea: al tío de la esquina, a los polis de paisano, los coches de policía. No quieres cometer ninguna infracción de tráfico obvia, así que pones el intermitente y giras a la izquierda en Third Street, consciente en todo momento de los coches que hay tras de ti. Luego sigues dos manzanas y pasas por delante de unas familias mexicanas, de un par de moteles y de una tienda que hace esquina, y ahí a la izquierda está el ultramarinos que fue escenario de tantos incidentes durante tu época con Jennifer, cuando solías chutarte en el coche y empezabas a vomitar por la ventanilla. Todos esos recuerdos regresan de golpe a inundarte, y en el instante en el que doblas a la derecha hacia Bonnie Brae, media manzana a la izquierda, ves a los grupos de camellos. Se comportan de un modo increíblemente agresivo y observan todos los coches que se acercan a esa esquina para ver si van a pillar. O bien paras directamente en Bonnie Brae, o giras a la izquierda en la siguiente bocacalle y vienen en tropel a por ti. Aparecen en la ventanilla del copiloto, en las ventanillas de atrás, y tienes que elegir a qué zumbado le vas a comprar.

Los camellos están acostumbrados a que la gente les compre veinte dólares en droga, o cuarenta, quizá sesenta, pero entonces sacas un fajo de cientos de dólares y les dices que quieres quinientos. Ni siquiera tienen quinientos dólares en *crack* en la boca, que es donde lo almacenan, como los globos de heroína, debajo de la lengua, así que empiezan a silbar para reunir todos sus recursos y te llegan con un puñado de *crack* cubierto en saliva. Cierras el trato y les preguntas: «¿Quién tiene la chiva?», y te lo indican. La chiva es el caballo. Entonces vas a otra manzana y compras tres, cuatro o cinco globos, todo eso procurando que las cosas vayan rápido, porque la poli puede aparecer en cualquier momento. A esas alturas, ya sabes dónde conseguir pipas, y compras los estropajos pequeños de aluminio para usarlos como pantallas en la pipa, técnicas todas que aprendiste de los camellos de la calle. Luego te vas a casa y te colocas.

En cuanto le das una calada a la pipa, bum, ahí está esa liberación tan familiar de serotonina en el cerebro, una sensación casi demasiado buena. De inmediato, te empieza a cortocircuitar el cerebro, porque recibir de golpe toda esa serotonina es tan demencial e intenso que te expones a querer levantarte, quitarte la ropa y caminar desnudo hasta casa del vecino, de lo bien que te sientes. Y en una ocasión estuve a punto de hacerlo. Volví a mi preciosa, dulce y bendita casa, allí arriba, con el parque como telón de fondo, entré en la cocina y di esa primera calada —y siempre es cuestión de la primera calada; las demás caladas son en vano, solo tratan de volver a captar la primera—, metí toda la piedra que pude en la pipa y todo el humo que pude en mis pulmones, lo aguanté tanto tiempo como me fue posible y luego solté el humo, y toda esa energía maníaca y psicótica volvió a arremolinarse a mi alrededor, y de inmediato me convertí en una persona distinta, cuyo control ya no manejaba. Me quité la camiseta y le vi todo el sentido a ir a la puerta de al lado, a la casa de mi vecina, con la mitad de la ropa quitada a ver qué pasaba. Llamé a la puerta, mi vecina salió y le dije algo como: «¿Me he dejado las llaves aquí dentro?», a lo que me respondió: «No, no creo, pero voy a echar un vistazo». Estaba dispuesto a quitarme el resto de la ropa y ver cómo iban las cosas, porque no tenía el control de mis facultades mentales. Mi vecina fue amable y dulce y, por suerte, no monté una escena muy gorda. Tres minutos después, la sensación se evaporó y me di cuenta de que estaba allí medio desnudo, buscando unas llaves que no existían, así que murmuré una disculpa y volví a casa, y le di otra calada a la pipa. Una locura total.

Había recibido el impacto de un par de rayos de recaída y mis pensamientos no andaban bien. Guardaba ese secreto en mi interior y eso me estaba envenenando los procesos mentales. Fingía que todo iba perfecto, genial, pero la integridad de mi estructura psíquica al completo estaba empezando a colapsar. Aún me quedaba por escribir la letra para dos canciones más, y cuando te encuentras en ese estado mental, te parece una buena idea cambiar de sitio geográfico. El problema, obviamente, era la ciudad en la que vivía. Así que decidí irme a Nueva York, que siempre me había resultado una ciudad inspiradora. Además, Jaime estaba allí. Ella se había venido a pasar varias temporadas a Los Ángeles para visitarme, así que decidí devolverle el favor.

Mi plan era registrarme en el Chelsea Hotel y pasarme un mes escribiendo. El Chelsea era un complejo de artistas, lleno de frikis, gente veterana, inadaptados, *drag queens*, drogadictos y rameras plantadas: la casa de los mil fantasmas. Por el mismo precio que un hotel de cinco estrellas, tenía a mi disposición un ático precioso con cocina completa y unas vistas increíbles al sur.

Me mudé allí, aunque no me sentía bien en mi propio cuerpo. Tenía un espacio maravilloso en el que escribir, unas cintas geniales con las que trabajar, toneladas de notas y de ideas, mi chica a diez minutos en taxi, la ciudad a mis pies, y sin embargo estaba jodido por dentro. Monté mi espacio de trabajo y me dispuse a trabajar y a componer un poco, y comía un poco, y Jaime venía y veíamos películas, pero no me sentía yo mismo, y esa sensación es horrible. Me notaba tenso y, puuuf, en ese limbo de no estar en plena juerga, pero tampoco sobrio.

Una noche, una semana después de llegar allí, Jaime debía de andar ocupada con sus cosas, así que estaba solo en casa, y era de noche, y me sobrevino esa idea apabullante de bajar al Washington Square Park a ver qué pasaba por allí con los camellos. Me metí en un taxi, llegué y empecé a hablar con algunos de los malotes de la zona. Conseguí un puñado de piedras, pero como no pude encontrar caballo, compré un par de botellas de vino tinto en el camino de vuelta, pensando que así rebajaría el efecto de la coca. Me fumé el *crack*, y aunque ni siquiera me estaba colocando, había vuelto una vez más al tablero de juego. No me gustaba nada aquello. Empecé a hincarme el vino y simplemente no me sentía bien. Era como un reloj que hubiese estallado: tenía los muelles sueltos, las manecillas bizcas y se me estaban cayendo los números. Apareció Jaime, así que escondí el vino y le puse una serie de excusas absurdas, como que debía haber comido algo en mal estado. Al final discutimos, porque yo estaba fuera de mí. Y ese fue el color de mi experiencia durante aquel mes entero. Recompuse la situación unos días, pero básicamente terminó disolviéndose en un mes nada productivo y triste, porque no conseguí hacer gran cosa. No estaba sobrio, pero tampoco llegué a consumir hasta el punto de aliviarme.

En julio el grupo entró en el estudio para grabar el álbum. Pese a que no había terminado de escribir todas las letras, decidimos empezar a grabar las pistas básicas. Para entonces, tenía aparcado el asunto de colocarme y estaba soportando a pelo la sequedad de no consumir, aunque llevaba el trabajo retrasado y no estaba bien preparado ni emocional ni físicamente. Tenía algunas letras en las que creía, pero no había entrenado la voz para poder llegar allí y ser capaz de hacer lo que me correspondía. No obstante, Rick, Chad, Flea y Dave estaban listos para el pistoletazo de salida.

Tiene gracia. Nadie sospechó que hubiese reincidido después de mis más de cinco años de sobriedad, pero si te fijas bien en las letras que compuse entonces, hay pistas de sobra. En *Warped* escribí: «My tendency for dependency is offending me / It's upending me / I'm pretending see to be strong and free from my dependency / It's wraping me». Más adelante, en la misma canción: «Night craving sends me crawling / Beg for mercy, does it show? / A vacancy that's full of holes / Hold me, please, I'm feeling cold». Incluso en una canción alegre como *Aeroplane*, había letras como: «Looking in my own eyes / I can't find the love I want / Somebody's better slap me before I start to rust, before I start to decompose». Un auténtico grito de ayuda. Y después: «Sitting in my kitchen / I'm turning into dust again / My melancholy baby, the star of Mazzy must push a voice inside of me / I'm overcoming gravity, it's easy when you're sad to be». También en *Deep Kick*, un relato histórico de nuestros viajes, hacía referencia a «this giant gray monster»[34] de la drogadicción que había envuelto a tantos de

---

[34] «Mi tendencia a la dependencia me ofende / Me vence / Finjo, lo ves, ser fuerte y nada dependiente / Me retuerce» // «De noche las ansias me llevan a rastras / Pide clemencia, ¿te la dan, tío? / Un hueco libre lleno de vacíos / Agárrame, por favor, tengo frío», de *Retorcido*.

«Me miro a los ojos / No encuentro el amor que quiero / Que alguien me hostie antes de oxidarme, antes de corromperme» // «Sentado en la cocina / De nuevo en

nuestros amigos. En aquel momento, John estaba adentrándose en su sórdido viaje por las drogas. Bob Forrest, Pete Weiss y Dickie Rude se encontraban todos en el País de Nunca Jamás. Y River y Hillel habían muerto.

Dispusimos las pistas básicas, pero yo seguía teniendo problemas con las letras, problemas debidos en buena parte a mi estado mental. Cuando estás en desacuerdo contigo mismo, resulta complicado crear. A veces el proceso de escritura es tan fácil como abrir la ventana y dejar que entre la brisa. Y otras veces es como ir cincelando un bloque de granito con un lápiz.

El 1 de agosto debía haber estado celebrando mi sexto aniversario de sobriedad. Para el mundo exterior, así era. Mi padre no se había dado por enterado de mis primeros cinco años, pero en ese sexto aniversario en potencia me mandó una camiseta que decía SEIS AÑOS LIMPIO. Tuve que aceptarla, aunque fue otra cosa más por la que sentirme fatal.

El grupo se dio un descanso en la grabación para tocar en el festival de Woodstock. A juzgar por los michelines con los que aparezco en las fotos, debo decir que estuve sobrio durante al menos un mes antes del festival. Woodstock era nuestro primer concierto con Dave, aunque llevaba en el grupo desde el septiembre anterior. Lindy se nos acercó y nos dijo: «Vale, sois cabeza de cartel en Woodstock. ¿Hay algo especial que queráis hacer?». Dibujé una bombilla gigante en el suelo y Lindy pensó que me refería a una bombilla de juguete que nos explotase sobre la cabeza, pero yo hablaba de bombillas que nos cubriesen la cabeza entera. Dave nos miró en plan: «¿Que voy a tener que ponerme una bombilla gigante?».

Contratamos a un profesional de atrezo de Hollywood que había en el Valle para crear los disfraces de bombilla y a una costurera ruso-mongola para que hiciera cinco disfraces idénticos de Jimi Hendrix, porque en los bises íbamos a tocar *Fire*. El quinto disfraz era para Clara, la hija de Flea, que a veces formaba parte

---

polvo me convierto / Mi niña melancolía, la estrella de Mazzy me dará una voz / Venzo a la gravedad, es fácil cuando más triste estás», de *Avión*.

«Ese monstruo gigante y gris», de *Subidón fuerte*.

integral de nuestro espectáculo. Las bombillas fueron una forma dura de iniciar a Dave en nuestro modo de actuar, porque aquel no era su estilo. Él era más de ponerse guay y sexi y picante, en plan tío musculoso desnudo, y allí lo teníamos, disfrazado con un traje espacial plateado y una bombilla enorme como cabeza. De todos modos, no se quejó en absoluto.

No sabíamos qué esperar de nuestro primer concierto con Dave, pero tocamos ante más de doscientas mil personas y la cosa sonó bien de cojones. Los disfraces de bombilla resultaron ser complicados, porque no habíamos ensayado con ellos y no nos dimos cuenta de que era imposible mirar a los laterales y ver los dedos sobre los instrumentos. De todas formas, tenían una pinta impactante y sensacional.

Llegó entonces el momento de regresar a casa, terminar mi trabajo y concentrarme en mi sobriedad. En vez de eso, hice todo lo contrario. La casa estaba contaminada, y además era el castillo de aislamiento perfecto, en la cima de una montaña. Tenía una primera entrada algo más abajo, así que nadie podía asomarse a la puerta a mirar. Decidí que sería una buena mala idea empezar a adentrarme otra vez en el terreno de la cocaína y la heroína. Terminé encontrando unos billares mexicanos en el centro que ofrecían servicio completo. No me hacía falta llegarme a las esquinas, ni comprar movidas en la calle ni acercarme a tíos distintos, podía ir allí simplemente, pillarme una cerveza y esperar a que terminasen la partida de billar; era entonces cuando aparecían con máquinas de chicles llenas de piedras de cocaína y globos de heroína. En ocasiones, veía a alguien a quien no quería ver, algunos jóvenes blancos de Hollywood que podían reconocerme, pero había cogido la costumbre de recogerme el pelo y taparme con una gorra de béisbol y unas gafas de sol, un disfraz bastante bueno.

Después, me subía en la moto y me iba hasta una zona desierta y abandonada del centro. Sacaba la pipa, la llenaba de piedras y me la fumaba, y era como si un motor de vapor me explotase en la cabeza. Los ojos se me salían de las órbitas, el corazón me empezaba a latir con fuerza y me zumbaban los oídos. Luego arrancaba la moto, la ponía a toda velocidad y me largaba como un cohete a casa.

Al llegar, cerraba la entrada principal, echaba el pestillo de la puerta y desconectaba el teléfono. Tenía dos o tres sitios en la casa para pasar los ratos de colocón. Uno de ellos era la cocina, donde estaban todos los instrumentos de destrucción. De todos modos, iba a terminar en la tercera planta de la casa. Allí había un sofá antiguo y raro de los cincuenta, una televisión y un radiocasete en el suelo. Me subía con todas mis cosas de arte: cuadernos de dibujo, brillantina, rotuladores y lápices a montones, tintas y otros objetos extraños que pudiera cortar y pegar por ahí. Cogí fijación con eso: cuando me colocaba, me ponía a trabajar en creaciones estrafalarias, dibujos meticulosos y precisos de rostros y mujeres desnudas, cuerpos raros y pechos y bocas y ojos, y también rostros siniestros de demonios japoneses. Pasaban los días y me quedaba allí, muy cómodo, porque tenía el cuerpo entero aclimatado a esas reacciones químicas. También sacaba libros de arte al azar y libros de modelos desnudas y los colocaba por toda la casa para poder ver las imágenes allí por donde me moviese.

Entretanto, establecía contacto alguna que otra vez con Lindy o con Flea. Me preguntaban para cuándo podían reservar el estudio para grabar mis voces. Mi excusa para no trabajar era que tenía un mal estomacal extraño, algo relacionado con mi experiencia en Borneo, así que iba continuamente a visitar al médico del estómago para ganar más y más tiempo. Incluso llegué a tomar un medicamento de cáscara de nueces que se suponía que liberaba esos «parásitos» de mi organismo. Claramente, no era más que un montón de basura, pero funcionó. Nadie se cuestionó por qué no estaba yendo al estudio.

No paraba de hundirme cada vez más en ese mundo de repetición. Jaime venía a visitarme y no resultaba nada agradable, porque yo no estaba bien y ella no era consciente de la situación. Lo triste es que la gente no quiere creer que la persona de la que está enamorada ha perdido la cabeza, que está bebiendo y consumiendo drogas, así que basta con darle una medio excusa para que quiera creérsela. Una chavala sin exposición previa a la enfermedad tenía que ser felizmente inconsciente de los perversos trucos del drogadicto. Así fue como conseguí pasar colocado toda la última parte del verano y el otoño y fingir que no estaba ocurriendo. Yo afirmaba estar enfermo y me estaba deteriorando física y emocionalmente. Jaime era tolerante y eso hablaba muy bien de su personalidad, porque no pertenecía al tipo de gente que abandona el barco durante una crisis. No pensó en echarse atrás ni en retirarse, simplemente estuvo ahí, algo que no puedo decir de todo el mundo. No sé si podría decirlo siquiera de mí mismo.

Empecé a dejar pistas bastante jugosas. Un día, me llegué al estudio y Flea se acercó al coche y vio una bolsa de Cheetos vacía en el suelo. Aquello era un aviso enorme, porque si hubiese estado limpio nunca en la vida habría pensado en ingerir nada de comida basura. Pero Flea no estaba seguro de si el paquete era de Jaime, así que no sumó dos más dos. En otra ocasión, Jaime estaba en la casa y pedimos algo de comida. Cogí al repartidor en los escalones de la entrada y le ofrecí una propina de cien dólares si me daba el dinero suelto que llevase encima; le pagaría la propina y dinero de más con la tarjeta de crédito. Jaime escuchó por casualidad la negociación desde el rellano, en la parte de arriba de las escaleras. Allí estaba yo, en plan susurrante y conspirador, tratando de cerrar un sucio trato con el repartidor, quien por cierto me siguió el rollo. Jaime me preguntó de qué iba el tema y tuve que poner en marcha la abominable máquina de las mentiras.

A mediados de octubre dimos dos conciertos con los Rolling Stones. Fue una época extraña, porque mi padre había venido a la ciudad de visita y se alojaba en mi casa. Llegué a casa después del primer concierto y puse una excusa débil para bajar y volver con unos cuantos narcóticos. Y yo no era Jimi Hendrix ni Janis Joplin. Me resultaba imposible machacarme y convertir eso en un cóctel de sentimiento sobre el escenario. Si me machacaba, me convertía en un medio hombre con la mitad de brío al caminar.

En cualquier caso, ser teloneros de los Rolling Stones es una mierda de trabajo. No se lo recomiendo a nadie. Te llega la oferta y piensas: «Históricamente hablando, son el segundo grupo de rock más importante en la historia de la música, después de los Beatles. Y deberíamos codearnos con la historia». Pero la realidad es que el público actual de los Rolling Stones está compuesto por abogados, médicos, contadores públicos, contratistas y gente de inmobiliarias. Se trata de un colectivo conservador y pudiente. Nadie revienta bailando. Los precios de las entradas y los costes del *merchandising* son astronómicos. Es más un rollo: «Vamos al centro comercial de los Rolling Stones a verlos tocar en la pantalla grande».

La experiencia es horrible en su conjunto. Primero llegas allí y no te dejan hacer una prueba de sonido. Luego te dan una octava parte del escenario. Apartan una zona diminuta y te dicen: «Eso es para ti. Las luces no las puedes usar y no tienes permiso para utilizar nuestro sistema de sonido. Ah, y, por cierto, ¿ves ese suelo de madera? Ese es el suelo de madera antigua importada de Mick, de la selva brasileña, y ahí es donde baila. Si lo miras siquiera, no te pagamos». Básicamente, en el escenario estás como en un plató de televisión, dando un concierto mientras ochenta y cinco mil fans ricos y aburridos hasta la muerte van buscando lentamente sus asientos. Todos llevan chaquetas con letreros de los Rolling Stones y se ponen a ojear los catálogos para elegir qué camiseta de los Rolling Stones y qué par de pantalones de vestir de los Rolling Stones se van a comprar. Nosotros poníamos la música de fondo mientras la gente se acomodaba, se sentaba, pillaba algo de comer y compraba algo de ropa. Fue una pesadilla.

En noviembre traté de volver al estudio y cantar algo, pero no estaba en forma para nada de eso. Hice un trabajo mediocre. Estaba flaco y chupado, tenía mal color y la piel estropeada, el pelo ralo y los ojos caídos con la mirada muerta. La liebre no había saltado todavía, y todo el mundo pensaba que estaba reventado por haberme pasado el verano enfermo. Empecé a darme cuenta de que la drogadicción era realmente una enfermedad progresiva y, Dios no lo quiera, cuando vuelves a consumir, cada vez es peor que la anterior.

Cuando Jaime venía a visitarme, me obligaba a mí mismo a estar unos días sin consumir. Luego la llevaba al aeropuerto y me iba directamente al centro. Tuve algunos encuentros con la ley de los que salí por los pelos. Una vez estaba fumando coca en el coche y me había colocado demasiado como para conducir bien, y además llevaba un montón de movidas y drogas debajo del asiento.

Debí de ponerme a conducir de forma errática, porque un poli me paró. Bajé la ventanilla a la mitad y un miembro joven de la policía de Los Ángeles con pinta de vicioso me alumbró con la linterna y dijo: «¡Vaya, señor Kiedis! *¡Mea culpa!* Lo siento, señor, disculpe la interrupción, pero tenga en cuenta que esta zona es bastante peligrosa, así que he de aconsejarle que extreme la precaución por aquí. Que pase una buena noche». Esa no era la recepción que yo me esperaba.

En otra ocasión, había adquirido mis dos productos y salí zumbando, adelantando por entre los carriles, y un coche de policía me paró. Tenía la coca escondida debajo de un cenicero, pero los globos de heroína los llevaba en la mano. No quería que me trincasen, así que me tragué rápidamente los tres globos, que no suponían ningún peligro porque no eran digeribles. Cuando el poli se acercó y me preguntó por qué estaba en aquel barrio, me inventé una historia sobre una visita a una tía y eso lo apaciguó, así que no me registró el coche. Luego tuve que volver atrás a comprar más heroína.

Ese fue el principio de lo que se convertiría en un atracón maratoniano. Cuatro días después, se me había acabado todo. Era de día y estaba desanimado, delirando. Me había gastado todo el efectivo y lo último que me apetecía en el mundo era ir hasta el centro en el coche bajo el calor del día e interactuar con unos camellos. Salí camino de una licorería a comprar movidas, pero estaba tan lleno de toxinas que tuve que desviarme al tuntún para vomitar en una alcantarilla. Mientras vomitaba, miré hacia abajo y divisé los tres globos llenos de heroína, intactos. «¡Yuju! Drogas gratis. ¡Me ha tocado la lotería!», pensé, y recogí los globos y me ahorré un viaje al centro.

Jaime vino en diciembre de visita, y para entonces yo había adquirido ya un hábito bastante feo de consumo de heroína. Llevaba un par de meses seguidos fumando *crack* y heroína, y todo eso, en la antesala de nuestros viajes a casa por Navidades. Por teléfono, habíamos decidido que les íbamos a regalar a nuestros padres unos coches grandes. Jaime tenía una buena racha en su carrera de modelo y quería regalarle a su padre una camioneta, y yo quería un Bronco para Blackie. Para entonces, mi padre se había mudado de nuevo a Michigan. Justo después de que nos fuese tan bien con el *Blood Sugar* le hice una visita. Vivía en un apartamento diminuto en el centro de Grand Rapids y tuve la epifanía de que, como acababa de sacar un montón de dinero con la gira, debía comprarle una casa. Encontramos un sitio excelente en un lago de Rockford, en el campo, y mi padre quedó bien servido.

Jaime y yo nos ocupamos del envío de la camioneta a Pennsylvania. Nuestro plan era ir hasta Michigan en el Bronco nuevo, lujoso y espacioso de Blackie. Tras las dos celebraciones de las fiestas, Jaime y yo nos iríamos juntos al Caribe, a un centro vacacional en Caneel Bay, en la isla de Saint John. Ella seguía sin tener ni puta idea de lo que me estaba pasando, pero al ver cómo me bailaba la ropa en un cuerpo raquítico, se dio cuenta de que estaba enfermo. Yo me puse en plan: «Bueno, nos vamos de viaje por Navidad, me recuperaré allí, vamos al Caribe, todo va a ir mejor a partir de entonces». Sin ella saberlo, mi idea estúpida era comprar un montón de coca y otro de heroína y desengancharme mientras atravesábamos el país. Eso nunca es buena idea. Pero me convencí a mí mismo de que cuanto más lejos estuviese de Los Ángeles, menos drogas iba a consumir. Tuve que hacer una serie de incursiones en el centro, durante las cuales les compré drogas a todos los camellos que me encontré.

A Jaime aún le quedaban algunas compras navideñas de última hora que hacer. A esas alturas, yo le daba una calada a la pipa cada diez minutos, estuviese donde estuviese: me iba a una cabina telefónica, a un baño, detrás de un árbol, donde fuera. Una vez que me colocaba, no actuaba como un espantado porque tenía demasiado hábito. Así pues, empezamos a hacer las maletas y a reunir cosas, y Jaime estaba muy contenta con la inminente marcha a una excursión por el país, y yo la acompañaba en su alegría, aunque en realidad tenía el cerebro como un espirógrafo. La llevé a recoger unas zapatillas de andar por casa a una sofisticada zapatería de Melrose y en cuanto salió del Bronco encendí mi querida pipa. Estaba allí sentado fumando como un mono endemoniado cuando, de repente, oí un golpe fuerte en la ventanilla. Era Jaime. Me había pillado con las manos en la masa. Toda la farsa que tenía montada se me vino abajo. Me sentía mortificado y ella estaba en *shock*. Me sacó el dedo y trató de huir corriendo, pero la agarré y la convencí de que volviese al coche.

Repasé mentalmente la agenda psicodélica para ver qué página podía servirme para solucionar ese problema. No tenía más elección que contarle lo que había ocurrido, cómo había terminado llegando donde estaba y lo que tenía planeado hacer, siempre y cuando no tuviese que dejar de colocarme en ese preciso momento. Fuimos al Waddle's Park y se lo expliqué todo, toda aquella historia sórdida. Le dije que la quería desde lo más hondo de mi corazón, y que haría cualquier cosa por ella, y que aquel era un problema serio y jodido contra el que ya había luchado antes, y que no había ninguna solución fácil. Le conté mi plan de atravesar el país y desintoxicarme de la cocaína y la heroína, de manera que cuando llegase a Michigan estaría limpio. Se trataba de una solución temporal a un problema enorme y letal, como poner una tirita sobre una yugular abierta.

Jaime no lo aceptó en absoluto.

—Que te den por culo, que te den mucho por culo, hijo de puta. ¿Dónde está mi billete de avión? Me largo a mi casa. Eres un cabrón, eres un mentiroso, eres basura.

—Sí, soy todo eso que dices, pero sigo pensando que deberías quedarte. Tengo toda la mercancía que necesito, y para cuando lleguemos a Michigan, estaré más que listo.

Jaime me confesó que lo había sospechado todo ese tiempo, y que les había dicho a mi madre y a Flea que a lo mejor había vuelto a drogarme. De todos los sentimientos terribles de desprecio y odio hacia uno mismo, de aislamiento y de mierda que tienes cuando eres consumidor de drogas, uno de los peores es el causado por el hecho de que tu novia conspire en tu nombre con tus mejores amigos y tu familia. Se trata de la humillación definitiva: ser consciente de que tu mejor amigo y tu novia están hablando de ti a tus espaldas porque te estás drogando. Eso implica que tu familia está enterada de todo, y te sientes patético. Sabes que ellos están mal por ti y que quieren ayudarte, y tu reacción es de aaah, alejaos, ni os molestéis. No necesito vuestra ayuda, no la quiero. ¡No habléis entre vosotros, por favor!

Al final, Jaime aceptó hacer el viaje conmigo. No creo que se diese cuenta de lo desconcertante que sería para ella estar en el mismo coche que yo mientras me colocaba cada diez minutos hasta que se me acabara la mercancía. Salimos de California y llegamos al desierto, y yo tenía que ir haciendo un montón de paradas, porque tampoco estaba seguro de si debía colocarme delante de ella o esconderme. Cada vez me sentía más cómodo con la idea de que me viese ponerme ciego, pero no era todavía lo que más me apetecía en el mundo, porque el acto físico de ingerir las drogas es muy malsano.

Seguimos conduciendo y conduciendo y, en un momento dado, me coloqué demasiado para continuar al volante, así que Jaime se ocupó de conducir. Íbamos escuchando el *Unplugged* de Nirvana y a Mazzy Star, y Jaime lloraba desconsolada. Se hizo la noche mientras estábamos en las montañas de Arizona. La carretera resbalaba, tenía hielo y era peligrosa y, de la nada, se nos cruzó de un salto lo que pareció ser un superuapití gigante, más grande que el coche entero. Jaime viró para evitarlo y no nos pasó nada, pero miré el letrero de la carretera y me di cuenta de que estábamos en la ciudad en la que mi abuela había muerto al salirse de la carretera. Me lo tomé como augurio, como si el espíritu de ese uapití me dijese: «Espabila, hijo de puta, porque te estás muriendo».

Aquella no fue la primera vez que experimenté interacciones con espíritus mientras me drogaba. En una ocasión durante esa época de recaída, regresé a casa en mitad de la noche, con los bolsillos llenos de drogas, preparado para hacer de científico loco. Estaba palpándome en los bolsillos para sacar las llaves cuando oí un grito demencial. Supuse que era algún conocido mío que estaba en el balcón chillándome como una bruja loca. Pero no vi a nadie. Me aparté un poco de la casa y dije: «¿Hola? ¿Hay alguien ahí?». Volví a escuchar aquel grito horripilante. Miré hacia arriba, al gablete situado sobre mi habitación, y vi un halcón gigante allí acoplado, mirándome fijamente, gritando a pleno pulmón con una voz humana atormentada.

Pensé que el bicho ese no quería que hiciera lo que estaba haciendo. Y que si no paraba, probablemente me muriese. Eso me ocurría periódicamente, una vez al mes o así: había un pájaro, a veces una lechuza, que me gritaba con toda su fuerza cuando llegaba a casa en uno de mis furiosos infortunios de consumo de drogas. Cuando estás drogándote, te ves movido por una energía oscura mística, una fuerza en tu interior que no ceja. Y cuanto más débil te sientes, más alimentas esa energía y más por culo te da. Cuando tu espíritu se oscurece y tu estilo de vida se oscurece, tu existencia es susceptible a que se infiltren en ella espíritus oscuros. Lo he visto muchísimas veces en los adictos. Notas claramente que están controlados por una energía oscura, en su aspecto, su apariencia, su voz, su comportamiento: no son ellos.

Recuerdo que cuando Hillel murió y yo me estaba desintoxicando, tuve un sueño en la cama junto a Ione. Fue uno de esos sueños terribles vívidos en los que estás medio dormido, medio despierto. Toda esa energía aterradora entró volando en mi habitación por el techo. Había demonios y duendes, espíritus malignos y criaturas, un surtido muy variado de cabrones siniestros. Distinguí claramente que venían a darme por culo, a decirme: «Vale, hemos hecho nuestro trabajo con tu amigo, ahora venimos a por ti». Al principio reaccioné en plan: «De eso nada, tíos, habéis venido a la casa equivocada». Mientras plantaba esa batalla psíquica, el padrino de todas las fuerzas oscuras, un ángel enorme y negro, apareció volando y ocupó el techo de mi habitación por completo. Pero yo no estaba abierto a ello. «No, no, no. Largaos. Adiós». Ese fue el principio de mi desintoxicación.

Me apunté el mensaje del uapití, seguimos conduciendo y buscamos un motel. Continué colocándome en la habitación y Jaime estaba fuera de sí. Gran parte de su dolor y de su sufrimiento empezaron a salir a la superficie. Se preparó un baño y se encerró allí dentro, tres horas seguidas. Yo me estaba colocando mientras hacía un proyecto artístico con unas letras reflectantes que había comprado en un área de descanso, y de vez en cuando llamaba a la puerta y le decía: «Jaime, ¿estás bien?». Al rato empecé a preocuparme. Cuando por fin abrió la puerta, vi que había cogido una cuchilla y se había grabado una A en el brazo. Aquel episodio entero fue escalofriante, y pese a estar puesto, empecé a captar el hecho de que había provocado mucho dolor y sufrimiento a mi alrededor, no solo en mi interior.

Al día siguiente nos levantamos y fuimos hasta Flagstaff. Ninguno de los dos había dormido en realidad. Yo seguía colocándome. Jaime estaba triste y asqueada, confundida y torturada por todo aquello, así que entré en una joyería de artesanía nativoamericana y compré un par de anillos a juego. En mi cabeza era un anillo de «promesa de mejorar y estar juntos». Creo que Jaime pudo tomárselo como un anillo de compromiso, pero yo estaba desesperado y perdido y me agarraba a un clavo ardiendo. Muy dentro de mí, quería mucho a esa tía y no deseaba otra cosa que estar con ella, pero no podía dejar de drogarme.

Volvimos al coche, seguimos hasta el final de Nuevo México y nos registramos en un motel. Me quedaba un último globo de heroína y solo llevábamos fuera dos días. La coca se me había acabado hacía mucho, pero me preocupaba más no tener heroína suficiente para los días siguientes. Aun así, hice un anuncio: «Ya está. Esta es la última vez que me coloco». Jaime estaba más que harta de todo el drama. Me metí hasta el último grano de aquella cosa en el cuerpo y ni siquiera me puse ciego. Intenté dormir aquella noche y al día siguiente me desperté en el puto infierno que es el mono de la heroína. Estaba tembloroso y febril, y todavía nos quedaba mucho camino por delante. Jaime se convirtió así en la única conductora, una pequeña princesa rubia y preciosa detrás del volante de aquella camioneta enorme. Yo eché el asiento hacia atrás, me coloqué en el suelo, me acurruqué en un saco de dormir, me tomé un bote entero de NyQuil y entré en un síndrome de abstinencia intenso, con sudores, temblores, desmayos, ajeno al mundo. Y Jaime siguió conduciendo. Continuó tras el volante horas y horas y horas mientras yo estaba sumido en ese frenesí dentro de aquel saco de dormir. Condujo directamente hasta Michigan. Una vez más, llegaba a casa para las vacaciones con una feroz adicción a la heroína.

12

Al otro lado del muro

Me resultó complicado ocultar el problema con las drogas cuando llegué a casa de mi madre. Por un lado, parecía un esqueleto andante, y además Jaime ya le había expresado sus sospechas sobre mi consumo de drogas a mi madre, que a continuación había hablado con mi padre.

—Anthony tuvo unos problemas de estómago mientras estuve allí para los conciertos de los Stones en octubre —le dijo Blackie a mi madre—. Tenía que salir en mitad de la noche en busca de Pepto-Bismol.

—¿Hola? ¿De qué estás hablando? —le respondió Peggy—. Se está drogando.

Blackie siempre pareció negar mi consumo de drogas. Probablemente le resultase demasiado doloroso afrontarlo, así que continuó como si no pasara nada.

La liebre había saltado ya. Me instalé en la comodidad de estar en casa. Sabía que tenía que empezar a ir a reuniones y a comer muchísimo. Me parecía bien la idea de no colocarme, pero volvía a no reconocer lo grave que era mi problema. Las medidas que estaba adoptando para afrontarlo eran mariconadas. Ir a una reunión y poner la verdad sobre la mesa está bien para empezar, pero otra cosa es creer que va a funcionar. Tienes que regresar con todas tus fuerzas y trabajar en los doce pasos y recorrer el camino entero, no te puedes limitar a aparecer, ser un mero espectador y esperar recibir la recuperación por ósmosis. Lo que yo estaba haciendo eran solo unos pinitos.

De todos modos, pasamos una Navidad encantadora. Mandé instalar un *jacuzzi* exterior en la casa de mi madre. Mi hermana

Julie había empezado a salir con un tío llamado Steve Simmons, y todos nos alegrábamos mucho de que estuviese con un tipo que la apreciara y la tratase bien, así que los agasajamos con regalos espléndidos. Ocurre especialmente que cuando estás saliendo de una larga escapada de consumo de drogas y te has distanciado de tu familia, te sientes obligado a compensarlo con artículos materiales de lujo.

Jaime fue incluso capaz de relajarse un poco. El *shock* y el horror empezaron a remitir, y como ya no me estaba colocando, recuperé algo de vida sexual y las cosas se animaron. Jaime comenzó a mirar hacia delante, a un futuro mejor para nosotros. Cuando nuestra relación funcionaba, había diversión a porrillo, porque éramos muy buenos amigos y nos reíamos de todo. Jaime sabía cómo relajar mi seriedad y era una compañera genial. ¿Cómo no iba a ser maravilloso estar enamorado de una muchacha sexi y dulce que además amaba el baloncesto?

En Nochebuena fuimos en el Bronco a casa de Blackie. Yo había encargado un lazo gigante para colocarlo encima de aquella camioneta danzante. Blackie abrió la puerta, protestando porque llegábamos tarde, y le dije que saliera a ver su regalo. Se quedó confundido, así que le lancé las llaves a las manos y se puso nervioso. Luego bajó por el sendero que iba desde la puerta al camino de entrada y vio aquel coche perfecto para los inviernos de Michigan. Mi pobre padre se quedó helado. Miró el coche, miró las llaves y dijo: «¡No! ¡No! ¡No puede ser!», tratando de contener las lágrimas. Fue un momento emocionante de verdad.

La mañana de Navidad le correspondía a mi madre. Era su momento del año y la casa entera estaba decorada con cosas navideñas. Tenía los calcetines colgados sobre la chimenea a la antigua usanza, y había uno también para Jaime, claro. Allí estaba el clásico golden retriever, y fuera nevaba, y mi hermana Jenny, el angelito de la casa, estaba disfrutándolo todo. Fue un momento mágico.

Bajé a las siete y media de la mañana y encendí la chimenea. Debajo de aquel árbol gigante había más regalos de los que deberían estar permitidos por ley. Lo primero que hice fue ir a mirar los calcetines, que tenían veinte regalos de mi madre envueltos individualmente, cosas que había amasado a lo largo del año.

Y entonces abrimos los regalos. Mi trabajo era ir repartiéndolos, y todos recibieron joyas y trajes elegantes, jerséis, aparatos de electrónica y bla, bla, bla. Steve Simmons había entrado en una situación idílica, porque fluían el amor y la generosidad. El perro tenía un lazo en la cabeza, el fuego ardía, del horno salían constantemente delicias diversas, y Johnny Mathis, Frank Sinatra y Bing Crosby sonaban en el radiocasete. Así que el loco de Steve, que era el nuevo amor en la vida de mi hermana, lo detuvo todo un momento y declaró: «Solo quería dedicar un minuto a decir que estas han sido las mejores Navidades de mi vida. Habéis sido todos increíblemente generosos y me habéis dado tanto...». Nosotros estábamos pensando: «Sí, tiene razón. Creo que hemos sido de lo más pródigos con este tío». Y siguió: «Pero en realidad aún tengo que pediros algo más».

Se hizo el silencio en la habitación. «Joooder, ¿qué más quiere este tío?». Y continuó: «No tengo más remedio que robaros este momento para pediros la mano de vuestra hija y hermana en matrimonio». Se acercó a Julie y le dijo: «Julie, con el respaldo de esta familia en esta habitación, ¿quieres casarte conmigo?». Todo el mundo empezó a gritar. No podía creerme que ese tío estuviera soltando aquella propuesta tan increíble allí delante de toda la familia. Fue la guinda perfecta para esa mañana, y Julie aceptó.

Pasados unos días llegó el momento de volar a Pennsylvania. Jaime estaba emocionada por darle a su padre la camioneta F-150, todo un distintivo de honor en su comunidad. Los padres de Jaime eran lo bastante liberales para dejarnos dormir en su habitación de pequeña, mientras ellos dormían al fondo del pasillo. Me sentía muy extraño practicando el sexo con ella en esa casa. Jaime era como una boca de riego ansiosa, y me arrancaba la ropa y me tiraba en la cama, y yo le susurraba: «Los oigo en la cocina. No podemos hacer mucho ruido». A ella no le importaba, solo quería recibir amor.

Desde Pennsylvania, bajamos al Caribe a descansar y a relajarnos. Yo había llamado a mi agente de viajes y le había pedido que nos buscara el lugar más prístino de las islas. Suponía una cantidad exorbitante de dinero por semana, pero con todo lo que había pasado durante los últimos seis meses, no me importaba.

Quería ir al lugar más cálido, más bonito y más relajante que pudiese encontrar. Tumbarme al sol, nadar, comer, explorar y practicar sexo era mi idea de recuperar la salud, y funcionó. Teníamos una casita en plena playa, sin televisión ni teléfono que nos distrajesen, solo cientos de hectáreas de paraíso tropical. Eso era lo que necesitaba. Incluso después de una semana atiborrándome de langostas pescado a la brasa y montones de postres, y de ser Míster Ejercicio, la ropa aún me quedaba holgada. Pero al final recobré la fuerza.

Llegó entonces la hora de enfrentarme a la música de vuelta en Los Ángeles. Resultó complicado volver a ponerme cara a cara con Flea, pero sin duda prefería verlo después de haber cambiado mi brújula hacia la sobriedad que acercarme a él estando colocado o con la brújula orientada a «Estúpido». Cuando la cosa se puso cruda, Flea me apoyó de una forma increíble. Regresé con un poco de vergüenza, bochorno y arrepentimiento por haber decepcionado a todo el equipo, pero habíamos pasado por ahí tantas veces que se había convertido en costumbre. Flea es la clase de amigo que puede ir a su rollo, pero cuando la mierda salta por los aires, está ahí, a mi lado. En momentos como esos, no se pone a emitir juicios y asume el caos. No me hace sentir en plan: «Mierda, ahora me va a echar la bronca. El tío este se va a poner a censurarme». Flea tiene una actitud de: «Tío, de verdad que siento mucho que hayas pasado por todo eso. Me alegro de que estés vivo, vamos a pegarnos una fiesta», es decir, vamos a componer música.

Dave permaneció sobrio mientras duraron mis problemas. Entendía la mecánica del alcoholismo, así que fue increíblemente comprensivo. Es probable que sufriera por la experiencia y se sintiera hundido, pero ni una sola vez me sometió a ningún tipo de negatividad por mi comportamiento. Me asombró lo cariñosos, indulgentes y tolerantes que se mostraron.

Ya que estaba de nuevo en pie, nuestra principal prioridad fue acabar el álbum. Así pues, reservamos el estudio para finales de enero, y justo antes Flea y yo hicimos un viaje a Taos, Nuevo México, para componer, tocar música y solucionar el resto del álbum. Alquilamos una villa de adobe auténtica, y yo me refugiaba en mi habitación a escribir. Luego Flea sacaba el bajo acústico o una guitarra y trabajábamos en la canción juntos. Solo pasamos cuatro o cinco días allí, pero todos los días terminamos una canción nueva.

Flea se había echado el peso encima en mi ausencia, e incluso aportó algunas letras al álbum. Escribió todo el grueso de la letra de *Transcending*, que fue su tributo a River. *Pea* era su intento de desplegar su humilde bandera. Pero además escribió la *intro* de *Deep Kick* y las melodías vocales para las estrofas de *My Friends* y de *Tearjerker*. Me suministró mucha más información de la que yo solía recibir, pero me sentía abierto a ello, y además hacía falta, porque me había quedado muy desvinculado del proceso creativo.

Taos fue una experiencia productiva y divertida. Incluso subimos un día a la montaña y esquiamos en mitad de una ventisca. Todas las veces que te desintoxicas ocurre algo peculiar. Atraviesas una sensación de renacimiento. Hay algo embriagador en el proceso de regreso que se convierte en un elemento más del ciclo de la adicción. Una vez que te has hundido a ti mismo a base de cocaína y heroína y consigues parar y salir del fango, empiezas a ganar fuerza en cuerpo y mente y a reconectar con tu espíritu. El sentimiento opresivo de ser esclavo de las drogas continúa en tu cabeza, así que en comparación, te sientes fenomenal. Te alegras por estar vivo, hueles el aire y ves la belleza que te rodea, y eres capaz de follar otra vez. Tienes la posibilidad de elegir qué hacer. Así que experimentas un tirón de alegría que no es terreno conocido para ti, y que en sí mismo es un truco para dejar de consumir. En algún lugar en el fondo de tu cabeza, sabes que todas las veces que te desintoxicas vas a notar esa nueva sensación tan estupenda.

Cambio de escena: ha transcurrido un año, te has olvidado de lo mal que lo pasaste y no tienes ya esa sensación de nubes rosas por estar sobrio de nuevas. Al mirar atrás, veo por qué esos círculos viciosos se desarrollan en gente que ha estado sobria mucho tiempo y luego recae y no quiere irse por ahí a consumir, no quiere morirse, pero tampoco adopta las medidas necesarias para volver a recuperarse. Existe un concepto en el proceso de recuperación según el cual «las medidas a medias no valen de nada». Cuando tienes una enfermedad, no puedes seguir el tratamiento hasta la mitad y pensar que vas a ponerte la mitad de bien; si haces la mitad del proceso para recuperarte, no te recuperas nada y vuelves al punto de partida. Sin una transformación completa, sigues siendo el mismo tío, y ese mismo tío hace las mismas mierdas. Yo seguí tomándome las cosas a medias, pensando que al menos sacaría algo en claro, y seguí sin sacar nada.

Regresamos al estudio y, para finales de febrero, me había quitado de encima las voces. Habíamos pasado de no tener nada hecho durante meses a, ¡tachán!, acabar las voces. Una vez grabadas mis últimas voces, me sentía tan contento de haber cumplido mi trabajo que pensé: «Lo mismo tendrías que colocarte». Se trataba de la misma cognición celebratoria que había tenido con Hillel después del *Uplift Mofo*. Yo y una cinta rota éramos la misma mierda. Directamente después de venirme esa idea a la cabeza, tuve que salir corriendo al baño del estudio de grabación, porque pensar en ir al centro y pillar me revolvió las tripas por la expectación de colocarme. Luego me despedí, le dije a todo el mundo que nos veríamos una semana después o así, y me lancé a la oscuridad del centro a poner en marcha una vez más la cadena imparable de locura.

Por desgracia, Jaime iba a venir de visita a los pocos días. Cuando llegó al aeropuerto de Los Ángeles, no me presenté, ni siquiera la había avisado. Tuvo que irse directamente desde el aeropuerto a hacer un trabajo de modelaje, y no dejó de llamarme desde el trabajo en plan: «¿Dónde estás?». Matarte pierde mucha emoción cuando hay gente buscándote a la que estás decepcionando, y estar ahí fuera matándote es muy divertido. Tienes que escapar de la poli. Evitar que los camellos te apuñalen. Correr el riesgo de sufrir una sobredosis. Vivir aventuras provocadas por el delirio. Es excitante. Pero cuando se convierte en un rollo: «Mierda, alguien me está buscando», la fiesta de la locura se chafa.

Me escondí en un motel. Ese fue el comienzo de mi gran *tour* por moteles. No me registraba en el Peninsula ni en el Four Seasons, sitios que me podría haber permitido perfectamente. No. Optaba por el Viking Motel o el Swashbucker's Inn, moteles de drogadictos mierdosos, reventados y asquerosos, destinados a familias pobres que no tenían otro sitio donde ir, o a prostitutas, camellos, chulos, matones y otros hijos de puta escandalosos. Y a un puñado de drogadictos blancos que acudían a escabullirse de sus vidas reales.

Empecé a frecuentar lugares así por toda Alvarado Street, porque estaban a unas manzanas de donde compraba las drogas. Quizá eso también forme parte de la emoción: puedes hacer tus trapicheos y luego conducir tres manzanas, registrarte en un motel y quedarte en el centro mismo del círculo del infierno. Si te vas a un hotel reputado, hay posibilidades de que te topes con alguien a quien conozcas.

Cuando Jaime me estaba buscando, mi sofisticación con los moteles no había evolucionado mucho aún. Solo había llegado al Holiday Inn, en Hollywood. Allí fue donde ella y Dave Navarro dieron conmigo. Dave tuvo las luces de llamar a Bo, nuestra contable, y preguntarle dónde estaba registrada mi última transacción con la tarjeta de crédito. Bo llamó a la empresa y le dijo a Dave que estaba en el Holiday Inn.

Mientras trataba de dormir la mona de la heroína y de escapar de mí mismo y de mi último estropicio, me despertaron unos golpes desquiciados en la puerta. Fui hasta la mirilla, miré fuera y vi a Dave y luego a Jaime merodeando al fondo del pasillo. Mala combinación: la persona a la que amas y tu amigo confabulando juntos.

—Vamos, tío, abre la puerta —dijo Dave—. Te quiero y quiero ayudarte a que te pongas mejor. Esto no está pasando. Vamos a rehabilitación, venga. Tira toda esa mierda y vámonos.

No abrí la puerta.

—¡No, no lo entiendes! —le grité—. Me siento mal, pero de verdad. Necesito dormir. Luego te llamo y vamos esta noche.

—No, de eso nada. Tengo el coche fuera. Ya he llamado a los de Exodus. Tienen una cama esperándote. Abre la puerta.

Abrí la puerta. En ese momento, no podía seguir luchando ni peleando. La había jodido, y la única manera que tenía de aplacar a esa gente que se sentía infeliz con mi comportamiento era acceder y volver a rehabilitación. Y eso hice.

Para abril de 1995 el mundo de la rehabilitación había evolucionado hacia un animal muy distinto al de mi primera estancia en 1988. Ir a rehabilitación se había convertido en un lugar común. Entre los centros de rehabilitación, Exodus tenía fama por dos razones. Era el sitio del que Kurt Cobain se había largado justo antes de morir. Kurt había trepado por la verja de más de un metro para escapar, cuando le hubiese bastado con salir por la puerta principal. En Exodus no pueden retenerte contra tu voluntad, pero supongo que si no quieres ver a nadie al salir, echas a correr y punto.

La fama de Exodus se debía también al médico rehabilitador de renombre que llevaba el lugar. Los tíos como él afirman saber cómo afectan las drogas al organismo, pero en mi opinión, toda esa información se reduce a nada. En cuanto un drogadicto está con el subidón, se vuelve loco. En el instante en el que se le baja y empieza a trabajar con el programa, se va poniendo mejor. Es el plan más sencillo del mundo, pero intentan complicarlo con jerga psiquiátrica y teoría de la desintoxicación. Basta con sacar a un yonqui de las calles, darle tres comidas al día y ponerlo a trabajar en los pasos, para que se ponga mejor. Lo he visto en miles de drogadictos con los que me he cruzado y que han intentado recuperarse. No importa lo maravilloso que sea su médico desintoxicador ni su terapeuta.

Exodus se encontraba en un lugar apartado, en un amplio hospital de Marina del Rey. No estaba ligado al sistema penitenciario, así que no había gente en las últimas rehabilitándose como alternativa a entrar en prisión. Era más lujoso que los centros de Section 36, pero no tanto como Promises, un centro de rehabilitación de Malibú que hacía que el Four Seasons pareciese el Holiday Inn. Pero insisto: el lugar no marca la diferencia. O vas allí a hacer tu trabajo y a solucionar tus problemas, o no. No necesitas ir a Promises; puedes ponerte bien en el Ejército de Salvación en una zona de chabolas. He visto a gente recuperarse en los dos sitios, y la he visto no recuperarse en los dos sitios también.

Pasar esa época allí fue en realidad una experiencia preciosa. Me hice amigo de diez de las personas más atípicas que haya podido conocer en la vida. Había una señora mayor peculiar, de alguna ciudad del norte, un médico brasileño y un pastillero de Texas. Mi primer compañero de habitación fue un chaval gay del corazón de Estados Unidos, de Kentucky o Missouri o algo así. La suya era la clásica historia de joven incomprendido que crece en una ciudad del Medio Oeste ligada al fútbol, no encaja en el rollo machito en torno al que gira su mundo, así que su familia lo aliena, lo aísla y lo condena al ostracismo. Se traslada a Hollywood, descubre a otros colegas gais y el mundo de la droga y del alcohol, y entra en la espiral descendente. Estaba tan enganchado a la Vicodina que machacaba las pastillas y se las echaba a los cereales en el desayuno.

Ese chaval se marchó y mi siguiente compañero fue un anestesista negro de Inglewood que venía de una familia muy respetable. Después de enorgullecer a su familia al convertirse en médico, resultó que había estado abusando de los mejores fármacos que había podido encontrar durante años. Así que ingresó, como el resto de nosotros, durante treinta días. Se veía claramente que guardaba secretos y que estaba destrozado por haber decepcionado a su familia. Un par de meses después de pasar por rehabilitación, recibí una llamada. El anestesista había recaído y no pudo soportar la agonía y la vergüenza de enfrentarse a su familia, así que se había encerrado en un cuartillo del hospital en el que trabajaba y había elegido las drogas más desagradables para provocarse una sobredosis. Algunos de los que estuvimos en Exodus asistimos al funeral, que fue de lo más emotivo. Tenía una familia enorme y uno de sus hermanos era sacerdote. El servicio se ofició en un ambiente muy fanático religioso, y todo el mundo lloraba con desesperación, incluidos sus colegas de rehabilitación, sentados todos en la última fila.

Allí dentro conmigo había una variedad de gente poco común, y me hice amigo de todos ellos. Reconoces la posibilidad de tu propia defunción en las vidas de esas otras personas. Pese a estar haciendo las mismas cosas que ellas, en ti no eres capaz de verlo. No obstante, sí que empiezas a detectar en los demás todas las posibles tragedias y milagros. Se trata de una situación que te abre los ojos y el corazón de verdad. Te ves allí, en un puto hospital de Marina del Rey, durmiendo en una cama pequeña, compartiendo la habitación y teniendo que ir a la cafetería a por el desayuno, y te obligas a pensar: «¿Qué he hecho mal? Tenía un plan que me estaba saliendo de maravilla y ahora estoy aquí con un puñado de locos, enfermeras, médicos y guardas que me dicen dónde ir y qué hacer, y teniendo que darle el parte de todo a un grupo. Vaya, y yo que pensaba que era más listo que todo esto».

En algún momento durante mi estancia en el centro, tuve una reunión de grupo con amigos y familiares, y apareció Flea. Durante la sesión, el asesor en consumo de drogas se dirigió a él:

—Bueno, Flea, cuéntanos cómo te sientes en el fondo cuando Anthony se va por ahí a consumir drogas y tú no tienes ni idea de dónde está ni de si va a regresar.

Esperaba que Flea respondiese algo del tipo: «Bueno, me toca los cojones, es un hijo de puta. Se suponía que tendríamos que estar ensayando y componiendo. Me quedé esperando doce horas y el cabrón nunca apareció. Estoy preparado para meterme en otra historia totalmente distinta». Pero en vez de eso, Flea empezó a sollozar, cosa que me cogió fuera de juego, y respondió:

—Tengo miedo de que se me muera. No quiero que se muera, pero llevo años pensando en que se va a morir.

No tenía ni idea de que se sintiese así.

En Exodus puse en marcha una práctica que aún hoy constituye una parte principal de mi vida. Durante los cinco años y medio que había estado sobrio, nunca había recurrido a la oración ni a la meditación. No tenía claro cómo sería eso de cultivar un contacto consciente con un poder más grande que yo. Uno de los empleados de Exodus me sugirió comenzar todas las mañanas con una oración. Quien esté en recuperación sabe que eso es de primero de Desintoxicación, que es ahí donde se empieza el programa. Nunca creí que fuese algo que tuviese que hacer. Pero una mañana me miré en el espejo y pensé: «Estás tirando tu vida por la borda, así que a lo mejor tienes que probar con algo que no sea idea tuya, sino idea de alguien a quien le va bien de verdad en la vida».

Comencé a rezar todas las mañanas. En cuanto abrí la mente al concepto de un poder mayor, dejé de estar en conflicto con él. Dondequiera que fuese, sentía y veía la existencia de una inteligencia creativa en el universo, de un poder de amor más grande que yo en la naturaleza, en las personas, en todas partes. Mis oraciones y meditaciones fueron ganando en potencia e intensidad con los años y se convirtieron en una parte importarte de mi recuperación y de mi experiencia diaria.

Terminé la estancia de treinta días sin pensar siquiera en marcharme. Acepté que estaba allí para hacer el trabajo que tenía que hacer y retomar mi camino. Durante los primeros días te dan toda una plétora de medicinas para desintoxicarte. Tienes hidrato de cloral, capaz de dormir a un elefante. Te dan Darvocet y parches de clonidina para bajarte la tensión arterial. Cuando ves a un tío arrastrando los pies por el pasillo con la bata y las zapatillas, es que todavía se está desintoxicando. Los primeros días sin medicación son duros: sientes hormigueos en la piel y vas asimilando que no estás puesto de nada. Pero entonces sales de ahí y empiezas a sentirte mejor. Te alimentan durante todo el día y haces ejercicio y vas a las reuniones. Te mantienen bastante ocupado.

Mientras estuve allí, recibí visitas de Jaime. Bob Timmons vino con Chris Farley, y su apoyo me sentó bien. Kim Jones me trajo a sus dos preciosos hijos. Me dejaron tener un radiocasete, y ponía la primera cinta de Elastica en bucle. Me gradué en mi programa de treinta días, salí de nuevo y me reuní con el mundo de los vivos. Gracias a Dios, había vuelto a ese mundo cuando el padre de Jaime lo abandonó. Murió en junio, y pude estar en Pennsylvania acompañando a Jaime y a su familia en aquel periodo tan difícil.

Ese verano el grupo le dio los toques finales al disco y empezamos a grabar los vídeos. Nos llegaron toneladas de cintas para ver, pero nada nos tocó la fibra, así que volvimos a contratar a Gavin Bowden, el cuñado de Flea. Se le ocurrió una idea para *Warped* que se desarrollaría en un cilindro gigante de madera. Fue un rodaje de dos días y nuestro vídeo más caro hasta el momento. Sigo pensando que tenía ciertos elementos grandiosos.

Lo que más llamó la atención de ese vídeo fue una escena en la que Dave me besaba. Se suponía que Flea, Dave y yo salíamos desde detrás de una pared y hacíamos una movida misteriosa con baile de sombras y siluetas. Rodamos la misma escena unas diez veces seguidas, pero Gavin sentía que no lo habíamos pillado, así que volvimos a nuestros sitios y lo intentamos de nuevo. Dave se giró hacia mí y me dijo:

—Esta vez, cuando salgamos, voy a darme la vuelta y a darte un beso para animar el asunto.

—Vale, buena idea —le respondí, convencido de que se refería a un besito amistoso.

Salimos desde detrás de aquella esquina y Dave vino a darme lo que yo pensaba que iba a ser un pico en los labios, cosa que ya es bastante loca para un vídeo de rock, pero de repente empezó a darme un beso húmedo en toda regla, con la boca semiabierta. A mí no me molestó ni me importó, solo me sorprendió.

Fue una más de las miles de tomas que hicimos, y seguimos adelante. Semanas después, recibimos el vídeo editado y ahí estaba el beso, destacado de forma prominente. Minutos más tarde, me llamó Eric Greenspan, nuestro abogado.

—Warner Brothers ha visto el vídeo y quieren que os deshagáis del beso a la voz de ya.

—¿Por qué?

—No lo ven comercializable. Y yo también creo que lo mejor es que os deshagáis de él. Corréis el riesgo de enemistar a un amplio segmento de vuestra base de fans.

Cuando vi el beso, pensé que era lo que había, sin más, pero en cuanto los tíos trajeados empezaron a decir: «Nada de besos» fue el momento en el que yo empecé a decir: «No, el beso se queda». Tuvimos una discusión en el grupo y votamos que el beso se quedase. Recibimos de hecho una respuesta negativa enorme por parte de un segmento de nuestro público formado por universitarios de hermandades. Nos llegaron cartas censurándonos por «maricones» y se fueron extendiendo rumores, y empezamos a replantearnos nuestra decisión. Pero entonces nos cuadró todo: «A tomar por culo. A lo mejor era hora ya de quitarnos de en medio a los cazurros». Si no podían aceptar lo que estábamos haciendo, no los necesitábamos para nada.

Volvimos a meternos en problemas con la Warner cuando recurrimos a Gavin para el vídeo de *Aeroplane*. Gavin ideó un enfoque genial: hacer una oda integral a Busby Berkeley, con una enorme línea de coro formada por mexicanas medio desnudas, con ropa atractiva, tías duras en plan gánsteres muy maquilladas y con el pelo cardado. Queríamos muchos semidesnudos y bailes sexis y chicles y pompas. Rodamos el vídeo en una piscina vieja con trapecistas y equipos de *ballet* subacuático, en un plató antiguo de MGM que estaban a punto de demoler. No obstante, había una señora de la Warner supervisando el rodaje que resultó ser una feminista políticamente correcta.

Gavin editó el vídeo y el resultado era suntuoso. Hizo primeros planos de las mexicanas buenorras y cogió unos ángulos maravillosos, pero esa mujer de la Warner se echó las manos a la cabeza al ver que en el vídeo mostrábamos a mujeres desnudas. Hay que tener en cuenta que, comparado con un vídeo actual de Jay-Z, el nuestro resultaría de lo más soso, pero para la época era muy fuerte, así que nos obligaron a hacer algo que estuviese a mitad de camino entre nuestro punto de vista y la estética de la tipa de la Warner. Al final, no usamos ninguna de las tomas verdaderamente impactantes, bonitas, llamativas y perturbadoras, todo al mismo tiempo.

Aquel verano hice la primera de dos excursiones en kayak a mar abierto por Alaska con Flea, nuestro anterior batería, Cliff Martinez y nuestro amigo, Marty Goldberg. Pasamos una semana o así haciendo kayak por los fiordos más profundos del sur de Alaska. Fue un viaje increíble, sobre todo porque tanto Cliff como Marty eran chefs *gourmets* capaces de sacarse unas comidas de tres tenedores en mitad de la naturaleza.

En septiembre, salió el *One Hot Minute*. Nos sentíamos orgullosos de él, aunque no fue un disco tan bueno como podía haberlo sido si la banda hubiese permanecido unida tras el *Blood Sugar*. No obstante, para un equipo nuevo fue un resultado bastante bueno, en la línea, por ejemplo, del *Mother's Milk*, nuestro primer álbum con John y Chad.

Antes de empezar la gira, me pusieron a hacer algunas entrevistas para promocionar el álbum. Justo en esa época, empecé a colocarme otra vez. Un día de septiembre, me encontraba refugiado en mi casa en plena farra y el teléfono no paraba de sonar. Por fin lo cogí; era Louie. «Tío, la MTV está en la puerta de tu casa. Están listos para grabar». Me acordé de que se suponía que tenía que hacer una grabación con la MTV en mi casa, con la *videojockey* Kennedy. Me arrastré escaleras abajo. Tenía pinta de enfermo y falto de vida, y me vi obligado a responder allí, en mi salón, delante de la cámara, a todas esas preguntas que me hacía la jovial y dulce Kennedy. «Ha pasado algún tiempo desde que sacasteis un disco, bla, bla, bla…». Menudo desastre.

Y llegó el momento de salir de gira. Aunque hubiese estado previamente de colocón, nunca me planteé drogarme en ruta. Sabía que eso acabaría con todo de la noche a la mañana. Empezamos en Europa. Era la primera vez que actuábamos con público desde Woodstock, así que necesitábamos algunos ajustes, como el motor de un coche. Me sentía un poco responsable por estar impidiendo que fuésemos todo lo buenos que podíamos ser. Debería haber estado más centrado en mi condición de músico, y no era así. La cosa no nos salió mal, y hubo momentos excelentes, pero en general me notaba deslucido y, como músico, sentía que no era una rama muy fuerte a la que agarrarse.

Lo más memorable de esa gira europea fue conocer a Sherry Rogers, que terminaría convirtiéndose en la esposa de nuestro *road manager*, Louis Mathieu, y en la madre de sus hijos. La conocimos en Ámsterdam, donde trabajaba para nuestro viejo colega Hank Schiffenmacher. Siempre que pasábamos por Ámsterdam, íbamos directos a hacernos algunos tatuajes más en Henky Penky, y en aquel viaje nos encontramos con Sherry, una jovencita buenorra, encantadora y muy predispuesta. Normalmente iba vestida con un disfraz de sirvienta de látex, y la idea de tenerla sobre el escenario con ese atuendo resultaba muy atractiva. Nuestro siguiente bolo fue en Bélgica, y Sherry vino con nosotros y dejó a todo el mundo pasmado cuando se desnudó entera delante de la gente en el camerino y se puso el disfraz de látex. Durante el concierto, la sacamos al escenario de vez en cuando para que nos secara la frente, nos sirviera bebidas y le encendiera cigarrillos a Dave.

Nuestra gira por Estados Unidos, prevista para empezar a mediados de noviembre, quedó pospuesta —no por mi culpa, por una vez— hasta principios de febrero, por lo que desde Barcelona, nuestro último bolo en Europa, me fui directo a Nueva York para estar con Jaime. Jaime había dejado su torre de apartamentos sórdida en Chinatown para mudarse a un apartamento de lujo encantador y acogedor con vistas a la estatua de La Guardia, al sur del Washington Square Park. Era un barrio tranquilo y maravilloso. Pasamos un otoño precioso allí hasta que, como siempre, empezamos con tiempo a hacer los preparativos para los viajes anuales de Navidad. Fue en esa época cuando percibí los primeros indicios de que las cosas no iban del todo bien en el frente doméstico. Las compras navideñas empezaron bastante bien. Paseamos por la nieve y disfrutamos del romance prenavideño que supone comprar buenos regalos para la familia. Decidí regalarle a Blackie unos muebles para la casa, así que fuimos a ABC Carpet, en la parte baja de Broadway, y elegimos una buena selección.

Regresé a la tienda en un par de ocasiones para concretar el envío y la entrega, y una de las veces, estando allí solo cerca del ascensor, entró una mujer vestida de manera muy elegante, de unos veintitantos años. Era preciosa y tenía mucho estilo, y mantuvimos una conversación de un minuto mientras ella esperaba el ascensor. Oí esa voz en mi cabeza: «Podrías casarte con esta mujer. Tu esposa está a punto de entrar en ese ascensor y desaparecer para siempre, así que a lo mejor quieres hacer algo ya». En ese momento, llegó el ascensor, se subió y se alejó de mi vida para siempre. Era la primera vez durante mi relación con Jaime que me había abierto a una idea así. No supe distinguir si le estaba dando rienda suelta a la fantasía o si vi alguna mirada en los ojos de esa tía o algo en la forma en la que se comportaba, pero fue un claro presagio de problemas.

La Navidad llegó e hicimos los viajes acostumbrados. Aquel año le regalé a mi madre su primer coche de lujo, un Ford Explorer nuevo y personalizado que un vendedor de coches del oeste de Michigan había pintado, modificado y equipado especialmente para su esposa antes de que se divorciaran. Blackie se encargó de buscar y organizar la entrega del regalo. Luego Jaime y yo pasamos unos días en Pennsylvania para saludar a todo el mundo, pero dada la reciente pérdida del padre de Jaime, obviamente no fueron momentos alegres.

Regresamos a Nueva York a tiempo para el Año Nuevo. Estaba tan harto del comercialismo de la Nochevieja y de la compulsión que sentía todo el mundo por pasar la mejor noche de sus vidas que decidí que nos acostaríamos antes de medianoche. Nos acurrucamos juntos en el sofá y vimos una película, y sobre las once y media apagamos las luces y nos fuimos a dormir.

Unos días después, tuve la epifanía de que ese periodo de mi vida había llegado a su fin y de que era hora de volver a estar soltero, de estar solo. Miré a Jaime un día y pensé: «Ya no estoy enamorado de ella». Sin motivo. No se debía a nada que hubiese hecho ella. No era el modo en el que hablaba ni caminaba, ni las cosas que decía, porque nunca hizo nada que me pareciese intolerable. Simplemente, lo vi claro de pronto. Fue como si se hubiese retirado una neblina. Me sentía en plan: «Dios mío, ¿qué he estado haciendo los dos últimos años de mi vida? Es hora de cambiar ciertas cosas». En cualquier caso, todo se basaba en estar sobrio. No tenía intención ninguna de colocarme.

A lo mejor me había hecho tanto daño a mí mismo que era incapaz de estar enamorado de ella. Y esa voz me hablaba con tanta claridad que haberla ignorado habría significado fingir mis sentimientos desde ese momento en adelante. Sabía que tenía que hacer lo menos deseable del mundo. Para mí, era mucho más fácil permanecer en una relación incómoda que anunciarle a alguien mi marcha. Históricamente hablando, se me daba fatal. No sabía decir: «Ya no quiero estar contigo». Prefería hacerme daño, cosa que forma parte de mis ciclos.

Hablé con Jaime y no lo aceptó. Me respondió que estaba planeando casarse conmigo y tener hijos, y eso era lo más triste que me había dicho a lo largo de todas nuestras discusiones. Volví a Los Ángeles y se presentó allí. Hubo mucho llanto y muchas voces, y luego recogió todas sus cosas, se montó en el vuelo nocturno y se marchó.

Como le había causado tanto dolor a alguien que me importaba de verdad, se me presentó el montaje emocional perfecto para darme otro atracón. Empezó el viernes por la tarde. Cogí la moto hasta casa de Lindy para asistir a una reunión de negocios con el grupo. De camino, paré en el centro y me llené los bolsillos de drogas. Luego me reuní con Flea y Lindy, y después me marché de casa de Lindy a plena luz del día, conduje unas cuantas manzanas y empecé a darle caladas a la pipa en mitad de la calle. En el momento en el que la droga me llegó al cerebro, arranqué la moto y me fui. Me estuve colocando dos o tres días, fumando *crack* y poniéndole heroína encima, y de golpe me había vuelto a meter en otro aprieto desesperado.

Pensé que quedarme en Los Ángeles iba a suponer enfrentarme a demasiados problemas, así que miré en las páginas amarillas y llamé a Aeroméxico. Busqué el mejor hotel de Cabo San Lucas, un lugar precioso al que había ido unos años antes a trabajar con Flea en algunas canciones. Tenía tal ciego de heroína que suponía un peligro para mí mismo; me hacía heridas en el cuerpo de rascarme y, por supuesto, no podía ocultarle mi estado a nadie, así que pedí un taxi para ir al aeropuerto. Para el destete iba a llevarme unos globos que tenía guardados. No había problema en subir con ellos al avión, pero recelaba de las aduanas mexicanas, así que decidí esconderlos en el hueco para la cinta de mi radiocasete con CD.

Cuando aterricé en México, seguía colocado y tenía el pelo como un theremín. En el aeropuerto había un sistema de aduanas que te obligaba a situarte junto a una línea, pulsar un botón, y entonces se encendía una luz roja o verde. Si me salía la luz verde, estaba libre como el viento. Por supuesto, salió roja. Me acerqué a la mesa y el tío de aduanas me estaba mirando con cara de sospecha total. Me registró la bolsa y los bolsillos y entonces dijo: «Déjame ver el radiocasete». El corazón me empezó a palpitar con fuerza. Lo último que necesitaba era que me pillasen metiendo heroína en México, nada menos. Miró dentro del compartimento de las pilas, en el que pensé como escondite, y luego trató de ponerlo en marcha y no pudo. Estaba pulsando todos los botones del casete, a punto de darle al de apertura, cuando me miró y me ordenó: «Ponlo en marcha». Lo pasé directamente a modo CD, pulsé el *play* y empezaron a sonar los grandes éxitos de los Jackson 5. Y me dejó pasar.

Había reservado una habitación en el Westin, un hotel moderno diseñado para parecer una estructura mexicana de arcilla roja. Me refugié en la cama, me metí la última heroína y luego me resguardé allí, limitándome a llamar al servicio de habitaciones, ver la tele por satélite y sentirme solo, deprimido y con remordimientos. Cuando llevaba tres días en la cama, comiendo y tratando de volver a ser humano, me obligué a bajar y meterme en el mar. Tenía que bautizar mi espíritu. Fui a la zona de la piscina y traté de nadar, pero me topé con gente que quería hablar conmigo, y eso no me apetecía en absoluto. En aquel viaje me hice amigo de un pelícano que se había dañado un ala en la red de un pescador. Se había convertido en la mascota de la zona de la piscina. Me sentaba allí y le daba de comer y hablaba con él. Éramos dos criaturas en proceso de curación de heridas. Incluso terminé escribiendo una canción sobre ese pelícano.

En un momento dado, hice la escenita egoísta y errante de llamar a Jaime, aunque en el fondo de mi corazón sabía que nuestra relación se había acabado. En cualquier caso, seguía siendo mi mejor amiga y una entidad reconfortante en mi vida. «Estoy aquí, solo, enfermo, cansado, dolido, jodido y triste. ¿Quieres venirte?». Apareció al día siguiente y pasamos un par de días muy decentes juntos, en la cama, comiendo y hablando.

Cabo se convirtió en mi centro personal de rehabilitación. Permanecía sobrio unas semanas, recaía, hacía una serie de cagadas, luego volvía a México, me registraba en la misma habitación y hacía exactamente lo mismo, lo que resulta ser una de las mejores definiciones de locura: repetir exactamente la misma cosa una y otra vez y esperar que el resultado sea diferente. Si necesitabas pasar el mono en algún sitio, ese sitio era México. Me consideraba un afortunado por tener el lujo de bajar allí y poder tumbarme bajo esos cielos azules.

A principios de febrero de 1996 iniciamos una gira por Estados Unidos de dos meses, dividida en tres etapas. Inaugurábamos la gira en el Nassau Coliseum de Long Island, pero el día que llegamos a la ciudad, la zona de Nueva York sufrió una ventisca increíble y quedó cubierta por una monstruosa capa de nieve. Ni el metro ni los taxis funcionaban, así que Flea y yo dimos un paseo entre la nieve desde nuestro motel en el Midtown hasta el Lower East Side para comer en el Angelica's Kitchen, un restaurante vegetariano genial. Esa noche, más tarde, quedé con Guy O. en el Spy Bar, en el SoHo. Había un montón de tías allí, pero casi todas eran también neoyorquinas fabulosas de trato difícil. Entonces vimos a una chavala un poco entonada, con un vestido rojo claro y un cinturón raro de cebra, de los años ochenta. Estaba metida en su mundo, junto al piano, haciendo una pantomima muy sentida al ritmo de una canción de Björk. Me pareció que eso era de tener mucho descaro, así que me acerqué y me presenté. Se llamaba Christina, era modelo y se había criado en Idaho, pero vivía en Nueva York. Tenía el pelo rojo natural, una piel blanca preciosísima y unas tetas enormes, demasiado grandes y mullidas para el modelaje de pasarela normal.

La invité al concierto de la noche siguiente y me preguntó si podía ir con su compañera de piso, que por casualidad era una gran fan de Oasis. Por aquella época, Oasis era el grupo más de moda y se había filtrado por todos los rincones y rendijas de Estados Unidos. Intencionadamente, hice caso omiso de ese hecho, pero de camino al Coliseum, de lo único que habló la compañera de piso de Christina fue de Oasis y de este hermano o del otro. Nos abrimos paso entre la nieve y llegamos al Coliseum, y me sentí aliviado de ver que el lugar estaba lleno y el público era agradecido.

Empecé a verme con Christina desde esa noche. Fue un elemento positivo, porque hacía ya un tiempo que no sentía esa conexión con alguien. No me estaba enamorando, pero Christina era buena persona y, sin duda ninguna, teníamos compatibilidad en el plano sexual. No sé si era por su olor o su energía, pero cuando estábamos en la cama me sentía como un vampiro narcotizado por su presencia.

Al principio de la gira me caí del escenario. Estábamos tocando las canciones nuevas del *One Hot Minute*, que no habían tenido mucho recorrido en los escenarios, y en mitad de uno de mis bailes robóticos, con los ojos cerrados, me tropecé con uno de mis monitores. Caí del escenario en picado dos metros y medio hasta llegar al suelo, me di con la cabeza en el cemento y me desmayé. Volví en mí de inmediato y, aunque agradecí recuperar la conciencia, la cabeza era el menor de mis problemas. Antes de tropezarme, la pierna se me había quedado enganchada en el cable del micro, así que, al caer, el cable actuó como el nudo corredizo de un ahorcado y me desgarró el músculo de la pantorrilla del hueso. Estaba colgado bocabajo pensando que podía soportar la herida de la cabeza, pero cuando me impulsé de vuelta al escenario, la pierna no me respondía. Terminé el concierto a la pata coja y me fui al hospital. Me dieron unos puntos en la cabeza, pero la pierna la tenía negra, azul y verde, con un aspecto horriblemente desfigurado. Me recompusieron con una férula en plan Frankenstein, llena de múltiples cintas. Tuve que terminar la gira con esa pierna de monstruo puesta, que no era nada divertida a la hora de actuar.

Después de la segunda etapa de la gira tuvimos un descanso de dos semanas. Antes de esa gira, Sherry Rogers se había mudado a San Francisco y había iniciado una relación con Louis Mathieu, que se había trasladado allí desde Los Ángeles para estar con ella. Yo solía subir a visitarlos, e íbamos a reuniones y frecuentábamos sitios de tatuajes. Había empezado a estrechar lazos con Louie. Era mitad mexicano y mitad judío, y cien por cien psicótico. Por dentro estaba loco, pero por fuera era la calma absoluta. Había entrado a trabajar con nosotros en la casa del *Blood Sugar*, atendiendo al teléfono, y luego nos lo llevamos de gira como técnico de batería; básicamente, fuimos creando puestos de trabajo para él porque nos caía genial.

Louie había sido traficante de maría en el instituto y luego se enganchó a la heroína. Pasó años entre idas y venidas, luchando por estar sobrio, y para entonces llevaba limpio un montón de años ya. Louie era una persona amable y emocionalmente generosa, capaz de dejar lo que fuese para estar ahí contigo, casi hasta el punto de convertir eso en un mecanismo de defensa para no tener que hacer frente a lo que ocurría en su propia vida. En cualquier caso, era un compañero de correrías genial, y compartíamos la sobriedad y el amor por la música.

Lo que sin duda no encajaba con Louie era ser un hombre de calle. Durante el descanso de dos semanas, decidí ofrecerles una bonita experiencia a Louie y a Sherry y llevarlos de viaje a Hawái, algo que ellos no se habrían podido permitir. Sherry era aventurera y entusiasta, pero Louie aceptó a regañadientes. Alquilamos una casa en la zona soleada de Maui. Todos los días, Sherry y yo salíamos delante de la casa, nos metíamos en el agua y nadábamos un kilómetro y medio mar adentro y otro tanto para volver. Louie se sentaba en la playa, fumaba cigarrillos, bebía café y hacía crucigramas, despreciando toda la belleza de la naturaleza que lo rodeaba.

En un momento del viaje, Louie y yo estábamos almorzando en un hotel sofisticado cuando me asaltó la cabeza un pensamiento: «Louie, oigo campanas de boda para ti en un futuro cercano». Me confesó que sentía lo mismo. Unos días más tarde, hacia el final de nuestra estancia, me había echado una siesta en mitad del día y cuando me levanté la casa parecía desierta. Era raro no tener a Louie y a Sherry por allí, y empecé a ir de habitación en habitación, llamándolos: «¿Louie? ¿Sherry?».

Al final, abrí la puerta de su dormitorio para ver si estaban también de siesta. Vi a Louie en modo amor melódico con Sherry: hombre desnudo sobre mujer desnuda. Cerré la puerta de inmediato y me sentí fatal por haberlos sorprendido. Nueve meses y un día después, nació su hijo Cash. Eso me unió más a la familia. No muchos niños pueden decir: «Pues el tito Tony estaba allí cuando me concibieron».

La gira por Estados Unidos acabó con la etapa de la costa oeste. Teniendo en cuenta que habíamos estado cuatro años sin sacar disco y que el clima de la música pop había cambiado radicalmente, era bonito comprobar que la gente seguía interesada en venir a ver lo que hacíamos. Tocábamos en estadios, y aunque no fue la gran gira de nuestra historia con entradas agotadas a diario, el material nuevo estaba recibiendo una acogida cálida allí donde íbamos.

En Seattle salí con Christina unos días. El grupo tenía una noche libre y Oasis tocaba en la ciudad. Los *managers* de Oasis nos llamaron y nos invitaron al concierto, pero nadie quería ir salvo Christina. A esas alturas, Oasis era un desastre. Los hermanos se peleaban constantemente y anulaban conciertos a diestro y siniestro. De todos modos, fuimos, y antes de que empezara el concierto, estábamos en el *backstage* y conocí al cantante. Se me presentó y le dije: «Hola, Ian». «No, es Liam». Tuvimos un momento Ian-Liam como el de *Spinal Tap*. Luego salimos a ver el concierto.

Habría sido genial, salvo por el hecho de que resultaba obvio que se odiaban. Estaban muertos sobre el escenario, aunque las canciones y su forma de cantar eran buenas.

A mitad del concierto, Christina se había tomado ya un par de cervezas en el estadio y se puso cachonda, así que decidió que quería hacerme una mamada y nos fuimos al *backstage*. La mayoría de las puertas estaban cerradas, pero encontré una abierta debajo del escenario, que daba a la sala de control eléctrico de todo el estadio. Había palancas, interruptores y botones por todas partes. Nos tumbamos en el suelo, nos quitamos la ropa y empezamos a practicar sexo. El ambiente era genial; podíamos oír los sonidos amortiguados del grupo tocando encima de nosotros. Pero en algún momento en mitad de todo eso, nos pusimos demasiado juguetones, y chocamos contra una palanca y, de repente, las luces se apagaron. Me puse en pie de un salto y corrí al panel, convencido de que habíamos cortado el sonido y las luces de todo el estadio. Atacado, le di a una palanca y las luces volvieron a encenderse. Me di cuenta de que habíamos cortado la luz solo en aquella habitación, pero estuvimos a una palanca de poner el concierto en punto muerto por follar debajo del escenario.

Era muy divertido estar con Christina y teníamos una relación física maravillosa, pero yo no me estaba enamorando de ella hasta el punto de considerarla mi novia. Unos meses después, justo antes de regresar de gira a Europa, le dije que no podía seguir viéndola. Ella se molestó bastante, pero Guy O. estaba fuera de sí. «No me creo que vayas a alejarte de esa tía. Es la primera chavala con la que estás desde hace mucho que se comporta con total consideración. Te lleva flores. Te quiere. Es guapa. Es sexi. Es inteligente». Pero cuando no sientes nada, no sientes nada. Al romper con ella me dijo: «Bueno, es una puta mierda. Esperaba que esta relación fuese a alguna parte, pero lo entiendo. Al menos el sexo ha estado muy bien». Y yo reaccioné en plan: «¡Esa es la actitud!».

Después de la etapa de la costa oeste, tuvimos unas semanas libres antes de emprender el camino a Australia y Nueva Zelanda de gira otra vez. Empezamos en Nueva Zelanda, y al regresar a ese país me di cuenta de que era allí donde iba a establecer mi segunda casa. De algún modo di con un antiguo jugador de *rugby* que en los sesenta había sido miembro de los All Blacks, el equipo de *rugby* de Nueva Zelanda, y que se había convertido en un agente inmobiliario más mayor, bruto, conspirador y de lo más tramposo. En una pausa entre concierto y concierto, me llevó a ver una hacienda de casi setenta hectáreas con vistas a Kaipara Bay, una hora y quince minutos al noroeste de Auckland. Acudimos allí el más maravilloso y soleado de los días. Me enamoré del sitio, incluso aunque Kaipara Harbour es una masa de agua increíblemente hostil donde van a criar los tiburones blancos. Se trata de un puerto embravecido de mareas furiosas.

Toda mi ansia de encontrar una segunda casa era comprar un lugar cerca de una masa de agua clara, atemperada y atractiva, una en la que pudiera nadar y jugar bajo el mar. No tengo ni idea de por qué elegí aquel sitio, porque no cumplía ninguna de esas condiciones. En cualquier caso, la vista del puerto era increíble: una pátina de colores caleidoscópica y psicodélica. Y el agente ese no paraba de picarme diciéndome que iban a subastar la finca, casualmente, mientras yo estaba de gira por Australia. «Es tu única oportunidad de comprar esta finca. Va a ser una cosa rápida, hay mucha gente interesada. Te llamaré por teléfono y haré la puja por ti. Bla, bla, bla, bla».

Yo estaba en Australia, al teléfono, y él, en la puja. —Está en un millón de dólares. Y subiendo. Subiendo. Alguien aquí da un millón setecientos. Y le solté: «Vale. Pues dos». Lo siguiente que supe fue que había comprado aquel sitio por mucho más de lo que valía. Cuando regresé, la gente empezó a decirme que ni siquiera estaban seguros de que hubiese alguien más pujando. Todos esos empresarios kiwis estaban conchabados entre ellos.

Terminamos las dos semanas de gira y todo el mundo se fue a casa, a Estados Unidos, salvo yo. Regresé a Nueva Zelanda, me registré en un hostal y concluí el proceso de cerrar el trato de la casa, que me costó como un millón de dólares estadounidenses. Mientras esperaba a que el granjero que me había vendido aquel sitio cogiera su dinero y se mudase a Gold Coast, en Australia, donde siempre hace sol, pensaba: «¿Por qué cojones estos granjeros abandonan el trozo de paraíso más precioso del mundo para irse a la atestada Gold Coast, que es como Miami Beach, pero más hortera?». Pronto lo descubrí. Resultó que yo había visto aquella hacienda uno de los pocos días del año en los que no llovía. En aquel terreno, llovía a mares trescientos días al año. Era un clima nuboso, lluvioso, frío, tempestuoso, como los días malos de Inglaterra.

Al final, el granjero se mudó, y yo firmé los documentos y me abrí una cuenta bancaria en Auckland. Contraté al padre de Greer como cuidador de la casa, porque la gente en Nueva Zelanda tenía fama de mudarse y ocupar propiedades vacías en el campo. Existía esa mentalidad del salvaje Oeste. El padre de Greer se encargaría de echarle vistazos a la finca y asegurarse de que nadie la ocupaba ni robaba los muebles.

Llegó la hora de volver a casa y prepararse para las fechas en Europa. Antes de marcharnos a Europa, tocamos en el primer Tibetan Freedom Fest que se organizó en San Francisco. Había un cartel genial que incluía a los Smashing Pumpkins, los Beastie Boys, los Foo Fighters, Beck, Björk y Rage Against the Machine, pero para nosotros no fue un concierto muy bueno. Tuvimos problemas de sonido, aunque como era por una buena causa no nos estresamos mucho. Hubo una fiesta después y allí me encontré con Ione, y traté de disculparme por haber sido un novio tan mierdoso mientras vivimos juntos. Era la primera vez que intentaba disculparme, y fue una malísima idea acercarme a ella en aquel ambiente, así que tuvo todo el derecho a decirme que era un gilipollas y que me fuese a tomar por culo antes de largarse.

Cuando llegamos a Europa a finales de junio, todo el mundo tenía una actitud optimista, en parte porque yo me había mantenido sobrio para las giras. Había una clara sensación de hermandad entre nosotros. El único problema que asomaba a la superficie era que a Dave no le volvía loco tocar por el mero hecho de tocar, y Flea necesitaba esa clase de vínculo. Echaba de menos tener a alguien que lo llamase y le dijera: «Ven a mi casa y vamos a tocar la guitarra un rato». Dave no era así, sino más bien: «¿Por qué voy a ir a tocar la guitarra contigo? ¿Es que tienes que escribir una canción para algo?». Había una ruptura en marcha. Pero por otro lado, Dave y Chad se estaban acercando mucho.

Empezamos la gira en Budapest. A todo el mundo le flipaba Praga, pero para mí Budapest era una ciudad mucho más interesante, más exótica y salvaje, y con un vínculo más reciente al mundo comunista. En Praga tocamos en un club pequeño que estaba a reventar. Fui a dar una voltereta en el escenario, pero había perdido un poco el control y aterricé en uno de los monitores. Cuando hice por levantarme, no había manera humana. Hubo que parar la actuación para que me sacaran de allí, porque tenía un dolor insoportable. Al día siguiente no podía moverme. Vi a unos cuantos médicos, pero ninguno parecía saber diagnosticar qué daño me había provocado en la espalda, así que me envolvieron en una faja y di los siguientes conciertos de pie en un punto fijo, casi totalmente inmovilizado.

Tenía un estreñimiento absoluto y ni siquiera podía sentarme recto de lo intenso que era el dolor. En todas las ciudades que visitamos le rogaba al *manager* de gira, Tony Selinger, que buscase a alguien, un osteópata, un quiropráctico, un vuduísta, cualquiera que pudiese ayudarme. Permanecía postrado en cama hasta que tenía que subir al escenario. Y entonces era cuando recordaba el consejo que Carolee Brogue, mi profesora de teatro en Fairfax, me había dado: estando en Broadway para representar *Peter Pan*, había cogido un virus estomacal muy feo, pero se envolvió en un pañal y estuvo soltando diarrea durante toda la representación porque, pase lo que pase, *the show must go on*.

Estábamos en Bélgica cuando Tony se presentó con un tipo belga gordo, sudoroso y escandaloso que entró por la puerta arrasando y hablando en flamenco. Era un osteópata. Yo pensé: «Madre mía, otro matasanos que no va a ser capaz de hacer nada». Me examinó, me mandó ponerme de pie y andar un poco, y luego me dijo que me metiera en la cama. Aquella enorme bola de bolos se puso a trabajar conmigo. Me levantó la pierna y tiró de ella con todo su peso y, ¡pop!, la espalda entera me dio un crujido y volvió de golpe a su sitio. Fue como pasar de ser un juguete roto a uno nuevo. Resultó que me había dislocado el sacro.

Me sentía revitalizado y empezamos a tocar bien. Francia estuvo genial, luego fuimos a Inglaterra y tocamos en Wembley. Aquel fue el mejor concierto que dimos con Dave. Guy O., que había asumido la responsabilidad de ser mi casamentero, estaba entre el público. En algún momento de la primavera, había asistido en Los Ángeles a una fiesta en un barco y había conocido a una tía que vivía en Londres. Me aseguró que era mi tipo. Así que se quitó de en medio a todos los demás tipos del barco y consiguió su número para mí. Después del concierto en Wembley me la presentó. Se llamaba Rachel y Guy O. tenía razón: de inmediato me sentí atraído por ella. Decidí coger una habitación de hotel y quedarme por Londres, aunque todos los demás se volvían a casa.

La noche siguiente, Rachel y yo salimos a cenar y a pasear por el parque. De repente, empezamos a liarnos y una cosa llevó a la otra. Volvimos a su apartamento, hicimos el amor y me pareció maravillosa, todo lo que Guy O. me había prometido y más, una tía muy especial. Mientras estábamos en pleno fulgor postcoital me dijo: «Debo confesarte que esto es muy raro, porque la última persona con la que mantuve una relación sexual fue con tu exnovia Ione. Y, por cierto, esto me ha gustado mucho más». De los tres mil millones de tías que hay en el mundo, fui a dar con una con la que Ione también había estado. Lo irónico de todo el asunto fue que cuando conocí a Jaime, ella formaba parte del entorno de los Beastie Boys gracias a su novio, el del fideicomiso. En la época en la que salía con ellos, Jaime conoció a Adam y a Ione, que entonces estaban casados. En cuanto Adam salió de la habitación, Ione se lanzó a besar con lengua a Jaime. Resultó que Adam e Ione llevaban vidas bastante separadas en aquel tiempo, pero me pareció interesante que Ione y yo tuviésemos gustos tan similares en cuanto a mujeres. Me quedé con Rachel unos días, y luego llegó el momento de marcharse a casa.

Y también llegó el momento de meterse otro atracón de drogas. Iba a ocurrir antes o después, porque no me estaba cuidando. Creo que el hecho de haber pasado todo ese tiempo intimando con una tía con la que no iba a llegar a nada desencadenó ese episodio. Tenía algo de tiempo libre y estaba solo en casa, en la que se había convertido en el palacio del colocón. Me pasé dos semanas de escapada y luego me fui a Cabo San Lucas a cumplir con mi rutina de dormir tres días, desengancharme, comer como un poseso y nadar. Mismo hotel, misma habitación, mismo *Doctor en Alaska* en la tele por satélite.

Cuando regresé de Cabo, Louie estaba ahí; fue a recogerme al aeropuerto y me hizo compañía. Unos días después de haber vuelto, y mientras estaba en casa de Louie, sonó el teléfono. Era mi querida tía Mickey, una de mis tías favoritas, la segunda más mayor de cuatro hermanas por parte de madre. Estaba histérica, repitiendo una y otra vez: «Steve ha muerto. Steve ha muerto». Di por hecho que se refería a su hijo, porque tenía tanto un hijo como un nieto llamados Steve. Le pregunté de qué Steve hablaba y sollozó: «El Steve de tu madre». De un plumazo, el corazón y el alma de todo mi sentido del bienestar en Michigan habían desaparecido. Steve había sido el tío que había unido a toda mi familia y que nos había dado aquel hogar de amor, un alma única, una persona considerada, solícita, trabajadora y honrada. Crio a Julie y a Jenny, y a los perros, a los gatos y al caballo, y mi madre lo amaba, y estaban perfectamente juntos. Pensé: «Mierda. Mi padrastro de cincuenta y un años ha tenido que ir a morirse de un puto ataque al corazón en el jardín a las dos de la tarde».

Di gracias a Dios de no haber estado en la habitación de un motel en cualquier parte cuando me dieron la noticia, fumando *crack* en una pipa de papel de aluminio. Me acababa de desenganchar con un acicate adicional. Resultó que yo era el único que tenía la mente clara; todos los demás estaban destrozados, aturdidos y hechos polvo. Organizamos un funeral enorme y la iglesia estaba llena hasta los topes: la mitad de la población de Grand Rapids había acudido a decirle adiós a Steve y a rendirle un homenaje a ese ciudadano único. Mi familia me eligió para hacer el panegírico. No fue complicado escribir sobre alguien como él. Para un chaval como yo, que había estado siempre cuidando de su madre, la entrada de Steve en escena fue un alivio gigantesco, algo como: «Vale, ahora puedo volver a ser un niño y no tendré que preocuparme de que un convicto joda a mi madre». Fue una experiencia excepcional ver aquella iglesia llena con cientos y cientos de personas, todos subidos a la misma ola de amor, gratitud y aprecio hacia esa persona.

De vuelta en Los Ángeles, estaba un día en casa cuando recibí una de esas llamadas demenciales que Lindy hacía de vez en cuando. Estaba en su apartamento-oficina de Studio City, fumando Merit, y me dijo que la cervecera Molson nos ofrecía un millón de dólares por ir al Polo Norte y dar un concierto para los ganadores de un concurso. Además, les cederíamos el derecho a usar nuestro nombre y nuestra música para hincharse a vender cervezas en Canadá durante unos meses. Aquella no era la primera vez que recibíamos una oferta de una gran empresa. Un año después de *Under the Bridge*, McDonald's se inventó una campaña entera para vender hamburguesas usando la canción. Ofrecían dos millones, pero no queríamos ver nuestro nombre asociado a ellos.

La oferta de Molson era interesante porque: 1) no iban a usar nuestra imagen y 2) era solo una campaña de radio en Canadá. Básicamente, nuestra música se escucharía muchas veces al día. Supongo que en aquel momento de nuestra vida operativa la integridad no era una cosa tan venerada como ahora; además, todos queríamos ir al Polo Norte. Molson hizo que aquello sonara muy atractivo. Nos ponían un avión privado para ir y volver y nos procuraban alojamiento. El concierto era para un público de cien personas y sería una cosa de ir y volver, y llegaríamos al fin del mundo y veríamos la aurora boreal. Sopesamos los pros y los contras y decidimos hacerlo.

Volamos a Montreal y cambiamos a un avión más grande para continuar ocho horas hacia el norte. Llegamos al sitio y no había más que un alojamiento: una especie de campamento militar con unas barracas deterioradas llamado Narwhal, como la ballena unicornio. No había ciudad en sí, solo un puñado de indios nativos que vivían allí de forma permanente. Como habíamos llegado un día antes del concierto, dimos un paseo en motos de nieve y luego nos llevaron en un avión de hélice a recorrer el Polo Norte. Nos quedamos maravillados con el precioso paisaje yermo azul y blanco. Se suponía que íbamos a tocar en la cubierta de un rompehielos ruso, pero pese a estar a 1 de septiembre, al aire libre hacía un frío gélido, con ráfagas de viento de cincuenta nudos, así que el concierto se trasladó a un almacén.

Una cosa de la que nos orgullecemos es de ser unos profesionales. Cuando tocamos, lo damos absolutamente todo. Pero había algo en aquel ambiente que impedía hacer un concierto de rock normal, salir ahí fuera y, ¡bum!, meterte de lleno en tu movida. Subimos al escenario y miré a las cien personas que habían volado hasta allí, todas con su ropilla puesta y sus Mórlon en la mano, y aquello me recordó a la típica fiesta de empresa cutre. Agarré el micro, empezó la música y llegó el momento en el que tenía que cantar, pero no podía parar de reírme. La naturaleza absurda del negocio del espectáculo me abrumó, y no podía recobrar la compostura. Al final me centré, pero entre canción y canción volví a cuando tenía trece años y me puse con nuestros viejos números cómicos, cachondeándome de la gente y pasándomelo bien con el público. Hubo casi tanto de humor como de música. No sé cuánto tiempo estuvimos tocando, pero me alegré cuando acabó. Volamos a casa esa noche y vimos la aurora boreal y los colores y las formaciones de nubes sobrenaturales, y nos pareció estar camino de una misión a Marte.

Cuando regresamos a Los Ángeles, empecé mi propia misión privada a Marte: una ronda enfurecida de juergas que consumirían mis siguientes meses. Me pasaba fuera una semana cada vez, y aunque la idea de consumir se había convertido en algo repugnante para mí y quería parar, no podía: esa es la definición de diccionario de una adicción activa. En mis escapadas me ocurrían un montón de mierdas rarísimas. En una de las juergas me quedé sin drogas a las cuatro y media de la mañana. Por aquel entonces, yo no estaba familiarizado con la tecnología de los cajeros automáticos; cuando necesitaba dinero, iba a un banco y sacaba un mogollón de pasta con una tarjeta de crédito, o acudía a una oficina de American Express, donde me daban hasta diez mil dólares de una tacada. Pero esa noche no tenía dinero, ni mercancía, y estaba histérico por colocarme.

Lo que sí tenía era una guitarra blanca preciosa Stratocaster firmada por todos los Rolling Stones. Tommy Mottola me la había regalado cuando estaba intentando contratar a los Chili Peppers para Sony/Epic. Me imaginé que podía ir al centro y conseguir al menos un par de cientos de dólares en droga a cambio de esa guitarra. Así pues, bajé a esos callejones traseros débilmente iluminados donde se ponen los tíos a vender sus cosas, pero solo me encontré a uno trabajando a esas horas.

—¿Qué puedo conseguir a cambio de esto? —le pregunté, ofreciéndole la guitarra.

Se encogió de hombros.

—Nada.

—No, no, no lo entiendes —insistí—. Esta guitarra está firmada por los Rolling Stones.

—Dinero, señor, dinero.[35]

No dejaba de repetir lo mismo. Acababa de cruzar la frontera y obviamente no hablaba inglés, y le importaban un cojón de pato los Rolling Stones.

—Pero esto es valioso —protesté.

Al final, me ofreció la cantidad más ínfima de heroína jamás vista.

—No, más —le supliqué, pero me hizo saber que era eso o nada.

Estaba tan desesperado que cambié la guitarra firmada por un pico de droga que me iba a tener colocado unos diez minutos.

Durante todas esas escapadas tuve el apoyo de Bob Timmons, que constantemente intentaba que ingresara otra vez en Exodus. También estaba recibiendo mucho cariño de una nueva amiga, Gloria Scott, una comunista hippie maravillosa de pelo blanco, de Venice Beach. Cuando la vi por primera vez, Gloria estaba hablando en una reunión en Hollywood durante mi primera fase de sobriedad, a finales de los ochenta. Contó que había sido una auténtica yonqui de los medicamentos toda la vida, que dejaba las farmacias limpias y recurría a engaños, pero también habló de los años sesenta y de Allen Ginsberg.

Para entonces, Gloria llevaba sobria unos diez años. Yo pensaba: «Esta señora es la persona más total que he visto nunca. Es desagradable y no intenta ponerse empalagosa, con esas cosas que suelta en plan: "Que te den por culo si no te gusta lo que estoy diciendo, hijo de puta, sé bien de lo que hablo"». Dijo que su poder superior era Neil Young. Y luego contó: «Llevo desde 1967 viviendo en un bungaló de una habitación en Venice. Yo me codeaba con Jim Morrison antes de que vosotros os cagarais encima. Lo único que tenía en mi casa era un póster del Che Guevara, otro de Neil Young y otro de un grupo, los Red Hot Chili Peppers, con calcetines en las pollas». Me acerqué a ella después de la reunión

---

[35] Frase en español en el original.

y le dije que me honraba estar en su pared junto a Neil. Nos hicimos amigos rápido, como Harold y Maude, pero sin historia de amor.

Cuando empecé a estar perdido en combate y cada vez más desesperado y aislado, dejé de coger el teléfono. A cada tanto miraba el correo y me encontraba una postal con un guerrero nativo americano. En el reverso, Gloria escribía: «No abandones nunca la lucha. Eres un guerrero y vencerás a esa cosa que tienes enfrente. Tengo fe en ti. Yo nunca me olvido de ti, no te olvides tú de ti mismo». La leía en la cocina y pensaba: «Hay una persona ahí fuera que de verdad cree que puedo ganar esta batalla».

Por esa época tuve un sueño en el que iba conduciendo sobre las cuatro y media de la mañana, la hora más oscura de la noche antes de que el sol siquiera piense en salir. Todo estaba negro y llovía, y yo iba cruzando la intersección de Melrose Avenue con San Vicente Boulevard. Las calles estaban muertas, así que conducía a toda mecha, derrapando en las esquinas, obviamente en dirección a algún sitio con una pasión fervorosa. Debía de ir a pillar drogas, porque conducía como si mi vida dependiera de ello. El ambiente era inquietante y espeluznante, con la oscuridad y la lluvia, y estaba solo en el coche, conduciendo sin parar, y entonces, de la nada, salió una mano y, ¡zas!, agarró el volante y empezó a intentar quitarme el control del coche. Intenté ver quién era la persona sentada junto a mí, pero estaba totalmente encorvada y tenía un sombrero que le cubría la cara, así que no podía descifrar quién era esa persona demoniaca. Seguimos conduciendo y me sentí aterrorizado por lo que estaba a punto de ver. Pasamos entonces bajo una farola y la luz iluminó la cara del intruso: era yo. Tenía una sonrisa horriblemente siniestra en la cara y agarraba el volante mientras decía: «Te tengo. Te tengo. Te tengo».

Hacia finales de octubre, volvía a entrar en Exodus, resignado en esa ocasión. Ese mismo día recibí una llamada de teléfono de Bob Forrest.

—¿Cómo vas? —me preguntó.

—Me siento como un gánster en una de esas películas antiguas de polis y ladrones. Voy a tener que salir de aquí de un disparo —bromeé.

Me estaba quedando con él, haciendo un personaje, representando una escena, tratando de poner algo de luz en ese sitio tan pesado y jodido en el que me encontraba entonces.

—Ah, ¿sí? Menuda locura. ¿Seguro que estás bien? —me respondió Bob.

—Sí. Voy a quedarme aquí y a ver qué pasa.

Esa noche me quedé. Al día siguiente me desperté y recibí la llamada: la llamada para salir y volver a colocarme. Así que recogí mis cosas y le dije adiós a la enfermera Kathy, que era la única persona cuerda en aquel lugar. Todos los demás estaban con el arrastre de pies de la rehabilitación.

Salí al pasillo y la mujer encargada de aquel ala del hospital se plantó en el recibidor y se enfrentó a mí.

—¿Dónde se cree usted que va?

—Pues es que ahora mismo no estoy preparado para pasar por rehabilitación, así que me marcho.

—No se puede marchar —me dijo con rotundidad—. No vamos a permitir que lo haga.

—Bueno, vamos a ver si intenta detenerme.

Di unos cuantos pasos hacia la salida y corrió hacia mí.

—No, en serio, estamos bloqueando las puertas. Vamos a tener que meterlo de nuevo en su habitación —me amenazó.

—¿Bloquear las puertas? Pues estrellaré la puta cama contra la ventana y me largaré cuando me dé la gana. No tiene usted derecho a opinar sobre esto, señora.

¿De qué estaba hablando esa tía? Aquello no era un centro de confinamiento. Yo estaba allí voluntariamente y podía marcharme cuando quisiera. O eso pensaba.

—Pues sí que tengo derecho a opinar esta vez.

Me estaba cabreando mucho. Tenía una misión seria que cumplir. Tenía que ir a conseguir algo de dinero y un taxi que además me esperase mientras hablaba con Flaco en la esquina. Luego tenía que encontrar una habitación de hotel. Tenía un orden del día muy importante. Pero todo se fue por la borda cuando esa mujer pulsó un botón. De repente, aparecieron unos tipos muy grandes, tamaño defensas del equipo de la Universidad del Sur de California (USC), que venían a por mí desde todos los frentes. Me agarraron como a un muñequillo de trapo y empezaron a llevarme por el pasillo.

«Eh, ¿qué está pasando aquí? Dejadme, tíos. Tengo cosas que hacer», vociferé, pero no me hicieron caso y me llevaron más allá de unas puertas carceleras que se cerraban electrónicamente, hasta una unidad separada conocida como el «ala mental». Ahí estaba. El confinamiento. El «ala de aquí no te escapas que ahora estás en la cárcel-psiquiátrico-manicomio».

Exigí una explicación:

—¿Qué cojones está pasando?

—Ahora estás en confinamiento. Pasarás aquí las próximas setenta y dos horas mientras te observamos —me aclaró uno de los mastodontes.

Bien podría haber dicho setenta y dos años. Setenta y dos horas no era algo aceptable para mí. Si hubiese dicho diez minutos, habría podido asumirlo. Pero tenía un negocio fuera que apremiaba.

—Ah, no. No, no, no. Llamad a mi abogado. ¡Exijo hablar con mi abogado! —grité.

—Tío, cállate. Alguien va a venir a rellenar un formulario para que te den una habitación y puedas relajarte —me dijo mi torturador.

Estudié el pasillo. No había forma de salir. El lugar estaba tan bien sellado como un tambor. No obstante, mientras estaba allí vi a un puñado de pirados a quienes dejaban entrar en las instalaciones desde un patio para fumadores con puertas de cristal correderas y blindadas. Miré al patio y vi un muro de ladrillo de unos cinco metros y medio de alto sin nada alrededor. No había manera de trepar por el muro sin tener un equipo de rápel o algo. Entonces divisé una canasta de baloncesto a unos dos metros y medio del muro.

Y ahí vi mi salida. Los gorilas me habían dejado allí a esperar a la enfermera de admisión, pero justo entonces entró un médico. Llevaba los bolis en el bolsillo y el estetoscopio, y estaba leyendo una historia médica. Tenía además un aro enorme de llaves colgado de la trabilla para el cinturón.

—Disculpe, doctor. Acabo de estar ahí fuera y me he dejado el tabaco. ¿Podría dejarme salir a la zona del patio para cogerlo?

—No estoy autorizado a abrir esa puerta. Es la política del lugar —masculló.

—Lo sé. Pero si abre la puerta, saldré solo un minuto a un complejo totalmente seguro a echar una calada rápida y ya está.

Usé todas mis técnicas de control mental con ese tío, y funcionaron. Abrió la puerta y le di las gracias. En cuanto se dio la vuelta, subí dando bandazos hasta el aro de la canasta, me puse de pie en el tablero, incliné el cuerpo hacia delante todo lo que pude y salté. Logré agarrarme con los dedos al borde del muro; un centímetro más y me habría estampado y me habría partido el cráneo. Me impulsé a la parte de arriba del muro y salté. Era libre.

Empecé a avanzar por la acera a toda marcha y, pasadas unas dos manzanas, me detuve a idear mi siguiente movimiento. Nadie me había seguido, así que imaginé que se habían alegrado de deshacerse de mí porque estaba montando un buen pollo. Levanté entonces la vista y me di cuenta de que estaba justo delante de una sucursal de mi banco. Menudo golpe de suerte. Podría sacar algo de efectivo y empezar mi excelente aventura.

En ningún momento detecté a la empleada del hospital que estaba en el banco depositando un cheque, pero ella sí me observó mientras me acercaba a la mesa del director del banco.

El director levantó la vista.

—¡Anthony Kiedis! Es un placer. ¿En qué podemos ayudarle?

—Pasaba de casualidad por el barrio y necesitaba retirar algún dinero. Y no sé si podría usted llamarme un taxi.

—Estaré encantado. Vamos, siéntese.

Llamó un taxi, le dije que necesitaba sacar dos mil dólares, y sin ningún problema. Mientras estaba allí, sentado en mitad del banco, pensando: «Aleluya, voy a estar ciego como un piojo dentro de unos cuarenta y cinco minutos», de repente los sensores de mi radar empezaron a pitar. Levanté la vista y vi a los mismos hijos de puta enormes que me habían asaltado en el pasillo del hospital avanzando hacia mí desde todas las direcciones del banco. Luego miré por los ventanales de cristal y vi a policías uniformados rodeando el edificio, junto a enfermeras, camilleros y un amigo mío llamado Harold que trabajaba como especialista en rehabilitación en el hospital.

Juré que esos tíos iban a tener que perseguirme. En cuanto llegue a la calle, ni uno de esos cabrones va a cogerme, ni siquiera la poli. Saltaré al culo de un autobús. Incautaré un coche. Me subiré a un barco. Desapareceré entre los arbustos. No van a cogerme. Así que salté de la silla y empecé a correr por el banco, lanzándome por encima de todo lo que había en mi camino. Atravesé una puerta que daba al edificio de oficinas donde se encontraba el banco, pero en cuanto entré en el vestíbulo, otro contingente entero de guardas de seguridad empezó a correr hacia mí.

«Uh, no puedo ir por ahí». Me giré para correr hacia el otro lado, y ahí había más tíos avanzando hacia mí desde esa dirección. No tenía ningún sitio donde ir, así que pensé: «A tomar por culo», y me lancé de cabeza contra esos tíos. Logré llevarme por delante a unos pocos de los guardas del edificio, e incluso llegué a salir a la calle, pero todo acabó cuando uno de esos guardas enormes del hospital me placó y me agarró el cuerpo entero con tal fuerza que pensé que el hígado se me iba a salir por el hueso del tobillo. Por entonces estaba hecho un debilucho de mierda.

—Tranquilito, chaval, tranquilito. ¿Por qué coño os molestáis tanto? Dejad que me vaya y punto.

—Imposible. Una vez que te escapas del confinamiento, somos responsables de todo lo que hagas —me explicó.

También me habló de la empleada del hospital que me había visto en el banco y se había extrañado de que estuviese allí sentado con el director de la sucursal cuando debía estar en el ala mental. Ausentarse sin permiso era lo mismo que fugarse de la cárcel, así que habían emitido un aviso de búsqueda a mi nombre y todos los polis del barrio iban tras de mí.

Me esposaron, me metieron en un coche de policía y me llevaron de vuelta al hospital, donde descubrí que me habían metido en setenta y dos horas de confinamiento porque Bob Forrest se había quedado preocupado con nuestra conversación. Había llamado a Lindy y se les había metido en la cabeza que yo era un suicida, así que intentaron mantenerme internado. El hospital podía no haberles hecho caso, pero probablemente pensaran que lo último que necesitaban era otro caso como el de Kurt Cobain en sus manos. Era todo ridículo. Ni una sola vez expresé nada relacionado con matarme. Ni una sola vez dije que tuviese un arma. Lo único que dije, con voz de gánster a lo Jimmy Cagney, fue: «Ay, si tuviese una pipa, me largaría de aquí de un disparo». El lunático de Bob Forrest, el Rey de las Exageraciones, los Rumores y las Mentiras por entonces, había echado la bola a rodar.

Y ahí estaba yo, en confinamiento. Cuando regresé, fui directo al teléfono y llamé a Eric Greenspan. «Quiero que un puto abogado venga ahora mismo y me saque de aquí. No soy un suicida. Sácame de este hospital».

Eric prometió ayudarme, pero dijo que a lo mejor tardaba un poco. Entretanto, me asignaron una habitación y un perro guardián veinticuatro horas en la puerta. Me había puesto ya a analizar los conductos de ventilación del techo, tratando de encontrar una salida, porque mi vida se hacía más extraña y fea por segundos. Al día siguiente, vino una enfermera y me dijo que me darían de alta en cuanto el médico encargado de los ingresos firmase mis documentos. Unas horas después, la enfermera volvió a la habitación. Cuando ya estaba contando cuántos globos de heroína iba a pillar, me dijo:

—Antes de irse, hay unas personas que quieren verlo.

—Vaya, no creo que sea posible. Se supone que estoy de alta…

Por la puerta entró Bob Timmons, seguido de algunos de mis amigos y de mi pobre madre, que había venido en avión desde Michigan. No me alegré en absoluto al ver que alguien había llamado a mi madre y ella había tenido que coger un avión para enfrentarse a toda esa movida. Me habían tendido una emboscada con una intervención en toda regla. Nos sentamos y empezaron a hacerme la intervención, y yo me comporté como un verdadero enfermo. Todo lo que salió por mi boca fue una mentira o una manipulación. A todo lo que decía le daba un ángulo concreto para colocarme en una posición de dominación psicológica de la escena, y lograr que me dejasen libre para ir a colocarme.

«Eh, no hay ningún problema. Estoy preparado para recuperarme, es solo que no quiero estar en un centro de rehabilitación. Ya he pasado por esto. Y por supuesto que voy a implicarme en mi recuperación y tal y cual». Los estafé para que pensaran que iba a salir de allí y me iba a poner a trabajar para ser un tío sobrio. No tenía ninguna intención de hacer nada de eso, pero les dije todo lo que querían oír para salir de aquel hospital.

Nos marchamos del hospital y la mayoría nos fuimos a comer algo para celebrar mi nuevo comienzo, que yo sabía que ni era nuevo ni era un comienzo. Todo el mundo empezó a comer, pero yo me limité a mordisquear, picotear y apartar la comida.

—Bueno, voy a tener que marcharme ya para ir a casa a por mis cuadernos de recuperación. Luego me reuniré con mi madre para volver mañana con ella a casa, regresar al punto de partida y trabajar en mi recuperación.

—¿En serio vas a ir solo? ¿Por qué no te acompaño? —dijo mi amiga Chris.

Insistí en ir solo.

Me largué, cogí la moto, pillé algo de dinero, fui a por drogas y me registré en el Bonaventure Hotel, un hotel grande, moderno y sofisticado en el centro de Los Ángeles. Había pasado casi una semana desde la última vez que me había colocado, así que me estaba mordiendo las uñas por empezar. Me puse hasta arriba a la primera, y en mi cabeza se encendió una bombilla con una mala idea. Volví a la moto y fui hasta el concesionario de Chevrolet que había junto a la USC a comprar un coche nuevo. Mi lógica retorcida era que, aunque acababa de tirar a la cuneta a mi séquito de interventores, me iba a comprar un coche y luego conduciría sin ningún destino en mente hasta ponerme bien.

Llegué al concesionario cuando estaban cerrando. «Espere, espere. Necesito comprar un coche. Deme el mejor Chevrolet grande y negro que tenga».

Se quedaron todos mirando escépticos a aquel tío que había llegado de la calle puestísimo hasta arriba, pero entonces saqué la American Express, la comprobaron y cambiaron por completo de actitud. Me trajeron un Chevrolet Tahoe muy bonito y estuvieron más que contentos de seguirme hasta el Bonaventure Hotel para entregármelo.

A la mañana siguiente, decidí que era el momento de echarme a la carretera, así que dejé la moto en el aparcamiento del hotel, me monté en el nuevo todoterreno ligero de Chevrolet y salí en dirección este. Estaba pensando en conducir hacia Colorado o las Dakotas, pero solo llegué a la zona este de Los Ángeles. No me sentía nada bien. Cogí una habitación en un motel, me coloqué, más y más, y me di cuenta de que quizá hacer un viaje de larga distancia por carretera no fuese tan buena idea.

Volví a Beverly Hills, me registré en un hotel de Robertson Boulevard y me metí toda la droga que llevaba. Estaba en un punto en el que ni siquiera me colocaba ya. Simplemente estaba despierto por completo, descarnado, vacío, solo, cansado, enfadado, confuso y aterrorizado ante la idea de tener que lidiar con la última que había liado. Decidí que quizá debía volver a Michigan con mi madre. La llamé a su hotel, pero se había marchado de la ciudad esa mañana, furiosa porque le había mentido. Me subí a mi nuevo Tahoe y fui hasta el aeropuerto. Encontré una cabina y llamé a Lindy para disculparme. Cuando estaba en Exodus, tratando como un histérico de salir del ala de confinamiento, había llamado a Lindy y lo había puesto a parir.

Cogí un vuelo a Michigan y me instalé en la casa de campo de mi madre, tratando de enmendarlo todo una vez más. Para mí fue tocar un nuevo fondo. Había estado ingresado en un ala mental, había escapado, me habían cogido, me habían hecho una intervención, había escapado de quienes me intervinieron, había perdido los papeles, me había comprado un coche pensando en atravesar el país, me había metido un montón de droga en el organismo sin ni siquiera colocarme, y estaba de vuelta en el sofá de mi madre, tiritando en mitad de otro síndrome de abstinencia.

Me sentía fatal por hacer que mi madre tuviese que afrontar otra tormenta emocional. Tenía que lidiar con un espantajo debilucho menos de dos meses después de haber enterrado a su alma gemela. Pero las madres son resistentes, y ella veía el lado bueno: yo estaba vivo y preparado para ir a la batalla en solitario una vez más. Teníamos algo por lo que estar agradecidos cuando acudimos a casa del abuelo de Steve para disfrutar de una gran cena de Acción de Gracias. Me serví algo de pavo, la primera carne que comía desde hacía muchísimo tiempo. Pero bueno, si podía chutarme jaco y fumar *crack* y engullir pastillas, podía comerme un puto plato de pavo y no preocuparme por eso.

13

Nada

lea se refiere a 1997 como el Año de Nada porque los Red Hot Chili Peppers solo dieron un concierto en un festival en julio, e incluso esa actuación quedó arruinada por un tifón cuando habíamos cubierto dos tercios. Pero para mí 1997 fue un año repleto de aventuras y desventuras, zancadas adelante y muchos pasos atrás: otro año más en mi existencia caótica a lo Jekyll y Hyde.

El año empezó con una nota bastante positiva. Me encontraba en Nueva Zelanda disponiendo mi casa nueva. Recuerdo estar en Auckland por Nochevieja y ver a unos novatos enjuergándose en la calle a base de cocaína y champán. Me pareció espantoso. Me alegré de no estar ahí metido. En el fondo, la verdad era que en aquel país tan pequeño no debía de haber suficiente cocaína para mantenerme satisfecho durante un tiempo considerable.

Por entonces no tenía obligaciones que cumplir con el grupo. El *One Hot Minute* no se había vendido bien, sobre todo en comparación con el *Blood Sugar*, así que recortamos el ciclo de giras. Como ya estaba en Nueva Zelanda, había planeado cogerme un mes libre y explorar la India. Fui a Puttaparthi una semana y luego a Nueva Delhi, aunque la joya de mi viaje fue una excursión espontánea que hice a Dharamsala para ver al dalái lama.

Me monté en un tren a Rishikesh y luego contraté a un conductor para que atravesara el Himalaya. Dharamsala parecía estar en otro mundo, esculpida en las montañas, con carreteras de tierra y aceras de madera, como una ciudad antigua del oeste. Cogí una habitación y luego caminé hasta la ciudad y comí en un restaurante vegetariano delicioso antes de visitar varias tiendas y comprar algunos *tankas*. La ciudad estaba llena de aquellos monjes calvos vestidos con túnicas color azafrán.

A la mañana siguiente me levanté y me llegué al templo del dalái lama. Busqué la oficina y me acerqué a uno de los monjes que trabajaban allí.

—¿Podría, por favor, comunicarle al dalái lama que Anthony Kiedis está aquí? Soy consciente de que estará ocupado, pero me gustaría saludarlo.

Toda la gente de la oficina empezó a reírse histérica.

—Señor, ¿se da usted cuenta de lo que acaba de decir? —respondió uno de ellos—. La mitad del planeta Tierra está haciendo cola para saludar al dalái lama. ¿Cómo cree que puede venir aquí y verlo sin más? Tiene la agenda completa hasta dentro de tres años.

Siguió y siguió, explicándome todos los asuntos tan urgentes que el dalái lama debía tratar y cómo era el hombre más ocupado del planeta.

—Vale, lo entiendo. Déjele una nota con un saludo de parte de Anthony Kiedis entonces. Solo quería establecer algún contacto.

Me prometieron que se lo dirían y empezaron a reírse otra vez. Salí un poco desanimado, pensando: «Vaya. He hecho todo este camino para conocer al mago de Oz, pero supongo que eso no va a pasar. Así es la vida». Me encontraba a cinco minutos andando de mi hotel; cuando regresé allí, la señora de recepción parecía excitada.

«Ay, señor Kiedis. Venga aquí ahora mismo. Tiene un mensaje de la oficina del dalái lama. Esto es increíble. Han insistido en que esté allí mañana, a las ocho de la mañana».

Me levanté bien temprano a la mañana siguiente y salí para la oficina.

«Así es como funcionan las cosas. —Me aleccionaron—. Lo primero que tiene que hacer es pasar por el detector de metales. Luego tiene que soltar la mochila. Debemos mantener estas medidas de seguridad porque constantemente recibimos amenazas de muerte de los chinos. Después se pondrá en la esquina del patio, donde está el camino que recorrerá el dalái lama junto a su equipo de seguridad en dirección a su clase. Quizá le salude al pasar, nunca se sabe. No espere que lo haga, pero a lo mejor sí».

Obediente, pasé por el detector de metales y les di la mochila y la cámara. Me coloqué en el lugar asignado, en la esquina, y ahí apareció de pronto el dalái lama en la cima, con el séquito de seguridad rodeándolo. Levantó la vista y me vio, los ojos se le iluminaron y una sonrisa enorme se le dibujó en la cara. Se desvió de su camino y vino directo hacia mí. Yo estaba en *shock*, esperando ver de él solo un guiño, y ahí estaba el dalái lama, acercándose a paso rápido.

Puso mi mano entre las suyas y me miró a los ojos.

—Anthony. Bienvenido a la India. ¿Qué te ha inspirado a recorrer todo el camino hasta aquí?

—Solo quería ver el país.

—¿No es la India un lugar increíble? Háblame de tu viaje. ¿Qué has estado haciendo durante tu visita?

Le desglosé mi itinerario.

—¿No es todo increíble, los olores y los colores de todos los sitios que has visitado? ¿Dónde tienes la cámara? Tenemos que hacernos una foto los dos juntos.

—Se han quedado con todo lo que llevaba cuando he entrado.

—¡Ve a por la cámara de este muchacho, por el amor del cielo! —le gritó a uno de sus ayudantes—. ¿En qué estabais pensando? Necesita la cámara.

El ayudante regresó con mi camarilla desechable de mierda.

El dalái lama sonrió.

—Vamos a hacernos una foto.

Mientras estuvimos hablando, no me soltó en ningún momento la mano. Era una cosa sutil, y yo había pasado un buen rato sin percatarme de ello, pero definitivamente me estaba transmitiendo parte de su energía.

El ayudante nos sacó una foto.

—Vale, ahora haz una grande, de cuerpo entero —le indicó.

Hablamos un poco más y luego sacó un ejemplar firmado de su último libro para mí. Me dio el libro, unas cuantas monedas tibetanas y un pañuelo de seda blanco que bendijo.

—Muchísimas gracias por la visita —le dije—. Si hay algo que pueda hacer alguna vez para contribuir a su causa, dígamelo.

—Pues hay algo que puedes hacer. Si Adam Yauch [de los Beastie Boys] te llama alguna vez para tocar en otro festival en nuestro nombre, por favor, muéstrate disponible.

—Si Adam llama, lo daremos todo —le prometí.

—Sabes que me encantaría quedarme a charlar, pero me están esperando un montón de ancianos tibetanos. Tengo que ir a dar un curso avanzado. Por supuesto, estás invitado a acompañarnos. No entenderás ni una palabra de lo que digamos, pero creo que solo sentarte allí será una experiencia que sabrás disfrutar. Les diré que te pongan un asiento en la primera fila para que puedas ver en qué consiste.

Y se marchó.

—Esto es rarísimo —dijo uno de los ayudantes—. No me creo que lo haya invitado, a usted, a la clase de tántrico avanzado. Hay que estudiar cincuenta años para llegar ahí.

Me dirigí hacia la clase al aire libre y me sentaron delante. La clase estaba llena de monjes viejísimos con unos cascos grandes de aspecto romano. Estaban todos meditando y haciendo ruidos. El dalái lama se encontraba sentado sobre una plataforma elevada, y tenía a un ayudante al lado que se ocupaba en gran medida de hablar y de leer. Empezaron a pasarse un cáliz de plata que contenía leche de yak rancia. Todos los monjes ancianos tomaron un buen sorbo de aquel brebaje y yo pensé: «*Ouyeah*, dadme un poco de esa leche de yak rancia». Un monje me pasó el cáliz y le di un sorbo, pero no estaba preparado para aquello. Pensé que iba a ser capaz de soportar una mierda con sabor raro, pero nada que ver. Así que ahí estaba la razón por la que se tardaban cincuenta años para prepararse para el curso. Me marché en el primer descanso, impresionado de pies a cabeza por la perseverancia de los monjes.

Antes de marcharme a Nueva Zelanda y la India, le había sugerido a Louis que Sherry y él se viniesen a vivir conmigo, porque Sherry estaba embarazada. Pensé que estaría bien imbuir mi casa, relativamente deshabitada, con la energía, la calidez y la vida de una familia. Así que al volver a casa me esperaban ellos dos y el pequeño Cash. Cash era un niño increíble, y creamos un ambiente familiar genial, haciendo palomitas y viendo pelis juntos.

No obstante, no iba a pasar mucho tiempo antes de que reanudase mis escapadas. Cuando empecé a colocarme mis amigos no lo entendieron. Todos pensaban: «Ah, bueno, ahora que ha conocido al dalái lama no va a volver a drogarse nunca». Eso no tenía nada que ver con las drogas. No me hacía falta irme hasta la India en busca de iluminación espiritual. La espiritualidad cotidiana de a pie estaba delante de mis narices, en todos los rincones y rendijas en los que quisiera buscarla, pero había optado por pasar de ella.

Empecé a hacer el circuito de los moteles del centro y a escaparme durante seis o siete días. El único inconveniente era que tenía a toda una familia en casa, esperando nerviosa a que volviese. En una de esas excursiones, me colé en la casa a las cinco de la mañana, intentando no despertar a Cash. Quería meterme en mi habitación y dormir un par de días, y atrasar todo lo posible el momento de afrontar las consecuencias de haber tenido preocupada a la gente. Vi entonces que Sherry había montado un pequeño santuario por mí: había cogido una de mis fotografías con el dalái lama, le había puesto un marquito hortera muy dulce y había colocado un bol de palomitas al lado. Casi se me parte el corazón.

En otra ocasión, me colé por la noche, tarde, y abrí la puerta de mi habitación. Un tipo menudo dio un salto en la cama y dijo: «¡Dios mío, por favor, ay, ay!». Era el padre de Louis, que estaba durmiendo en mi cama durante mi ausencia. Yo había regresado porque necesitaba algo de dinero para seguir de escapada. Cuando cogí el dinero e hice por marcharme, Sherry estaba descompuesta.

«Ya está. Ya basta, hijo de puta. Vas a meterte en rehabilitación. Esto es una locura», me dijo.

Acepté subirme a la moto y acudir a Impact, un centro de rehabilitación de Pasadena para casos extremos. La imagen de Pasadena es la de un paraíso residencial seguro, en calma, lugar de procedencia de la «little old lady» de los Beach Boys; pero el norte de Pasadena, donde estaba Impact, era un puro gueto en crudo de viviendas protegidas. La gente conocía el centro Impact como «la última casa de la manzana». Después de haber pasado por todos los centros de rehabilitación y todas las cárceles, terminabas ahí. Era el sitio definitivo del que salir sobrio o morir, sin más tonterías.

Y allí estaba yo, con treinta y cuatro años, compartiendo habitación con otros tres tíos. En aquella ocasión me veía decidido a cumplir la estancia completa de veintiocho días y empezar a trabajar con mis demonios. El problema fue que, pese a todo el trabajo que hice allí, en ningún momento de mi estancia quise estar sobrio. Avanzaba paso a paso, soportando en bruto la abstinencia por no colocarme, pero el deseo de hacerlo ocupaba una parte considerable de mi consciencia. Todos los días pasaba al menos un par de horas pensando en salir, pillar algo de dinero y colocarme, y repetirlo una y otra vez.

La cosa empeoraba cuando acudía a reuniones fuera del centro. Como Impact funcionaba mediante un sistema de méritos, cuantos más méritos conseguías, más beneficios acumulabas. Uno de los beneficios era asistir a reuniones fuera de las instalaciones. Siempre que nos metían apretujados en los microbuses para ir a una reunión, me quedaba mirando por la ventanilla a los bares más sórdidos de los barrios más sórdidos y fantaseaba con ir allí a beber con otros parroquianos. Cualquier cosa para salir y empezar de nuevo a rodar.

Una vez instalado, la rutina diaria no era tan mala. Te levantabas, tenías tu rato de oración y meditación, hacías la cama y te duchabas. Todos los de mi bungaló éramos considerados y limpiábamos, así que no recibíamos críticas negativas ni nos mandaban tareas adicionales. Mis compañeros de habitación me fascinaban. Me sentía fatal por el blanquito chungo de Florida: veía que estaba luchando y que sus opciones de recuperación no eran muchas, sobre todo estando casado con una mujer que tenía la misma obsesión. Gran parte de quienes estaban allí eran más que reincidentes y se enfrentaban a penas de cárcel graves si no cogían el buen camino.

Después de arreglar la habitación, bajabas a la cafetería, que era un sitio apañado para pasar el rato. La comida consistía toda en grasa, almidón y azúcar, lo peor imaginable, pero estaba pensada para hacernos ganar algo de peso y todo el mundo se abalanzaba sobre ella. Había una selección enorme de postres en todas las comidas, incluido el desayuno. Aunque no comí carne estando allí, sí le di a los postres a más no poder.

Mi día en Impact era distinto al de muchos de los demás. Por algún motivo, no me trataban como a una persona normal. A todo el mundo le asignaban trabajos, como cortar el césped y fregar el suelo, pero a mí me metieron en una clase avanzada de prevención de recaídas, que era intensa y ocupaba mucho tiempo. Durante el transcurso de esa clase, todos tuvimos un día o dos para elaborar un calendario con los últimos ocho años de nuestras vidas en una pizarra enorme. Luego pasamos a los grandes acontecimientos y fechas en los que habían tenido lugar las recaídas y qué las había precedido y seguido. Esa clase la compartía con otros veinte reincidentes crónicos, y todos empezaron a señalar lo obvio: que siempre que terminaba una relación con una mujer, eso precipitaba una recaída. Me di cuenta de que tenía un problema, que algún elemento presente en la dinámica de herir los sentimientos ajenos me hacía salirme del camino. Este hecho se puso realmente de manifiesto tras romper con Jaime y empezar a salir con una serie de tías distintas durante periodos breves de tiempo. Era salir un mes con una tía, romper y recaer.

Permanecí en Impact el tiempo prescrito y cumplí con todo el trabajo en la clase de recaídas, incluido el de rellenar páginas y páginas de cuestionarios, que era algo muy productivo desde un punto de vista psicológico. Cuando empiezas a poner un lápiz sobre un papel, ves una faceta de tu verdad personal que de otro modo no se revelaría, ni en conversaciones ni en pensamientos. También me gustaban esos ejercicios psicológicos porque había una loquera joven y buenorra que acababa de llegar a Impact. Pasaba mucho tiempo con ella en su oficina. Cogíamos los test de Rorschach, salíamos y nos sentábamos a la sombra de aquel complejo, y yo miraba los borrones y hacía algunas insinuaciones sexuales, y los dos flirteábamos. No tenía ningún sentido hacer una psicoterapia seria, porque me iba a marchar menos de cuatro semanas después, pero estaba bien pasar algo de tiempo juntos, sin más.

Me fui de Impact y volví a bordo gracias a mi recuperación. Me sentía muy optimista, muy sano y feliz con mi vida y con el grupo. Lindy nos había cerrado una gira para el verano, así que mi intención era empezar a ponerme en forma para la carretera. Esa primavera salí en la moto un domingo por la mañana hacia mi reunión favorita, que tenía lugar en un salón recreativo de un parque en la esquina de Third Street con Gardner Street. Avanzaba a buen ritmo, como tenía costumbre de hacer, y aun así nunca había tenido ningún percance con la moto. Había estudiado las condiciones de la carretera y ponía precaución en los cruces, y daba por hecho que podían aparecer coches en momentos inoportunos, saliendo de accesos a casas o de algún aparcamiento. Siempre iba alerta y preparado para afrontar esas situaciones.

Con todo eso en la cabeza, avanzaba a toda velocidad por Gardner Street, una bocacalle estrecha con coches aparcados a ambos lados. En una fracción de segundo, un coche salió del sitio donde estaba aparcado y empezó a hacer un giro en U, cortando la calle entera. Por lo general, siempre te queda un resquicio por el que salirte, aunque eso suponga atajar por la acera, pero en aquella ocasión no había salida ninguna; ese imbécil había bloqueado la calle entera y no había ningún acceso al que recurrir. Usé los dos frenos, pero el coche estaba demasiado cerca. Se produjo una colisión increíblemente rápida y violenta, tan fuerte que la moto perforó el vehículo. Salí volando de la moto y caí plegado justo en el punto en el que la puerta del conductor se une al compartimento del motor.

Muy sorprendentemente, tras dar contra el coche, logré hacer una voltereta hacia delante y aterrizar recto y de pie al otro lado del vehículo. Mantuve el equilibrio y eché a correr, así que di por hecho que, por algún milagro, estaba bien, salvo que cuando me miré el brazo, aquello ya no era un brazo. La mano se me había subido al antebrazo y lo que tenía era un antebrazo en plan garrote de dos niveles, pero sin mano.

«Dios mío. Esto pinta mal, pero que muy mal», pensé.

Sin pararme a analizar la gravedad del daño que me había hecho, entré en la casa más cercana sin llamar a la puerta. Me adentré unos pasos en el salón con la idea de coger el teléfono y llamar a una ambulancia, pero entonces el *shock* inicial se me pasó y sentí que el peor dolor de mi vida me sacudía el cuerpo. No era el momento de llamar y pedir ayuda, así que me di la vuelta y salí corriendo a la calle. Paré un descapotable que resultó estar ocupado por dos mujeres a las que conocía y que iban camino de la misma reunión a la que pretendía acudir yo.

Pasé del conductor del coche con el que había chocado, que quería intercambiar los datos del seguro, y salté al asiento de atrás. Nos desviamos hacia el Cedars-Sinai. Más tarde me enteraría de que en la mano hay más células nerviosas que en ninguna otra parte del cuerpo, lo que explicaba aquel dolor tan intenso, pero en ese momento solo sentía que tenía la mano metida en un bote de lava caliente. Estaba convencido de que nunca la recuperaría.

A los cinco minutos estaba en el hospital, en una camilla camino del quirófano de urgencias. Para mi gran suerte, estaba de guardia un magnífico especialista en manos, el doctor Kulber. No obstante, primero tenían que prepararme para la operación, lo que implicaba darme una abundante dosis de morfina. No noté nada. Me giré a la enfermera y le dije: «Por desgracia, después de toda una vida de mala conducta, he desarrollado una enorme resistencia a los medicamentos de la familia de los opiáceos. Probablemente tengan que doblar esa dosis desde ya». Otro chute. Nada. No me hacía ni un mínimo efecto sobre el dolor. Repitieron el proceso una y otra vez. Terminaron poniéndome siete dosis de morfina antes de que lograra sentir algún alivio.

El dolor desapareció y las enfermeras empezaron a parecerme de lo más atractivas, y de repente tenía la mano bajo la falda de una enfermera y estaba flirteando con una doctora. Fui el puto paciente de los cojones en recibir la mayor cantidad de morfina de toda la historia del Cedars-Sinai.

El doctor Kulber tardó cinco horas en reconstruirme la mano a partir de aquella masa pulverizada de huesos y materia. Tras unos días en el hospital, me pusieron una férula especial que me llegaba hasta el hombro. Hasta que llegué a casa no me di cuenta de en qué medida dependemos de las manos. Incluso algo tan mundano como limpiarte el culo se convierte en un problemón. Tuve que enseñar a mi mano izquierda a hacer cosas que no había hecho antes. No podía escribir, no podía abrir una puerta ni una ventana; vestirme y atarme los zapatos eran cosas casi imposibles.

Por algún motivo, nada de eso me hundió. Odiaba no ser capaz de dormir cómodo, y ese dolor insoportable no me hacía disfrutar, pero me aferré a la perspectiva de encontrar una manera de volver a usar la mano. Así dieron comienzo muchos muchos meses de rehabilitación de la mano. Tuve bastante suerte de encontrar al doctor Dors, un médico de Burbank cuya práctica de la medicina giraba en torno a la rehabilitación de manos. Tenía una forma única de hacer la rehabilitación: te colocaban en una sala con otras veinte personas que habían sufrido daños graves en las manos y nos ayudábamos entre nosotros. Cuando ves a gente con daños mucho peores que los tuyos, le das gracias a Dios y decides que puedes hacerle frente al asunto. Me llevó nueve meses, pero recuperé gran parte de la fuerza en la mano dañada.

Tuvimos que cancelar fechas en Alaska y Hawái por el accidente, pero entonces Lindy llamó y me preguntó si podría tocar en el festival del monte Fuji a finales de julio. Éramos los cabezas de cartel e íbamos a sacar mucho dinero por ese único concierto, y no habíamos trabajado en todo el año. Para entonces, la férula solo me llegaba al codo, así que supuse que, si mantenía el brazo en cabestrillo, era viable tocar.

Solo hubo un problemilla. Cuando nos registramos en el hotel nos enteramos de que un supertifón venía directo a nosotros desde el sur. Calculaban que impactaría en nuestra zona justo cuando teníamos previsto estar en el escenario. La mañana del concierto empezaron las lluvias, pero en la ladera de aquella montaña había ochenta mil japoneses, así que no tocar no era una opción. Los grupos previos salieron a actuar y mientras tanto estuvimos con un ojo puesto en los partes del tiempo, que coincidían todos en que lo más gordo estaba cada vez más cerca.

Llegó por fin el momento de tocar. Miramos al público: los chavales estaban empapados y helados hasta los huesos, tuvieron que sacar a gente de allí afectada de hipotermia, pero nadie se iba voluntariamente, así que nos subimos al escenario. Había un poco de cubierta, pero no la suficiente para evitar que la lluvia se colase con el viento. La energía de aquella tormenta estaba levantando a todo el mundo, así que nos centramos en nuestro repertorio. Chad iba con el ritmo a tope y Dave estaba enchufadísimo. Era la primera vez después de un tiempo que yo llevaba unos meses seguidos sobrio, así que me sentía fenomenal. Cuanto más fuerte tocábamos, más fuerte soplaba el viento. En un momento dado, recuerdo estar en la parte de delante del escenario, con el micro, y que el viento arreciase tanto que me incliné y me levantó. Luego la ventisca apretó aún más y empezaron a volar mierdas del escenario. El equipo seguía funcionando, así que seguimos tocando hasta que el montaje de luces se apagó. Habíamos tocado unas ocho canciones y cumplido con nuestras obligaciones contractuales y morales, así que corrimos para salvar nuestras vidas.

Agosto de 1997 fue un mes de pocas novedades. Había vuelto a Los Ángeles y vivía aún con mi pequeña familia ampliada. Pero cuando se presentó septiembre, me entraron las viejas urgencias de siempre y decidí que era el momento de pillar un montón de droga y pasar un día metiéndome. No había ningún inconveniente, porque Jane's Addiction iba a hacer una gira de regreso ese otoño y Flea había decidido sustituir al bajista, lo que suponía que Flea y Dave estarían ocupados unos meses en sus propios asuntos y yo tenía un montón de tiempo a mi disposición.

Por deferencia hacia el pequeño Cash, decidí colocarme en el coche para no meter esa energía en la casa. Así pues, pillé la mercancía y emprendí el camino de vuelta a Hollywood, pero como estaba demasiado impaciente, paré en una bocacalle y encendí la pipa. Después de darle unas caladas, me entró la paranoia y decidí registrarme en un hotel para continuar la bacanal.

Encontré un hotel sofisticado y bonito en la esquina de Pico Boulevard y Beverly Drive y pensé que valdría para una noche. Me acerqué a recepción y a la persona del mostrador se le iluminó la cara. «¡Señor Kiedis! Es un honor tenerle en nuestro hotel». La noche terminó convirtiéndose en dos noches, que terminaron siendo tres. En un momento dado tuve que ir al centro a reponer suministros. Me pasé un día durmiendo y al despertar pedí bandejas y bandejas de hamburguesas de cuarto de libra. Y luego el ciclo empezó entero otra vez.

Los días iban pasando, colocón tras colocón tras colocón. Tenía que llamar a diario a recepción para decirles que había cambiado de planes y que me iba a quedar una noche más. Todo eran drogas, drogas, drogas, dormir, dormir, dormir. Me despertaba demacrado, hundido, triste, deprimido, desmoralizado, dolido, solo, destruido; llamaba al servicio de habitaciones y veía algo de tele. Continué así unas cuantas semanas. Una noche me desperté sobre las once y descubrí que había pillado adicción a la heroína. Comí algo, me miré en el espejo y dije: «Por Dios bendito, eres un despojo, tío. Mejor vete a esconderte bajo una montaña de cocaína y heroína ahora mismo».

Rebusqué en los bolsillos. Me quedaba una nimia cantidad de efectivo, pero no me preocupé, porque sabía que tenía unos cinco mil dólares en el bolsillo de un abrigo, en casa. Eso me daría para otra semana más. De hecho, en mi armario guardaba todo lo necesario y más para pasar una buena sesión perjudicándome seriamente: había chaquetas con drogas, chaquetas con pipas, chaquetas con jeringas, chaquetas con dinero, chaquetas con fotos Polaroid guarras, todo el repertorio. Tendría que ir corriendo a casa, subir al armario, coger el dinero y lidiar con Sherry y con Louis. Estaba como un loco poseído, así que había previsto decirles que me dejaran en paz y se metieran en sus asuntos, y que me pondría bien cuando me pusiera bien. Y si no lo hacía, ese era el precio que tendría que pagar.

Fui hasta casa, pulsé el botón para abrir la puerta del garaje, aparqué y me quedé en *shock* total. El garaje estaba vacío. No estaban las bicis, ni la tabla de surf, ni el espejo extravagante de la pared, ni las estanterías, nada. Las paredes de cemento lucían pulidas e impecablemente limpias. El corazón empezó a latirme con fuerza mientras trataba de encontrar una explicación. Quizá querían pintar allí y por eso lo habían sacado todo. O quizá había algún escape de algo. Pero no parecía que nadie hubiese limpiado. Todo había desaparecido.

Subí las escaleras, metí con rabia las llaves en la puerta y me preparé para la batalla con Louis y Sherry. Abrí y entré directamente en *En los límites de la realidad*, pero de verdad. No había nada en la casa. Ni muebles, ni cuadros, ni pósteres, ni vajilla, ni ollas ni sartenes, ni vasos, ni platos, ni tazas, ni baratijas, ni chismes, ni cacharros, ni televisión, ni lámpara de araña, ni papel del váter, ni cepillo de dientes. Era como si una aspiradora de Dios hubiese bajado y succionado mi casa.

Pensé que si la planta de abajo estaba así, ¿qué iba a hacer si al subir a la siguiente planta no había nada de ropa en el armario y no estaba la chaqueta con los cinco mil pavos? Corrí escaleras arriba, a mi habitación. ¡Vacía! Ni cama. Ni cortinas. Ni escritorio. Ni almohadas. Nada. Fui corriendo al armario, por si acaso. Nada. No había nadie, nada, en toda la casa. Me es imposible enfatizar lo suficiente esa nada. No había ni un dedal.

Lo que no recordaba era que había mantenido una conversación casual hacía unas semanas con un corredor de bienes raíces y le había dicho que estaba pensando en vender. No le conté que me había metido tanta heroína en esa casa que hasta el sofá estaba colocado. El corredor me dijo que probablemente tardaría como un año en conseguir que pagaran el precio que yo pedía. Pero había encontrado a un comprador entusiasmado, así que el hijo de puta me vendió la casa en una semana, y habían empaquetado y almacenado todas mis posesiones.

Entré en estado de pánico. Era medianoche, tenía un mono malísimo y estaba sin dinero. Mi vida entera dependía de conseguir dinero, así que regresé al hotel y recordé que alguien de nuestro equipo solía pillar pasta en Europa pidiendo en recepción que le adelantasen efectivo y lo cargasen en la cuenta de la habitación. De vuelta en el hotel, había una chica nueva en el turno de noche de recepción. Le pedí cinco mil dólares.

—Vaya, es que llevo trabajando aquí solo dos días. No estoy familiarizada con ese procedimiento. ¿Puede esperar hasta mañana, a que venga el gerente?

—No, no puedo. De hecho, bla, bla, bla, mentira, mentira, mentira, esto y aquello y lo de más allá. Y es algo que hago siempre.

La dominé con mi mente *jedi*, conseguí el dinero y salí por la puerta, directo por Olympic Boulevard hasta mi lugar de abastecimiento: los billares.

Mi estancia en el hotel continuó. Fui a una oficina de American Express y conseguí más dinero, lo que significaba más drogas. Para entonces, era un esqueleto andante con ojos turbios, muertos, idos. Estaba tumbado en la cama, viendo las noticias locales, cuando salió un reportaje sobre la gira de reencuentro de Jane's Addiction. Me sentí fatal al ver que mis amigos estaban tocando y yo me encontraba solo en una habitación de hotel, consumiéndome.

Pero no podía parar. Cambié de hoteles y seguí con la escapada hasta el día de mi treinta y cinco cumpleaños, cuando entré en un centro de rehabilitación de Ventura llamado Steps. Me miraron los brazos y pensaron que me había estado chutando heroína varios años seguidos.

«No se preocupe por nada. Vamos a meterle en un programa de desintoxicación intensivo de cuatro días. Le despertaremos para comer, pero aparte de eso, estará fuera de juego. Para cuando lo veamos dentro de una semana, se habrá desintoxicado y no le quedará dependencia física ni nada».

Yo reaccioné en plan: «Genial. ¿Dónde hay que firmar?».

Empecé a tomar la mayor combinación de fármacos desintoxicantes que me hubiese metido nunca: parches de clonidina, hidrato clórico, Valium, relajantes musculares. Me pasaba el rato como un fideo de goma, tumbado en la cama sin control de brazos ni piernas, atontado perdido. Después de estar tres días durmiendo y comiendo, me desperté y pensé: «Tengo que colocarme».

Seguía hecho polvo por los fármacos desintoxicantes y me encontraba a unos cien kilómetros del centro. Mi principal problema era que no podía caminar. Legalmente, no podían retenerme allí, pero tampoco iban a darme las llaves del coche de ninguna manera. Cuando me puse en pie, apenas podía sostenerme en la habitación, pero sí era capaz de conspirar y maquinar.

«Vale, la oficina del tipo está al final del pasillo. Si voy hasta allí sujetándome a la pared y entro y me apoyo contra la jamba de la puerta, quizá piensen que estoy bien». Recorrí todo el pasillo apoyándome en la pared, entré en la oficina, me enderecé bien, les agradecí todo y exigí las llaves. Tras una pequeña discusión cedieron, pero tuve que esperar hasta que no hubiese nadie mirándome para poder integrar la pared a mi ritmo normal de caminar.

Todo salió de perlas. Paré en un banco, saqué todo el efectivo que pude y llegué al centro en tiempo récord. Pillé las drogas, me registré en un hotel y pasé toda la noche despierto, tratando de meterme toda la heroína que pude en mi organismo. Tramé un nuevo plan brillante. Iría al Big Sur, que estaba mucho más lejos de Los Ángeles que Ventura, buscaría un hotel y me desengancharía de la heroína.

Subí en avión y me registré en el Ventura Inn. Esa primera noche cogí toda la heroína que había llevado para desengancharme poco a poco y me la tragué, la engullí como un cerdo. Y así empezó la desgarradora experiencia de volver a dejar la heroína una vez más. Por suerte, cuando no había drogas podía comer, pero entré en un periodo horrible de insomnio por el dolor físico y emocional. Estaba experimentando un auténtico síndrome de abstinencia por la heroína, como los que hacía tiempo que no sufría. Encendía fuegos en la chimenea y me entraba demasiado calor, así que abría la ventana y me moría de frío. No podía ponerme una manta sobre las piernas porque notaba chinchetas y agujas. Incluso la almohada me hacía daño en el cuello.

Después del primer día, el hotel se negó a mandarme el servicio de habitaciones, así que me vi obligado a bajar al restaurante o caminar un kilómetro y medio cuesta abajo hasta un supermercado. Esos paseos y ese aire fresco empezaron a devolverme a la vida. Mientras me encontraba allí llamé a mi colega de la infancia, Joseph Walters, que vivía en Palo Alto y estaba atravesando una situación catastrófica con su prometida, loca de la cabeza. Vino con el coche y pasamos unos días lamentándonos.

De algún modo me enteré de que Jane's Addiction tocaba en San Francisco, así que Joe me llevó hasta allí y luego se volvió a casa. Guy O. estaba en la ciudad para ver los conciertos y fuimos juntos. Me emocionaba volver a sentirme humano otra vez; además, iba a ver a mis hermanos. Fui al *backstage* y vi a Flea y me alegré muchísimo, aunque no parecía él. Iba vestido de un modo diferente, con los ojos pintados y su rollito Flea sustituido por un rollito Jane's Addiction, cosa que no entendí. Pensaba que iba a ser Flea, solo que en otro grupo, no una persona nueva por completo. Parecía extrañamente distante. No sé si estaba enfadado conmigo por ser un puto desastre o si estaba metido en su propia movida rara, pero lo acepté de esos ánimos.

Entonces entró Dave en la habitación. Siempre me alegraba de verlo. Me saludó, me dijo que le parecía genial verme y que al momento volvería para seguir hablando conmigo. Pero estaba colocado, tonteando con una tía, y se largaron los dos a seguir drogándose y nunca regresaron. Fue divertido disfrutar del concierto, aunque se hiciese raro ver a Flea en ese grupo. Aquella noche me volví andando con Guy O., con la sensación de estar distanciado de Flea y de Dave, toda una ironía, porque me había distanciado de ellos hacía meses. Acepté que eso es lo que ocurre cuando no hablas con nadie: al volver, el juego ha cambiado por completo.

Esperaba que el juego cambiase por completo para mí. El hecho de que mis circunstancias fuesen totalmente distintas, pero no así mi comportamiento, estaba empezando a exasperarme. Recuerdo un momento conmovedor cuando aún vivía en la casa de las montañas. Bajaba una noche por Beechwood Avenue y me estaba colocando en el coche. Llegué a una señal de *stop* y un coche lleno de veinteañeros se paró a mi lado. Me miraron y dijeron: «¡Eh, Anthony!». Estaba tan reventado que lo último que quería oír en ese momento era un «eh, Anthony» de unos fans. Intenté ignorarlos, pero eché un vistazo al coche. Uno de ellos se me quedó mirando y comentó: «Eh, no es él», y siguieron conduciendo. No podía ser él, porque Anthony no parecía un puto fantasma.

La cosa fue a peor. En otro momento, durante mi gira por los moteles, paré el coche en mi esquina del centro y algún malhechor se me metió dentro y me dijo que sabía dónde pillar droga. Lo hacía para poder sacar algo por haberme llevado hasta el premio, pero a mí no me importaba, así que nos pusimos en marcha. Terminamos parando en el aparcamiento de uno de los moteles baratos para prostitutas de Sunset Boulevard. Se bajó del coche para ir a buscar al camello mientras yo esperaba en la camioneta, y en esas una familia se bajó de un coche y se dirigió a una habitación. Debían de andar bajos de suerte, porque estaban alojados allí. Miré el coche que tenían y vi una pegatina de los Chili Peppers en el parachoques. Luego miré a los niños y los dos llevaban camisetas de los Chili Peppers. Me sentí terriblemente avergonzado y abochornado. Me encorvé en el asiento y bajé el visor. Allí había una familia de fans orgullosa de lucir los colores de los Red Hot, y yo estaba en el mismo motel, pero tratando de pillar drogas de algún camello insidioso. Pufff.

Mi intención era permanecer sobrio de verdad, así que me mudé a casa de Guy O. a finales de 1997. Esas Navidades fui a casa y Blackie me presentó a una chavala de la zona, guapa y brillante. Pasamos unas buenas semanas juntos, pero para cuando tuve que marcharme de Grand Rapids, sabía que el interludio había acabado. Como era de esperar, fiel a mi gráfico de recaídas de Impact, unas pocas semanas después —y dos semanas antes del viaje que teníamos previsto a Hawái para empezar a componer un álbum nuevo— desaparecí en otra escapada con toda la artillería y a toda mecha.

Se me ocurrió un nuevo plan ridículo. Decidí drogarme como un maníaco durante días y luego ir a Hawái una semana antes que el grupo, de manera que cuando empezáramos a trabajar llevase en el cuerpo una semana de descanso y recuperación. Me arrastré hacia el aeropuerto y volé solo a Hawái. Me registré en un hotel de lujo en un rascacielos de Waikiki, con la última pizca de mercancía que tenía reservada, diciéndome a mí mismo: «Vale, voy a terminarme este poco y luego doy el tema por zanjado y, pum, me recuperaré aquí mismo en Hawái». Pero cuando me metí la droga, me puse en plan: «Oh, no estoy del todo preparado para bajar y enfrentarme a la realidad». Y me fui a unos bares de *striptease* en busca de camellos.

Cuando estás envuelto en ese tipo de ingesta de drogas, pierdes todo el sentido de lo que es razonable y lo que no. Esa misma noche, más tarde, mientras me estaba inyectando las drogas, rompí intencionadamente la aguja de la única jeringa que tenía, porque pensé que si me metía más droga en el organismo explotaría. Diez minutos después, cuando estaba ansioso por más coca, me pareció una idea terrible. En mi estado tóxico ilusorio, traté de arreglar la aguja. Para entonces ya estaba doblada y no succionaba bien, pero a las venas no hay que hacerlas pasar hambre, así que me inyecté la aguja a la fuerza y confié en que saliera bien. Pues bueno, salió peor que mal. La aguja se soltó de la jeringa y se me alojó en la vena. La agarré y la sostuve allí, paranoico pensando en que la aguja pudiera viajar por las venas y perforarme una válvula del corazón.

Estaba colocado y me chorreaba sangre por el brazo, y tenía que agarrar la aguja a través de la piel y sacarla de dentro, para evitar que entrase en el torrente sanguíneo. Conseguí extraerla, pero entonces se me planteó otro dilema: no tenía heroína para bajarme el subidón de cocaína. Terminé bebiéndome todo el contenido del minibar. El *whisky*, el vodka, el *whisky* escocés, el vino, una cosa detrás de la otra, me tragué todas esas botellitas y acabé desmayado. Ocurre siempre: te despiertas con unos recuerdos desagradables y una sensación desagradable en el cuerpo, y el espíritu se te ha reducido a un montón de cenizas sucias que residen en algún lugar dentro del culo. Tienes que dar la cara ante una isla preciosa que espera fuera, pero ni siquiera soportas mirar por la ventana. Mantuve las cortinas cerradas, me quedé en la cama, llamé al servicio de habitaciones e hiberné, consciente de que cada día que tachaba en el calendario me acercaba un día más al momento en el que debía montarme en una avioneta y volar a Kauai a ver a mis amigos, a mis compañeros de grupo, a mis compadres.[36]

La hora de la verdad llegó. Apuré hasta el último momento y me levanté una hora y media antes de que el avión tuviese previsto salir, me duché y me afeité. Salí al mundo por primera vez en una semana y todo era demasiado brillante y vívido, pero me monté en el avión. Llegué a la casa que teníamos alquilada, y allí estaba todo el mundo, aunque los ánimos andaban fríos. Tanto Dave como yo habíamos pasado las últimas semanas tocando fondo. Los dos estábamos limpios, al menos en esos momentos, así que pasamos la mayor parte del tiempo corriendo y comiendo toneladas de buena comida, pero por desgracia tocamos muy poco. Emocionalmente no me encontraba muy bien. Estaba limpio, pero tenía el corazón roto y no me sentía yo mismo. Recibimos entonces una llamada para comunicarnos que nuestro viejo amigo Bill Stobaugh, Hallucinogenius, el hombre que fue mi mentor en las empresas gráficas y que me había dejado vivir con él, había muerto durante una operación del corazón. Flea volvió para el funeral, pero yo me excusé.

Cuando regresamos de nuestra estancia nada productiva en Hawái, recibimos otra dosis de malas noticias. Nuestro *manager*, Lindy, decidió dejarlo. Su mujer acababa de morir, pero había conocido a una nueva dama que lo convenció de que había llegado el momento

---

[36] Término en español en el original.

de alejarse de esa anarquía y retirarse a Ojai. Parecía como si estuviésemos dando marcha atrás en una cinta transportadora, y no creo que esa mujer viese mucho futuro en nosotros; ni él tampoco. Ni nadie, en realidad, incluida la gente que estaba en el grupo.

De vuelta en Los Ángeles, Dave empezó a trabajar en un disco en solitario con Chad y volvió directo a colocarse. Yo me había mantenido sobrio desde Hawái. Cuando asistí a una fiesta en casa de la novia de Dave y Dave cogió una cerveza, me sorprendió. Actuaba como si aquello no tuviese ninguna importancia. Él y yo estábamos, los dos, en ese mismo punto en el que una es demasiado y mil nunca es suficiente. No podíamos consumir drogas de forma moderada, y Dave lo comprobaría por sí mismo al poco tiempo.

Volvimos a los ensayos. Nos habían bajado de nivel a un estudio pequeño y abominable en Hollywood, cerca del callejón de los travestis. Dave se estaba colocando y yo no, y eso añadía más tensión a una situación ya tensa. Dave llegaba a los ensayos con unas gafas de sol enormes y unos sombreros flexibles desmesurados, renacentistas, a los que llamábamos «sombreros de cocoso», porque había que estar puesto de coca para plantearse siquiera llevar algo así. Dave aparecía tarde y era imposible comunicarse con él. En el momento en el que lo veías con el sombrero de cocoso, sabías que ya tenía establecido su orden del día: colocarse.

Tratamos de tocar, pero no íbamos a ninguna parte. Flea tenía el gesto hundido por la desilusión y Chad estaba en plan: «El chaval anda metido en su viaje particular. ¿Qué le vamos a decir?». Yo consideraba que debíamos hablar con Dave y ayudarlo de alguna manera. Dave solía venir a recogerme a los hoteles para llevarme a centros de rehabilitación; en esos momentos me tocaba a mí hablar con él sobre la idea de recuperarse para que pudiéramos seguir.

Mantuvimos una charla breve. Dave estaba sentado en un amplificador y la discusión del grupo se intensificó hasta convertirse en una pelea entre nosotros dos, cosa extrañísima, porque lo único que le estábamos diciendo era: «Oye, que te estás drogando mientras nosotros ensayamos y así no funciona el asunto. ¿Qué te parece que hablemos de que vuelvas a estar sobrio?». Dave no quería oír nada de eso, y tenía una auténtica actitud de «que os den por culo» al respecto. Y cuando me vino con ese rollo de «que te den por culo», yo reaccioné en plan: «¿Cómo? ¿Que me den por culo a mí? Que te den a ti». Esas no fueron las palabras exactas, pero sí la energía que se creó a nuestro alrededor. Chad y Flea se hicieron a un lado, y Dave se levantó para encararse conmigo, pero cuando intentó ponerse en pie, se desequilibró y se cayó detrás del ampli sobre el que estaba sentado. Fue gracioso, pero triste a la vez.

Con el grupo otra vez estancado, decidí hacer un viaje a Tailandia. Me habían diagnosticado hepatitis C unos años antes, y aunque no mostraba síntomas, la enfermedad podía reaparecer si no me mantenía alerta. Me llevé mis hierbas depurativas del hígado, nadé mucho, recé y medité sobre la idea de la sanación de mi cuerpo. Y funcionó. Tres semanas después, las pruebas no detectaban nada en el recuento del virus de la hepatitis.

Para entonces era abril. Flea y yo decidimos que la cosa no se estaba solucionando: teníamos que despedir a Dave. Flea habló con él al principio, pero Dave se molestó en serio, así que seguí yo. La cosa salió fatal, porque Dave estaba colocadísimo, y aunque sabía que no había manera de que el grupo funcionase así, verbalizar la realidad le jodió lo que no estaba escrito.

—¡Que os den por culo, tíos! ¡Cómo podéis hacerme esto a mí, hijos de puta!

—Tío, pero si no somos un grupo —le dije—. ¿Cuándo fue la última vez que apareciste? Estás haciendo un disco en solitario, estás fuera, colocándote. No estás implicado en esto en absoluto.

Por supuesto, Chad se mantuvo totalmente neutral, porque estaba metido de lleno con Dave en la realización de ese disco.

Entretanto, Flea vivía su propio infierno físico luchando contra el Epstein-Barr, aparte de verse en el infierno de su novia y en el infierno del grupo. Era como un general librando una batalla en demasiados frentes. Se sentía realmente hundido, y además de todo eso, estaba intentando hacer un álbum en solitario. No fue ninguna sorpresa que decidiera querer irse.

—No creo que pueda seguir con esto —me dijo.

Yo ya lo había visto venir. Era de lo más obvio; el grupo estaba parado.

—Lo sé —le respondí—. Me imaginaba que era eso lo que me ibas a decir. Lo entiendo perfectamente.

Entonces Flea lanzó la bomba.

—Solo me imagino seguir adelante si John vuelve al grupo.

Aquello me trastocó por completo.

—¿Por qué iba a querer volver John y tocar otra vez con nosotros? No le importo en absoluto ni tampoco le importa de verdad esta experiencia.

—Tengo la ligera sospecha de que quizá esté a punto de regresar, de resurgir personalmente en el mundo de los vivos —me contó Flea.

«Eso sería un milagro maravilloso», pensé. Y el segundo milagro sería que se planteara siquiera tocar con nosotros otra vez.

—Estás loco. John no va a querer tocar en este grupo. No suena a nada remotamente posible, pero si lo es, tengo las puertas abiertas —le dije a Flea.

John y yo no habíamos tenido mucho contacto desde que se marchó del grupo, salvo por los momentos raros y no planificados en los que nos encontrábamos por casualidad. Incluso entonces, cualquiera habría pensado que se respiraría mucha ira, resentimiento y antipatía, rozando el odio, pero ninguna de las veces que lo ví hubo muestra alguna de ello.

El primer encuentro tuvo lugar unos años después de que John se marchase del grupo. Me habían llegado un montón de historias horrendas sobre el descenso de John al infierno de las drogas, y sabía que Johnny Depp y Gibby Haynes, el cantante líder de los Butthole Surfers, habían llegado a hacer un documental sobre las condiciones miserables en las que vivía. Viendo la cinta, uno se daba cuenta de que estaba contemplando la casa de una persona sin ningún interés en la vida más allá de chutarse drogas y pintar.

También me enteré de las entrevistas que John estaba concediendo a periodistas en las que ensalzaba el consumo de heroína, e incluso se chutaba en ellas. A mí no me interesaba nada leer esas historias ni ver el documental. En su momento, no escuché sus discos en solitario. No podía celebrar su estilo de vida porque me parecía que se estaba matando. Había un montón de gente que lo glorificaba y quería participar de lo mismo y quería que las drogas fueran gratis. Por supuesto que el arte de John, las canciones que componía, todo era genial, pero a mí no me parecía correcto dar el visto bueno a la defunción de ese ser excéntrico. Ese tío había sido mi mejor amigo, y en aquella época se le estaban cayendo los dientes, así que yo no lo veía como otras personas podían hacerlo: «Ah, es un genio, no pasa nada». No me importaba si era un genio o un idiota de mierda, se estaba pudriendo y eso no era nada divertido de ver.

Sabía que John llevaba años pintando, inspirado por Basquiat y Da Vinci, así que cuando oí que iba a montar una exposición en la Zero Gallery de Melrose Avenue, decidí aparecer el día antes de la inauguración y echarle un ojo a las pinturas. Me pasé por allí y, *voilà*, el propio John estaba colocando la exposición. Los dos nos quedamos un poco sorprendidos. John estaba puesto de coca, tenía el pelo muy corto y unos círculos oscuros y grandes debajo de los ojos y estaba fumando Gauloises. Me impactó verlo tan delgado, era un esqueleto con camiseta, un hombrecillo de hueso, pero estaba muy vigoroso porque por dentro tenía un montón de energía y sustancias químicas, así que por el aspecto no parecía estar a punto de desmayarse ni sentirse débil.

En vez de ponernos en plan: «Que te den por culo, te odio, eres mierda», nos alegramos de vernos. Los cuadros de John eran perturbadores pero bonitos. Fue una situación rara, porque diría que a los dos nos hubiese gustado sentir más aversión el uno por el otro de lo que fuimos capaces.

En nuestro siguiente encuentro lo vi bastante deteriorado. Todo el mundo se preocupaba por sus brazos, que estaban llenos de abscesos porque nunca había aprendido a inyectarse bien; recurría al método de palpar y pinchar y esperar a que hubiera suerte. Terminó metiéndose en Exodus, la que fuera mi casa, en diciembre de 1995, más por su salud física que por su salud mental. A los médicos de Exodus les preocupaba en serio que acabase sufriendo gangrena y teniendo que perder una extremidad si no se lavaba y se cuidaba los brazos, cosa que se negaba a hacer.

Lo llamé y le pregunté si le parecía bien que fuese a visitarlo. No puso ningún problema, así que le pregunté si quería que le llevase tabaco y un bocadillo de pastrami con mucha mostaza. Aparecí por allí, John se comió el bocadillo y yo traté de conseguir que se lavase los brazos. Una vez más, nuestro intercambio fue en tono amable, cariñoso y empático, muy distinto a lo que cualquiera de nuestro entorno hubiera pensado que sería un intercambio entre nosotros, basándose en nuestros líos del pasado. Por mi parte, seguía sin reconocer lo poco sana que había sido mi dinámica en la relación con él antes de que se marchase del grupo. Nunca entendí lo sensible que era John y lo dañino que podía llegar a ser yo. No sabía que todas las bromas y pullas, las burlas, las tonterías y el sarcasmo, habían herido de verdad sus sentimientos y habían tenido un impacto duradero en su persona.

Mucho después de que John se marchase, Flea me dijo:

—¿Tienes idea de todo el dolor que le has causado a John?

—¿De qué estas hablando? Él y yo éramos los mejores amigos, pasábamos todo el tiempo juntos. Jugábamos juntos al billar, perseguíamos mujeres juntos, comíamos Lucky Charms juntos. Éramos uña y carne.

—No, has herido los sentimientos de John en muchas ocasiones, porque él te admiraba y tú le respondías con crueldad.

Esa fue la primera vez que tomé conciencia de que mi cariño por John había acabado siendo una experiencia difícil para él.

Cuando John dejó el grupo, me ofendí con él por no ser mi amigo y por abandonar nuestra camaradería musical. Sin embargo, durante todo ese tiempo que pasó fuera del grupo, viviendo su situación de angustia, recé por él continuamente. De asistir a las reuniones había aprendido que una de las razones por las que los alcohólicos se colocan es porque albergan resentimientos. Entre las técnicas que enseñan para deshacerte de un resentimiento hacia alguien está la de rezar para que esa persona consiga todo lo que quieres para ti en la vida: que te quieran, tener éxito, estar sano, ser rico, ser maravilloso, ser feliz, vivir con la luz y el amor del universo. Aunque resulte paradójico, funciona. Te pones ahí y rezas para que la persona a la que no soportas consiga todo lo que quieres para ti en este mundo, y un día te ves en plan: «No siento nada malo hacia esa persona».

Ese fue en parte el motivo por el que rezaba por John. La otra parte era que no quería que muriese de una manera triste y miserable, así que rezaba por él casi todos los días. Me sentaba y decía: «Sea quien sea quien esté ahí fuera, quien recoja este pensamiento de mi cabeza, por favor, cuida de John Frusciante, porque lo necesita».

En enero de 1998, Bob Forrest convenció a John para que entrase en Los Encinos, el mismo centro de tratamiento de la vieja escuela en el que estuvo W. C. Fields, tanto tiempo atrás. John ya había dejado la heroína para entonces, pero había estado fumando *crack* y bebiendo. Fui a visitarlo, y parecía comprometido con su estancia allí, aunque de un modo un tanto peculiar. Nuestras conversaciones eran dispersas e inusuales. A cada tanto, hablábamos de una canción de Nirvana o de un dibujo de Da Vinci.

Durante una de mis visitas, estábamos sentados manteniendo una de esas conversaciones minimalistas cuando John saltó de la cama y se marcó una abertura de piernas perfecta a lo James Brown en torno a 1968. Luego se puso en pie y volvió a sentarse. No sé qué lo motivó a hacerlo, pero pareció sentirse en plena forma y estar dando a entender que aún tenía la llama suficiente para abrirse a lo James Brown si hacía falta.

Mis puertas estaban abiertas a la posibilidad de que John volviese al grupo, aunque me pareciese algo remoto. Después de salir de Los Encinos a principios de febrero, John alquiló un pequeño apartamento en Silver Lake. Un día de abril, Flea pasó por allí y se pusieron a escuchar discos juntos. Entonces Flea lanzó la pregunta:

—¿Qué te parecería volver y tocar en el grupo?

John empezó a sollozar y respondió:

—Nada me haría más feliz en el mundo.

Los dos lloraron y se abrazaron durante mucho rato. Luego Flea hizo un viaje a Camboya, lo que nos dejó tiempo a John y a mí para despejar la atmósfera y hablar sobre los problemas que habíamos tenido en el pasado. Fuimos al Farmer's Market, uno de mis sitios preferidos en Los Ángeles, nos sentamos y nos tomamos unos tacos de salmón.

Yo rompí el hielo.

—¿Tienes algún problema conmigo por algo?

—No, en realidad, no. ¿Y tú conmigo? ¿Estás enfadado conmigo por algo?

—Eso creía, pero ahora mismo no me noto enfadado. Pensaba que a lo mejor debíamos darle alguna vuelta al asunto, pero no me siento molesto por nada ya —le confesé.

—Ni yo tampoco —coincidió John.

Flea esperaba que lo informásemos de haber llegado a algún acuerdo tras un día entero de deliberaciones, de haber sacado a la luz toda la hostilidad, pero ninguno de los dos sentía la necesidad. El principal problema era que John ni siquiera tenía una guitarra, así que fuimos al Guitar Center y le compré una Stratocaster antigua, del 62, magnífica.

John estaba emocionado con la idea de regresar al grupo, pero también tenía miedo, porque llevaba mucho tiempo sin tocar la guitarra. Decidimos que su vuelta fuese suave: lo único que importaba era tocar. No nos importaban una mierda los contratos discográficos, ni el hecho de que nuestro *manager* lo hubiese dejado, ni que nuestra compañía discográfica hubiese perdido el interés en nosotros. Nada de eso importaba. Solo queríamos entrar en un garaje y darlo todo juntos.

Flea vivía en una alucinante superestructura de estilo mediterráneo en Los Feliz, una casa antigua y famosa por los montones de músicos que habían vivido allí, como Bob Dylan y Lou Reed. Nos reunimos en el garaje de Flea, que había convertido una parte del espacio en una zona de ensayo. Chad montó la batería en un rincón. Flea tenía esa mirada en la cara de «vale, expectativas ninguna, vamos a tocar y ya». Había instalados unos altavoces pequeños algo mierdosos. John tenía aspecto de sentirse un poco inseguro, pero enchufó la guitarra y nos pusimos a tocar. Y ahí estábamos otra vez. Creo que quizá fui el único que lo pensé, pero la habitación se llenó de una música celestial, hecha sin ningún otro motivo que ver a qué sonaba aquello cuando le dábamos juntos a los instrumentos.

Para mí, ese fue el momento decisivo de lo que terminarían siendo los siguientes seis años de nuestras vidas juntos. Entonces supe que aquello era supremo, que la magia estaba a punto de surgir otra vez. De repente, todos éramos capaces de oír, de escuchar, y en vez de estar metidos en nuestras peloteras pequeñas y finitas de basura, podíamos convertirnos de nuevo en músicos de esa gran orquesta universal.

14

Bienvenidos a Californication

Pese a mi entusiasmo por nuestro reencuentro, nos llevó un tiempo dar con el ritmo. John estaba oxidado, tanto mental como físicamente. Yo era un montón de óxido también, aunque con paso lento pero seguro las cosas empezaron a mejorar. De la casa de Flea emanaba un montón de alegría. Tenía dos perros, un mastín llamado Martian y Laker, un bóxer muy enérgico. Todos los días tomábamos el té en la cocina, jugábamos con los perros y luego nos íbamos al garaje a trabajar. Flea había montado la zona de ensayo como un estudio de grabación, así que al final de la sesión me daban las cintas con la música nueva a la que había que poner letra.

Aunque él dirá que tardó años en recuperar su talento, a mí me encantaba cómo tocaba John cuando no disponía de la capacidad técnica para hacer cualquier cosa. Rebajó el tono y desarrolló un estilo minimalista increíble. Todos los días sacaba algo espectacular. Yo tenía un cuaderno lleno de letras que me moría por convertir en canciones, así que además de los ensayos, pasaba tiempo con John en su apartamento de Silver Lake. Muy en su línea, John no tenía nada de mobiliario, solo discos, un tocadiscos, una cama y una batidora. Estaba pasando por una fase de tomar batidos, así que había cosas para hacer batidos en las paredes y en la nevera y en la cocina. Era como si Jackson Pollock viviese allí. Nos sentábamos y fumábamos y fumábamos y trabajábamos. Me resultaba increíble tener otra vez a uno de los grandes músicos de nuestro tiempo tan telepáticamente conectado a mí. Me tocaba una pieza complicada, instrumental y rara que había estado grabando toda la noche, y yo reaccionaba en plan: «De puta madre, sé exactamente lo que tengo que hacer con eso».

La vida parecía haberle bajado los humos a John. Se había quedado noqueado, y tengo la sensación de que las nubes se levantaron y le dejaron ver todo aquello por lo que había pasado con una sensación de: «Joder. No me creo que esté vivo. Esta vez no voy a echarlo a perder». No llevaba el suficiente tiempo de vuelta para que la gente le dijese lo maravilloso que era. Siempre está bien tener cerca a alguien con todo ese talento y tanta emoción por la vida y la música, y a quien aún no le han inflado el ego.

Todo el mundo se estaba divirtiendo. Era como si no tuviésemos nada que perder ni tampoco nada que ganar. No nos importaba; estábamos haciendo música por el placer de hacer música. En comparación con el *Blood Sugar*, el *One Hot Minute* no tuvo tanto éxito ni de lejos, así que la gente había perdido la fe en nosotros. En la industria musical se tenía la sensación de que nuestro momento de gloria ya había pasado. Pero cuanto más tocábamos, más cosas empezábamos a crear, cosas en las que creíamos y que queríamos que la gente oyese.

Cuando empezamos a ensayar hacía mucho calor, así que dejábamos la puerta del garaje abierta. Después de unas semanas de trabajo, me encontré con Gwen Stefani de No Doubt. Era vecina lejana de Flea; vivía al otro lado del desfiladero, en la montaña de enfrente. «Os escucho tocar todos los días, tío. Mis amigos se vienen a casa y nos sentamos allí y nos ponemos a escucharos. ¡Suena genial!». El cumplido fue bonito, pero también algo embarazoso, porque nosotros creíamos que estábamos en nuestro mundo privado, aclarando nuestros puntos negros.

A principios de junio, hicimos un descanso en los ensayos para dar nuestro primer concierto desde que John se había vuelto a unir al grupo. Le había prometido al dalái lama que estaríamos disponibles para tocar si Adam Yauch nos llamaba, y así fue. El Tibetan Freedom Festival era una fiesta de dos días en el JFK Stadium de Washington D. C. La noche antes, dimos un concierto sorpresa en el 9:30 Club, para ir entrando en calor. Llega el primer día del festival, la zona se empapa por una tormenta, y a mitad de una actuación a una tía le impacta un rayo y hay que evacuar todo el estadio y se cancelan el resto de conciertos.

Esa noche hubo una reunión logística. Los Beastie Boys obviamente no nos respaldaron, porque los organizadores nos dijeron que debido a la tormenta del día anterior, algunos grupos tendrían que cancelar sus conciertos. Como fuimos el último grupo en entrar, no íbamos a poder tocar. No me lo podía creer. Habíamos viajado hasta allí desde California y le habíamos estado dando bombo a nuestro primer bolo con John de vuelta ante noventa mil personas. Por suerte, Pearl Jam tenía que cerrar el festival ese día y cuando Eddie Vedder se enteró de nuestro dilema, amenazó con retirarse si no nos daban parte del tiempo que tenían ellos asignado. Fue una muestra de apoyo increíble por parte de Pearl Jam, y no lo olvidaremos nunca.

Cuando nos reunimos en el *backstage* todavía estaban las luces apagadas. Estábamos detrás del telón, rodeados por cajas de amplificadores, y creamos un círculo espiritual, inclinamos las cabezas y nos dimos un abrazo colectivo de grupo. Luego salimos ahí fuera y lo petamos a saco. El público estaba al cien por cien con nosotros, y el regreso al escenario con John nos reportó un momento de felicidad absoluta.

Al día siguiente, supuse que todo el mundo se habría olvidado de la pobre chavala a la que el rayo le había caído en la cabeza, así que fui a visitarla al hospital. Estaba en la cama, pero despierta, y me enseñó todas las marcas de quemaduras. Las peores las tenía en las partes del cuerpo en las que llevaba algo metálico (una pulsera, el sujetador con aros). Aunque lo irónico de verdad era que cuando recibió el impacto estaba hablando por el móvil —probablemente fuera por eso por lo que el rayo le dio— y ella se apellidaba Celfon.[37]

De vuelta en Los Ángeles, las canciones iban saliendo a toda mecha. Salvo una. La primera canción en la que John y yo trabajamos, incluso antes de que nos juntáramos en el garaje de Flea, fue un tema titulado *Californication*. La letra la escribí durante mi viaje purificador a Tailandia, cuando la idea del regreso de John al grupo era aún inconcebible para mí. La melodía me había ido

---

[37] Que, pronunciado en inglés, es «selfon», es decir, una palabra homófona a *cellphone* o «teléfono móvil».

viniendo en un barco en el mar de Andamán; era una de esas estructuras melódicas sencillas que se presta a que las palabras vayan fluyendo a su interior. Una de las cosas que me impactaron durante mis viajes a lugares exóticos, incluidos el pueblo de los gitanos del mar de Tailandia y los bazares de Indonesia, fue hasta qué punto la cultura estadounidense había calado en todos esos sitios, incluso hasta el punto de tener camisetas de los Red Hot Chili Peppers de contrabando. Una vez, en Auckland, me topé con una señora loca en la calle que estaba despotricando porque en China había espías psíquicos. Esa frase se me quedó grabada en la mente, así que al volver a casa empecé a escribir y a escribir, y esa se convirtió en mi letra favorita de entre todas las que había recopilado el año anterior.

Le enseñé *Californication* a John y le encantó, y empezó a componerle una música. Sin embargo, por algún motivo, aunque ahí había una canción perfecta, no lográbamos encontrarla. Probamos con diez arreglos distintos y diez estribillos distintos, y nada funcionaba. El resto de los temas nos salían a borbotones. Llevábamos unas cuantas semanas trabajando cuando alguien empezó a tocar un *riff* ultradisperso que no se parecía a nada que hubiésemos hecho antes. En cuanto lo oí, supe que era nuestra nueva canción.

Por aquella época, había conocido a una madre joven en una reunión. Vivía junto a su hija pequeña con una asociación de jóvenes cristianas, donde intentaba desintoxicarse sin ningún tipo de éxito. La belleza, la tristeza, la tragedia y la gloria de esa relación madre-hija, todo englobado, era lo que evocaba la atmósfera de esa música.

Porcelain
Do you carry the moon in your womb?
Someone said that you're fading too soon
Drifting and floating and fading away

Little lune
All day
Little lune

Porcelain
Are you wasting away in your skin?
Are you missing the love of your kin?
Nodding and melting and fading away[38]
(de *Porcelain*)

Para finales de junio habíamos terminado unas doce canciones. *Scar Tissue* fue otro de esos temas para los que basta tener la cabeza abierta y te llueven del espacio exterior. Rick Rubin y yo habíamos estado hablando mucho sobre el sarcasmo. Rick había leído una teoría según la cual el sarcasmo era una forma de humor increíblemente perjudicial que deprime el ánimo de quienes lo usan. Como hasta entonces habíamos sido unos capullos sarcásticos de primera, prometimos intentar ser divertidos sin usar la muletilla del sarcasmo. Supongo que pensé también en Dave Navarro, el Rey del Sarcasmo, el más rápido e incisivo del Oeste.

Todas esas ideas flotaban en el aire cuando John empezó a tocar un *riff* de guitarra, y de inmediato supe de qué iba esa canción. Había un ambiente de juego, de alegría de vivir, del ave fénix que renace de sus cenizas. Salí corriendo con la grabadora portátil y, con la música puesta de fondo, empecé a cantar el estribillo entero de la canción. Nunca olvidaré estar mirando al cielo, por encima del garaje, hacia el Griffith Park, con los pájaros sobrevolando mi cabeza, y recibir una dosis de Juan Salvador Gaviota. Tenía realmente esa vista de pájaro, con la sensación de ser un forastero eterno.

Scar tissue that I wish you saw
Sarcastic Mr. Know-it-all
Close your eyes and I'll kiss you 'cause
With the birds I'll share this lonely view
With the birds I'll share this lonely view
Push me up against the wall

---

[38] «Porcelana / ¿Es la luna lo que en tu seno guardas? / Hay quien dice que te desvaneces en nada / Vas a la deriva, flotas y te marchas // Mi lunita / todo el día / Mi lunita // Porcelana / ¿Te estás consumiendo en tu propia piel? / ¿Ya nadie de los tuyos te ama? / Asientes, te fundes y nadie te ve», de *Porcelana*.

Young Kentucky girl in a push-up bra
Fallin' all over myself
To lick your heart and taste your health 'cause
With the birds I'll share this lonely view

Blood loss in a bathroom stall
Southern girl with a scarlet drawl
Wave goodbye to Ma and Pa 'cause
With the birds I'll share this lonely view[39]

(de *Scar Tissue*)

Terminamos otra canción titulada *Emit Remmus*, inspirada en parte en mi amistad con Melanie Chisholm, de las Spice Girls. Por esa época, las Spice Girls eran un fenómeno arrasador, sobre todo entre las jóvenes, como la hija de Flea, Clara. Incluso cuando iba a Nueva Zelanda, veía que todas las niñas pequeñas de allí se sabían las letras de las Spice Girls y sus bailes. Las canciones eran temas pop bastante buenos, en especial para tener a cinco pinceles con colores distintos cantándolas.

Esa primavera recibí una llamada de Nancy Barry, que llevaba Virgin Records. Me dijo que las Spice Girls iban a Los Ángeles y que las dos Melanies querían salir a pasárselo bien y hacerse unos tatuajes. En calidad de maestro residente de la diversión y los tatuajes, me reclutaron para enseñarles los entresijos de Hollywood. Hablé con mi amigo para que abriese el estudio de tatuajes fuera de horario y las atendiese. Me hice amigo de Mel C (la deportista) y permanecimos en contacto meses y meses. Estuvo bien, porque pude llevar a Clara al concierto y acercarla al *backstage* para que conociese a esos personajes increíbles a los que se había pasado el último año adorando.

---

[39] «Piel de cicatriz que ojalá vieses / Sarcástico señor Todolosé / Cierra los ojos, voy a besarte porque / Compartiré la vista solitaria con los pájaros / Compartiré la vista solitaria con los pájaros // Ponme contra la pared / Niña de Kentucky con wonderbra / Me pueden las ansias / De lamerte el corazón y saborear cómo estás porque / Compartiré la vista solitaria con los pájaros // En un baño, sangre derramada / Chica sureña de acento escarlata / Di adiós a mamá y papá porque / Compartiré la vista solitaria con los pájaros», de *Tejido de cicatriz*.

Avanzamos a septiembre y llega el décimo cumpleaños de Clara. Flea había estado discutiendo durante meses con su hija por la música que se escuchaba en la casa, porque Flea quería que Clara oyese a Coltrane y Clara ponía a las Spice Girls en bucle. Así que Flea decidió que íbamos a hacerle una jugarreta en su fiesta de cumpleaños. Le dejó caer a Clara que a lo mejor las Spice Girls en persona aparecían en la fiesta. Y, por supuesto, nosotros íbamos a ser las Spice Girls.

Los parecidos eran obvios. Flea sería la Spice niña. John era la Spice deportiva. Chris Warren, nuestro técnico de batería, fue elegido como la Spice salvaje, y yo sería la Spice pija. Gracias a Dios, la Spice pelirroja ya estaba fuera del grupo y no tuvimos que buscarle sustituto. Con la colaboración de la ayudante de Flea, Sherry Westridge, nos hicimos con la ropa y las pelucas adecuadas y nos pusimos el maquillaje correcto. Cada uno estudiamos la personalidad y el lenguaje corporal de nuestra Spice Girl y nos aprendimos los bailes. Hicimos incluso algunos ensayos.

Llega el día de la fiesta y Clara había llevado a todo su clan de amigas adolescentes, que se morían por las Spice Girls. Estaba todo el mundo especulando sobre la posibilidad de que las Spice Girls aparecieran, porque Clara las había conocido de verdad en el concierto. Así pues, a la hora de la sorpresa estábamos todos arriba en el dormitorio de Flea, dándoles los toques finales a nuestros atuendos, mientras las niñas se encontraban en el salón, una planta más abajo. Empezó la música y las chiquillas se pusieron como locas, gritando: «¡Dios mío!» al vernos bajar unas escaleras gigantes e ir divisando nuestros fabulosos disfraces. Entonces, poco a poco, se les empezó a encender una lucecita en la cabecita.

«Un momento, esas no son las Spice Girls. De hecho, ni siquiera son tías, son tíos vestidos como las Spice Girls. ¡PUAAAJJJ!».

Bajamos tranquilamente e hicimos una actuación impecable, no nos salimos en ningún momento de nuestro papel. La Spice salvaje estaba fenomenal, la Spice niña era espeluznante, con el hueco entre los dientes de Flea, y John clavó a la perfección a la deportista, después de trabajar mañana, tarde y noche hasta que logró hacer aparecer a su personaje. La pija era fácil; una tía consumista, distante, estirada y narcisista. Hicimos nuestros solos breves con las voces y nuestros bailes. Yo llevaba una falda cortísima, porque la pija usa vestidos muy cortos, pero me olvidé de tener en cuenta que era un hombre y estaba delante de unas niñas. No creo que ninguna se haya repuesto de aquello, porque no nos afeitamos las piernas.

Estaba claro, por tanto, que nuestro cuarteto volvía a ser una formación viable, así que era el momento de conseguir un *manager*. Dos meses antes no nos había importado tener o no *manager*, porque no estaba pasando nada, aparte de que nos apasionaba más que nunca la música que estábamos produciendo. Unos años antes, Rick Rubin había ensalzado las virtudes de la empresa Q-Prime Management. De Q-Prime se ocupaban dos personas, Peter Mensch y Cliff Bernstein, y en opinión de Rick eran los managers más brillantes del negocio del rock, sin excepción.

Vinieron los dos desde Nueva York para reunirse con nosotros en el salón de Flea. Cliff parecía mucho mayor de lo que era, porque tenía el pelo y la barba a lo mago Merlín, largos y blancos por completo. Era una persona menuda y delicada, resuelta y de aspecto místico. Llevaba gafas y parecía superinteligente, como un laboratorio de ideas andante, un hombre-ordenador orgánico de naturaleza competitiva que contradecía su apariencia. Peter, por el contrario, era un montón de músculos hosco, ruidoso y repulsivo que generaba antipatías, y un descarado, además de ser muy inteligente y, de un modo extraño, muy cariñoso.

Eran unos tíos muy neoyorquinos. Llevaban toda la vida en el negocio de la música y habían sido los *managers* de artistas tan diversos como Metallica —a quienes criaron desde sus comienzos—, AC/DC, Madonna, Courtney Love, los Smashing Pumpkins, Def Leppard y Shania Twain. Cliff y Peter funcionaban a un nivel de profesionalidad diferente al que nos habíamos encontrado antes. No veníamos de pasar un año genial precisamente, pero sí sentíamos que con John de vuelta en el grupo teníamos muy buenas cartas. Flea había hecho una lista de cuestiones importantes tipo: «¿Nos vais a meter en la radio?», y Peter contraatacaba ladrándonos cosas como: «Y no penséis que somos el tipo de *managers* que van a ocuparse de que vuestros culitos no pasen hambre.

Si estáis de gira en Alaska y se os olvidan los abrigos de invierno, no nos llaméis para que os los mandemos por FedEx, porque os vais a morir congelados».

Y mi reacción era: «Bueno, vale, me apunto que cuando vayamos de gira a Alaska me tengo que llevar el abrigo».

Al mismo tiempo, estaba seguro de que esos tíos le limpiarían el culo a Madonna en cuanto ella se lo pidiese; a lo mejor por eso Peter nos dijo aquello. En cualquier caso, en la habitación había algo de química y sentíamos cierta atracción los unos por los otros, así que firmamos un contrato con ellos.

Con todas esas novedades sobre la mesa, pensamos que a lo mejor era momento de buscar a un nuevo productor. Cuando haces un disco, independientemente de lo bien que estuviese yendo la cosa con un productor, e incluso aunque sepas que vas a terminar grabando el disco con la misma persona otra vez, siempre hay un día en el que alguien dice: «¿No queremos buscarnos a un productor nuevo?». En esas estábamos entonces con Rick Rubin. Sopesamos nuestras opciones. Le habíamos pedido ya tres veces a Brian Eno que nos produjese y siempre nos había dicho que no, así que le preguntamos otra vez, aunque el «no» fue inevitable. Sin nosotros saberlo, nos estaba haciendo un favor al rechazarnos.

Pensamos incluso en David Bowie, que quería trabajar con nosotros, pero al final nos mandó una nota explicándonos que tenía demasiados compromisos ya como para asumir otro proyecto más. Otro motivo por el que éramos reacios a volver con Rick Rubin era que estaba trabajando en seis cosas a la vez, además de ser el director ejecutivo de su propio sello discográfico, y veíamos mejor buscar a alguien que trabajase solo en nuestro proyecto. Mientras este proceso estaba en marcha, nos pusimos en contacto con Daniel Lanois, que había convertido un antiguo cine de Oxnard, al norte por la costa californiana, en un estudio de grabación maravilloso, como los de la vieja escuela. Lanois no podía comprometerse a producirnos porque estaba a la espera de trabajar con U2, pero sí tuvo la gentileza de ofrecernos usar su estudio para hacer una maqueta con las once canciones que habíamos terminado. Fuimos allí, nos instalamos y grabamos todas las canciones seguidas en un día. Era una maqueta llena de sentimiento y de carácter, no muy distinta a la primera que hicimos.

Pasaron un par de semanas y hablamos con Rick. Hizo un hueco en su calendario, así que decidimos volver a trabajar con él. Fue como si hubiésemos entrado en razón y nos hubiésemos dado cuenta: «¿Por qué estamos polleando con todos esos otros tíos?». Al día siguiente, Daniel Lanois me llamó.

«He escuchado la cinta de la maqueta que hicisteis en el estudio. Me lo he pensado mejor y estoy interesado en trabajar con vosotros, tíos. Estas canciones me han llamado de verdad. No había oído nada como esto desde hacía mucho tiempo».

Aprecié de verdad sus amables palabras, pero le dije que ya habíamos pasado esa página. De todos modos, estuvo bien recibir esa constatación de nuestras sensaciones por parte de alguien como él.

Antes de empezar a trabajar con Rick, los tíos de Q-Prime decidieron enviarnos a hacer una minigira alternativa por sitios atípicos de California, para quitarnos el óxido de la carretera. Tocamos en un escenario improvisado detrás de la casa de un tío en Chino, en el antiguo ayuntamiento de Fresno y en algún bar de rodeos de Reno. Ni siquiera llenamos las salas hasta que llegamos a Santa Bárbara. Recuerdo pensar: «A veces te ves en abril en la cresta de la ola y en junio te han tirado al agua, pero al menos nos tenemos unos a otros». Estábamos llenos de entusiasmo y de color, y se notaba que se estaba fraguando algo que podía ser alucinante, pero aún no habíamos terminado de regresar.

Aquel verano aún vivía bajo el techo de Guy Oseary, y todos los días iba al garaje de Flea y volvía. En algún momento de ese mes de agosto, sin previo aviso, decidí ir a colocarme otra vez. No había tenido ningún resbalón desde Hawái, así que llevaba seis meses limpio. Sin embargo, un día sin más me monté en la moto, fui al centro e hice todo el trabajo. No tuvo sentido, ni lo disfruté, pero volví a despertar al gorila de trescientos sesenta kilos. Me vi en una habitación de hotel y al despertar supe que no podía contárselo a nadie. Como era fin de semana, recogí todas mis mierdas y fui a ensayar toda la semana siguiente.

Al siguiente fin de semana volví a escaparme, solo que en esa ocasión no pude dejarlo tan fácilmente. Terminé en un hotel de San

Diego, como si no hubiese otros sitios, deprimido de nuevo. No sabía qué hacer, ni siquiera tenía fuerzas para marcharme, y en ese momento oí que llamaban a la puerta. ¿Quién coño sería? Me acerqué a la mirilla y eché un vistazo fuera, y ahí estaban John, Flea y Chad.

Abrí la puerta y entraron.

—Lo siento, de verdad —les dije.

—No te preocupes —respondió Flea—. La has cagado. Vamos a casa y de vuelta al trabajo.

Fue de lo más directo y nada crítico al respecto.

—Tío, siento mucho que hayas tenido que vivir esto —dijo John—. Ha tenido que ser un asco. Pero no puedes seguir haciéndolo.

Nos montamos en el Mercedes multicolor de Flea, un coche como de payasos, multiplicando así la absurdez de mi entorno, y fuimos al norte, a Los Ángeles. Me estuvieron insistiendo en que teníamos un disco que grabar, pero se lo tomaban con calma absoluta, así que me quitaron mucho peso de encima. Paramos a pillar algo de comida mexicana y terminamos riéndonos, tirándonos comida y pasando un buen rato. Cuando llegamos a Los Ángeles, Flea me ofreció quedarme en su casa, en la *suite* con forma octogonal que había abajo, con moqueta de leopardo. Me mudé allí y pasé dos meses muy tranquilos y productivos. Me limité a leer, escribir, practicar con el grupo y pasar el rato con Clara, Flea y los perros. Me libré de todas las complicaciones ajenas de la vida nocturna y las tías y las fiestas, y simplemente me quedé en aquella finca y trabajé mucho.

Un día, estando en casa de Flea, se me antojó y decidí cortarme el pelo. Llevaba trece años con una melena que me llegaba al coxis, pero no me lo pensé dos veces y fui a que un amigo me recortase toda esa movida. Guardé el pelo y se lo mandé a mi padre a Michigan. Habíamos mantenido nuestra hermandad de pelos desde principios de los setenta. La noche que me corté el pelo, llegué tarde a casa y Flea ya estaba dormido. A la mañana siguiente, entré a la cocina con el pijama. Flea tuvo que mirar dos veces, con los típicos ojos saltones de sorpresa, y luego empezó a reírse histérico. «Dios mío, estoy de vuelta en Fairfax High y tenemos dieciséis años. ¡Mírate!».

A esas alturas habíamos hecho la transición del garaje de Flea a un estudio de ensayo llamado Swing House, en Cahuenga. Rick Rubin empezó a llegarse por allí, para tumbarse en el sofá y escucharnos tocar, anotando cosas por aquí y por allá. Estábamos acumulando una cantidad considerable de material en crudo, en términos de piezas, partes, canciones, medias canciones, puentes, estribillos, estrofas, *intros*, *outros* y *breakdowns*. Volvimos a colocar una pizarra con todas las ideas.

Las cosas iban tan bien con el álbum que, a mediados de octubre, Guy O. y yo decidimos hacer un viaje a Nueva York. Fuimos a almorzar al Balthazar, en el SoHo, con otros dos amigos, y mientras nos sentaban a una mesa, me di cuenta de que una chavala que trabajaba allí me lanzó alguna mirada. Por entonces estaba muy soltero, y muy abierto a que el universo me presentase a alguna amiga, y esa chavala me cazó con mirarme. Estábamos sentados a la mesa y los demás se fijaban en todas las faldas que pasaban, pero yo tenía la vista clavada en la rubia. Y de golpe, la chavala, que no era nuestra camarera, vino pavoneándose por nuestra mesa con una auténtica actitud de Miss Atrevida.

«De esa es de la que os estoy hablando», les dije a los demás, pero no les pudo importar menos. Aunque llegó la comida yo tenía que ir a hablar con esa tía. Me paseé hasta el podio de la anfitriona, me puse delante de ella y le dije: «Hola, soy Anthony». Llevaba cinco segundos de conversación cuando un tío de la mesa de al lado, a quien había visto una vez en un centro de rehabilitación al que acudió a visitar a su hermano, aprovechó la oportunidad para abrazarme y contarme todo lo que le había pasado durante los últimos cinco años. Entretanto, mi chica se estaba alejando.

«Tío, hazme un favor. Para un poco y ve a sentarte. Dentro de un momentito voy», le solté. Por fin se largó.

—¿Qué haces al salir del trabajo? —le pregunté a la chavala.

—Ir a verte no.

—¿Y mañana al salir del trabajo?

Aceptó. Estuve muy emocionado hasta el final del día. Anulé al resto de la raza femenina de mi conciencia; me había quedado pillado. Aquella noche, Guy O. quería salir a conocer tías, pero me encogí de hombros. «No, no puedo. Ya he conocido a una». Así que básicamente le arruiné el resto del viaje, porque desde aquel momento pasé a ser monógamo.

La mala noticia era que me marchaba a los dos días, así que solo tenía un día para conseguir que pasara algo con esa tía. Fui a buscarla al trabajo y caminamos hasta un restaurante cercano para comer *sushi*. Claire me gustaba de verdad. Tenía ojos azul cristalino, parecía un hada mágica y era exactamente de mi altura, con un fuerte concepto de su propia identidad. Además, tenía estilazo, era una tipa dura y estaba un poco loca. Cuando la miraba a los ojos, veía el espíritu invisible de algo que yo ya amaba. Decidí que esa chavala podría ser mi novia.

Comimos un poco de *sushi*, Claire bebió algo de alcohol y eso no me perturbó. Luego nos fumamos unos cigarrillos y paseamos por el SoHo. Traté de sugerirle sutilmente que podía pasar la noche en mi habitación de hotel.

«Bueno, a lo mejor, pero no voy a follar contigo ni nada de eso», respondió Claire. Por mí no había problema, así que emprendimos la vuelta, aunque nos detuvimos bajo una farola y empezamos a besarnos. El beso sin duda alguna funcionó. No fue un beso cachondo de lujuria, sino un beso de auténtica conexión humana, y era buena besando.

Ya en mi habitación, nos pasamos horas hablando, conociéndonos. Le leí algunas cosas de mi cuaderno de letras, incluida una canción densa titulada *Quixotic Elixir*. Escuchamos música y tuvimos mucho contacto físico —hubo desnudos y tocamientos—, pero Claire no bromeó al decirme que no iba a follar conmigo. De hecho, me dejó claro que si continuábamos, quería que le enseñara una prueba del sida. Todo eso me hizo sentir mejor, porque ¿quién iba a querer enamorarse de una tía que estaba dispuesta a acostarse con cualquiera que se le cruzase en su camino? Como punto positivo estaba también que no era fan del grupo. Tenía veintitrés años y era del norte del estado de Nueva York, y en su juventud había sido una auténtica bestia de *raves* del norte del estado de Nueva York aficionada al éxtasis.

Regresé a casa a la mañana siguiente. Me había mudado de nuevo a la casa de Guy O. y hablaba con Claire por teléfono al menos tres veces al día. Guy empezó a organizar la fiesta de mi treinta y seis cumpleaños, y el día antes me preguntó si quería que hubiese tías. Le dije que aparte de Sherry y de mi amiga Mary Forsberg, solo quería que estuviesen mis amigos varones y los colegas del grupo.

—¿Estás seguro? Mira que puedo invitar a un puñado de tías —me picó.

—La única tía en la que estoy interesado es Claire. Creo que preferiría subirme a un avión e ir a pasar el día a Nueva York que montar la fiesta. ¿Por qué he tenido que conocer a una tía que está a un millón de kilómetros?

Llegó el 1 de noviembre y nos juntamos en un sitio de gente guapa de Beverly. Había un puñado de mesas juntas y un ambiente de fiesta. Estaba intentando sacarle todo el partido a mi cumpleaños, y me sentía bien porque de nuevo llevaba unos meses sobrio. Conforme avanzaba la cena, estaba charlando y comiendo y en un momento miré a Guy, que tenía una expresión rarísima en la cara. Cuando giré la cabeza a la derecha, vi a Claire entrando en el restaurante con la ayudante de Guy. Sin yo saberlo, Guy la había traído a pasar el fin de semana. Claire iba vestida con un atuendo elegantísimo, con una chaqueta de piel neoyorquina y ese pelo rubio y sus ojos azules, y el pintalabios y la sombra de ojos, y una sonrisa enorme y luminosa. Y Chad, el señor don Clase, se volvió a Guy y le susurró: «¿Qué le has traído, a una puta?».

Lo primero que hice fue agarrarla de la mano y llevarla a una mesa en la parte de atrás. Sentía que necesitábamos hablar a solas unos minutos para conectar sin que todo el mundo de nuestra mesa nos estuviese analizando. En cuanto terminó la cena, la llevé de vuelta a casa de Guy O., hice una maleta y cogimos una habitación en el Chateau Marmont, donde viviría los siguientes meses mientras grabábamos nuestro álbum. Pasamos una noche buenísima. Claire se bebió una botella de vino tinto y se dio un baño, yo le saqué unas fotos preciosas en la bañera, donde el agua verde clara creaba un contraste muy bonito con su pálida piel blanca. Pero no tuvimos relaciones en el sentido bíblico. Si hubiese sabido que Guy iba a traerla, habría tenido los resultados de la prueba del sida listos en el aparador. Se quedó dos días y nos pasamos todo el tiempo pegados, conociéndonos mejor el uno al otro.

Claire se marchó y yo volví a mi trabajo de escribir canciones. Esa tía se me había metido hasta el fondo y muchas de mis letras estaban empezando a quedar influidas por eso. Tenía un nuevo pozo de sentimientos al que saltar. No obstante, cuanto más la conocía, más claro veía que era una tipa con muchos problemas que mantenía una fachada calmada, tranquila y serena cuando me tenía cerca.

Eso quedó patente cuando vino en diciembre a visitarme. Pese a continuar sobrio, no estaba trabajando en mi mejoría. No estaba trabajando en los doce pasos y ni siquiera iba a muchas reuniones. Me había convertido en lo que llaman un «borracho seco»: una persona irritable, inquieta e insatisfecha que, pese a estar técnicamente sobria, sufre de los mismos defectos incapacitantes en la personalidad que un alcohólico. Seguía siendo un friki obsesivo del control, centrado en mí mismo, egoísta, en vez de vivir la vida instintivamente en el camino del amor y el servicio a los demás. Si hubiese trabajado en mi sobriedad, habría escrito un montón de cosas personales, lo que te ayuda a reconocer tu propio comportamiento y a empezar a actuar para no repetirlo. Estaba demasiado ocupado escribiendo canciones y ensayando y grabando para ponerme a ello, aunque eso no era más que una excusa. El único modo de que funcione el programa es que antepongas la sobriedad a todo lo demás, y entonces ese todo lo demás de tu vida se pondrá en su sitio.

No había terminado de pulirme, me sentía algo incómodo en mi propio ser, pese a que estaba logrando acabar mucho trabajo para el grupo. Y entonces apareció esa tía que me gustaba casi demasiado y me puse un poco dominante e inseguro con la relación, en vez de dejarla fluir; quizá intenté manipularla demasiado, y la cosa empezó a ponerse tensa.

El primer error que cometí durante la visita de Claire fue llevarla a esa fiesta benéfica del famoseo de Hollywood llamada Fire and Ice Ball. Se trataba de un desfile de moda celebrado en un espacio alquilado y lleno de estrellas de cine y gente fabulosa. No era el mejor sitio al que llevar a una chavala a la que no conoces muy bien. Resultó incómodo, extraño, Hollywood en todo su esplendor: no fue una gran cita.

El plan era una cita doble con Guy O. En el momento en el que entramos en la limusina, Claire empezó a hurgar en la colección de alcohol y a engullir chupitos de vodka. «Está nerviosa. No conoce a esta gente y quiere soltarse», pensé. Pero me di cuenta de que no le estaba dando sorbitos precisamente a las bebidas. Entramos en la fiesta y no me sentía nada relajado. Los tíos flirteaban con Claire, y yo me estaba poniendo celoso y no me sentaba bien nada. Así que empezamos a apartarnos, y terminamos marchándonos y yendo a una fiesta más pequeña con Madonna y un puñado de actores en la última planta de un edificio alto de Sunset Boulevard.

Claire se puso entonces a pedir Cosmopolitan triples, soplándose uno detrás del otro. Para ese momento había dejado de hablarme, porque pensaba que me estaba comportando como un capullo. Mientras Claire se pimplaba aquellas bebidas, pensé que definitivamente aquello no iba a funcionar. Me levanté y me fui a dar una vuelta por la fiesta. Cuando miré atrás, a la mesa, se había ido. Entonces eché un vistazo al otro lado de la sala y vi a Jack Nicholson en una silla con Claire en las rodillas. Se estaban pasando un porro. No me pareció una estampa agradable, en absoluto.

Entretanto, a mi alrededor había estallado el caos y me llamaron para ayudar a una tía que pensaba que estaba teniendo un ataque al corazón por haberse metido demasiada coca. Le dije que se fuese a casa a dormir y se pondría bien. Luego me topé con la modelo que se había liado con Jaime la noche que la conocí en Nueva York. La tía esa empezó a restregarse contra mí y pensé: «Vale, a lo mejor funciona. A este juego pueden jugar dos». Nos sentamos en el sofá y a los pocos minutos la tía me dijo:

—¿Puedo irme al hotel contigo o quieres venirte a mi casa?

—Vámonos a tu casa.

Mientras me salían las palabras por la boca, el corazón se me moría por dentro. Levanté la vista y vi a Claire sentada en el suelo con un Joaquin Phoenix muy borracho. La cosa iba de mal en peor. Segundos después, Joaquin se me acercó.

—Me está costando trabajo pillar lo que pasa con esa tía. No dejo de preguntarle si quiere largarse por ahí y lo único que dice es: «Es que he venido con Anthony». Pero claramente tú vas camino de otro sitio. Solo quiero saber de qué va esto.

—Ya es grandecita, puede tomar sus propias decisiones. Lo que quiera hacer que lo haga, bienvenido sea. Ya no tengo nada que ver con ella.

La situación terminó en un punto muerto. Yo no quería irme con esa otra tía y Claire en realidad no quería irse con nadie más. Además, Claire había llegado a un estado en el que no podía ni andar, así que la recogí, me la eché al hombro y la metí en un taxi. Estaba preparado para mantener una gran conversación con ella, pero cuando la miré, había perdido el conocimiento.

Tuve que meterla en la habitación del hotel. La tumbé en el sofá y cerré las cortinas, y se quedó traspuesta como un bebé. Entretanto, yo había pasado por un triturador emocional. Me tumbé en la cama, pero no hubo descanso alguno para mi mente torturada. Pasé la noche entera despierto con visiones de Jack Nicholson fumándose un petardo con mi novia. Arrrggg.

Claire se despertó mucho más fresca que yo. Tuvimos una charla y nos dimos cuenta de que los dos estábamos siendo unos idiotas, de que la noche había sido un espectáculo mutuo de vulgar inmadurez. Esa semana aprendí que nada por debajo de una pequeña explosión atómica podría haber arruinado nuestra relación, porque si habíamos superado con éxito esa primera noche con los desmayos de ella y mi actitud de baboso, habíamos demostrado nuestra capacidad para hacer frente a un temporal desde el primer minuto.

El grupo empezó a grabar el álbum, y las sesiones estaban yendo bien cuando llegó el descanso de Navidad. Me fui a casa, a Michigan, y luego volví a Los Ángeles. En Nochevieja de 1999, Flea, John y yo asistimos a la fiesta de la mansión Playboy. En realidad, aquel no era nuestro ambiente. Resultaba muy hortera estar en la tierra del millón de tetas falsas. En aquella fase de nuestra carrera no estábamos en la onda Charlie Sheen/Fred Durst. Además, yo echaba de menos a Claire. Habíamos planeado recibir el Año Nuevo al teléfono, pero cuando la llamé, noté por la voz que algo no iba bien. Estaba en un barco en el puerto de Nueva York. Tenía al otro lado del teléfono a la persona que me había expresado su amor verdadero, y yo había hecho lo propio, así que existía una conexión obvia entre nuestros corazones, pero me di cuenta de que no estaba pendiente de nuestra conversación en absoluto. Fue inquietante.

El cumpleaños de Claire era a principios de enero. Como la grabación estaba saliendo bien, decidí hacer un viaje de fin de semana a Nueva York para darle una sorpresa. Claire vivía en Brooklyn con su hermana y un tipo que tenía suficientes *piercings* en los labios para hacer de cremallera. Cogí el vuelo nocturno a Nueva York y me registré en el Mercer Hotel. Estaba tan emocionado con la sorpresa que tuve que contenerme para no ir demasiado temprano a Brooklyn. Para asegurarme de que Claire iba a estar allí, le había dicho que ese día le enviaría una planta exótica a casa.

Me monté por fin en un taxi y me dirigí a Brooklyn. Cuanto más avanzábamos, más sórdido se volvía el barrio. Cuando llegamos a la dirección, resultó que vivía en un sótano de un barrio muy turbio. Llamé a la puerta, emocionadísimo, y abrió Claire, que estaba hecha polvo, con resaca. No tenía buen aspecto ni se sentía bien, y desde luego no estalló de alegría ante mi aparición sorpresa. Me dejó entrar, refunfuñó y volvió a la cama. Me metí en la cama con ella. Hicimos el amor, pero no estuvimos nada inspirados.

Luego nos fuimos juntos a la ducha. Miré hacia abajo y le vi los brazos, y se me hundió el corazón. Tenía unas marcas de pinchazos y unos moratones tremendos. Sabía que bebía y sabía que había sido la loca de las *raves*, pero no tenía ni idea de que estaba metida en el mundo de «fumar coca, chutarse coca, pillar heroína a veces». Me sentía devastado, no porque Claire me hubiese decepcionado, sino porque me di cuenta de que esa persona de la que estaba tan enamorado era una drogadicta enferma y que su pobre y pequeña alma probablemente estuviese condenada a una vida miserable de ir detrás de las drogas y sentirse como la mierda. Claire me vio la mirada en los ojos y se puso triste, porque se dio cuenta de todo eso. Supuso que ningún tío con mente sobria iba a salir con una tía que se estuviese chutando coca.

Tenía que sentarme a pensar bien, y se impuso la maravillosa y clara intuición. Con mis sentimientos no había dudas, no estaba confundido, ni confuso ni me veía en peligro. Me di cuenta de que nada de lo que sentía se había enfriado, aunque quizá tuviese que perder a alguien a quien amaba de verdad. No quería alejarme de Claire, pero sabía que la drogadicción era algo lo bastante fuerte para decantarme, si era necesario, por dejar ir a la persona de la que acababa de enamorarme.

Salimos a pasear por Brooklyn y nos paramos a tomar un café. Claire cumplía veinticuatro años ese día y parecía totalmente falta de salud, con los ojos hundidos e inyectados en sangre y una palidez enfermiza.

—¿Significa esto que hemos terminado? —me preguntó.

—No lo creo. Todavía te quiero. No sé si es posible que estemos juntos, pero no voy a apartarme de ti por esto.

Creo que aquello la conmovió. Luego fuimos a Manhattan y le hice algunos regalos. Tenía el vuelo de vuelta para la noche siguiente. Cuando me marché, le deseé buena suerte y le dije que esperaba que encontrase un camino para afrontar su problema. Volví al trabajo en Hollywood. Sin decírmelo, Claire empezó a ir a reuniones y a desengancharse.

De vuelta en el estudio, aunque las cosas iban bien, la canción que para mí era más importante no lo era para el resto. Se trataba de *Californication*. Cada vez que la ponía sobre la mesa, todo el mundo reaccionaba en plan: «Tenemos otras veinticinco canciones grabadas. No necesitamos otra más».

«No, tenemos que meter esta. Es el ancla del disco entero. Es la mejor letra que he escrito en mucho tiempo. Tiene que convertirse en una canción». No iba a dejarlo correr. No paraba de decirle a John que debíamos acabarla. Entretanto, la sesión se iba relajando y solo nos quedaban unos cuantos días para grabar las pistas básicas. En los últimos momentos de la grabación, John apareció corriendo en el estudio con su guitarra nueva White Falcon de cuerpo hueco de treinta mil dólares. «¡La tengo! ¡Tengo *Californication*!», dijo. Se sentó y se puso a puntear aquella combinación de notas increíblemente dispersa pero cautivadora. Era algo tan distinto a los otros enfoques que le habíamos dado a la canción que me costaba mucho escucharla. Entonces John empezó a cantarla y, pese a subir a lo más alto de mi registro, parecía asequible.

John se la enseñó a Flea y a Chad, la ensayamos un par de veces y la grabamos. Sentí un alivio y una gratitud enormes al saber que ese tema no iba a terminar en la misma papelera que *Quixotic Elixir* y otra serie de canciones para las que había albergado grandes esperanzas.

Psychic spies from China
Try to steal your mind's elation
Little girls from Sweden
Dream of silver screen quotations
And if you want these kind of dreams
It's Californication

It's the edge of the world
And all of Western civilization
The sun may rise in the East
At least it settles in the final location
It's understood that Hollywood
Sells Californication

Pay your surgeon very well
To break the spell of aging
Celebrity skin is this your chin
Or is that war you're waging

Firstborn unicorn
Hard core soft porn
Dream of Californication
Dream of Californication

Marry me girl be my fairy to the world
Be my very own constellation
A teenage bride with a baby inside
Getting high on information
And buy me a star on the boulevard
It's Californication

Space may be the final frontier
But it's made in a Hollywood basement
Cobain can you hear the spheres
Singing songs off station to station
And Alderon's not far away
It's Californication

Born and raised by those who praise
Control of population
Everybody's been there and
I don't mean on vacation

Firstborn unicorn
Hard core soft porn
Dream of Californication
Dream of Californication

Destruction leads to a very rough road
But it also breeds creation
And earthquakes are to a girl's guitar
They're just another good vibration
And tidal waves couldn't save the world
From Californication

Pay your surgeon very well
To break the spell of aging
Sicker than the rest
There is no test
But this is what you're craving

Firstborn unicorn
Hard core soft porn
Dream of Californication
Dream of Californication[40]

(*Californication*)

---

[40] «Espías psíquicos de China / Tu euforia mental, cuidado que te la birlan / Niñas de Suecia / Con frases en la gran pantalla sueñan / Y es esos sueños lo que quieres / Es la Californicación // Ahí está el borde del mundo / Y de toda la civilización occidental / El sol quizá salga por el este / Al menos se pone en la ubicación final / Se entiende que Hollywood / Vende Californicación // Paga bien a tu cirujano / Que rompa el hechizo de la edad / Es esa tu barbilla, piel de celebridad / O es por la guerra en la que estás // Unicornio primogénito / Suave porno del duro / Sueño de Californicación / Sueño de Californicación // Cásate conmigo, niña, sé mi hada ante el mundo / Sé mi propia constelación / Novia adolescente con un bebé en su interior / Hasta arriba de información / Y cómprame una estrella en el bulevar / Es

Una de las razones por las que logré cantar el *Californication* sin muchos problemas fue que había estado en clases de voz con un profesor increíble llamado Ron Anderson. A lo largo de los años había probado con varios instructores vocales. Antes del *Mother's Milk*, di clases con una señora loca de pelo blanco de Austria, cuyo reclamo para ser famosa era haber trabajado con Axl Rose antes del *Appetite for Destruction*. Para ella, todo se basaba en que te colocaras en un sitio y te presionaras de un modo concreto la barriga, algo que en mi caso no tenía ningún futuro, porque me dedicaba a dar tumbos como un muñeco de trapo por todo el escenario.

En torno al *Blood Sugar*, di algunas clases con el instructor vocal de Michael Jackson, pero no me gustó mucho y me eché atrás después de dos sesiones. Para el *One Hot Minute*, estuve dando clases con un colega muy agradable que tocaba el piano y cantaba en bares a cambio de propinas. No sé si mejoré mis capacidades vocales, pero me lo pasé muy bien. En vez de hacer escalas, sacábamos uno de sus cientos de cancioneros y cantábamos temas de los Beatles. Luego encontré a Ron Anderson, que era un profesor clásico en poder de una voz operística. No había nada de divertido en sentarse allí a cantar escalas, pero noté resultados inmediatos y tenía mucho más control de la voz. Trabajé con él todos los días durante la grabación del álbum, al que terminamos llamando *Californication*. Mi mayor error fue no continuar trabajando con su sistema, de modo que cuando estaba en la carretera perdía mucho la voz. Mientras estábamos de gira en Nueva York, llegué a un punto de inflexión. Ron cogió un avión y trabajó con-

---

la Californicación // El espacio quizá sea la última frontera / Pero se fabrica en un sótano de Hollywood / Cobain, oyes las esferas / Cantando canciones de estación en estación / Y Alderaan está cerca / Es la Californicación // Nacido y criado por quienes rezan / Control de poblaciones / Todo el mundo ha estado allí y / No estoy hablando de vacaciones // Unicornio primogénito / Suave porno del duro / Sueño de Californicación / Sueño de Californicación // La destrucción lleva a un camino difícil / Pero también engendra creación / Y hay terremotos por la guitarra de una niña / Son otra buena vibración / Y con las olas de marea el mundo no se salva / De la Californicación // Paga bien a tu cirujano / Que rompa el hechizo de la edad / Peor que la del resto es tu enfermedad / Análisis no tendrás / Pero es lo que anhelas // Unicornio primogénito / Suave porno del duro / Sueño de Californicación / Sueño de Californicación», *Californicación.*

migo todo el día, y me repuse lo suficiente como para dar el concierto. Me dejó un régimen estricto para calentar la voz, que todavía hoy sigo religiosamente.

Todos estábamos emocionados cuando terminamos de trabajar en el álbum. Nos sentíamos como un bosque que se hubiese quemado hasta las raíces y luego hubieran brotado árboles nuevos de las cenizas. Flea seguía en un calvario emocional, pero John y yo, e incluso Chad, habíamos atravesado ya nuestros calvarios por completo, así que entre nosotros había un vínculo real, y ver avanzar ese proyecto fue un proceso verdaderamente unificador. Pasar por todo aquello había cambiado nuestras perspectivas. No puedes ser tan coñazo como eras antes, no puedes ser tan egocéntrico, no puedes seguir sintiendo que el mundo te debe algo, no puedes seguir en plan: «¿Y lo mío, qué?». El «¿Y lo mío qué?» se respondía en mi caso con que estaba vivo y tenía la oportunidad de hacer música con la gente con la que más me gustaba hacer música. Uno de los aspectos más desconcertantes de esa época en nuestro grupo era que estábamos tan entusiasmados como cuando empezamos, si no más. Y eso que cuando empezamos, habíamos monopolizado el mercado del entusiasmo.

Mezclamos el disco y la gente empezó a pasarse para oírlo, y nos subimos a una nube con sus reacciones. En el frente interno, las cosas también estaban saliendo bien. Iba y venía a Nueva York para visitar a Claire, que a esas alturas era la Chica Sobria. Quería volver a estudiar, así que la matriculé en el Fashion Institute of Technology, y le iba bien. Le había vuelto la luz a los ojos y nuestra relación avanzaba de maravilla.

El único truño para el grupo apareció cuando tocamos el álbum terminado para nuestro nuevo equipo de *managers*. Cliff y Peter vinieron a Los Ángeles, se sentaron en el estudio, escucharon y les impresionó tan poco que nos pareció increíble. Les tocamos *Scar Tissue*, *Otherside* y *Californication*, y se quedaron allí en plan: «Vale. A lo mejor podemos trabajar con esa. La otra, no sé. No es una apuesta segura, pero quizá le saquemos algo». Y todavía son así, todavía reaccionan a las cosas como si nada. Nos pareció incluso cómico que recibiesen los frutos de nuestro trabajo con una respuesta tan neutra. No nos preocupó. Creíamos en el disco, nos encantaba y queríamos compartirlo, pero no teníamos expectativas con respecto a su recepción, simplemente nos agradaba lo que habíamos hecho.

Cliff decidió que teníamos que lanzar *Scar Tissue* como *single* y primer vídeo. Pensamos en hacer una minigira especial para dar a conocer el álbum. Como el disco iba a salir en junio, mi amigo Chris Rock sugirió que tocáramos en bailes de fin de curso por todo el país para promocionarlo. Eso me hizo pensar en mis días de instituto y en lo emocionante que era terminar viendo a grupos que salían adelante, así que decidimos dar algunos conciertos gratis para estudiantes de instituto. Entonces ocurrió lo de Columbine y a las escuelas les cayó una tormenta de miedo. Sentíamos que era más importante que nunca dar esos conciertos, así que se nos ocurrió la idea de que los estudiantes hiciesen redacciones sobre cómo harían que sus escuelas fuesen mejores, más seguras, más felices, más geniales, para no tener que ir a clase con miedo. Quien escribiese una redacción, conseguiría una entrada gratis. En mayo salimos a tocar, y esa serie de conciertos resultó ser absolutamente mágica, porque fueron actuaciones pequeñas para chavales que sin duda querían estar allí, que se habían tomado el tiempo de escribir las redacciones. Emanaba tanto amor de ellos que no podíamos haber pedido una recepción mejor.

Supimos que el álbum estaba conectando con mucha gente cuando hicimos una gira de prensa por Europa en junio. Estábamos en Italia, y John y yo íbamos en la parte de atrás de un Mercedes con la ventanilla abierta. Una vespa con dos italianos paró junto a nosotros. Miraron dentro del coche y empezaron a gritar: «¡Eh, Californication, Californication!» y luego se pusieron a cantar *Scar Tissue*. El disco llevaba en la calle cinco días. Allí donde íbamos, nos encontrábamos el disco puesto en todas las tiendas. Italia había prendido. Pasamos de vender un puñado de discos a vender más discos que ningún otro artista ese año en Italia. ¿Cómo decide un país entero en un solo día que le vas a empezar a gustar?

En julio iniciamos una serie de conciertos enormes. En el poco tiempo que había pasado desde la publicación del disco se había generado un alboroto tremendo por todo el mundo. La recepción del álbum estaba siendo mucho más amplia y cálida de lo que habíamos esperado. En algún momento del camino nos pidieron que tocáramos en el Woodstock '99. Era perfecto, porque el día antes nos habían contratado para un concierto al aire libre en Younge Street, en Toronto. Se suponía que iba a ser un concierto sencillo, pero se presentó toda la ciudad. Las calles, edificios y azoteas se llenaron con una masa de humanidad, otro indicio más de que el mundo estaba con nosotros y de que habíamos vuelto a despertar a los fans de los Red Hots de su letargo a lo Rip van Winkle. Habían salido todos de sus madrigueras para bailar hasta reventar con nosotros al ritmo de este disco.

Al día siguiente fuimos a Woodstock. Teníamos previsto salir en avión, coger un autobús, llegar al sitio una hora antes del concierto, centrarnos, tocar y salir pitando del infierno para adelantarnos al éxodo de las masas. Antes de llegar, nos habían contado algo de que la organización del festival era poca y la multitud estaba perdiendo el control. Al acercarnos a esa vieja base militar del norte del estado de Nueva York nos quedó claro que aquello no tenía ya nada que ver con Woodstock. No era un símbolo de paz y amor, sino de codicia y caja registradora. La palomita con la flor en el pico decía: «¿Cuánto podemos cobrarle de más a los chavales por esta camiseta y quedarnos tan tranquilos?».

Llegamos al *backstage* y nos metimos de lleno en nuestros rituales: calentamiento físico, estiramientos, meditación, ejercicios de dedos, calentamiento vocal. Eran sobre las siete, así que íbamos a subir al escenario durante el anochecer explosivo y dramático del norte del estado de Nueva York. No habíamos oído nada de ningún abuso ni violación ni nada por el estilo. Solo nos parecía otro gran festival de rock más, sin ningún elemento especialmente maligno.

Nuestra hora sagrada de preparativos se vio interrumpida cuando la hermana de Jimi Hendrix apareció en el *backstage* para suplicarnos que tocásemos una canción de su hermano. Según parecía, se había ido al traste un tributo de grandes estrellas a Hendrix y a la hermana le apenaba que Woodstock se olvidase de él. Llevábamos mucho tiempo sin tocar una canción de Hendrix, así que primero nos inclinamos por decir que no, pero no dejó de insistirnos en cuánto significaba para ella, y diez minutos antes de salir al escenario decidimos tocar *Fire*.

Repasé la letra y John se puso a recordar los acordes. Justo antes de que nos tocase subir al escenario, Flea se me acercó y me dijo:

—Estoy pensando en dar el concierto desnudo. ¿Qué te parece?

—Si es lo que has pensado, ni te lo plantees. Saca a ondear tu bandera de fenómeno, hermano.

En aquel entorno, a él le parecía natural estar desnudo y a nadie le perturbó. Dimos un concierto fluido y dinámico.

Al caer la noche vimos una columna gigante de fuego al fondo, detrás del público. Habíamos pasado por toneladas de festivales en los que se encendían hogueras, así que no nos pareció nada fuera de lo normal. Cuando llegaron nuestros bises, empezamos con *Fire*, no porque hubiese ningún fuego arrasador, sino para darle algo de alivio a la pobre hermana de Jimi. Y encajó como un guante. Después nos bajamos del escenario, fuimos hasta el avión, aterrizamos en Manhattan y nos metimos en nuestra segunda casa de allí, el Mercer Hotel. Aunque no era más que medianoche, empezamos ya a enterarnos de todo el follón de disturbios, violaciones y fuegos que estaban arrasando Woodstock. Fue de lo más extraño, porque a nosotros nos había parecido un espectáculo de rock and roll normal.

En cualquier caso, nos despertamos con los periódicos y las emisoras de radio denigrándonos por incitar a la multitud tocando *Fire*. No hicimos ningún caso de esas acusaciones tan ridículas, pero sí resultó que los promotores eran unos capullos y que el ambiente no había sido nada fácil para los asistentes. Debimos haber prestado más atención a eso y no habernos quedado tan aislados del punto de vista de los fans. Supongo que fue una irresponsabilidad limitarnos a llegar, tocar y largarnos, sin pararnos a mirar mejor los detalles que rodeaban al concierto.

Había llegado la hora de ir a Europa a tocar. Q-Prime era una empresa construida ideológicamente para hacer giras, con una filosofía básica: después de sacar un disco, tenías que atravesar el globo diez veces si querías que saliera bien. Nosotros estábamos acostumbrados a hacer giras, pero no hasta ese punto. Cuanto más tiempo llevas en un grupo y más veces has salido de gira, más complicado se hace decir: «Voy a irme de gira dos años y voy a dormir en una cama distinta todas las noches y a viajar en autobús, tren, coche, taxi, cogiendo enlaces y haciendo transbordos, abriendo y cerrando puertas, sin comer con normalidad ni dormir con normalidad ni estar con mis seres queridos». Para Flea, con una hija pequeña, era todo aún más duro. De todos modos, Q-Prime estaba en esa onda, y nosotros llevábamos mucho tiempo fuera de juego, así que nos sentíamos un poco más dispuestos a pisar la carretera de continuo de lo que lo estaríamos más adelante.

Empezamos dando un concierto gratis en Moscú el 14 de agosto de 1999. Como parte del despertar *glásnost* de Rusia, el país introdujo la MTV, y nos cogieron a nosotros para inaugurar el debut ruso de la cadena con un concierto gratis enorme en la Plaza Roja. El primer problema fue que hubo que tranquilizar a John para quitarle la idea de que podíamos caer víctimas de un secuestro, porque junto a Colombia, Rusia se había convertido en la capital del mundo en secuestros. Una vez que recibimos garantías sobre nuestra integridad personal y nos asignaron un contingente de seguridad privada, aceptamos dar el concierto.

Cualquiera habría esperado que Moscú, la ciudad más grande de Rusia, fuese un lugar administrado de manera eficaz, quizá incluso militar, pero no era así. No había orden en absoluto y la extorsión era la norma. Los polis, el ejército, el personal del aeropuerto, todo el mundo quería nuestros rublos. Todos visitábamos Rusia por primera vez y nos sentimos un poco inseguros. Nos alojamos en el Kempinski Hotel, un oasis de cinco estrellas chillón, dorado y marmóreo en mitad de una economía sorprendentemente pobre. En Moscú todo era gris, gris y más gris. El cielo era gris, los edificios eran grises, las calles eran grises, los arbustos eran grises. Había una nube densa de gravedad estalinista que ahogaba todo el espacio.

Tuvimos un par de días para soltar presión y visitar la ciudad. El día antes del concierto, por un golpe terrible del destino, caí en la ruina, en la miseria, me torcí, me doblé, me resbalé y me reventé la espalda. Fui a ver a un fisioterapeuta, pero no me sirvió de nada. Desde la ventana de mi habitación miraba el escenario enorme que habían construido y me hundía ante la perspectiva de tocar delante de toda Rusia en la MTV con la espalda destrozada.

El día del concierto, la Plaza Roja estaba tan llena de rusos de una punta a la otra que necesitamos escolta policial para acercarnos al escenario. Para cuando empezamos, yo aún no tenía la espalda en forma, aunque estaba mejor que el día anterior. De todos modos, fui capaz de estar de pie y presentar las canciones. Nada de salvajadas, ningún despliegue de mis habilidades bailongas mientras cantaba, pero lo hicimos lo mejor que pudimos. Después salimos pitando de Rusia, aunque la policía nos paró y nos extorsionó de camino al aeropuerto. Como indignidad final, a Chad lo registraron de arriba abajo para quitarle todo el dinero que llevaba encima justo antes de embarcar.

Nunca me ha gustado Austria en realidad, sobre todo porque la gente que he conocido allí eran personas arrogantes y pomposas, pero cuando nos bajamos del avión en Viena después de una semana en Rusia, fue como ir a Disneyland por primera vez de niño. Salió el sol, se despejaron las nubes, podías oler las flores, había nieve en las montañas, era el paraíso. Sin embargo, el resto de esa etapa de la gira europea no fue una época de resplandor para mí. Resulta complicado hacer que prospere una relación cuando uno está en Europa y su novia en Estados Unidos, y los dos estáis sobrios desde hace relativamente poco tiempo y no habéis trabajado muchas cuestiones de control, celos, seguridad y dependencia. Había un montón de emociones candentes.

Fue duro estar fuera varios meses seguidos, y tan lejos que la diferencia horaria se convirtió en un obstáculo enorme. Cuando quieres comunicarte no puedes, y los días van pasando. Te vuelves loco e intentas llamarla y no la encuentras y al final das con ella, que está fuera haciendo alguna estupidez que no debería estar haciendo, porque debería haber estado esperando tu llamada de teléfono, pero te da esquinazo y luego empieza a desconfiar y: «¿Quién es esa tía que se escucha de fondo?», «Ah, es mi masajista o mi amiga o lo que sea». A mí no se me daba bien, y a Claire no se le daba mejor, y juntos éramos igual de cabezotas. Arreglar este tipo de cosas siempre cuesta mucho, y nosotros teníamos que esperar a que yo volviese a casa para hacerlo.

Ese año el grupo se rompió el culo con la gira. Claire acabó los estudios y decidimos que sería una buena idea que se mudara a Los Ángeles, lo que significaba que yo tendría que buscarme un sitio para vivir. Desde siempre me había encantado un edificio antiguo magnífico de West Hollywood, el Colonial House, que estaba a un tiro de piedra del Chateau Marmont. Cuando Jennifer Lopez dejó el ático, lo ocupé yo. Claire se mudó a Los Ángeles en septiembre de 1999. Tenía a su disposición mi precioso Cadillac Esplanade nuevo y todos los gastos cubiertos, pero le faltaba un trabajo y no conocía a mucha gente, y yo estaba a punto de marcharme a Europa otra vez.

De camino a Europa, el grupo paró en Nueva York y dimos un concierto para los ganadores de un concurso de radio de la K-Rock en el Windows on the World, en el World Trade Center. Fue una actuación animada, con mucha energía, pero el sistema de sonido era terrible: durante todo el concierto solo escuché sonidos de batería y guitarra, ni una sola voz. Terminé gritando a pleno pulmón y perdiendo la voz, y eso fue un rollazo.

Volamos a Finlandia y empezamos la travesía por Europa. Cuando llegamos a España, Claire decidió venirse para la última semana de la gira. La quería, estaba muy contento de verla, de tener a mi mujer en mi cama, en mis brazos, pero Claire era una persona complicada de llevar en el día a día, igual que yo. Nunca terminó de estar cómoda con la idea de que muchos de los fans del grupo resultaran ser tías, y por algún motivo me responsabilizaba a mí. Había veces en las que dábamos conciertos y yo estaba con ella y teníamos que ir andando desde el estadio hasta donde estuviese el coche, y alguna gente frenética se me echaba encima. En muchas ocasiones eran tías, y había gritos alocados de «te quiero, te quiero, quiero estar contigo, abrázame, por favor». No tengo ningún motivo para ser borde con esas personas o explicarles: «Tengo novia, no deberías acercarte a mí con esos sentimientos». Su interacción conmigo no es más que una ilusión. Yo me pongo en plan: «Muchas gracias, hola, adiós, ve con Dios, disfruta de la noche, venga». Pero cuando Claire estaba conmigo, me decía:

«No, no puedes dejar que esas tías se acerquen y te digan esas cosas. Tienen que saber que soy tu novia».

Entre Claire y yo existía ese antagonismo histórico. Mientras estuvimos apartados el uno del otro durante la gira, nos creamos antagonismos el uno al otro, y al juntarnos, seguimos haciéndolo. El motivo era que queríamos el amor y la atención constantes del otro, y que nadie más recibiese ese amor ni esa atención, una posición muy egoísta y complicada de mantener en una relación. Éramos emocionalmente deficientes y en aquel momento no sabíamos hacerlo mejor.

Tocamos en Barcelona, y Chad se había echado de amiga a un caramelito barcelonés más dulce que un bombón. Vino al *backstage*, y cuando Chad la presentó, me levanté, la saludé con dos besos, como se hace en Europa, y le dije que se sentara y comiese algo. Por supuesto, Claire se puso hecha una furia.

Cuando la chavala se marchó, levanté la vista y le dije:

—Hasta otra, dulzura.

—¿«Dulzura»? ¿Acabas de llamarla «dulzura»? —soltó Claire cabreada—. Con que ahora ella es tu dulzura, ¿no?

Aunque se estaba comportando como una capulla, me mantuve a su lado, porque al día siguiente podía ser yo el que le soltara: «¿Acabas de decirle: "Adiós, bombón" a ese tío?».

Para cuando llegamos a Madrid, la cosa se había desmadrado. Nos enfrascamos en otra batalla poco memorable de peleas, como sacada de *Yo amo a Lucy,* pero sin final feliz. Estábamos en una *suite* preciosa en Madrid, enamorados perdidamente, en una gira divertida y exitosa en mitad de España, y empezamos a pelearnos por la cosa más estúpida del mundo. Y nos llevamos la discusión al ascensor, al vestíbulo y al autobús camino del aeropuerto.

Por desgracia, nos siguió también por todo Lisboa. Luego volvimos a casa y nos peleamos allí. Me encantaba vivir en aquel ático tan sensacional con ella, aunque nunca fue una travesía tranquila. Los dos habíamos pasado tanto tiempo siendo unos drogadictos de mierda que nunca habíamos tenido la oportunidad de madurar y superar nuestra conducta infantil. Nos debía de encantar el drama y la furia constante de pelearnos, arreglarlo y empezar de nuevo todo el ciclo. Era una locura.

Sé que no sentía más que amor hacia esa tía, y no tenía ningún interés en perseguir a otras. Mis únicos intereses eran que Claire estuviese bien y cuidar de ella, lo que resultó ser uno de los problemas. La cuidaba tanto que terminó dando por sentado un constante «ah, bueno, Anthony lo hará por mí». Le pagaba todo lo que necesitaba, intenté encontrarle un trabajo, intenté encontrarle amigos, intenté encontrarle un patrocinador, y siempre lo hacía todo por ella. En cuanto empezó a dar eso por sentado, yo me puse en plan: «A tomar por culo. No esperes ni una mierda. Búscate tu propio sitio en la vida, gánate el respeto, haz lo que tienes que hacer». Así que Claire se encontró en una posición horrible, porque probablemente se sintiera resentida conmigo por habérselo dado todo y luego pensar que tenía que buscarse su sitio en la vida. Era una situación en la que perdíamos todos, y a mí no se me daba bien enfrentarme a esas cosas.

Incluso financiarle su nuevo negocio de moda nos llevó a un terreno problemático de contienda. En cuanto vi las cosas que hacía, pensé: «Esa ropa es impresionante. Menudo estilazo tiene». Llamé por teléfono a mis *managers* a Nueva York y les dije: «Necesito los nombres de los principales clientes de grandes almacenes». Pero Claire nunca estuvo satisfecha, nunca se mostró agradecida y nunca se sintió cómoda con aquello. Siempre estaba tensa y descontenta con algo. Por entonces, yo me encontraba igual de mal adaptado a la vida. Había pasado tanto tiempo alejado de mi giroscopio que no sabía cómo manejar ninguna situación básica con claridad ni intuición.

En aquella época también pasaron algunas cosas divertidas. Nuestra vida sexual había despegado muy lentamente, pero con el tiempo había evolucionado a una atracción espiritual, después de entender por fin el uno el cuerpo del otro. Claire alcanzaba una profundidad en su sexualidad que yo nunca había experimentado antes. No había duda ninguna sobre nuestro amor, aunque los dos tuviésemos personalidades explosivas.

Aquel año visitamos a nuestras familias en Navidad. Era la primera vez que mis padres la veían. Es gracioso, porque mis amigos de sexo masculino siempre le habían tenido pavor a Blackie. Cuando lo conocían, trataban de estrecharle la mano y Blackie se limitaba a mirarles la mano y alejarse. Pero nunca se portó así con mis novias. Siempre fue increíblemente amable y acogedor con todas las tías que terminé teniendo en mi vida. Blackie estaba ansioso por pasar el rato con Claire y ponerse a ver con ella las fotos de familia. Pero Claire no era la persona más cariñosa del mundo. Aunque en su interior pudiera sentirlo, no se lo transmitía a nadie. Y según eso funcionaron las cosas entre mi madre y ella. Mi madre se alegraba mucho de que yo estuviese con alguien de quien me hubiese enamorado, pero nunca supo dilucidar si Claire sentía algún tipo de amor o compasión hacia ella o hacia el resto de nuestra familia, porque Claire nunca destapaba sus emociones.

Aquellas Navidades, tenía mucho por lo que estar agradecido. El álbum seguía vendiéndose fenomenal. A cada tanto recibía una llamada de Gail, de Q-Prime, para decirme: «El *Californication* ha llegado al número tal en no sé qué país, y sigue en el *top ten* no sé dónde». Me ponía como loco, a saltar, vociferar y gritar. Es una pena que mi vida personal no floreciese entonces de la misma manera que mi vida profesional, porque profesionalmente lo estábamos petando. Además de las ventas de discos, en directo nos iba genial. Habíamos descubierto cómo infundir vida a esas nuevas canciones que habían saltado al reino emocional más profundo y encantado que hubiésemos visitado jamás.

Contemplar la evolución constante de John fue una película de por sí. Cuando al principio del *Californication* salíamos al escenario, se mostraba tímido e introvertido, sin exteriorizar ningún sentimiento ante el público. Con el tiempo, evolucionó hasta convertirse en un rabo de lagartija que nunca tenía suficiente. «Vamos a empezar el concierto con un solo mío de diez minutos». No lo hacía por narcisismo, sino movido por el amor que sentía hacia la interpretación musical y por su deseo de entrar en contacto con los espíritus, tanto los espíritus invisibles como los de las personas que estaban allí para experimentar música y amor. Verlo extender sus alas era una delicia.

Entramos en el milenio con un concierto en el Forum de nuestra ciudad natal. El Forum siempre nos traía unos recuerdos grandiosos. Flea y yo nos habíamos colado allí para ver a Queen en nuestros tiempos, y más recientemente, cuando entramos en Warner Bros., nos tocó la lotería como fans de los Lakers porque Mo tenía cuatro entradas de pista, en la pista central. Después del *Blood Sugar*, éramos los primeros en pillar todos los beneficios de la Warner. Flea y yo y dos de nuestros amigos estábamos siempre sentados en esa pista central.

Habíamos tocado en el Forum una vez con Dave Navarro en lo que fue una de nuestras mejores fechas de la gira por Estados Unidos con él. Siempre resulta complicado hacerlo bien cuando tocas en tu ciudad. Las expectativas son muy altas y tienes el estrés añadido de conseguir entradas para la familia y los amigos, así que la cosa puede salir de dos maneras: en vez de hacer lo que mejor sabes hacer, que es salir y petarlo, quizá te veas demasiado preocupado con todos esos asuntos externos, con ganas de que el concierto salga mejor que nunca, y la termines cagando; o a lo mejor te toca el premio gordo y revientas tu ciudad como nunca lo haya hecho nadie antes.

Ese concierto estuvo en cierto modo a medio camino entre ambas opciones. Tocamos bien, pero no hicimos una actuación increíble. Lo bueno fue que mi hermana Julie y su marido, Steve, vinieron a pasar la Nochevieja conmigo. Ese fue también el concierto memorable en el que John Frusciante quedaría atravesado por la flecha de Cupido y se enamoraría de Milla Jovovich, que había estado ensayando con su grupo al lado de nosotros en Swing House. Aquella noche Milla vino al concierto con un vestido de novia, y puso al Frusciante en órbita.

Tuvimos unos días libres después del concierto de Año Nuevo y luego pasamos de una preciosa y soleada California a un deprimente, frío y gris Tokio, Japón. Era la primera vez que tocábamos en Japón desde que John estaba de vuelta en el grupo y queríamos dejarles un nuevo sabor en el paladar psíquico, ya que fue allí donde John había dado su último concierto antes de abandonar el grupo. De todos modos, los conciertos en Japón no fueron muy divertidos y no dimos nuestra mejor versión. Uno de los problemas fue que, para entonces, yo había desarrollado un caso crónico de dolor de espinillas, y siempre que estaba en el escenario moviéndome de un lado a otro me acompañaba un «ay, ah, ah, ay».

Después de Japón, tuvimos una semana libre antes de ir a Australia y a Nueva Zelanda. Todo el mundo se marchó de vacaciones, cada uno a lo suyo. Yo iba a reunirme con Claire en Bali. Me notaba ansioso por verla, sobre todo después de haber estado tan hundido en Japón. Nunca olvidaré lo feliz que me sentí cuando crucé la puerta de aquel aeropuerto y Claire me saludó. Llevaba una flor enorme en el pelo y había cogido algo de peso, cosa que aprecié, porque le sentaba genial tener carne que enseñar, mejor que estar chupada.

Nos alojamos en un sofisticado centro vacacional, construido en la ladera de un acantilado con vistas al océano. Cada habitación era una unidad independiente con una piscina de piedra. Había pétalos de rosas por toda la cama y algunos más en la bañera. Esa tarde Claire y yo disfrutamos del mejor encuentro amoroso que habíamos tenido nunca. Luego fuimos a hacer buceo con tubo y a visitar el interior de la isla, que era la zona más bonita. Uno se imagina Bali como un lugar prístino y remoto, pero en realidad es un cúmulo sobrepoblado de tráfico lleno de aire contaminado. Aunque en la isla debía de haber unos cientos de miles de personas apretujadas, el interior era todo montañas y selva sin interrupción. Disfrutamos de una aventura increíble haciendo *rafting* en un río que corta la isla en dos.

Luego llegó el momento de tocar en el Big Day Out, el contrapunto australiano al Lollapalooza. Enero es la mejor época de lejos para estar en Australia, porque allí es verano y todo el país está de fiesta. Empezamos la gira en Auckland, Nueva Zelanda, especialmente emocionados porque los Nine Inch Nails iban a estar en el cartel con nosotros y a todos nos encantaban. También íbamos a tocar con los Foo Fighters, con quienes estableceríamos a la larga una relación increíblemente estrecha.

El único lado negativo era mi dolor de espinillas, que ni siquiera remitió con la semana de descanso. Las tibias estaban sufriendo fracturas finas porque tenía los músculos y los tendones tan inflamados que se estaban separando de la masa ósea. Me dolía al caminar, me dolía mucho más al saltar, y ya me veía teniendo que salir al escenario a dar mis mejores conciertos con esas tirillas de piernas que me estaban doliendo a rabiar. Dos días antes de la actuación fui a un médico.

—Doctor, tengo dolor de espinillas. ¿Podría darme, por favor, un relajante muscular, o algo que no me vaya a afectar la cabeza, para que pueda actuar? —le pregunté.

Me sugirió que tomase Advil, pero le dije que ya lo había probado y no funcionaba.

—Hay un analgésico nuevo no narcótico llamado Ultram. Va bien en atletas que tienen que rendir en condiciones similares a la suya. Tómese uno por la tarde y uno justo antes del concierto.

El día antes del primer concierto me tomé el Ultram y, milagro, empecé a sentirme bastante bien, no lo bastante como para saber con certeza que me sentía bien, pero habría jurado que me sentía bien del modo más sutil. No podía ser el Ultram, porque no era narcótico, así que decidí que simplemente me sentía bien. Me lo volví a tomar antes del concierto y perfecto, el dolor de las piernas desapareció del todo.

Dimos el concierto y fue divertidísimo, con cincuenta mil kiwis botando al unísono. Los chavales se sabían todas las letras de todas las canciones, incluso de las nuevas, así que nos dio un subidón increíble. John echaba fuego por la guitarra, Chad era una orquesta de cañonazos, Flea formaba una bola de energía aborigen primaria y yo notaba un control absoluto de mí mismo como cantante y artista. ¡Y no había dolor! Estaba listo para besar la tierra.

Todo fue bien, y al regresar al hotel Claire y yo mantuvimos relaciones y ocurrió algo inusual. Estábamos follando y follando y yo no me corría. Eso nunca había supuesto ningún problema. Más tarde, se me cruzó por la cabeza que a lo mejor había sido por el Ultram, pero ¿cómo podía ese fármaco conseguir que no me corriese? Se suponía que era un Advil aumentado, no narcótico. No tenía sentido.

Pensé que era increíble que unas pastillas no narcóticas pudiesen aliviarme el dolor y además hacerme sentir tan bien. Seguro que una parte de mí reconocía la voz de mi cabeza: «Vale, se supone que tienes que tomarte el Ultram a las tres, y es mediodía, así que a lo mejor deberías tomártelo un poco antes». A mitad de la gira tuve que reponer las pastillas. En cualquier caso, el médico me había dicho que no era un narcótico, y no me dejaba atontado ni colocado, solo me producía una base de bienestar artificial encantadora.

Así pues, reventamos Auckland y luego continuamos hacia la Gold Coast de Australia. Nos habían encargado la actuación inaugural en el Olympic Stadium de Sídney. Físicamente, me encontraba en perfecto estado de salud. Las piernas no me molestaban, hacía ejercicio todos los días, corría, nadaba y hacía estiramientos. Claire y yo teníamos unos momentos sexuales fantásticos. La experiencia entera me estaba encantando. Sin embargo, empecé a ser consciente entonces de que Flea no estaba experimentando la misma alegría eufórica por la vida, la gira, la música, la gente y los cielos. No se encontraba en la misma onda de ambiente paradisiaco.

Flea había atravesado un montón de mierda personal por su novia durante la época del *Californication*. Sabía que se sentía triste, harto, deprimido y angustiado con todo el tema, pero también sabía que la situación era de fabricación propia. Somos capaces de crear un popurrí terriblemente doloroso en el que terminamos pasando años, hasta que no podemos soportarlo más; pero no es como si un poder malvado del destino se le hubiese metido por el culo a Flea, sino que él lo había creado. Estaba metido en aquello y era el cerebro creador de su propia miseria. Así que se sentía turbado, pero debía apreciar que el amor que recibía de parte de John y mía era inmenso. Lo apoyábamos, no lo estábamos humillando. No era como en la época del *Mother's Milk*, cuando John y yo nos unimos y le dimos de lado. Y Flea, a veces, puede ser una *prima donna*, sobre todo en la primera época con Dave, cuando estuvo siempre a punto de dejar el grupo a la primera de cambio.

Para que conste, cualquier cosa negativa que pueda decir de Flea en algún momento es solo porque es mi hermano y lo quiero. En realidad, resulta divertido meternos los unos con los otros. Para mí, todos y cada uno de estos tíos, Flea, John, Chad, son individualmente un puente hacia Dios, y no haría nada para cambiar a ninguna de esas personas ni las experiencias que he vivido con ellas. Todos y cada uno de ellos me han dado cariño y música y la mejor vida que podía esperar tener. Pero al mismo tiempo, me siento obligado a reírme de nuestros puntos débiles. No me estoy burlando de esa relación para sentirme mejor conmigo mismo; es solo que somos unos zumbados, de verdad.

Así las cosas, Flea estaba sufriendo tanto emocional como físicamente. Se sentía atacado, minado, hecho polvo y nada centrado. Cuando llegamos a Melbourne, pidió un descanso para el grupo. Peter Mensch estaba allí para hablarnos sobre nuestra próxima gira por Estados Unidos. Y si ya nos parecía duro pasearnos por Europa y el resto del mundo, Peter estaba a punto de contarnos cuántas fechas tenían previsto cerrarnos en Estados Unidos. Yo me sentía entusiasmado, venga, vamos. Pero Flea básicamente se vino abajo y nos explicó que se sentía incapaz de disfrutar de la experiencia. Se le veía en los ojos que había llegado a su límite.

Fue entonces cuando propuso la idea de hacer la gira en segmentos de tres semanas, con descansos de diez días entre cada uno. Se trataba de una idea bastante revolucionaria, que imposibilitaba casi por completo sacar algún dinero, porque durante esos diez días hay que seguir pagándole a todo el equipo. Tienes que mantener el contrato con los autobuses y los camiones y, salvo los hoteles, hay los mismos gastos que cuando estás en la gira, solo que no le estás sacando ni un céntimo.

Nos dimos cuenta de que esa gira no consistía en ganar la máxima cantidad de dinero posible, sino en obtener la máxima cantidad de diversión y disfrute, y mantenernos sanos. Pusimos en práctica ese calendario y, para mérito de Flea, aún hoy nos ceñimos religiosamente a él.

Flea aportó otra idea importante. Los dos llevábamos mucho tiempo centrados en temas benéficos y ya antes, estando de vacaciones en la casa de Flea en Australia, habíamos comentado la idea de coger parte de nuestros beneficios y crear algún tipo de organización benéfica. Decidimos usar el 5 por ciento de los ingresos de la gira y darlos. Donarlos sin más a las mejores organizaciones benéficas que encontrásemos, ya fuese para la investigación del cáncer, hospitales infantiles o programas musicales, lo que fuese. Se trata de un porcentaje bastante importante de los ingresos, porque la mitad siempre va para los gastos de la gira, y luego otro 20 por ciento va a los *managers*, el 5 por ciento a un abogado y otro 5 por ciento a los contables.

Se lo planteamos a John y a Chad y los dos pensaron que era una gran idea. Resultó ser un cambio increíblemente divertido y positivo, porque a partir de entonces disfrutamos de la alegría de ayudar a un montón de gente. Fue de lo más impactante comprobar lo bien que te sientes cuando sirves de algo. Los niños nos mandaban fotos suyas con cartas de gratitud y nos contaban cuánto significaba para ellos recibir algo de atención médica o una zona de juegos o instrumentos musicales. Fue una de las mejores decisiones que hemos tomado como equipo.

En cualquier caso, esa euforia volvió a desvanecerse en algunas realidades bastante mundanas. En Australia, Claire y yo empezamos a pelearnos otra vez. Ahí estábamos, caminando por la parte antigua de Melbourne, un sitio genial, y nos enzarzamos en una discusión. No fue una pelea tóxica; estábamos gritándonos el uno al otro, y mientras tanto ella me pegaba puñetazos y yo la tenía agarrada, y era una historia positiva, sana, de las que sirven para solucionar cosas. Sin embargo, alguna gente pasó junto a nosotros y pensó que se trataba de una situación de abuso conyugal. No sé seguro quién creerían que se estaba llevando la peor parte del abuso, pero se pararon y le preguntaron a Claire si necesitaba ayuda.

Aquel fue un testimonio del potencial de nuestra volatilidad. Pese a no haber ningún daño físico, sí estábamos envueltos en una intensidad que a cualquiera le habría hecho pararse y decir: «¿Va todo bien por aquí?». Recuerdo pensar que la situación era divertida, como de broma, porque en secreto me gustaba cuando Claire me pegaba. Es una tía grande y fuerte, y que Dios no quiera que meta las piernas en juego, porque entonces estás perdido.

Después del Big Day Out, Claire y yo volvimos a Los Ángeles y nos instalamos juntos en nuestros nuevos aposentos. Llevábamos una semana de vuelta cuando me invitaron a un partido del All-Star de la NBA, que ese año era en San Francisco. La NBA nos procuraba un hotel, un coche, entradas para el partido..., el *pack* completo. Con la idea de pasar un precioso fin de semana romántico, acudimos. El hotel en el que nos instalaron no era un sitio muy bonito, pero era gratis y estaba en un barrio interesante. Por desgracia, el partido no fue nada emocionante, así que cuando terminó, volvimos a la ciudad y buscamos un restaurante. Nos lo estábamos pasando bien, sentados en una mesa en la planta de arriba, cogidos de la mano y disfrutando de la compañía mutua. Y entonces cometimos un tremendo error.

Nunca es buena idea que dos adictos recuerden sus viejos tiempos de consumo de drogas. Cuando conocí a Claire, bebía, pero nunca la había visto colocada de drogas. Y ella solo me conocía sobrio. De algún modo, el tema de las drogas encontró un sitio en la mesa.

—Dios, no logro imaginarte haciendo esas cosas, parece tan poco propio de ti —dijo Claire—. Eres tan ajeno a esa energía autodestructiva.

—Créeme que lo hacía.

Y le conté algunas de las batallitas que ya he relatado aquí. Claire me contó algunas de las suyas, y empezamos a darnos cuenta de cómo Dios nos había criado y nosotros nos habíamos juntado.

No recuerdo quién lo sugirió primero, pero alguien dijo:

—¿Te imaginas colocarnos juntos?

—Sería divertido durante un minuto, y luego sería horrible —comenté yo.

—Sí, pero durante un minuto sería muy muy divertido —replicó Claire.

—Sería divertido durante un minuto, sí —admití.

—¿Y si lo hacemos? ¿Y si lo hacemos solo este fin de semana y luego nos volvemos a casa? —propuso ella.

—Es una locura, pero suena interesante.

—¿Hablas en serio?

—No lo digo realmente en serio, pero ahora que lo has mencionado, sí lo digo un poco en serio —admití.

—Yo no iba en serio hasta que has dicho eso, y ahora lo digo en serio de verdad.

—¿Quieres ir a colocarte?

—Sí, vamos.

—¿Estás segura? Porque una vez que lo hagamos, las cosas nunca van a volver a ser como antes —le advertí.

—Bah, estaremos bien. Venga, vamos.

Y nos marchamos del restaurante para ir al encuentro del gorila de trescientos sesenta kilos.

15

Un momento de claridad

Claire y yo nos marchamos del restaurante y fuimos directos a Haight Street. Ni siquiera me molesté en ocultarme, simplemente intenté mantenerme fuera de la vista de todos los chavales blancos de la calle. Encontramos a un camello negro que tenía coca, pero no heroína. Supusimos que arreglaríamos ese problema más tarde. De vuelta al hotel paramos en una licorería, compramos unas pipas y pillamos una botella de vodka y una botella de zumo de arándanos. Claire insistió en que quería alcohol. Si iba a sacar los pies del tiesto, quería hacerlo por completo. La pobre no tenía ni idea de dónde se estaba metiendo. Solo sabíamos que estábamos salivando como perros de Pavlov ante la perspectiva de colocarnos.

Probablemente, la idea de colocarme me interesase tanto en parte porque, en realidad, el Ultram era un potente opiáceo sintético. Unos meses después, Louie consultó el *Physicians' Desk Reference* y leyó que bajo ninguna circunstancia se debía administrar Ultram a antiguos adictos a la heroína, porque induce un deseo intenso de opiáceos. Supongo que aquel médico imbécil de Nueva Zelanda no había leído su ejemplar del vademécum.

Claire y yo llegamos a la habitación y empezamos a fumar y a fumar y a beber y a beber y, por primera vez, nos vimos el uno al otro en nuestro modo colocón, con todos los tics extravagantes de drogata que lo acompañan. Sobre las cinco de la mañana nos quedamos sin coca. Estábamos los dos demasiado devastados para volver a las calles, así que se me ocurrió una idea genial. Cogí las Páginas Amarillas y llamé a un servicio de prostitutas, a sabiendas de que la mayoría de esas tías tienen contactos con camellos. Le pagué a una por su tiempo, tiempo que invertiría en buscar drogas. Por una vez, Claire se tomó tranquilamente que yo hablase con otra mujer. La tía se fue a Berkeley y cuando parecía que iba a tardar toda la vida, volvió con veinte pastillas de Valium, algo de coca, algo de metanfetamina de cristal y nada de heroína. Nos metimos la coca y luego nos tomamos las pastillas y nos quedamos fritos por fin.

Como estábamos metidos juntos en el tema, no fue un despertar horrible como los que había tenido en el pasado. Los dos nos sentíamos algo temblorosos y estábamos tumbados en la cama, preguntándonos: «¿En qué estábamos pensando? Ha sido una idea malísima». Así que comimos y bebimos algo, vimos una peli en la cama y tratamos de olvidarlo todo. Pero entonces nos apareció esa voz. «Eh, ya la habéis cagado. Ahora no tiene sentido parar». Salí y pillé algunas jeringas y nos chutamos el *speed*. Por supuesto, eso no fue suficiente, así que Claire rastreó las calles y encontró a un taxista tuerto que le vendió algo de jaco. ¿Qué clase de persona horrible era yo para dejar que mi novia saliese por las calles de San Francisco a pillar?

Para entonces, el hotel quería que nos largáramos de la habitación, aunque cuando les dije que necesitábamos quedarnos unos días más, nos trasladaron a una más grande. Cogí el teléfono y volví a hacer el truco del servicio de prostitutas. Esa tía estaba conectada con todo el mundo de las drogas y nos trajo todo lo que necesitábamos, incluida una bolsa de cocaína pura en polvo. Mi cuerpo resistía relativamente bien los chutes de coca y recordaba movidas como: «Ah, sí, aquí es cuando el corazón mete la quinta marcha». Empecé a inyectarme cantidades importantes y me iba bien.

Claire se pinchó una dosis menor de coca, pero algo salió peor que mal. Pese a haberse metido un millón de chutes de cocaína a lo largo de su vida, ese no le estaba sentando bien. Se tumbó y se puso pálida, sudaba y empezó a temblar como un demonio y a tener problemas para respirar. Estaba convencida de que se moría. Fue el momento más escalofriante de mi carrera como consumidor de drogas, incluso más que cuando entré en el salón de Hillel y vi a Kim en la silla, con la cara azul, sin respirar. Estaba tan profundamente enamorado de Claire que la idea de que le ocurriese algo malo me resultaba terrorífica.

Antes de llamar al 911 recé. «Bueno, universo, tenemos un problema. La tía de la que estoy enamorado quizá se esté muriendo aquí en el sofá. Necesito un favor gordo de verdad: que no se muera». Claire se había desvanecido como un polo de hielo en el sofá, pero mientras yo hablaba por teléfono con el 911 empezó a respirar otra vez, se enderezó y dijo que se encontraba bien. Les dije a los del 911 que había sido una falsa alarma y colgué.

Entonces sonó el teléfono. Era la operadora del hotel.

—¿Acaba usted de llamar al 911?

—¿Yo? ¿Al 911? No. Habitación equivocada. Se deben de haber cruzado las líneas.

Noté a la operadora bastante escéptica, pero yo no iba a admitir haber hecho esa llamada.

Colgué y retomé el asunto de colocarme. Dada su experiencia cercana a la muerte, Claire puso en suspenso su colocón y se fue al dormitorio, a tratar de recomponerse. Yo estaba en el salón con la mesa llena de cocaína, pastillas, heroína, jeringas y pipas cuando, pam, pam, pam, alguien llamó a la puerta.

Tiré una manta encima de la mesa y abrí. Era el departamento de policía de San Francisco. No una ambulancia, ni un equipo de rescate: la poli.

—Señor, hemos recibido una llamada del 911 diciéndonos que alguien había sufrido una sobredosis en esta habitación. La ley estipula que tenemos que inspeccionar las instalaciones en casos así.

Fueron muy educados al no dejarme KO y colarse en la habitación.

—No sé nada sobre esa llamada. Aquí solo estamos mi novia y yo, los dos bien.

Veían claramente que estaba mintiendo. Y que estaba ciego.

—Bueno, tenemos que ver a esa muchacha.

Le dije a Claire que viniese al salón, y les pareció que tenía suficiente buen aspecto para quedar satisfechos, así que se marcharon y Claire volvió a la cama y yo empecé a colocarme otra vez. Y entonces de nuevo, pam, pam, pam, la puerta. Volví a tapar toda la mercancía. Esa vez era el puto departamento del *sheriff*.

—Tenemos un informe según el cual se ha hecho una llamada al 911 por una posible sobredosis de droga —dijo el *sheriff*.

—No, no, la policía acaba de estar aquí. Ya lo hemos aclarado.

El *sheriff* me reconoció y casi se disculpó por molestarnos antes de marcharse. Pero yo estaba rendido. Claire no se encontraba bien, la poli no dejaba de venir, el hotel obviamente era consciente de que había dos drogadictos colocándose en su planta de arriba. Toda aquella situación iba de mal en peor.

Por la mañana comimos algo en el restaurante y luego regresamos a Los Ángeles. Los dos parecíamos ruinas. Pero yo no había terminado. En el avión de vuelta decidí que iba a ir al centro a comprar un montón de drogas, y que luego Claire me dejaría en un motel y se marcharía a casa. Me llevó a un motel sórdido de Alvarado.

—Ten cuidado, no te hagas daño. Estaré en casa cuando hayas terminado —me dijo Claire.

—Lo siento muchísimo, Claire, pero tengo que hacer lo que tengo que hacer.

Se marchó y yo empecé a calentarme y a meterme en un viaje muy muy lejos de allí. Y pam, pam, pam. Otra vez la puerta. Fumar *crack* ya alteraba bastante los nervios, así que a nadie que lo esté haciendo le gusta sufrir además intrusiones en su pequeño mundo psicótico. Se oyó una voz.

—A. K., soy yo. Déjame pasar. —Era Claire—. He cambiado de opinión. Quiero colocarme.

Después de conducir unas cuantas manzanas, había decidido darse un gusto, así que aparcó en aquel barrio horriblemente siniestro y, con sus tacones altos, su pelo rubio platino y su chaqueta larga *vintage*, hizo todo el recorrido a pie de vuelta al motel.

Aquella escapada se alargó unos días. Al final nos fuimos a casa y nos llevamos las drogas con nosotros. Nuestro nido de amor quedó así embarrado con la energía negativa del *crack* y la heroína. Pero no podíamos detener aquel comportamiento demoniaco. La única parte divertida de toda la experiencia era cuando dejábamos de fumar coca y nos metíamos heroína, y nos tumbábamos juntos en la cama a fumar cigarrillos y ver películas hasta las seis de la mañana.

Por supuesto, mantuvimos esas típicas conversaciones dulces inducidas por la heroína sobre cuánto nos queríamos. Recuerdo decirle a Claire en una de esas ocasiones que no solo quería estar con ella para el resto de nuestras vidas naturales, sino también asegurarme de que después de morir nuestros espíritus permanecerían juntos. Ese tipo de locuras.

La mayoría de las veces, cuando poníamos una película ella se quedaba dormida a la mitad, así que yo terminaba viéndola solo. Una noche pusieron *Golpe al sueño americano*, una peli en la que aparecían los Chili Peppers en un fragmento tocando *Fight Like a Brave*. Nunca la había visto antes, y me flipó la increíble actuación de Robert Downey Jr., un reflejo exacto de su propia vida. Y también era un relato de la mía, que había sufrido una lamentable regresión a los años ochenta. Me encontraba de nuevo dándole un golpe al sueño. ¿Era eso lo que me esperaba a mí, morir en un descapotable camino del desierto?

Tramé un nuevo plan. Claire y yo iríamos a Hawái a desengancharnos allí. ¿Quién iba a poder hacer lo que estábamos haciendo en la preciosa isla de Oahu? Nos registramos en un hotel con vistas a la playa de Waikiki y comimos unas costillas deliciosas en la barbacoa del atardecer (yo había vuelto a comer carne). Pero entonces decidimos seguir adelante con la juerga. En Hawái no había trapicheo de heroína en la calle, así que arrastré a mi amor encantador hasta los bares de *striptease* de Waikiki para ir a pillar. Como plan B, recurrimos al timo de los medicamentos; Claire fingió un dolor de muelas para conseguir suministro de codeína.

No tuvimos problemas en pillar en los clubes de *striptease*. Todas las *strippers* querían enjuergarse y divertirse con nosotros, y los camellos estaban eufóricos por venderme droga a mí. «Tío, llevo escuchando tu música desde que estoy en el instituto». Nuestra rutina era salir a los clubes, comprar las drogas, volver al hotel y meternos hasta que no podíamos más. Luego nos despertábamos y decíamos: «Vamos a parar ya. Vámonos a nadar al mar y a comer algo rico y a recuperar la salud». Para las once de la noche, nos moríamos de ganas de más drogas. Yo me comportaba como el instigador más enfermo. Claire siempre pedía parar y volver a estar limpia.

Tras diez días metidos en ese círculo vicioso, regresamos a Los Ángeles. En el instante en el que volvimos, nos colocamos en casa otra vez. El corazón de Claire quería estar limpio, pero yo era más duro a la hora de rendirme. Lo triste es que todo ese consumo juntos había dejado definitivamente tocada nuestra relación. Esa plácida pureza que caracterizaba a nuestro amor había quedado mancillada y nunca se recuperaría de nuestros episodios de consumo.

Lo único que me impidió continuar con la juerga fue que tenía que estar en un avión el 23 de marzo del año 2000 para empezar la primera etapa de nuestra gira del *Californication* por Estados Unidos. Le pedí a Louie que me consiguiera con prisas un montón de medicamentos para desintoxicarme: pastillas para dormir, relajantes musculares y demás. Me notaba tan débil que no sé cómo conseguí dar el primer concierto en Minneapolis. En realidad, no estaba de subidón con el concierto, pero tampoco me vine abajo. Aquella era la primera gira en la que usábamos dos autobuses para el grupo. John y Flea compartían uno y Chad y yo íbamos en el otro. Nos echamos a la carretera y a los pocos días me sentía mucho mejor.

Pasada una semana Claire vino a visitarme, y estuvo muy bien, porque probablemente nos necesitábamos el uno al otro para recuperar el camino de la sobriedad. No obstante, Claire parecía cambiada. Incluso aunque el tema de las drogas había sido una situación consensuada, Claire estaba ultrajodida con todo. Una noche cogimos un taxi para ir a una reunión a las afueras de la ciudad en la que nos encontrábamos, pero cuando al terminar intentamos volver, había tormenta y no encontramos taxis disponibles. Claire se puso furiosa, quejándose del tiempo y del servicio de taxis. Terminó largándose cabreada en mitad de la lluvia torrencial, sola. Fue como si creyese que la tormenta había salido a pillarla a ella. O que yo tenía la culpa. Claire era una persona complicada de llevar, pero obviamente estaba sufriendo y se sentía torturada por su tropiezo.

Para el 1 de abril, gracias a unos sudores y un ejercicio constantes, me sentía de lujo otra vez. En esa gira, llevábamos un ritmo real de llegar, fichar y ponernos a trabajar: viajábamos por la carretera sin ni siquiera saber dónde estábamos. Recorrimos Nebraska, Iowa, Missouri, Oklahoma, Arkansas y Texas esa primavera. Yo seguía compartiendo espacio con Chad, así que nuestro autobús no era la gran fiesta, aunque sí un lugar genial para relajarme, leer y charlar con Claire por teléfono.

En esa etapa de mi vida era monógamo. Descubrí que la monogamia en la carretera se parecía a la sobriedad en la carretera. Cuando estás sobrio, eres inmune a las drogas y a los camellos y a la gente que se coloca y a las fiestas. Es casi como si tuvieras un campo de fuerza a tu alrededor para protegerte, y ese ambiente ni siquiera entra dentro de tus radares. Lo mismo puede decirse de las mujeres. Nunca me sentí tentado. Al analizarlo objetivamente, en retrospectiva, había un montón de tías a mi alrededor, pero yo era indiferente a sus cantos de sirena. Recuerdo estar sentado en el autobús del equipo con toneladas de tías que claramente estaban allí para pasárselo bien. Lo sabes por la forma en la que van vestidas y cómo tienen las tetas sueltas y el modo en el que se sientan a tu lado. Se ponían en plan: «Venga, anda, ya que estás aquí... Vamos a divertirnos un rato», pero yo reaccionaba con un: «Vale, buenas noches, gente. Encantado de conoceros. Me voy a llamar a mi novia».

A finales de junio el grupo recibió una oferta que no podíamos rechazar: tocar para Paul Allen, el cocreador de Microsoft, en la inauguración de su museo del rock and roll en Seattle. Allen había contratado a Frank Gehry para que le diseñara aquel edificio nuevo e increíble. Para mí, era como si Gehry hubiese cogido una lata de cerveza de treinta metros de altura y la hubiese aplastado creando la forma de una mujer para luego convertir eso en un edificio. Eran unas curvas metálicas fluidas, sexis, algo más parecido a una escultura gigante que a un edificio.

Aquel día no tocamos bien por unas movidas técnicas, así que para salvar la experiencia sacamos los calcetines en los bises. Fue nostálgico desnudarse con John. No habíamos hecho lo de los calcetines con él desde la época del *Mother's Milk*. Después, hubo una fiesta en el museo. Chad fue la primera persona en probar una de las muestras interactivas y resultó que estaba rota, pero como Chad andaba algo borracho a esas alturas, el conservador del museo sigue convencido aún hoy de que los Red Hot Chili Peppers se emborracharon y le destrozaron el lugar, cosa que, por supuesto, no hicimos.

Dimos otro concierto exclusivo más: una actuación benéfica para niños por petición de Pearl Jam, en Seattle, a finales de junio. Había un descanso breve antes de la siguiente etapa de la gira, y se me fue la cabeza y me pasé toda una semana desfasando con las drogas. No hubo ningún gran suceso que lo desencadenase, más allá de que tenía tiempo disponible, pero tampoco había iniciado ningún proceso real para ponerme bien. Continué con esa dinámica de idas y venidas, sin abordar el tema de la recuperación. El 27 de junio, llegó el momento de volver a dar parte para la cuarta etapa de nuestra gira, así que allí aparecí otra vez, flaco y débil.

Pasé por las tres etapas siguientes de la gira sin ninguna recaída. Terminamos la gira por Estados Unidos y mi trabajo había acabado, así que era hora de empezar de nuevo a cavar mi propia tumba. El único compromiso que tenía era con unos premios de la VH1 en noviembre, por lo que me puse a consumir hasta unos días antes de la gala y entonces paré, hice dos días de desintoxicación con Ultram —la misma mierda que me sacó de mi sitio en primera instancia— y fui feliz como una perdiz a los premios de la VH1.

Claire entendía mis batallas personales, pero gracias a Dios no iba camino de caer por la misma cuesta abajo, una muestra de su despertar espiritual y su compromiso con la cordura. Era toda una bendición que Claire no me siguiera, porque a veces la gente se desvía del camino junta y uno sí vuelve, pero el otro no. O ninguno de los dos lo hace.

A principios de diciembre, Claire tenía que volver a Nueva York por negocios. Una receta para el desastre: sin trabajo, sin novia y sin compromisos, me volví loco de remate. Diciembre fue un mes bastante desagradable, porque pasé veinte días diciéndome constantemente: «Voy a hacerlo un día más y ya, mañana lo dejo, definitivamente». Claire venía a casa y tenía que lidiar con un maníaco en su vida. Estaba siendo un viaje duro; era incapaz de regresar, sin más. En algún momento me marché de la casa y encontré un motel nuevo en el centro, el Paradise, en Sunset Boulevard. La fachada estaba bañada por unas luces de neón púrpura, lo que le daba un aspecto increíblemente atractivo en el modo más sórdido posible.

Las tropas se movilizaron una vez más. Louie y Bob Forrest empezaron a rebuscar en mis guaridas típicas. Lo irónico era que Bob vivía a media manzana del Paradise, así que en una de sus misiones de reconocimiento, pasaron por delante del motel y, ¡bingo!, vieron mi moto. Tiene gracia cómo funciona la mente de un drogadicto. Más adelante, Bob me contó que cuando vio la moto aparcada allí, sintió celos de inmediato, porque había pasado por ese motel un millón de veces, pensando: «Ojalá pudiera coger una habitación ahí y pasarme un par de días metiéndome revueltos». Llevaba años limpio y tenía una tía preciosa que lo amaba. No era un mentiroso, ni robaba ni se comportaba como un azote miserable, era un miembro de la sociedad productivo, provechoso, cariñoso, generoso, pero cuando pasaba por delante pensaba: «Si pudiera entrar ahí... Esa luz púrpura es tan atractiva».

Cuando Louie llamó a la puerta, supe que me habían vuelto a pillar. Le pedí media hora más y me dijo que iba a esperar en el aparcamiento, así que me terminé la heroína y salí a soportar el chaparrón. Me quedé de piedra al ver a John allí, en su Mercedes negro. Fue muy cariñoso y estaba de lo más preocupado.

«Vamos a casa de Louie a hablar», me dijo. Me subí en la moto y fuimos en caravana hasta casa de Louie y Sherry. Para entonces ya me había adelantado y estaba listo para que me hiciesen una intervención. Iba tan ciego que no me sentía muy hundido. Quería pedirle disculpas a Claire, pero no estaba dispuesta a aceptarme nada. Fue una de esas escasas ocasiones en las que me merecí los problemas que me estaba dando.

Pasé la noche en casa de Louie, porque tenían miedo de que fuese a escaparme otra vez. Aunque no me iba mucho la desintoxicación con pastillas, le pedí a Louie que llamara a algunos médicos y me buscase unas pastillas. No quería ser el típico tío que está sufriendo, temblando, sin dormir, con dolores musculares. El plan era irme en Navidad a casa de mi madre y luego marcharme a San Bartolomé, en el Caribe, a ponerme en forma. Hasta el 21 de enero no teníamos nuestro siguiente compromiso, tocar en un festival enorme en Río. Lo mío era el mismo disco rallado de siempre, la quimera de ir a algún sitio cálido, enderezarme y luego volver al trabajo y cumplir con mis responsabilidades profesionales. La cuestión era que si no me ponía mejor, no iba a tener ninguna responsabilidad profesional. No puedes empezar y parar y esperar que todo salga bien, porque llegará el día en el que pretendas parar y no puedas. Cada recaída es la peor de todas, pero en mi caso esa fue la más larga de mi colección, y la idea de estar provocándole a Claire tanta angustia emocional me pesaba muchísimo, aunque estuviese intentando obviarlo.

Para empezar, teníamos una relación inestable. Cierta cantidad de volatilidad y drama puede resultar saludable y hacer que las cosas sean divertidas e interesantes, siempre que en mitad de cualquier pelea estés dispuesto a decir: «Esto no significa nada. Te quiero, olvidémoslo». Y nosotros no teníamos esa capacidad. Con el tiempo, quería que llegásemos a ese punto, quería menos drama, pero nunca evolucionábamos en ese sentido. Estar con Claire era duro. Probablemente fuese la tía a la que más había querido de todas mis novias, pero también con la que más me costaba que funcionaran las cosas. Si hubiese puesto tanto esfuerzo en cualquiera de mis otras relaciones, ahora estaría casado con cinco hijos.

Claire estaba demasiado jodida como para venir conmigo a Michigan, pero mejor así, porque yo iba a pasarme un par de días como un mongolo babeante, ausente en mi desintoxicación a base de pastillas. En cualquier caso, mi madre se alegraba de tenerme en casa, y resultaba agradable pasar el rato con mi hermana Jenny y su novio, Kevin. Para la noche del 23 de diciembre, me había quedado sin pastillas para dormir y relajantes musculares. Fue bastante escalofriante, porque no tenía amortiguadores y no podía dormir mucho.

La noche siguiente era Nochebuena. Puede sonar a algo sacado de un cuento de Dickens, pero tuve un momento de claridad con respecto a mi consumo de drogas esa noche. No era la primera vez. Años antes, cuando todavía vivía en el edificio de oficinas Outpost de Hollywood Boulevard, llevaba un par de días chutándome coca y estaba un poco en una nube, y en esas salí de mi habitación al pasillo. En el salón había un ventanal panorámico enorme y al mirar hacia fuera vi una franja del cielo de Hollywood. Observé fijamente el cielo y, por primera vez en mi vida, sonó una voz en mi cabeza: «No tienes poder ninguno sobre lo que te ocurre en la vida. Las drogas dictan exactamente lo que vas a hacer. Estás soltando las manos del volante y vas allí donde el mundo de las drogas te lleva».

Eso no había cambiado nunca, era una sensación que me brotaba del interior, y daba igual cuánto quisiera a mi novia o a mi grupo o a mis amigos o a mi familia: cuando en mi cabeza empezaba a sonar el canto de sirena «Ve a colocarte ahora mismo», me iba.

Había llegado Nochebuena y me sentía en carne viva, sin un solo ápice de medicación en el cuerpo. Fui a una reunión en Grand Rapids. Antes de entrar en el edificio, me paré a sopesar mis opciones. Podía darme la vuelta y bajar hasta el gueto. Sabía cuál era la esquina exacta, había visto a los camellos, así que podía pillar algo de droga y colocarme en cuestión de minutos. O bien podía cruzar esa puerta, confiar mi vida a un poder superior a mí mismo y empezar a salir del bosque de mi dependencia.

Vi lo que había estado haciendo y dónde había estado metido, y no quise seguir sucumbiendo a ese tipo de energía. Confiarme a un poder superior era fácil: había tenido muchísimas experiencias por todo el mundo en las que había comulgado con un poder más grande que yo.

Entré en la reunión, me presenté como un recién llegado y me acogieron con los brazos abiertos. Volví a comprometerme con la recuperación, como lo había hecho el 1 de agosto de 1988, cuando acudí a mi primer centro de rehabilitación. Hice el compromiso total de ponerme mejor, sin esperar a que llegase el momento oportuno, sin ningún «si no me gusta cómo van las cosas», sin puertas traseras. El 24 de diciembre de 2000 es mi fecha de sobriedad, que es un día festivo y muy poco común. La mayoría de los drogadictos se colocan durante el resto de las vacaciones y buscan la sobriedad después de Año Nuevo.

Había llamado a Claire el día antes y le había pedido que viniese para Navidad y luego me acompañase a San Bartolomé. Aceptó, aunque seguía cabreada conmigo. Cogió un vuelo a Grand Rapids y fui a recogerla al aeropuerto. No solo me sentía avergonzado por haber hecho lo que había hecho y por haberla obligado a pasar por tantas cosas, sino que además en esos momentos todo me causaba inseguridad, porque estaba hecho polvo. Claire sencillamente estaba jodida. Antes siquiera de salir del aeropuerto, ya habíamos llegado a un punto muerto. Aunque no nos habíamos puesto a discutir, sí estábamos muy enfadados el uno con el otro. Terminamos sentándonos en dos bancos, frente a frente, en la sala de espera.

—¿Estás segura de que querías venir? —le pregunté.

—No, me encantaría coger el próximo vuelo y volverme a casa.

—Entonces, hazlo.

—Pues lo haré.

—Perfecto, coge el billete y ve a hablar con la azafata, y adiós.[41]

Estuvimos allí sentados una hora, dando pasos adelante y atrás. De ninguna de las maneras iba a permitir que se montase en ese avión y se marchase. No creo que lo hubiese hecho, pero esa era nuestra forma de actuar. Para añadir un poco más de absurdez general, accidentalmente me había tomado una dosis importante de Niacin, pensando que estaba tomando otra hierba depurativa del hígado, así que tenía la cara roja como un tomate. Por fin, nos dejamos de tonterías y nos fuimos a casa. Pasamos unos días en Michigan tratando de volver a hacernos amigos, pero fue duro. Entre nosotros había muchas cosas sin resolver, en tensión. Aunque yo había acompañado a Claire mientras ella estuvo consumiendo y la había perdonado y habíamos avanzado, Claire no demostraba nada de calma diciendo cosas como: «Pues vale, eres un enfermo hijo de puta, pero ahora quieres estar sobrio, así que vamos a relajarnos entre los dos». Todavía me la tenía guardada.

Volamos a San Bartolomé, donde íbamos a compartir un barco con otras diez personas, una idea que, en retrospectiva, nunca recomendaría a nadie, y mucho menos si no estás en tu mejor momento. En la isla la cosa no fue del todo bien. Yo había cambiado en algo mi percepción y tenía las miras puestas en darle un rumbo positivo a la energía que transmitía al exterior, pero Claire estaba estancada y seguía jodida con todo. En un momento dado debí de comer algo en mal estado o bien me empezaron a salir algunas toxinas residuales; me sentía fatal, así que me escabullí a la cama, a nuestro camarote. Todo el mundo iba a salir de excursión a pasar el día fuera, pero yo no podía levantarme ni comer y le pregunté a Claire si podía quedarse a pasar el rato conmigo, para estar juntos y ver algunas pelis en la cama.

«No, me quiero ir a hacer las actividades con los demás», me respondió, y se marchó.

Tuve otro momento de claridad en el que pensé: «No me importa la cantidad de cosas extrañas por las que hayamos pasado, he sido bueno con ella en muchísimos aspectos. He cuidado de

---

[41] Término en español en el original.

ella lo mejor de lo que he sido capaz, pero ella no tiene la capacidad de cuidar de mí cuando la necesito. No es una persona generosa y no puede ser mi novia». En mi cabeza, tomé la decisión de ponerle fin a aquello. Pero no quería volverla loca ni arruinar las vacaciones, así que no se lo dije, solo le hice saber que no me sentía feliz. Además, estaba deseoso por encontrar pruebas de que me equivocaba.

En Nochevieja fuimos a una fiesta en un yate y Claire me tocó los cojones esa noche. Había un cuadro de Basquiat en el barco y mientras estaba allí admirándolo, se me acercaron dos niñeras. Iban desaliñadas, con pintas un poco de andar por casa, pero coquetearon conmigo. A mí no me interesaban en absoluto, así que charlé un minuto con ellas; no fue gran cosa, joder. Pero Claire había estado observando y en cuanto se marcharon se abalanzó sobre mí.

—¿Por qué estabas flirteando con esas tías?

—Estaba mirando un cuadro, y dos golfas han aparecido y me han interrumpido, así que he soltado un par de bromas y las he mandado a tomar viento. Eso no es flirtear.

Eso fue todo. No me habló durante el resto de la noche. Allí estábamos los dos, bajo las estrellas en una isla preciosa, pero Claire no iba a cejar en esa batalla imaginaria. Aquello reafirmó mi decisión.

Al día siguiente nos montamos en un avión de vuelta a casa. Fue duro, porque estaba loco por ella y la idea de estar solo no me atraía nada. Además, no tenía ni el más mínimo interés en ninguna otra tía. De todos modos, no quería vivir en un descontento constante. Así que me dirigí a ella y le dije: «Claire, lo nuestro se ha acabado. Esto no funciona. No quiero seguir así más, vas a tener que mudarte».

No intentó discutir las cosas con ninguna profundidad. Simplemente quiso saber dónde se suponía que iba a vivir. Le sugerí que se mudara con su patrocinador, y cuando volvimos a Los Ángeles, lo hizo.

Me aterrorizaba tener que empezar de nuevo sin aquella tía a la que le había dedicado mi vida entera. Pero también fue un alivio no tener que andar siempre de puntillas, con pies de plomo, con miedo a que una niñera se acercase a hablar conmigo. Por poco consciente que fuese Claire de ello, nunca le fui infiel, solo que si me mostraba agradable con alguna extraña, lo pagaba durante días.

Cuando regresé me impliqué de lleno en mi recuperación y empecé a ir a reuniones y a acercarme a la gente. Debía de llevar una semana y media sobrio cuando me llamaron para contarme que un amigo que había estado sobrio había vuelto a las calles, no tenía casa, ni esperanza, ni ayuda, estaba trapicheando y tenía las de perder en cada esquina. Todo el mundo había intentado acercarse a él, sin éxito, así que lo llamé y le dejé un mensaje en el móvil, en el que le decía: «Eh, hay toda una vida de diversión y te la estás perdiendo. Vuelve y dame un telefonazo». Me llamó al día siguiente, lo llevé a una reunión y nos desenganchamos juntos. Mi voz le había sonado tan feliz y boyante que pensó que llevaría sobrio unos cuantos años, así que se quedó en *shock* al saber que solo tenía dos semanas a mis espaldas.

Me compré un coche nuevo, porque le había dejado a Claire el nuestro. Luego me marché de mi apartamento. Ningún espacio que hayáis usado repetidamente tu novia y tú tiene una buena colección de vibraciones. Tuve suerte de alquilar la casa más chula del mundo. Había sido el hogar de Dick van Patten y estaba arriba, en Hollywood Hills. Se trataba de una casa antigua de estilo *craftsman*, la primera en construirse en las montañas durante los felices años veinte. Había sido la vivienda de la persona encargada de vigilar para evitar incendios, porque tenía un mirador que abarcaba desde el puerto de montaña de Cahuenga hasta el Valle, y toda la zona desde el centro de Los Ángeles hasta el mar. Eran unas vistas de locura, lo más panorámico del mundo, y aquel era un lugar precioso y refrescante para iniciar una vida nueva.

Tenía casa nueva, coche nuevo y ni una novia. La semana que me mudé, un puñado de amigos sobrios iniciaron la costumbre de reunirnos los miércoles a tomar un *brunch*. La primera vez nos vimos en el Musso and Frank's, un restaurante fantástico de la vieja escuela en Hollywood Boulevard, aunque cuando hacía mejor tiempo nos íbamos al Joseph's Café, donde nos sentábamos fuera y hablábamos de baloncesto, música, política, tías y sobriedad. Luego íbamos todos a una reunión que había cerca. Pete Weiss y Dick

Rude se nos unieron. Flea venía al *brunch,* pero se saltaba las reuniones. Ese grupo de los miércoles fue una parte importante de mi nuevo foco de sobriedad. Cuando llegaba el fin de semana y me sentía tentado de colocarme, recordaba: «No, tengo que estar en el Joseph's el miércoles. Mis colegas cuentan conmigo».

La reunión a la que íbamos se celebraba en la esquina de Yucca Street con Gower Street y congregaba a una mezcla ecléctica de gente sin hogar, travestis y bichos raros de Hollywood. Yo me había comprometido a organizar las sillas para las reuniones, así que llegaba media hora antes. Lo estuve haciendo un año y también eso me mantuvo sobrio, porque si me largaba a colocarme, ¿quién iba a montar la reunión?

Esa primera semana de enero de 2001 se produjo otra renovación en mi vida. En noviembre, por mi cumpleaños, Guy O., que es un artista del regalo, sabía que había estado años hablando de tener un perro y también que me encantaban los crestados rodesianos, así que ese día llegué a casa y en la entrada vi una carretilla roja, con un animal de peluche dentro y una fotografía del crestado rodesiano más bonito que había visto nunca. La nota adjunta decía: «Tu cachorro estará listo la primera semana de enero».

Guy había encontrado a los mejores criadores de California en una ciudad pequeña de montaña llamada Julian, a una hora de San Diego más o menos, hacia el interior. Dick Rude y yo fuimos hasta allí a por mi perro. Aunque fui la última persona en escoger cachorro, los dueños habían elegido al primogénito, al macho más grande y más fuerte, y lo habían apartado para mí. Había nacido también la primera semana de noviembre, así que había pasado allí un par de meses y le había cogido cariño a la señora que llevaba la granja. Cuando entré, el perro me miró en plan: «Ah, no, ¿qué haces aquí? Yo vivo con esta señora. Espero que no pienses que me vas a llevar a ningún sitio».

El perro tenía tanto miedo de abandonar la seguridad de su hogar y a aquella mujer grande y cariñosa que lo cuidaba que parecía abatido. Lo levanté del suelo y le dije: «Tío, nos vamos a Hollywood. Eres mi colega». Le pedí a Dick que condujese hasta casa, me senté al perro en el regazo y lo llevé agarrado todo el camino de vuelta. Traté de explicarle que todo iba a salir bien, pero le dio muchísimo miedo ese mundo tan extenso al que se estaba enfrentando, sobre todo cuando empezamos a meternos en el tráfico de la 405.

Se vino a casa conmigo y tuve que pasar por la tremenda experiencia de adiestrarlo desde cero. Los crestados son los perros más obstinados de todas las razas, y recurrí al adiestramiento con jaula. Sufrió ataques de diarrea y ataques de ladridos y el ataque de una mofeta tres veces en el patio de atrás. Criar a ese cachorro loco suponía un trabajo constante, pero también nos lo pasábamos de muerte, jugando en el patio, mientras lo veía oler flores y perseguir insectos y jugar con palitos. Lo llamé Buster, por Buster Keaton, uno de mis cómicos favoritos de toda la vida.

En algún momento a mediados de enero conocí a una chica nueva. No me sentía con ánimos para estar yendo detrás de las mujeres, pero una noche salí con Guy a un club y vi a esa tía superfina al otro lado de la sala. Había una cola de tíos esperando para hablar con ella, pero me la salté, me la llevé de allí y la senté en un sofá. La cola de tíos se quedó esperando el resto de la noche, aunque no lograron estar cara a cara con ella en ningún momento, mucho menos después de que la tía me contase que había soñado que nos conocíamos y pasábamos un tiempo juntos. Se llamaba Cammie, era actriz y vivía en una casa de Laurel Canyon, con una lesbiana que había salido en el póster central de *Playboy* y con Paris Hilton. Era maravillosa y preciosa, inteligente y divertida, y empezó a quedarse en mi casa y se convirtió en mi novia.

Un mes después, una mañana de domingo, fui a una reunión en West Hollywood. Se suponía que iba a quedar con Cammie después para almorzar. En la reunión, por pura casualidad, vi a Claire. Llevaba como un mes sin verla y la última vez que habíamos estado juntos no había sido nada agradable. Había ido a visitarla a casa de su amiga. Sabía que no tenía trabajo, así que en un gesto de amabilidad le ofrecí algo de dinero. Un poco de dinero en tono amistoso, joder, un poco de dinero que nadie me ha ofrecido nunca sin razón. Supuse que Claire podía usarlo para pagar el alquiler y los gastos, y quizá comprarse un coche pequeño.

—Creo que mejor voy a ir a ver a un abogado —me dijo.

—¿Para qué?

—Creo que podría conseguir más dinero.

—¿A qué te refieres con «conseguir más dinero»? Esto es un regalo. No estábamos casados. Tú no has contribuido en nada. Lo único que he hecho ha sido ayudarte, y tú nunca me has devuelto ninguna ayuda.

—Un amigo me ha dicho que podría conseguir algo de dinero si hablo con un abogado.

Me sentía mortificado. Terminé tratando el tema con un abogado que me propuso que le diese una cierta cantidad de dinero, pero le dije que se olvidase de eso. Aquello era una imbecilidad profunda, una gilipollez para engañar a alguien que estaba intentando ayudarla. Se sacó de la manga una movida demencial y me soltó:

—Yo me marché y abandoné mi casa por ti.

—¿Cómo? Estabas durmiendo en un sofá de un puto gueto. Te metí a estudiar y luego te largaste del sofá para mudarte a un ático.

No estaba dispuesto a aceptar nada de eso. Claire parecía confusa y temerosa, así que la perdoné y seguí con mi vida. No me quedó ningún resto de «ay, echo de menos a esa tía». Era un capítulo cerrado, acabado, a otra cosa.

O eso pensaba yo. Me alegré tanto de verla en la reunión que en el descanso, cuando todo el mundo salió de la sala, me acerqué corriendo, me senté a su lado y empecé a darle besos en la mejilla. Fue una reacción impulsiva al verla, al ver su sonrisa, sus ojos y sus mejillas blancas y suaves. Empezamos a darnos besos y abrazos y a hablar, y cinco minutos después la estaba besando en la boca.

De la nada, las compuertas se abrieron de par en par. Tenía una novia nueva, mi vida había cambiado, esa mujer pertenecía al pasado. Pero ahí estábamos, haciendo planes para vernos más tarde ese mismo día.

Me sentía de lo más emocionado, y fui directo a casa de Cammie, porque no quería mentirle ni dejarla colgada.

«Lo siento, lo siento de verdad, pero me ha pasado algo totalmente inesperado hoy, y es algo relacionado con mi exnovia. Creo que vamos a empezar a vernos de nuevo, así que no puedo estar contigo».

Esa noche quedé con Claire para ir a la celebración del primer año de sobriedad de un amigo suyo, en El Cholo, un restaurante mexicano de Western Hollywood. Me sentía como si me hubiese enamorado y fuese mi primera cita con esa tía. Adopté la mejor de mis conductas y cada vez que me miraba, el corazón se me ponía a mil. Había ocurrido algo extraño: no solo me había vuelto a enamorar de esa tía, era como si todo empezase desde el principio. Seguimos adelante y se vino directamente a vivir conmigo. Mi casa tenía tres plantas y yo había llevado mis cosas a la zona de arriba, así que le sugerí que llevara las suyas a la planta de abajo, donde había una habitación grande, un baño y unos armarios enormes con vestidor. Era una parte mucho más bonita que la de arriba. El paraíso duró poco. Con el tiempo, Claire empezó a quejarse. «¿Por qué tengo que estar en el vestidor de abajo? ¿Por qué no puedo tener el de arriba?». No tenía sentido. Le dabas un continente y quería el hemisferio entero.

En cualquier caso, al principio nuestro amor estaba en plena floración. El grupo empezó a trabajar en nuestro siguiente álbum en marzo de 2001. Ese mes organicé una excursión familiar a Hawái. Llevé a mi madre, a mis dos hermanas con sus maridos y a mi adorable sobrino pequeño, Jackson, a Kauai. Quería que Claire viniese, pero tenía un compromiso laboral. Mis sentimientos hacia ella inspiraron una canción: *Body of Water*, un tributo a su espíritu y a su energía interior, cosas que siempre me habían cautivado.

En marzo recibimos una noticia trágica. A una de mis amigas más cercanas, además de mentora, Gloria Scott, le diagnosticaron cáncer de pulmón. Sus amigos se reunieron rápidamente para buscar apoyos y tratar de conseguirle cualquier tratamiento que pudiese ayudarla, pero la cantidad de dinero necesaria era enorme, porque Gloria no tenía absolutamente nada. Dimos entonces un concierto en beneficio de Gloria (y también de la enfermedad de Huntington, un padecimiento que había afectado a la familia de la exnovia de Flea) y recaudamos el dinero necesario. Como Gloria siempre se había referido en broma a Neil Young como su poder superior, le di un toque a Neil para preguntarle si por alguna puñetera casualidad podía actuar.

«Dime cuándo y estaré allí con los Crazy Horse», me respondió.

Cuando llegó la noche del concierto, la situación de Gloria había empeorado, pero consiguió asistir y me emocionó mucho poder presentarle a Neil. Fue un momento mágico ver a esas dos personas juntas.

Le conseguimos a Gloria un pequeño apartamento junto al mar, en Venice Beach, porque aunque era una persona de mar, se había pasado treinta años viviendo en la zona interior de Venice. Contratamos a una enfermera y pagamos los tratamientos de Gloria, pero los médicos habían descubierto el cáncer demasiado tarde. Fui al hospital a tiempo para decirle ese doloroso «sé que te estás muriendo, así que tienes que saber que te quiero». Como no quería morirse en el hospital, la llevaron de vuelta a su casa de la playa, y allí se desvaneció.

> *And now it's time for you to go*
> *You taught me most of what I know*
> *Where would I be without you Glo*
> *G-L-O-R-I-A*
> *Is love my friend, my friend, my friend*
>
> *I see you standing by the sea*
> *The waves you made will always be*
> *A kiss goodbye before you leave*
> *G-L-O-R-I-A*
> *Is love my friend, my friend, my friend*[42]
>
> (de *Venice Queen*)

Componer el *By the Way*, nuestro siguiente álbum, fue una experiencia totalmente distinta a la del *Californication*. John había vuelto a ser él mismo y estaba repleto de confianza, así que hicimos lo mismo de siempre: de nuevo en Swing House, cuatro tíos refugiados en una sala con guitarras y baterías y micros, tocando todos los días durante horas. Empezamos por buscar algo de magia, música, *riffs*, ritmos, improvisaciones y patrones, y lo grabamos todo y añadimos cosas, quitamos cosas, lo meneamos y le

---

[42] «Y ahora llega el momento de que te marches / Casi todo lo que sé tú me lo enseñaste / Dónde estaría sin ti, Glo / G-L-O-R-I-A / Es amor, amiga mía, amiga, amiga // Te veo de pie junto al mar / Las olas que tú creaste siempre quedarán / Un beso de adiós antes de tu marcha / G-L-O-R-I-A / Es amor, amiga mía, amiga, amiga», de *La reina de Venice*.

metimos melodías. Yo empecé a reunir palabras a porrillo y a escuchar y a inspirarme en lo que mis colegas estaban tocando.

Durante todo ese tiempo traté de que las cosas funcionaran con Claire. Había puesto en marcha su propia línea de ropa, era una persona productiva y creativa, pero no estábamos conectando como una entidad singular de dos personas. Incluso fuimos a una asesora para parejas, una mujer práctica, inteligente e imparcial que nos dio ciertas herramientas con las que trabajar, aunque de ahí nunca salió nada; los cambios que tenían que darse nunca se dieron.

En algún momento de ese verano medio rompimos. Claire se mudó al dormitorio de abajo, en teoría, hasta que encontrase casa. No iba a volver a echarla. Pero por supuesto esa situación condujo a visitas nocturnas entre plantas. La fruta prohibida de mantener relaciones en la habitación de abajo sobre montones de ropa de ella hizo maravillas con nuestra vida sexual durante un tiempo. En cualquier caso, al final nos separamos, y le alquilé un pequeño bungaló en Beverly Hills. Le dejé el coche hasta que expirase el contrato de alquiler y me lo devolvió sin los tiradores de las puertas, ni la radio ni la tapicería. Fue un acto simbólico de nuestra relación: yo había intentado hacerle un favor y me lo devolvió destrozado, diciéndome que el seguro lo cubriría.

Incluso después de que se marchase de casa, nuestra relación continuó de modo ocasional. En vez de recaer en las drogas, recaía con Claire. Volvimos a San Bernardo después de Navidad en 2001 y alquilamos una casa en la playa. Un día, Claire quiso aprender a surfear, así que remamos unos cuatrocientos metros hasta que llegamos al rompeolas, pero las olas eran más grandes que una casa, demasiado para aprender. Nos vimos de repente justo donde se levantaban las olas, con el agua abalanzándose sobre nosotros, y decidimos aguantar la respiración y esperar a que pasara la racha. Con toda la agitación, la correa de la tabla de Claire se había roto, así que me acerqué nadando a ella y le di mi tabla. Por fin logramos volver a la orilla. Sin embargo, con la confusión de las olas infladas por la tormenta, cometimos el error de regresar por encima de un arrecife de coral en vez de por el canal. La buena noticia era que estábamos vivos, pero la mala era que teníamos que caminar por ese arrecife, y en el coral hay percebes y erizos de mar. Incluso las olitas pequeñas bastaban para empujarte, así que nos fuimos hincando los salientes del coral y los erizos, y las espinas de los erizos rotas son imposibles de sacar y provocan una incomodidad enorme.

Claire empezó a gritarme histérica, como si yo hubiera querido que se clavase los erizos. Me pasé los dos días siguientes llamando a médicos y corriendo a por medicinas para procurarle algún alivio, pero estaba trastornada. Se comportó de un modo tan mezquino conmigo durante todo el viaje que, una vez más, me di cuenta de que no estaba hecha para mí.

Mientras estábamos todavía en San Bernardo, llegué a un punto de inflexión. «Claire, tienes que irte a casa —le dije—. No voy a quedarme aquí aguantando gritos. He hecho lo que he podido por que este viaje fuese agradable para ti y por compartir mi vida contigo, pero es imposible estar a tu lado». La mandé a casa y rompimos otra vez. En algún momento del año siguiente recaí. No dejaba de volver con ella porque echaba de menos su amistad, pero siempre obtenía el mismo resultado, nunca había ningún progreso. Tras cuatro años de relación, a Claire le perturbaban igual de fervorosamente las cosas más nimias de la vida. Se iba a la cama furiosa por una pelea que había tenido la importancia de un pimiento. Yo me disculpaba y le decía: «Vamos a olvidarlo, ha sido culpa mía. Te quiero, voy a cuidar de ti, quiero que seas feliz, vamos a disfrutar de este amor y de esta vida». Pero ella no lo dejaba pasar, no elegía ser feliz.

Ni siquiera mis problemas con Claire hicieron descarrilar mi sobriedad. Los desayunos de los miércoles estaban enraizando y a todo el mundo le caló la idea de prestar algún servicio. Íbamos eligiendo a gente para llevarla a las reuniones e integrar a tíos nuevos en ese círculo particular, de forma que pudiesen ver que la sobriedad no consistía en abandonar la fiesta, sino en crear una nueva fiesta, más sana. Tener un momento de claridad era una cosa —yo los había tenido antes—, pero ese momento debía ir seguido por un entregado impulso de ejercicio diario. Aunque sea un axioma muy manido, la perfección sí que se consigue con la práctica. Si quieres ser un nadador fuerte o un músico consumado, tienes que practicar. Con la sobriedad ocurre lo mismo, aunque la apuesta es mayor. Si no practicas el programa todos los días, te colocas en una posición en la que puedes volver a salirte de la órbita.

La buena noticia es que, para mí, estar en proceso de recuperación es una pasada. Me encanta ir a las reuniones, me encanta oír hablar a la gente. Entre quienes hablan, están los gilipollas aburridos de siempre que no tienen nada que decir, pero otros son auténticos ángeles. En una reunión vi cómo una transexual mexicana maciza, toda vestida de mujer, nos contaba su historia de vida. Se puso allí a soltar bromas, a cantar y hablar, y a compartir la idea de ser servicial, y brillaba tremendamente. Cuando se marchó, supe que había visto a un ángel. He visto eso mismo en vaqueros de Montana y en predicadores del sur profundo, en todo tipo de personas que antes solían ir por ahí como muertos vivientes y ahora llevan ese mensaje de luz, amor y recuperación. Las reuniones son totales, como una combinación de un seminario gratis con una charla y un acto social. A veces, incluso hay tías buenas. Y la gente es divertida, creativa y festiva. Como dice el libro: «No somos un grupo triste».

Todos esos años que pasé entre idas y venidas, me había estado mintiendo a mí mismo cuando me decía: «Solo has recaído, no has vuelto a consumir para siempre. Es una situación temporal». La recaída siempre duraba más de lo que tenía previsto, y luego era capaz de volver a mi camino, pero al rehabilitarme supe que volvía con un fin concreto, y no porque fuese más listo que la drogadicción: volvía porque había algo, en algún sitio, que me quería vivo para formar parte de la creación de algo precioso y ayudar a otras personas.

Había tomado la decisión de dejar de consumir drogas muchas veces antes, pero nunca había seguido el mantenimiento diario, nunca había cultivado el sendero hacia un despertar espiritual. Creo que cualquiera que llegue y trabaje en todos los pasos, vaya a las reuniones y sea constante en el amor y el servicio tiene la sobriedad garantizada. Pero quien llegue como había hecho yo en el pasado y escoja y elija y piense: «Lo haré unos días, otros, no. Trabajaré en algunos pasos, en otros, no. Cogeré el teléfono a veces, pero otras estaré demasiado ocupado» está condenado al fracaso. No puedes quedarte con siete décimas partes del programa y esperar conseguir siete décimas partes del resultado; no vas a conseguir ningún resultado a no ser que te entregues por completo.

Otro aspecto genial del programa es que son conscientes de que no se puede predicar la sobriedad, ni tampoco intentar convertir a los alcohólicos. Lo crucial es que te cuides y, al hacerlo, te conviertas tú mismo en un programa de atracción, más que de promoción. En el momento en el que le digas: «Eh, no deberías estar haciendo eso» a un alcohólico o a un drogadicto, no vas a conseguir nada. Si te limitas a hacer lo que tienes que hacer, entonces alguien lo verá y pensará: «Ese tío antes se vomitaba en los pantalones, pero parece que ahora está disfrutando de sí mismo». No hay ni un alcohólico en el mundo que quiera que le digan lo que tiene que hacer. A veces se describe a los alcohólicos como ególatras con complejos de inferioridad. O, para ser más crudos, como un montón de mierda en torno al que el mundo gira.

Y no pasa nada, porque hay un modo de afrontarlo. ¿Que te sientes como una mierda? Pues sal de ti mismo, haz algo por otra persona y, *voilà*, ya no te sentirás como una mierda. ¿Que estás confundido y te estás volviendo loco? Llama a uno que lleve tres días sobrio y no tenga ni idea de qué hacer. En el momento en el que sales de tu esquema mental egocéntrico, liberas instantáneamente tu propio dolor. El truco para permanecer sobrio es estar al servicio constante de otro alcohólico. Se asemeja al movimiento perpetuo. Hubo un montón de personas que te dieron libremente lo que alguien les había dado a ellas, y ahora tú vas a dárselo a otras personas. Se trata de una fuente constante de energía; es como recargar una batería, solo que no hay contaminación ni vertidos tóxicos.

La razón de que el programa tenga tanto éxito es que los alcohólicos ayudan a otros alcohólicos. Nunca he conocido a un «normal» (así es como llamamos a una persona que no tiene ningún problema de drogas ni de alcohol) capaz de imaginarse siquiera cómo es ser alcohólico. Los normales están siempre en plan: «Hay una nueva pastilla que te la tomas y ya no quieres seguir chutándote heroína nunca más». Eso muestra un profundo desconocimiento del alcoholismo y de la drogadicción: no se trata de meras alergias físicas, son obsesiones de la mente y males del espíritu, una enfermedad triple. Y si es en parte un mal espiritual, entonces hay una cura «espiritual».

Cuando digo e«spiritual», no estoy hablando de salmodiar ni leer filosofía oriental. Estoy hablando de organizar las sillas para una reunión, de elegir a otro alcohólico y llevarlo a la otra punta de la ciudad a una reunión. Eso es un estilo de vida espiritual, estar dispuesto a admitir que no lo sabes todo y que te equivocas en algunas cosas. Se trata de hacer una lista con todas las personas a las que has hecho daño, emocional o físico, o económico, y volver atrás y enmendar esos daños. Eso es un estilo de vida espiritual. No se trata de ningún concepto etéreo y esponjoso.

Mi amigo Bob Forrest es una persona espiritual. No va a la iglesia ni habla de Dios, ni se pone a hacer obras de caridad los fines de semana, pero se sienta y habla durante horas con un tipo que está en la cárcel y no puede parar de fumar *crack*. Eso está curando a Bob de su mal espiritual, porque está dispuesto a hacer algo que en realidad no es para él, es para ese otro tío. No lo hace con la expectativa de sacar algo, aunque ocurra de forma secundaria.

En la canción «Otherside» del *Californication*, escribí: «How long, how long will I slide / Separate my side / I don't, I don't believe it's bad».[43] No creo que la adicción a las drogas sea algo inherentemente malo. Es una experiencia oscura, dura y destructiva de verdad, pero ¿cambiaría mi experiencia por la de una persona normal? Ni de coña. Fue desagradable, no conozco nada en el mundo que sea tan dañino, pero no la cambiaría ni por un segundo. Lo que mueve mi vida es esa capacidad de apreciar todas las emociones que conforman el espectro. No voy a salirme de mi camino para alcanzarlas, pero he encontrado una forma de abarcarlas todas. No se trata de menospreciar ninguna de esas experiencias, porque tras haberlas vivido, y tras llevar casi cuatro años sobrio, estoy en posición de servir a otros cientos de personas que sufren. Todas esas recaídas, todos y cada uno de esos reveses que parecerían añadidos innecesarios a una experiencia ya tortuosa, todos van a ser significativos. Voy a conocer a alguna otra

---

[43] «Cuánto tiempo, cuánto tiempo pasaré deslizándome / Separando mi lado / No, no creo que sea malo», de *Otro lado*.

persona en mi camino que haya estado un tiempo limpia y no pueda volver a estarlo y voy a ser capaz de decirle: «Yo estuve ahí, durante años, estuve yendo y viniendo, y ahora...».

La otra noche asistí con Guy O. a un curso sobre la cábala y en la clase trataron los cuatro aspectos del ego humano, simbolizados por el fuego, el agua, el aire y la tierra. El agua representa el deseo excesivo de placer: yo soy un signo de agua, y así ha sido toda mi vida. He querido sentir placer hasta el punto de la demencia. Lo llaman subidón, o viaje, porque consiste en querer saber lo que hay en un nivel superior, en el nivel de Dios. Quieres tocar el cielo, quieres sentir la gloria y la euforia, pero el truco está en que eso supone un trabajo. No puedes comprarlo, ni pillarlo en la esquina de una calle, no puedes robarlo ni inyectártelo ni metértelo por el culo, tienes que ganártelo. Cuando era adolescente y me chutaba revueltos no pensaba: «Quiero conocer a Dios», pero quizá la idea estuviese muy dentro de mí. Quizá quisiera saber de qué iba todo eso de la luz y estuviese cogiendo un atajo. Esa era la historia de mi vida, incluso remontándome a mi infancia en Michigan, cuando volvía a casa de la escuela atravesando el patio trasero de un vecino y saltando una verja. No importaba que me mordiese un perro o me rasgase los pantalones con el poste de la verja, ni que me hincase en el ojo la rama de un árbol por el que estaba trepando, todo se basaba en coger atajos. Toda mi vida la pasé cogiendo atajos, y terminé perdido.

Las cosas ahora van bien. Buster y yo compartimos una buena casa. Tengo un grupo tremendo de amigos que me apoyan. Y cuando llega el momento de salir a la carretera, estoy rodeado por otro grupo de gente que me apoya. Entre mis principales compañeros del alma está Sat Hari. Apareció en nuestro mundo en mayo de 2000, cuando Flea la trajo a una gira para que le administrase una terapia de ozono intravenoso. Sat Hari es enfermera, una sij americana, una joven dulce, increíblemente resguardada, que usa turbante. Parece una versión femenina de Flea: tiene la misma sonrisa con un hueco entre los dientes, la misma forma de la cara, el mismo color de ojos, la misma naricilla chata. Es maternal y cálida, cariñosa y modesta, una absoluta bocanada de aire fresco y energía femenina, y no me refiero a una energía sexual, al menos no para mí. Para mí es como una hermana, una madre, una cuidadora y una enfermera, todo en uno.

Sat Hari se ganó el cariño de todos en el grupo y en el equipo, y se convirtió en la madre monitora de la organización entera. Todo el mundo la usaba como confidente final y dejaba el corazón al desnudo ante ella día y noche para hablar de sus secretos más profundos, más oscuros, más inenarrables. Y también todos le produjimos un impacto a ella. Era una sij controlada, servil, a la que le decían lo que podía y no podía hacer, con quién podía y no podía hablar. Nosotros le mostramos un mundo nuevo en el que conocer a un montón de gente de pensamiento libre que bailaba y amaba la vida. Floreció como persona y salió de su caparazón. Durante la gira del *By the Way*, Sat Hari, John y yo compartíamos autobús, y aquello se convirtió en un capullo acogedor de felicidad móvil.

Extendíamos esa atmósfera a las salas en las que tocamos. Después de nuestras primeras giras nos quedó claro que el *backstage* siempre era una tumba de cemento fría, inhóspita, con luces fluorescentes, un sitio en el que nadie querría pasar ni dos minutos. Así que para la gira del *Californication* contratamos a Lisa Bloom, una mujer con buena mano para embellecer esos espacios. Colocaba alfombras, ponía tapices, cubría las luces fluorescentes, instalaba un sistema de estéreo portátil y disponía una mesa con fruta fresca, verduras, frutos secos y tés.

Así pues, ahora pasamos el rato en el *backstage* antes del concierto y John, que se convirtió en el DJ oficial, programa la música. Flea y él sacan las guitarras y practican, y yo hago mis calentamientos vocales. Luego preparo té para todo el mundo y escribo la *setlist*. Sat Hari viene y nos da nuestro ozono, y después nos tumbamos en el suelo y hacemos algo de meditación. Esos son nuestros rituales de base que siguen creciendo y yendo cada vez a mejor.

El último ritual antes de subir al escenario es hacer un círculo espiritual. Tiene gracia cómo ha evolucionado a lo largo de los años. Cuando éramos un grupo joven y descarado de cabezas huecas de Hollywood, hacíamos un círculo y nos dábamos guantazos en la cara justo antes de salir. Eso nos activaba los flujos, sin duda. Ahora nos ponemos en círculo, nos cogemos de las manos y meditamos, analizamos por qué estamos ahí y qué necesitamos para estar juntos. A lo mejor alguien cuela un «este va por un grande» o «fuera está tronando, vamos a sacarle buen provecho». Hay veces en las que Flea es el único que nos da unas pocas palabras de ánimo. A veces, me toca a mí soltar una broma o inventarme alguna rima. Últimamente John se ha convertido en el miembro más vocal del círculo espiritual. Chad no suele alentarnos con nada, pero está ahí con su rollo «de puta madre, tíos».

Todos esos rituales me sustentan. Sin embargo, irónicamente, lo que me sustenta de un modo constante es mi obsesión con las drogas. Tiene gracia: durante el primer periodo de cinco años y medio en el que estuve sobrio nunca sentí ansias por consumir drogas. La obsesión incontrolable que había experimentado desde que tenía once años simplemente desapareció la primera vez que me desenganché. Fue un auténtico milagro. Cuando salí de mi primer centro de rehabilitación, la idea de colocarme era para mí un concepto ajeno. Me podría haber sentado con una montaña enorme de cocaína delante de las narices y no habría significado nada para mí; un mes antes, habría estado temblando y sudando solo por la reacción física. Ese hijo de puta escurridizo volvió a ponerse ante mi puerta a través de las experiencias con los analgésicos recetados.

Una vez que empecé a recaer nunca más logré alcanzar el don de liberarme de la obsesión de consumir drogas. Quizá pueda parecer una maldición trágica, pero yo le veo el lado positivo: ahora tengo que trabajar más en mi sobriedad. Cuando estaba liberado de esa obsesión hacía muy poco trabajo. Ahora no tengo más elección que ser más generoso y más diligente y estar más comprometido, porque no pasa una semana sin que me visite la idea de colocarme.

Durante el primer año de mi recién descubierta sobriedad, todo 2001, la sensación de querer colocarme me sobrevino todos los días, y en especial hacia finales del año, después de que Claire se marchase, cuando la cosa se puso tan mal que no podía ni dormir. Una noche llegué lo más cerca que he estado de volver a salirme del camino. Estaba solo en casa y fuera había luna llena. Estaba escribiendo las canciones para el *By the Way*, todo iba bien y me sentía inspirado. Me di una vuelta por fuera de la casa y, como la noche estaba despejada, pude ver las seductoras luces del centro.

Y me preparé para tirarlo todo por la borda una vez más. Hice mi mochila de los fines de semana y le dejé una nota a mi ayudante para que cuidase de Buster. Cogí las llaves del coche y salí de casa. Llegué hasta el porche, miré la luna, miré la ciudad, y luego miré el coche y la mochila y pensé: «No puedo hacerlo. No puedo tirarlo todo por la borda una vez más», y volví a dentro.

En el pasado, una vez que esos engranajes se ponían en marcha, podía olvidarme: inundaciones, terremotos, hambrunas, langostas, nada me habría detenido de acometer mis rondas abominables. Pero a esas alturas me había demostrado a mí mismo que podía vivir con mi obsesión hasta que desapareciese. Estaba dispuesto a aceptar el hecho de que la idea de colocarme me sobrevenía con regularidad, y que podía ver un anuncio de cerveza, mirar la botella mojada y el tapón saliendo disparado, y sentir ganas de tomarme una cerveza (y aun así no bebérmela).

La buena noticia es que para el segundo año esas ansias eran la mitad de frecuentes, y para el tercer año, la mitad de la mitad. Todavía sigo un poco viciado, un poco torcido, pero viendo las cosas en su conjunto, no puedo quejarme. Después de tanto tiempo de abusar de todo y de estrellarme contra árboles a ciento treinta kilómetros por hora y saltar de edificios y pasar por sobredosis y por una enfermedad del hígado, me siento mejor ahora que hace diez años. A lo mejor me queda algo de tejido de cicatriz, pero no pasa nada, aún estoy haciendo progresos. Y cuando pienso: «Joder, una habitación en un motel con un par de miles de dólares en narcóticos me sentarían bien», miro a mi perro y recuerdo que Buster nunca me ha visto colocado.

Agradecimientos

ANTHONY KIEDIS
da las gracias a:

Larry Sloman, o Ratso, por la consideración constante y sentida que mostró hacia las personas a las que implicó en la recopilación de esta historia. La astuta maña investigadora de Ratso fue de un valor incalculable para la construcción de este proyecto, pero su consideración por el bienestar de los demás resultó primordial para el resultado final. Dios bendiga a este hombre tan talentoso y su estilazo. Gracias también a mis compañeros de grupo, familiares, amigos, enemigos, amantes, detractores, maestros, gamberros y a Dios por hacer que esta historia sea realidad. Os quiero a todos.

LARRY SLOMAN
da las gracias a:

Anthony, por su increíble candor, sinceridad, memoria y franqueza. Michele Dupont, por el té, la simpatía y todo lo demás. David Vigliano, superagente. Bob Miller, Leslie Wells, Muriel Tebid y Elisa Lee, de Hyperion. Antonia Hodgson y Maddie Mogford, en Inglaterra. Bo Gardner y Vanessa Hadibrata, por toda su ayuda más allá del deber. Blackie Dammett y Peggy Idema, por su amable hospitalidad del Medio Oeste. Harry y Sandy Zimmerman y Hope Howard, por la hospitalidad en Los Ángeles. Michael Simmons, por la llamada de emergencias. Todos los amigos y colegas de A. K. que dedicaron tanto tiempo a recordar, en especial Flea, John Frusciante, Rick Rubin, Guy O., Louie Mathieu, Sherry Rogers, Pete Weiss, Bob Forrest, Kim Jones, Ione Skye, Carmen Hawk, Jaime Rishar, Claire Essex, Heidi Klum, Lindy Goetz, Eric Greenspan, Jack Sherman, Jack Irons, Cliff Martinez, D. H. Peligro, Mark Johnson, Dick Rude, Gage, Brendan Mullen, John Pochna, Keith Barry, Keith Morris, Alan Bashara, Gary Allen, Dave Jerden, Dave Rat, Trip Brown, Tequila Mockingbird, Grandpa Ted, Julie Simmons, Jennifer Korman, Nate Oliver, Donde Bastone, Chris Hoy, Pleasant Gehman, Iris Berry, Sat Hari y Ava Stander. Cliff Bernstein, Peter Mensch y Gail Fine, de Q-Prime. Jill Matheson, Akasha Jelani y Bernadette Fiorella, por sus increíbles habilidades de transcripción. El Langer's, por el mejor *pastrami* al oeste de Second Avenue. Mitch Blank y Jeff Friedman, por la reparación de urgencia de la cinta. Lucy y Buster, por la compañía canina. Y, sobre todo, a mi maravillosa esposa, Christy, que mantuvo la llama del hogar encendida.